犯罪学教程

FANZUIXUE JIAOCHENG

董士昙/主编

中国检察出版社

图书在版编目（CIP）数据

犯罪学教程/董士昙主编. —北京：中国检察出版社，2013.9

ISBN 978 - 7 - 5102 - 0999 - 4

Ⅰ.①犯⋯　Ⅱ.①董⋯　Ⅲ.①犯罪学 - 教材

Ⅳ.①D917

中国版本图书馆 CIP 数据核字（2013）第 219649 号

犯罪学教程

董士昙　主编

出版发行：中国检察出版社

社　　址：北京市石景山区香山南路 111 号（100144）

网　　址：中国检察出版社（www. zgjccbs. com）

电　　话：(010)68658769（编辑）　68650015（发行）　68636518（门市）

经　　销：新华书店

印　　刷：三河市西华印务有限公司

开　　本：720mm×960mm　16 开

印　　张：26 印张

字　　数：479 千字

版　　次：2013 年 9 月第一版　　2013 年 9 月第一次印刷

书　　号：ISBN 978 - 7 - 5102 - 0999 - 4

定　　价：50.00 元

前　言

　　一部人类社会发展史在很大程度上就是人类自身不断完善的历史。人类在不断克服和反思自身缺陷的实践过程中，建立了国家政权和各种法律制度，试图以此控制和规范人们的行为，维护现行的统治。然而，警察、法庭、监狱等国家暴力机器和严刑峻法不仅没能给人类带来一个和平、安宁的社会秩序，违法犯罪行为反而不断增多，于是系统研究和防范犯罪为己任的一种理论学说——犯罪学应运而生。曾几何时，人们对犯罪学寄予厚望，将其作为医治犯罪问题的良方妙药，并作出各种有益的尝试和努力。的确，犯罪学诞生一百多年来，其理论体系不断完善，涌现出了众多有价值的解释犯罪原因和犯罪预防的理论学说。这些凝聚着众多学者心血和智慧的研究成果，对预防犯罪和各国刑事政策、刑事规范以及司法实践的改革完善提供了强有力的支持，但它并没有从根本上为我们解决现代社会愈演愈烈的刑事犯罪问题提供应有的帮助。客观地讲，这并不是犯罪学本身的基因问题，而是社会的发展进程局限了人们对犯罪本质及其规律性的认识。特别是我国犯罪学研究起步较晚，一些基本理论和学科体系仍处在进一步完善和发展之中，犯罪学"认识犯罪"的学术职能和"防控犯罪"的社会职能远未得到充分的发挥。在这种情况下，为吸引更多有关学者和实务工作者参与到犯罪学事业中来，同时也为有意于犯罪学学习的高校学子提供一种多样化选择，我们编撰了这本《犯罪学教程》教材，希望为奠定我国犯罪学大厦的基础尽绵薄之力，携手推动犯罪学理论不断向前发展。

　　本书在编写过程中，始终以马列主义、毛泽东思想和邓小平理论以及科学发展观为指导，坚持辩证唯物主义和历史唯物主义的哲学方法，理论联系实际，博采众家之长，在本书所确立的犯罪学体系范围内，对一些基本理论作进一步深化，对某些模糊的看法加以澄清，对一些混乱的认识进行梳理，对个别错误的观点予以更正，对一些疑难问题进行共同探讨，并尽可能反映出国内外研究的最新成果。这或许就是本书较为明显的特点。具体而言：

　　一是将确立科学的犯罪观贯穿于全书的每个章节。犯罪观是人们对犯罪问题的根本观点和看法，是指导犯罪学研究和犯罪预防实践的思想武器，对犯罪研究和犯罪预防实践的指导意义不言而喻。如：犯罪的客观因素决定犯罪的主观因素，犯罪的主观因素又具有能动性，犯罪的产生是犯罪的主观因素与犯罪的客观因素相互作用的结果；犯罪是可知的，犯罪规律是可以被认识的，犯罪是可以预防的；犯罪寄生于社会，如同疾病寄生于人类有机体一样，它的存在是一种正常的、必然的社会现象；任何犯罪都是犯罪人和被害人相互作用的结果，二者之间都具有有害性，而且在一定条件下可以发生相互转化；刑罚是必须的，但其效果也是有限的，对它的运用必须十分审慎，以期最大限度地发挥其价值功能。因此，对犯罪学的学习，不仅是一个知识积累的过程，更重要的是建立科学犯罪观的过程，只有具备了正确的犯罪观，才能以理性的态度审视和对待犯罪问题，从而保证犯罪学研究的正确方向，并据此制定出符合犯罪规律特点的社会政策、刑事政策和具体犯罪对策，有效抑制犯罪。

二是将犯罪被害人纳入犯罪原因体系。犯罪原因是构筑犯罪学学科体系的基石，能否正确地阐释犯罪原因是犯罪学研究能否取得成效的重要标志之一。但长期以来，人们多习惯于从犯罪人和犯罪行为方面探讨犯罪的原因，或孤立地研究被害人问题，而没有把被害人作为犯罪原因体系中的一个重要范畴，从犯罪人、被害人和社会诸因素相互作用的角度探讨犯罪发生的机制，因而也就难以全面地把握和揭示犯罪的全貌。片面解释犯罪原因的这种缺陷，不仅影响了犯罪原因理论体系的发展，而且制约了犯罪预防实践。现实中，我国被害人补偿立法的"难产"，以及社会治安综合治理理论体系中被害人内容的缺失，就与决策部门及其工作人员对犯罪被害人性质的认识欠缺息息相关。这些问题的存在，实际上就是犯罪原因理论研究滞后或者不够成熟的体现。因此，本书将被害人纳入犯罪原因体系，作为犯罪综合治理的一个重要方面，并不惜笔墨，详细论述，从而使犯罪原因结构的设计更加完善和科学，充分体现了犯罪规律及其本质的内在要求。

三是对我国犯罪预防模式进行了颠覆性重构。犯罪预防是犯罪学研究的归宿，但长期以来，这方面的研究一直是一个十分薄弱的环节。已有的犯罪预防理论，务虚的多，务实的少，缺乏可操作性。不得不提的是，我国所独创的社会治安综合治理理论，是对犯罪学及其犯罪预防理论的一大贡献，它对我国的犯罪预防实践无疑具有重要的指导意义。应该说，该理论是科学的，它体现了犯罪问题的内在规律性。但不可否认的是，在实践中，综合治理理论并没有发挥其应有的作用，我国的犯罪形势依然十分严峻，每时每刻都在困扰着人们。这让很多人因此产生了疑问，在我国当下的社会体系中，有无能力做到对犯罪的综合、全面预防？能否"综而合之"？其实，出现这些困惑的原因，很大程度上是因为有关人员不明就里，把社会综合治理的总方针混同于犯罪预防模式。这种模糊不清的认识，自然影响了犯罪治理的效果。所以，当务之急是，应在社会治安综合治理方针的指导下，重构符合我国国情的犯罪预防模式。有鉴于此，我们以犯罪现象和犯罪原因研究的结论为依据，充分借鉴国外犯罪预防模式的成功经验，结合我国的实际情况，提出了我国的犯罪预防模式，希望能起到抛砖引玉的作用，或者被有关部门接纳和应用。

四是对重要争议问题进行了梳理和评析。犯罪学作为一门年轻学科以及它研究事实而非规范学科的特性，使得学者们对其中不少问题的看法至今仍是智者见智、仁者见仁，没有定论。如关于犯罪学的学科性质、犯罪学的犯罪概念、犯罪预防和犯罪根源的涵义，以及犯罪预防的价值等，都存在较大的分歧。在此，我们对各家之言进行了较为全面的梳理，并尽可能将其中有代表性的观点一一列举，并加以评析，以此加深读者对这些问题的理解，而没有像有些教科书那样只介绍通说，遇到有争议的问题，或寥寥数语带过，或予以回避。

如果说本书还有些许可取之处的话，或许就在于以上四个方面所做的努力。

编　者

2013 年 7 月

目　　录

第一章　导论 ……………………………………………………… 1

第一节　犯罪学的研究对象 ……………………………… 2
一、犯罪学的概念 …………………………………… 2
二、犯罪学的研究领域 ……………………………… 3

第二节　犯罪学的学科性质 ……………………………… 4
一、法学学科观点 …………………………………… 5
二、社会学学科观点 ………………………………… 5
三、边缘学科观点 …………………………………… 6
四、综合性学科观点 ………………………………… 6
五、独立的综合性学科观点 ………………………… 7
六、独立的基础性社会科学观点 …………………… 7

第三节　犯罪学的犯罪概念 ……………………………… 9
一、国外学者对犯罪概念的界定 …………………… 9
二、我国学者对犯罪概念的探讨 …………………… 11
三、对犯罪学犯罪概念的理性审视 ………………… 13

第四节　犯罪学与相邻学科的关系 ……………………… 15
一、犯罪学与刑法学的关系 ………………………… 15
二、犯罪学与社会学的关系 ………………………… 17
三、犯罪学与心理学的关系 ………………………… 18
四、犯罪学与刑事政策学的关系 …………………… 18
五、犯罪学与犯罪侦查学的关系 …………………… 19

第五节　犯罪学的体系 …………………………………… 20
　　一、犯罪学导论 ………………………………………… 20
　　二、犯罪现象论 ………………………………………… 21
　　三、犯罪原因论 ………………………………………… 21
　　四、犯罪防控论 ………………………………………… 22
思考题 ……………………………………………………… 22
阅读书目 …………………………………………………… 22

第二章　犯罪学的研究方法 ………………………………… 23

第一节　犯罪学研究的一般原则 ………………………… 24
　　一、客观性原则 ………………………………………… 24
　　二、整合性原则 ………………………………………… 25
　　三、伦理原则 …………………………………………… 27
　　四、价值无涉原则 ……………………………………… 27

第二节　犯罪学研究的基本步骤 ………………………… 28
　　一、确定研究课题 ……………………………………… 28
　　二、建立理论假设 ……………………………………… 29
　　三、作研究设计 ………………………………………… 29
　　四、收集资料 …………………………………………… 30
　　五、处理和分析资料 …………………………………… 30
　　六、阐述并发表研究成果 ……………………………… 31

第三节　犯罪学研究的具体方法 ………………………… 31
　　一、犯罪调查的基本类型 ……………………………… 32
　　二、收集资料的具体方法 ……………………………… 35
　　三、分析资料的方法 …………………………………… 38
思考题 ……………………………………………………… 42
阅读书目 …………………………………………………… 42

第三章　犯罪学的产生与发展 ·········· 43

第一节　18 世纪的古典犯罪学派 ········ 44
一、贝卡利亚的犯罪学理论 ········· 45
二、边沁的犯罪学观点 ··········· 47
三、古典犯罪学派的犯罪观 ········· 49

第二节　19 世纪末期的实证犯罪学派 ····· 51
一、龙勃罗梭的犯罪人类学理论 ······· 51
二、菲利的犯罪社会学理论 ········· 56
三、加罗法洛的犯罪心理学理论 ······· 61

第三节　现代犯罪学 ············· 64
一、犯罪生物学理论 ············ 64
二、犯罪社会学理论 ············ 65
三、犯罪心理学理论 ············ 66
四、社会心理学理论 ············ 68

第四节　犯罪学研究的发展趋势 ········ 69
一、研究方法：从单一向多元的高度整合 ···· 69
二、研究方式：由理论或应用的单线偏重转为双线并重 · 70
三、罪因研究：由单因到多因的全方位审视 ···· 70
四、犯罪预测：由单一模式向复合模式转向 ···· 71
思考题 ··················· 72
阅读书目 ·················· 72

第四章　犯罪现象 ··············· 73

第一节　犯罪现象的属性 ··········· 73
一、犯罪现象的客观性 ··········· 74
二、犯罪现象的反社会性 ·········· 75
三、犯罪现象的阶级性 ··········· 75
四、犯罪现象的社会性 ··········· 76
五、犯罪现象的相对性 ··········· 76

第二节 犯罪现象的分类 ·································· 78
　一、犯罪现象分类的意义 ·························· 78
　二、犯罪学的犯罪分类 ···························· 80

第三节 犯罪现象的测量 ······························ 83
　一、犯罪测量的手段 ······························ 84
　二、犯罪率及其客观评价 ·························· 87

第四节 犯罪黑数 ···································· 90
　一、犯罪黑数的涵义 ······························ 90
　二、犯罪黑数的研究方法 ·························· 91
　三、犯罪黑数研究的意义 ·························· 94
　四、我国的犯罪黑数研究 ·························· 96
　五、对我国犯罪现象的动态分析 ·················· 101
思考题 ·· 106
阅读书目 ·· 107

第五章　犯罪人 ···································· 108

第一节 犯罪人的涵义及研究意义 ···················· 108
　一、犯罪人的涵义 ································ 108
　二、犯罪人研究的意义 ···························· 110

第二节 犯罪人的本质属性 ···························· 111
　一、犯罪人的一般属性 ···························· 111
　二、犯罪人的特殊属性 ···························· 113

第三节 犯罪人实证研究 ······························ 114
　一、犯罪生涯研究 ································ 114
　二、犯罪人口学特征研究 ·························· 115
　三、犯罪人个性特征研究 ·························· 117
思考题 ·· 117
阅读书目 ·· 118

第六章　犯罪被害人 ································· 119

　第一节　犯罪被害人及其研究价值 ················· 120
　　一、犯罪被害人的概念 ······················· 120
　　二、犯罪被害人研究的价值 ··················· 121

　第二节　犯罪被害人分类 ······················· 124
　　一、犯罪被害人分类的原则 ··················· 124
　　二、犯罪被害人的主要类型 ··················· 125

　第三节　犯罪被害人的被害性 ··················· 129
　　一、被害性的内涵 ························· 129
　　二、被害性的特征 ························· 131
　　三、犯罪人与被害人的互动关系 ··············· 133

　第四节　犯罪被害人保护 ······················· 140
　　一、犯罪被害人补偿 ······················· 140
　　二、犯罪被害人援助 ······················· 150

　第五节　被害预防 ··························· 152
　　一、被害预防的概念 ······················· 152
　　二、被害预防的作用 ······················· 153
　　三、被害预防的分类 ······················· 156
　　四、被害预防的实施 ······················· 158
　思考题 ······························· 162
　阅读书目 ····························· 162

第七章　犯罪原因的基本理论 ··················· 164

　第一节　犯罪原因的涵义及研究意义 ··············· 164
　　一、犯罪原因的涵义 ······················· 164
　　二、犯罪原因研究的意义 ··················· 167

　第二节　犯罪原因系统 ······················· 169

一、犯罪原因系统的涵义 …………………………………… 169
二、犯罪原因系统的结构 …………………………………… 170
三、犯罪原因系统各要素分析 ……………………………… 173

第三节 西方犯罪学的主要罪因理论 …………………………… 179
一、犯罪生物学理论 ………………………………………… 179
二、犯罪心理学理论 ………………………………………… 184
三、犯罪社会心理学理论 …………………………………… 188
四、犯罪社会学理论 ………………………………………… 190
思考题 ……………………………………………………… 197
阅读书目 …………………………………………………… 197

第八章 犯罪的社会因素 ………………………………………… 198

第一节 政治因素与犯罪 ………………………………………… 198
一、政治腐败与犯罪 ………………………………………… 199
二、政治动乱与犯罪 ………………………………………… 201
三、阶级斗争与犯罪 ………………………………………… 202

第二节 经济因素与犯罪 ………………………………………… 205
一、经济条件（水平）与犯罪 ……………………………… 205
二、经济变动与犯罪 ………………………………………… 208
三、贫富悬殊与犯罪 ………………………………………… 215
四、市场经济与犯罪 ………………………………………… 219

第三节 文化因素与犯罪 ………………………………………… 222
一、文化的涵义 ……………………………………………… 223
二、文化对犯罪的影响 ……………………………………… 224
三、文化冲突与犯罪 ………………………………………… 227

第四节 教育因素与犯罪 ………………………………………… 232
一、家庭教育与犯罪 ………………………………………… 233
二、学校教育与犯罪 ………………………………………… 238

第五节　法制因素与犯罪 ·············· 245
　　一、法制因素与犯罪的关系 ············ 245
　　二、法制在控制犯罪中的实现方式 ········ 246
思考题 ······················ 250
阅读书目 ····················· 250

第九章　犯罪的个体因素　251

第一节　犯罪行为生成的机制 ·········· 252
　　一、犯罪的主观因素 ·············· 252
　　二、犯罪主客观因素的关系 ··········· 253

第二节　个体犯罪的生理因素 ·········· 254
　　一、年龄与犯罪 ················ 254
　　二、性别与犯罪 ················ 256

第三节　个体犯罪的心理因素 ·········· 259
　　一、个体的不良意识与犯罪 ··········· 259
　　二、个体的不良需要与犯罪 ··········· 262
　　三、个体的不良动机与犯罪 ··········· 264

第四节　人格特征与犯罪 ············ 265
　　一、气质与犯罪 ················ 266
　　二、性格与犯罪 ················ 268
　　三、智力与犯罪 ················ 270

第五节　变态人格与犯罪 ············ 271
　　一、偏执型变态人格 ·············· 271
　　二、情感型变态人格 ·············· 272
　　三、意志薄弱型变态人格 ············ 272
　　四、冲动型变态人格 ·············· 272
　　五、无情型变态人格 ·············· 272
　　六、分裂型变态人格 ·············· 273
　　七、怪癖型变态人格 ·············· 273

八、性变态 ………………………………………………… 273

第六节　精神障碍与犯罪 …………………………………… 274
　　一、精神分裂症 …………………………………………… 274
　　二、躁郁症 ………………………………………………… 274
　　三、反应性精神病 ………………………………………… 274
　　四、偏执性精神病 ………………………………………… 275
　　五、短暂性意识障碍 ……………………………………… 275
　　六、癫痫 …………………………………………………… 275
思考题 ………………………………………………………… 276
阅读书目 ……………………………………………………… 276

第十章　犯罪的自然因素 …………………………………… 277

第一节　犯罪自然因素的涵义 ……………………………… 277
　　一、犯罪自然因素的概念 ………………………………… 277
　　二、犯罪自然因素的特征 ………………………………… 278

第二节　犯罪的时间因素 …………………………………… 280
　　一、季节与犯罪 …………………………………………… 280
　　二、昼夜与犯罪 …………………………………………… 281
　　三、自然周期与犯罪 ……………………………………… 281
　　四、自然灾害与犯罪 ……………………………………… 282
　　五、社会周期与犯罪 ……………………………………… 282

第三节　犯罪的地理环境因素 ……………………………… 284
　　一、城市与犯罪 …………………………………………… 284
　　二、农村与犯罪 …………………………………………… 288

第四节　犯罪的区域分布 …………………………………… 290
　　一、犯罪在世界范围内的分布 …………………………… 291
　　二、犯罪在我国不同地区的分布 ………………………… 291
思考题 ………………………………………………………… 292
阅读书目 ……………………………………………………… 292

第十一章　犯罪预测 ……………………………………………… 293

　　第一节　犯罪预测的概念和价值 ……………………………… 293
　　　　一、犯罪预测的概念 ………………………………………… 293
　　　　二、犯罪预测的价值 ………………………………………… 294

　　第二节　犯罪预测依据的原理 ………………………………… 297
　　　　一、犯罪可知性原理 ………………………………………… 298
　　　　二、质量互变原理 …………………………………………… 298
　　　　三、历史连续性原理 ………………………………………… 299
　　　　四、统计理论和心理学原理 ………………………………… 299

　　第三节　犯罪预测的内容和类型 ……………………………… 299
　　　　一、犯罪预测的内容 ………………………………………… 299
　　　　二、犯罪预测的类型 ………………………………………… 301

　　第四节　犯罪预测的方法 ……………………………………… 303
　　　　一、犯罪预测的一般步骤 …………………………………… 303
　　　　二、犯罪预测的具体方法 …………………………………… 305

　　第五节　犯罪预测的预报 ……………………………………… 309
　　　　一、预报的种类 ……………………………………………… 309
　　　　二、预报的验证 ……………………………………………… 310
　　思考题 ………………………………………………………… 311
　　阅读书目 ……………………………………………………… 311

第十二章　犯罪预防 ……………………………………………… 312

　　第一节　犯罪预防的概念及类型 ……………………………… 313
　　　　一、犯罪预防的概念 ………………………………………… 313
　　　　二、犯罪预防的类型 ………………………………………… 316

第二节　犯罪预防的核心价值 ……………………………… 321

一、犯罪预防的核心价值——个人自由之保护 …………… 322

二、确认犯罪预防核心价值的意义 ………………………… 323

第三节　犯罪预防的可能性与局限性 ……………………… 325

一、犯罪预防的可能性 ……………………………………… 325

二、犯罪预防的局限性 ……………………………………… 327

第四节　犯罪预防的方针和基本原则 ……………………… 330

一、犯罪预防的综合治理方针 ……………………………… 330

二、犯罪预防的基本原则 …………………………………… 334

第五节　犯罪预防的主要内容 ……………………………… 336

一、犯罪社会预防 …………………………………………… 337

二、犯罪心理预防 …………………………………………… 341

三、犯罪治安预防 …………………………………………… 345

四、犯罪技术预防 …………………………………………… 351

第六节　犯罪预防模式 ……………………………………… 354

一、外国的犯罪预防模式 …………………………………… 354

二、我国犯罪预防模式的探索 ……………………………… 359

思考题 …………………………………………………………… 367

阅读书目 ………………………………………………………… 367

第十三章　犯罪控制 ………………………………………… 368

第一节　犯罪控制的涵义及其构成 ………………………… 369

一、犯罪控制的涵义 ………………………………………… 369

二、犯罪控制的构成 ………………………………………… 370

第二节　犯罪控制的主要形式 ……………………………… 373

一、积极的犯罪控制与消极的犯罪控制 …………………… 373

二、内在犯罪控制与外在犯罪控制 ……………………… 380

三、犯罪的舆论控制与犯罪的心理控制 ………………… 381

第三节　犯罪控制的目标和指标 ……………………………… 386

一、犯罪控制的目标 ……………………………………… 386

二、犯罪控制的指标 ……………………………………… 386

第四节　犯罪控制的手段和方法 ……………………………… 388

一、犯罪控制的手段 ……………………………………… 388

二、犯罪控制的方法 ……………………………………… 392

思考题 ……………………………………………………… 394

阅读书目 …………………………………………………… 394

参考书目 ………………………………………………………… 395

后　　记 ………………………………………………………… 398

第一章 导　　论

学习目标

●了解狭义犯罪学和广义犯罪学之间的联系与区别，了解犯罪学与刑法
学、社会学、犯罪心理学、刑事政策学、侦查学等学科的关系以及犯罪
学的学科体系。
●把握犯罪学概念的涵义、犯罪学的学科性质，了解有关犯罪学学科性质
的不同观点。
●重点掌握犯罪学的研究对象以及犯罪学的犯罪概念。

犯罪学作为刑事科学①领域中一门独立的基础性学科，有着广阔的研究领
域和丰富的研究内容，它可为预防犯罪和各国刑事政策、刑事规范以及司法实
践的改革完善提供强有力的支持。但由于犯罪学诞生的时间相对较短，特别是
在我国仍处于发展阶段，许多问题仍是仁者见仁，智者见智，一些基本理论和
学科体系有待进一步完善和发展。犯罪学"认识犯罪"的学术职能和"防控
犯罪"的社会职能尚未得到充分发挥。因而本书仍从犯罪学的研究对象这一
最基本的问题入手，以廓清犯罪学概念的涵义，把握犯罪学的学科性质，确立
犯罪学的学科地位，以此为犯罪学研究奠定坚实的基础。

---

① 刑事科学作为跨专业的学科群，不同于我们通常所说的"刑事法学"。因为刑事法学以演绎和
阐述刑事规范为基本使命，而犯罪学等刑事科学并不以刑事规范为研究对象，而是着眼于在对犯罪事
实分析的基础上提出有关犯罪预防、犯罪控制的方法和对策。

第一节　犯罪学的研究对象

任何一门学科都有自己特定的研究对象，正如毛泽东同志在《矛盾论》中所指出的那样，"科学研究的区分，就是根据科学对象所具有的特殊矛盾性。因此，对于某一现象的领域所特有的某一种矛盾的研究，就构成某一门科学的对象。"① 犯罪学同其他学科一样，也有着自己特定的研究对象，这是区别于其他学科的根本和依据，是犯罪学的生命。为了弄清犯罪学的研究对象，首先需要弄清犯罪学概念的涵义。

一、犯罪学的概念

"犯罪学"在词源学上，一般被认为是由拉丁文 Crimen（犯罪、罪行）和希腊文 Logos（学说、知识）组合而成，意为犯罪学或犯罪学说。荷兰著名的马克思主义犯罪学家邦格认为，犯罪学（法文 Criminologie）一词最早是由法国人类学家保罗·托皮纳尔（Paul Topinald）于 1879 年在其《人类学》著作中首先使用的，② 而第一本以"犯罪学"命名的著作，则是意大利犯罪学家拉斐尔·加罗法洛（Raffaele Garofalo）于 1885 年出版的《犯罪学》一书。此后，"犯罪学"一词被学术界逐渐接受和采用。

关于犯罪学的概念，国内外学者有多种不同的理解和界定，但归纳起来基本上有狭义和广义两种。狭义犯罪学是把犯罪行为和犯罪人作为整体进行综合研究，侧重于探索犯罪发生的原因及其规律。它亦被称为犯罪原因学。在这一领域，由于学者们在阐明犯罪原因时所采用的立场、观点和方法的不同，又可将犯罪学分为犯罪生物学和犯罪社会学两大部分。德、法、意等欧洲大陆国家多采用狭义犯罪学的观点，其内容仅限于犯罪现象和犯罪原因的研究，而对犯罪预防与控制的研究则被纳入刑事政策学的范畴。广义犯罪学不仅研究犯罪现象产生的原因及其规律，而且还研究预防犯罪的对策。即是说广义犯罪学包括犯罪原因学和犯罪预防学两部分。俄罗斯、东欧、英、美、日、波兰等国家的学者大多持广义犯罪学的观点。广义犯罪学是当今世界犯罪研究发展的总体趋势，我国犯罪学界也基本上顺应了犯罪学发展的这一潮流。因为，研究犯罪原

---

① 《毛泽东选集》（合订二卷本），人民出版社 1968 年版，第 284 页。
② ［英］赫尔曼·曼海姆：《犯罪学中的先驱者》，1972 年英文版，第 1 页。

因和制定犯罪预防对策，是解决犯罪这一社会问题相互联系、相互制约、不可分割的两个方面。其中，犯罪原因是犯罪现象得以发生的客观根据，而犯罪对策则是预防和减少犯罪的出发点和归宿。犯罪学必须同时对二者进行研究，才不至于将本来是紧密联系的两个方面割裂开来。总之，从犯罪学特有性质的内在要求出发，可将犯罪学界定为：

犯罪学是一门从整体上系统研究犯罪现象及其原因，探讨犯罪预防与控制的方法及途径的独立性科学。

二、犯罪学的研究领域

明确了犯罪学的研究对象，也就确定了犯罪学的研究领域：犯罪现象、犯罪原因、犯罪预防与控制。这些内容构成了犯罪学研究对象的特殊矛盾。犯罪学的研究领域是十分广泛的，它主要是围绕犯罪行为、犯罪人和被害人三大领域而展开的。从思维的逻辑关系看，它遵循着由现象到本质、由果溯因、由一般到个别的路径展开研究，并步步深化，层层递进，最终达到预防犯罪、减少犯罪的目的。

（一）犯罪现象

犯罪现象作为一种社会客观现象，是指在一定时空条件下所发生的全部犯罪行为的总和。犯罪现象是犯罪学研究对象的重要组成部分之一，无论是对犯罪原因的研究，还是对犯罪预防的研究，都需要在弄清犯罪现象的基础上才能进行。因此，犯罪学不研究犯罪现象就会失去研究的基础条件。尽管从犯罪发生的逻辑顺序看，犯罪原因在先，犯罪现象在后，但在犯罪现象未发生之前，对犯罪原因的研究便无从下手。只有借助于各种犯罪资料，对犯罪的状况、特点及其规律进行事实描述和统计分析，才能揭示其背后更深层次的原因及其规律，进而有针对性地采取预防对策，达到犯罪研究的目的。因此，犯罪现象是犯罪学研究最基本的素材，是犯罪学研究的起点和基础。

（二）犯罪原因

犯罪原因研究是犯罪现象研究的继续和延伸。它研究的是犯罪现象的相关关系。通过犯罪现象相关关系的分析，揭示犯罪发生的原因（因果联系）和条件，回答犯罪是怎样发生的（主观原因），犯罪行为的客观原因和条件是怎样的。在上述范畴内研究犯罪的社会客观因素，季节、气候等条件因素，主体生理、心理因素，被害人致害因素，以及它们之间的相互作用和机制。犯罪原因在犯罪学研究对象领域中被认为是最重要的组成部分，是犯罪学研究的核心。研究犯罪原因的目的在于消除犯罪原因，从这个意义上讲，犯罪学至关重要的任务就在于查明和阐释犯罪原因。因此，衡量犯罪学是否科学的重要标志，就在于它是否客观、科学地揭示了犯罪原因，准确地描述犯罪现象和犯罪原因之间的因果联系。从犯罪学的发展过程也可以看出，最初的犯罪学就是解释犯罪原因的一门学科，以至于直到现在仍存在着广义犯罪学与狭义犯罪学之分，而狭义犯罪学就是解释犯罪原因的学说。犯罪原因是一个多层次、多变量的综合性动态系统，它包含社会因素、心理因素、生理因素和自然环境因素等多种因素。当这些因素有机结合而形成一定的原因系统时，便可能导致某种犯罪现象的发生。当然，形成和引发犯罪产生的这些因素，在系统中所起的作用是不同的，各种因素对于犯罪产生所起的作用的大小、强弱、途径和过程因案件的不同而不同，常常处于一种动态的变化过程之中。就整体犯罪现象而言，社会因素是主要的，整体犯罪现象的原因，必须到一个社会的政治、经济、文化、法制、道德等社会环境中去寻找；就具体的犯罪行为而言，个体因素（行为因素或心理因素）又是十分重要的，任何犯罪行为的发生都是在个体的心理支配下外化的结果；另外，被害人因素和某些生理、自然环境因素等也都会对犯罪有一定的影响，是整个罪因体系中不可或缺的重要组成部分。但一般而言，任何犯罪都是上述诸因素相互作用的结果。正如恩格斯所言，"相互作用是事物的终极原因"。

（三）犯罪预防和控制

犯罪预防和控制主要是为了消除犯罪的原因和条件而采取的综合防治措施。它研究的是预防犯罪的基本理论和方略方面的问题。犯罪预防和控制是犯罪研究的目的和归宿，无论是对犯罪现象的描述，还是对犯罪原因的研究，归根到底是为预防和减少犯罪服务的。在犯罪学研究中，必须在掌握过去和现在犯罪基本情况的基础上，运用科学方法对将来犯罪的发展趋势进行推断和展望，为制定犯罪预防对策和措施提供依据，并在社会治安综合治理方针的指导下，进一步探索犯罪预防的方法与途径；建立起社会预防、心理预防、治安预防、被害预防和情景预防的犯罪防范体系；加强对社会治安秩序的控制，完善社会控制网络体系；探索新时期犯罪人矫治的新途径。

第二节　犯罪学的学科性质

由于犯罪学的研究对象是极其复杂的社会现象，人们对犯罪形成的原因、治理犯罪的主要措施以及犯罪学的研究方法和所应用的知识领域难免会存在较大的分歧。犯罪学在我国就像学科园中一个流浪儿，其性质一直没有定说。因此，犯罪学若要在今后获得更大的发展，廓清其学科性质是非常必要的。综观犯罪学学科性质的有关论述，主要有以下几种观点：

一、法学学科观点

犯罪学最早脱胎于 19 世纪中叶的刑事古典学派（古典犯罪学派），与法学有着悠久的渊源关系。也就是说，胚胎时期的犯罪学被视为法学。法学观点至今对人们仍有着深刻的影响。在欧洲大陆国家，犯罪学基本上被视为刑事法学中的一门学科，犯罪学研究者大多同时为刑事法学者，犯罪学课程通常在大学法学院或法律系开设。苏联以及现在的俄罗斯的犯罪学也倾向于刑事法学，并同时强调犯罪学是一门法社会学。我国理论界，现在虽然已经很少有人认为犯罪学是刑法学的一个分支学科，但犯罪学属于刑事法学的观点还是颇具影响力。2011 年之前，在我国国家教育社科序列中，犯罪学被明确定位于法学的二级学科——刑法学的一个子学科。目前，公安学已被国家确立为一级学科，犯罪学有可能成为其下的二级学科。

二、社会学学科观点

犯罪是一种特殊的社会现象，社会学作为一门对人类社会和社会互动进行系统、客观研究的学科，其研究社会现象和社会问题的特殊视角和独特方法，使得一些学者倾向于将犯罪学看作是社会学的一个分支。在美国，犯罪学被公认为是社会学的一部分，或认为犯罪学即是"刑法社会学"，研究者多为社会学家，犯罪学理论也多为社会学理论。著名的犯罪学家柏吉斯（E. W. Burgosas）、麦凯（H. D. Mckay）、肖（C. R. Shaw）等同时也是著名的社会学家。如美国学者 D. 斯坦利·艾兹恩（Stanley Azyn）与杜格·A. 蒂默（Ringer. A. Tumer）在他们所著的《犯罪学》一书中就明确指出："我们确信，犯罪和控制犯罪主要是社会问题，从而概括社会学的观点能得到最清楚的阐述、解释和理解。"① 苏联包括现在的俄罗斯、东欧以及我国也有少数学者认为犯罪学是社会学的一个分支。

---

① ［美］D. 斯坦利·艾兹恩、杜格·A. 蒂默：《犯罪学》，谢正权等译，群众出版社 1989 年版，第 2—3 页。

三、边缘学科观点

此为苏联犯罪学者中一个占主导地位的观点，至今在俄罗斯仍有较大的影响力。他们认为：一方面，那种把犯罪学看成是法学的观点是片面的，因为作为犯罪学研究对象的某些基本因素，如犯罪原因、促使犯罪实施的条件、犯罪的一般社会预防等，显然都超出了法律现象和法律关系的范围；另一方面，那种把犯罪学仅仅看作是社会学或社会学一部分（犯罪社会学）的观点也失之偏颇，它势必割裂犯罪学与法学的联系，使其脱离法学，由此导致犯罪学研究对象的外延（"反社会现象"、"越轨行为"）模糊不清。① 要知道，犯罪的一系列基本概念，如犯罪、犯罪人和法律防范等，是由各部门法（如刑法、刑事诉讼法等）确定和调整的。因而"犯罪学应被视为社会法学，即处于社会学和法学的边缘地位的学科。"② 我国仍有个别学者认同这一观点。

四、综合性学科观点

在美国，20 世纪 50 年代后，一些学者开始摆脱只用社会学观点研究犯罪现象的垄断地位的影响，认为对犯罪现象应从多角度和采用各种不同的方法进行多方面研究。越来越多的学者认为"犯罪学是一门交叉学科。"日本学者菊田幸一在其所著的《犯罪学》一书中，对犯罪学的综合性学科性质作了明确的说明。③ 在我国学者中，认为犯罪学是综合性学科的占相当大的比例，并且有日渐增多的趋势。如王牧教授曾认为："综合性犯罪学概念相对于多元犯罪学概念有很大的科学性，其基本观点是正确的。犯罪学应当在综合其他各种独立学科的内容和成果的基础上进行发展。"④ 白建军教授认为："犯罪学是综合运用多学科的理论方法研究犯罪问题的学问……因此，应当说犯罪学是一门综合科学。"⑤

不过，在同持综合性学科观点的学者中，又可根据他们对某一或某些学科在犯罪学中所处地位和所起作用认识的不同，将他们的观点区分为以下五种：（1）笼统的综合性学科观点。该观点没有特意强调某一学科的基础作用，而是一概笼统地罗列一些学科以说明其在犯罪学研究中的地位和作用。（2）以

① ［苏联］B. K. 茨维尔布利等：《犯罪学》，曾庆敏译，群众出版社 1986 年版，第 4 页。
② ［苏联］B. K. 茨维尔布利等：《犯罪学》，曾庆敏译，群众出版社 1986 年版，第 4 页。
③ ［日］菊田幸一：《犯罪学》，海沫等译，群众出版社 1989 年版，第 1 页。
④ 王牧：《犯罪学》，吉林大学出版社 1992 年版，第 18—19 页。
⑤ 白建军等：《犯罪学原理》，现代出版社 1992 年版，第 8 页。

社会学为基础的综合性学科观点。（3）以法学为基础的综合性学科观点。①
（4）以社会学、法学为基础的综合性学科观点。② （5）以法学、社会学、心理学为基础的综合性学科观点。

五、独立的综合性学科观点

独立的综合性学科观点，是当今世界大多数犯罪学家普遍认同的观点。德国犯罪学家汉斯·约阿希姆·施奈德在他的鸿篇巨著《犯罪学》一书中，以醒目的字体写道："犯罪学——独立的、跨学科的、国际的、经验型与联系实际的科学。"③ 郝宏奎在他发表的《论犯罪学的学科性质和地位》一文中认为："犯罪学的学科性质是综合的，学科地位是独立的。""犯罪学虽然借助于诸多学科的方法和理论，但它并不从属于其中任何一门学科，具有独立于这些学科的功能和价值。它尽管横跨社会科学和自然科学两大领域，但就其主导方面而言应属于社会科学。它应作为社会科学中与政治学、经济学等学科相并列的一级学科。"④

六、独立的基础性社会科学观点

综观以上犯罪学学科性质的种种观点，尽管皆有其合理的成分，特别是"独立的综合性学科"观点，在上述各家之言中是最接近科学性的认识，也是目前大多数学者的主张，但从科学意义上来看，仍稍嫌不足，尚需进一步推敲。因为大凡独立性的东西皆有鲜明的特征，而综合性往往是概括性的代名词，它与独立性是相矛盾的。"概括性之类的东西，在学术上就很难成为独立学科。"⑤ 实际上，任何一个大学科，都具有很强的综合性，但只有将这些综合性的因素融为一体，才能使其具有独立性。而一旦融为一体，它也就失去了综合性质，从而发生质的变化。今天，我们正处在科学的高度分化与高度融合的新时代，对任何一门学科，特别是对一门大学科的研究，仅仅运用单一学科的知识与方法显然难以完成其历史使命，而必须融会贯通多学科的知识，才能有所收获。比如：法学，既研究国家的政治、经济、文化（民风、民俗等）、

---

① 康树华等：《犯罪学大辞书》，甘肃人民出版社1995年版，第273页。
② 魏平雄等：《犯罪学教程》，中国政法大学出版社1998年版，第15页。
③ ［德］汉斯·约阿希姆·施奈德：《犯罪学》，许章润译，中国人民公安大学出版社、国际文化出版公司1990年版，第165页。
④ 郝宏奎：《论犯罪学的学科性质和地位》，载《中国人民公安大学学报》1996年第6期。
⑤ 宋浩波：《犯罪学原理》，中国人民公安大学出版社2001年版，第9页。

伦理、道德等问题，又研究家庭、婚姻、劳动、商贸、金融等内容，但却没人将其归为综合性学科。经济学、史学、社会学等学科也一样，而唯独将犯罪学定位于综合性学科，显然没有道理。出现这种情况主要是犯罪学在我国研究的时间相对较短，还没有从整体上将众多学科的知识与方法融会在一起进行研究造成的，而非犯罪学自身的原因所致。

因此，犯罪学应当被认为是从整体上研究犯罪现象、犯罪原因和犯罪防控对策的一门独立的基础性社会科学。它完全可以独立于经济学、法学、史学等这些大学科之林，与它们并驾齐驱；它也可以和其他基础性社会科学一样，拥有一个庞大的学科体系，在犯罪学的麾下，形成众多的分支学科，如犯罪生物学（犯罪人类学、犯罪心理学、犯罪精神病学、犯罪生物学①等）、犯罪社会学（犯罪社会心理学、犯罪统计学、犯罪地理学、犯罪被害人学等）、犯罪预防学（治安管理学、刑罚学、监狱管理学）等。

犯罪学学科地位的独立性主要表现为：其一，犯罪学有自己的历史（它最初是一个学派，被称为犯罪古典学派，尔后逐渐发展为一门独立的学科）和遍布全世界的研究所和组织机构。其二，犯罪学虽然借鉴了诸多学科的知识与方法，但它既不是多门学科与方法的机械拼凑，也不属于其中任何一门学科，相反，它海纳百川，汲取众家之精华，融会贯通，为了达到自己的目的，把社会科学的知识与方法，甚至包括一些自然科学的知识与方法转化为自己的理论与独立研究方法，从而使自己成为一门名副其实的独立学科。其三，任何一门学科都有自己特定的研究对象，特定的研究对象是该学科赖以建立和区别于其他任何一门学科的基础。犯罪学以犯罪现象、犯罪原因、犯罪预防和控制作为自己特定的研究对象，对社会领域这一特殊矛盾的研究，是犯罪学以外任何一门学科都无法替代的。所以，用犯罪学本身之外的任何一门学科和属性来标定犯罪学的属性都是片面的，是不符合事实的。其四，犯罪学所研究的犯罪概念，不是形式上的、法律上的，而是事实上的，是一种"客观事实"，它的研究范围要比刑法学上的犯罪概念宽泛得多。犯罪学在此基础上定位自己的研究对象，使自己不再从属于任何一门学科，有充足的理由具备了独立于这些学科的功能和品格。其五，犯罪学的独立学科地位，不仅仅因为其理论体系的完备和严密，更是其客观的社会现实实践的迫切要求与升华。从世界范围看，犯罪对人们生活的威胁甚至超过了战争和疾病，它与环境污染、吸毒一起被称为国际社会的三大公害。因此，应将对犯罪问题研究的犯罪学，提升到与政治问题、军事问题、经济问题、法治问题、环境问题等同等重要的地位上来，赋予

---

① 这里指狭义的犯罪生物学。

它应有的学科地位。

第三节　犯罪学的犯罪概念

犯罪学自诞生以来，借助于科学实证，在预防和控制犯罪以及在促成刑法改革方面都取得了显著的成就。但与此形成鲜明对照的是，犯罪学至今没有形成一个与其他学科相区分的独立的犯罪概念。犯罪学者总是在刑法学和社会学所提供的犯罪概念框架内研究犯罪，它要么依靠或主要依靠刑法规范来确定犯罪概念的外延，要么是从社会问题的意义上理解犯罪的内涵，犯罪学本身至今未能提供区分"罪"与"非罪"的标准，未能形成标志自身品格的犯罪概念。犯罪学依然是"没有国土的国王"。

为了促进犯罪学学科的发展，我们应当厘清犯罪概念的含义，或者应当对怎样理解犯罪提出一条准则，以找出所有犯罪形式的共同点，这无疑有助于我们全面把握和理解犯罪的本质属性，促进刑事制度的改革与完善，有效控制和预防犯罪，充分发挥犯罪学实证学科的优势。

一、国外学者对犯罪概念的界定

（一）天赋人权和伦理定义

该定义的出发点是社会中存在一种独立于时空的犯罪现象。意大利的犯罪学家加罗法洛在其《犯罪学》一书中提出了"天然犯罪"的概念。他把违反人类社会所具有的怜悯和正直的两种道德观念看成是"天然犯罪"的本质，是真正的犯罪。1856年荷兰犯罪学家赫尔曼纳斯·比安基也提出了类似的犯罪定义，认为犯罪是一种有罪孽的、受到伦理谴责的、挑衅性的错误行为。这种行为可以通过刑法被禁止并绝对要求社会方面对此自觉作出反应。上述观点一开始就遭到很多人批评，因为价值和规范因时因地而异，如果确定存在任何一种社会都公认的犯罪行为的话，那是极其罕见的。犯罪行为取决于一种社会制度的体制及当时社会过程所处的阶段，不可能存在一种"天然的犯罪行为"。

（二）刑法定义

认为犯罪是触犯刑法规范的行为。这种定义的优点是最大可能的明确性。犯罪的定义是由刑法和法官的判决决定的，没有国家和法律就没有犯罪行为，它所赋予公民的这种法治国家的保障具有重要意义和重大价值。这种观点的缺点是在时间与地点上受一种特定的法律制度的束缚，因此也就不可能与那些具有不同法律制度的国家作犯罪学的比较研究；而且，其更大的局限性还在于它把已确立的刑法规范作为起点，从刑法学手中接受研究对象，从而使自己成为刑法的"仆从"，最终丧失独立性的品格。

（三）社会定义

该定义想用行为规范取代刑法规范，把犯罪看成是违反社会规范的行为。索斯坦·塞林（1938）竭力主张社会定义。斯蒂芬·赫维茨（1952）等人试图根据行为的反社会性、社会危害性来确定犯罪学的犯罪概念。他认为，犯罪社会定义的灵活性、易变性和不确定性既有优点也有缺点。因为，在各种社会群体中会产生无穷无尽的、多种多样的行为规范，什么是越轨行为，最终将取决于公众舆论。但在一个多元化社会里关于社会越轨行为的公众舆论是有分歧的，究竟什么行为被视为反社会的、有害的，在社会过程中完全是因时因地而异的。因此，用社会越轨行为来规范犯罪概念是不恰当的。

（四）刑法和社会定义

该定义以双重方式来确定犯罪概念。邦格尔（1936）认为，犯罪是一种严重的反社会行为，国家因此应当以使其遭受痛苦的方式（惩罚）作出反应；埃里希·布赫霍尔茨、里夏德·哈特曼、约翰·莱克沙斯、格哈德·施蒂勒（1971）以及英国的霍布斯、意大利的贝卡利亚等人皆认为，犯罪是一种社会法律现象；马歇尔·B. 克林纳德（1974）把犯罪定义为一种被视为危害社会并受到国家惩罚的行为。

（五）冲突论定义

该定义认为犯罪行为与惩罚是在社会矛盾中形成的。北美犯罪学家理查德·昆尼（1997）认为，犯罪行为作为人类行为的法律定义是由一个在政治上有组织的社会里的统治阶级代理人创造出来的。犯罪行为的各种定义都由那些与统治阶级利益相冲突的行为所组成。犯罪定义被有权创造并适用刑法的阶级所使用。马克思认为，"蔑视社会秩序最明显、最极端的表现就是犯罪"，"犯罪是孤立的个人反对统治关系的斗争。"①

（六）心理和社会动态的现实主义定义

该定义强调，"犯罪"是一种命名，一种由外界赋予某种人类行为的命

---

① 《马克思恩格斯全集》（第 2 卷），人民出版社 1960 年版，第 416 页。

名，而且最终这种命名在一个民主社会里取决于居民的多数，而在一种专制制度下取决于当权者的意志。汉斯·冯·亨蒂希（1947）认为，什么是犯罪行为取决于一个社会里多数人的同意；一种行为算不算犯罪行为，要视使用刑法保护社会的一部分人和犯法的另一部分人之间的数量对比而定。理查德·R. 科恩和劳埃德·W. 麦考克尔（1967）认为，犯罪行为是一种作为与不作为，而这种作为与不作为的"犯罪"性质是由国家机构归咎于某个个人的。休·D. 马洛（1978）认为，犯罪行为归根到底是制定和执行刑法者用来称谓人类行为的一种命名。①

二、我国学者对犯罪概念的探讨

犯罪学应当成为一门独立完善的学科，但这并不意味着它是一门用统一的方式来看待犯罪的学科。新中国成立后的很长一段时间里，我国学者对于犯罪的定义趋同于法学。20 世纪 80 年代后，随着犯罪问题的突出和研究的深入，一些学者从不同角度提出了不同的犯罪概念。

（一）刑法学犯罪概念

该概念认为刑法学的犯罪定义也就是犯罪学的犯罪定义，即犯罪学所研究的危害社会的行为，必须是刑法上已经构成犯罪的行为。就其外部形态来看，它有三个特征：一是具有社会危害性；二是具有刑事违法性；三是应受刑事处罚性。这种观点散见于 20 世纪 80、90 年代的某些犯罪学著述中，但在刑法理论中则为通说。该观点的实质是，犯罪学研究的犯罪现象只能局限于刑法规定的范畴，对犯罪原因与犯罪预防的研究也不能游离于刑法规定的犯罪概念的范围。

（二）扩大的刑法犯罪概念

该概念认为犯罪学和刑法中的犯罪概念，都应以刑法的规定为依据，两者基本相同，但前者又不局限于刑法规定的范围。因为犯罪学研究犯罪现象以预防犯罪作为出发点和归宿，因而犯罪学意义上的犯罪概念，不仅包括刑法上所规定的犯罪行为，而且还包括刑法中没有规定，但对社会具有危害性的违法行为和不良行为。这种犯罪定义一般表述为：犯罪是严重危害社会应受制裁

---

① ［德］汉斯·约阿希姆·施奈德：《犯罪学》，许章润译，中国人民公安大学出版社、国际文化出版公司 1990 年版，第 74—84 页。

（或应受处罚）的行为。① 此说在目前我国学术界仍有不小的市场。该观点的实质是，对犯罪学犯罪概念的界定，原则上应遵从于犯罪的法律定义，但又不必严格受制于刑事违法要素，从而扩大了犯罪学犯罪概念的外延。

（三）功能性犯罪概念

该概念认为社会危害性是犯罪的本质属性，任何具有严重社会危害性的行为都属于犯罪学的研究范围。犯罪学中的犯罪定义不需要回答什么行为应当判定为犯罪以及如何对它进行惩罚的问题，它要回答的是哪些行为应当被视为犯罪，并对这种犯罪进行研究，以期找到预防控制这类行为的有效途径的问题。实际上，犯罪学中的犯罪定义所解决的是犯罪范围问题。这一问题的中心是确定犯罪学上犯罪概念的原则。功能性犯罪定义与法定犯罪定义既有联系又有区别，它们各自服务于不同的研究目的，它们在内涵和外延上既不相互包容，更不等同，而是存在着一种交叉关系。在内涵方面，犯罪学的犯罪概念以严重的社会危害性为唯一要素，不受刑事违法性制约。在处延方面，犯罪学上的犯罪包括：第一，绝大多数法定犯罪。在法定犯罪中，有一部分犯罪由于不具有或已失去严重的社会危害性而需要"待非犯罪化"，但却未被非犯罪化而仍具有刑事违法性，犯罪学当然没有研究这类行为的必要。第二，准犯罪，即那些未被法定为犯罪，但却已具备严重的社会危害性因而应当作为犯罪来研究的行为，如未成年人、精神病人等所实施的具有严重社会危害性的行为。第三，待犯罪化的行为。这是指具有严重的社会危害性，应当法定为犯罪但却未被法定为犯罪的行为。这类行为当然应该纳入犯罪预防体系中进行理性评价。总之，功能性犯罪定义的内涵就是严重的社会危害性行为，外延就是绝大多数法定犯罪、准犯罪、待犯罪化的犯罪。②

上述三种观点中，第一种观点（法学概念）因明显混淆了刑法学与犯罪学的学科性质，忽视了犯罪学作为刑事科学的基础性学科所具有的独特研究对象的目的性和学术职能，已为学术界所否定。第二种观点（扩大的犯罪概念）虽然指出了犯罪学与刑法学中的犯罪概念应有所区别，但这种区别仅仅是满足于犯罪学自身对犯罪现象这一研究对象目的性的特殊需要，而不是基于两者对犯罪存在着各自不同的独立理解这一基本点提出的，这种做法恰好为刑法学者所诟病：既然犯罪学的犯罪概念是以犯罪的法律概念为样本的，那么犯罪学就应当作为刑法学的辅助学科，为刑法学服务，而没有必要超出犯罪的法律概念

---

① 康树华：《犯罪学》，法律出版社1999年版，第4页；王牧：《犯罪学》，吉林大学出版社1992年版，第43页。

② 王燕飞：《犯罪学基础理论研究导论》，武汉大学出版社2010年版，第90页。

步入越轨行为、社会问题的领域，将自己变成不伦不类的犯罪社会学。^① 第三种观点（功能性犯罪概念）认为，犯罪学应该有着不同于刑法学的特殊使命，并以此为立论根据，参照我国刑法对犯罪的规定，从犯罪学的角度对犯罪的内涵和外延进行了阐述。应该说这些主张基本上是正确的，但也存在一些明显的不足，主要是它没有同时明确回答两个问题："犯罪是何种严重社会危害性"？"何种严重社会危害性是犯罪"？尤其是后者表征了犯罪学独立确定研究对象的能力。因为，从最广义上讲，犯罪学的犯罪概念完全可以扩张至越轨行为、社会问题的领域；反过来说，社会学同样可以"吞并"犯罪学的研究领域，即这种仅由单纯的事实向度（反社会性）构成的犯罪概念不能支持犯罪学者有意将犯罪学与社会学相区分的努力，^② 犯罪学的犯罪概念仍有待进一步探讨。

三、对犯罪学犯罪概念的理性审视

犯罪学者常常对至今尚未形成标志自身品性的犯罪概念而苦恼。其实只要我们回过头来仔细考察一下犯罪学产生、发展的历史就不难发现，造成这种所谓的尴尬局面，并不是我们学者本身的理论水平妨碍了犯罪学犯罪概念的形成，而是由犯罪学自身的特征所决定的。如果我们不对犯罪学的历史使命和学科性质进行认真的审视和重新定位，犯罪学仍然会继续在刑法学或社会学等学科的框架下确定自己的研究对象，从而使犯罪学研究偏离重心，难以发挥预防和控制犯罪的实证学科的优势。

犯罪学是研究事实而非规范与价值的学科，这是目前学界关于犯罪学学科性质的普遍看法，它应当成为犯罪学研究的一条基本原则。从犯罪学的起源看，刑事实证学派于19世纪末20世纪初奠定了犯罪学的基本框架。它以科学实证为方法论，不仅从生物学、心理学和社会学的角度阐释犯罪的原因，而且最重要的是它通过批判刑事古典犯罪学派对预防和控制犯罪的无效性，将对"犯罪"的研究从规范分析和哲学思辨中拯救出来，并促成犯罪研究的规范分析向事实分析的转向。这一转向的实质在于，犯罪学发现了"犯罪"不依赖于规范意义、价值意义而独立存在的事实意义，这就是犯罪本身所具有的客观规律性。犯罪学的重大发现是，要想预防和控制犯罪就必须立足于作为客观事实的犯罪行为、犯罪现象自身的规律性，正是犯罪所具有的这种客观规律性决定了犯罪的产生与存在是预防和控制犯罪的内在根据。而对作为客观事实的犯

---

① 谢勇：《犯罪概念的模拟讨论》，载《社会公共安全研究》1994年第3期。

② 赵国珍：《刑事法要论》，法律出版社1998年版，第17页。

罪所进行的价值判断和规范评价的刑法学，尽管有其非常重要的使命，但它对于预防和控制犯罪是无能为力的。而犯罪学作为一门事实性学科，其特殊的历史使命决定了它只能作为犯罪原因学和犯罪防控学而存在，也正是以此为基点，犯罪学通过科学实证分析将犯罪现象的特征和变化规律描述出来，为预防和控制犯罪提供了理论依据。至于我们所称的犯罪是日常语言上的、伦理意义上的，还是社会学意义上甚或是法学意义上的，这些差别对于犯罪学的发展与功能发挥不会产生太大的影响。

因此，犯罪学者大可不必为至今没能形成一个为大家所公认的犯罪概念而烦恼。作为事实分析科学而非规范科学的犯罪学，不论我们采纳犯罪的生物学概念、心理学概念，还是社会学概念，无论我们将犯罪学的研究范围收缩为法定犯罪还是扩张至越轨行为、社会问题，只要我们按照犯罪学的研究原则进行研究，就不能说它是非犯罪学研究。实际上，犯罪学在它诞生后的100多年里所取得的巨大成就即是在没有统一、完整的犯罪概念背景下取得的。犯罪学正是在观察解剖犯罪人、进行犯罪统计和社会调查以及心理实验的过程中，从解决一个又一个现实问题逐渐发展起来，并形成了解释犯罪原因的理论模型，具有了描述和预测犯罪的能力，提出了有效的犯罪对策。因此，根据日常生活的经验，凡是那些我们认为有必要予以预防和控制的社会危害行为，我们都可以考虑将其纳入犯罪学犯罪概念的范围。在犯罪学的视野中，"罪"与"非罪"的区分没有逻辑必然性，犯罪概念对其仅有研究指向上的意义而无演绎与规范的意义。当然，强调犯罪学的犯罪概念应当独立于刑法罪刑定义，保持与刑法学犯罪概念的应有距离，并不意味着否认刑法学犯罪概念对犯罪学研究的重要性。犯罪学需要其他学科，特别是需要以刑法学的界定来划分自己的研究范围。严格地说，犯罪始终是事实与规范的复合体，离开了价值判断和行为规范，脱离刑事法领域，不以刑事犯罪为自己研究的重点，单纯以客观现象界定犯罪是不充分的。因为，法定犯罪的严重社会危害性和破坏性使其成为最需要严格控制的"犯罪"，正是刑法上的犯罪典型性，使犯罪学能够以此为参照确定自己的研究范围和研究重点。不仅如此，这种具有超强控制与打击职能的控制"犯罪"的工具和手段，也是需要犯罪学予以评判和控制的。从这个意义上讲，犯罪学在功能上对刑法学不仅具有基础性、补充性，而且更具有批判性，它能够有效防止刑事法固有的偏差和滞后性，促进刑事法更好地适应社会发展的需要。离开刑事法领域，将犯罪作为单纯的社会问题进行研究，犯罪学就会失去它存在的根据。在社会问题的研究上，社会学更有发言权。因此说，离开犯罪的刑法学概念和社会学概念，犯罪学无法独立确定自己的研究对象。犯罪学只能将犯罪界定为一种有着自身规律的客观现象，至于它在外延上有多大，犯罪学者完全可以依据自己的理论背景、个人偏好作出合理的判断。犯罪学无法像刑法学那样给犯罪提供统一的认定标准，这不以犯罪学者的意志为转移。

第四节　犯罪学与相邻学科的关系

犯罪作为一种极其复杂的社会现象，涉及社会生活的各个领域，从而成为众多学科的研究对象。除刑法学、刑事政策学等刑事科学外，社会学、心理学、生物学、统计学、教育学、经济学、精神病学等非刑事学科也从不同角度和运用不同的方法对犯罪予以研究，从而决定了犯罪学与其他众多学科有着密切的关系。研究犯罪学与其他相邻学科的联系与区别，不但能够更加深入地把握犯罪学的研究对象、学科性质与功能，完善犯罪学的学科体系，而且有助于我们密切关注有关学科的发展动态，并及时有效地运用其最新研究成果，丰富和完善犯罪学的学科体系，推动犯罪学不断向前发展。

犯罪学与相邻学科的关系，除个别偏激的观点外，大部分学者一般认为，它们既有联系又有区别，主要表现为研究对象上的相互渗透和研究方法上的相互借鉴。

一、犯罪学与刑法学的关系

刑法学以犯罪和刑罚作为自己的研究对象，它旨在解决的核心问题是如何准确地定罪和适用刑罚；犯罪学作为主要以刑法学、社会学、心理学为基础并对犯罪现象从整体上进行研究的一门学科，二者在研究对象上相互渗透。如前所述，犯罪学起源于19世纪末20世纪初的刑事实证学派，可以说，刑事实证学派即是早期的犯罪学。作为"起源"，刑事实证学派奠定了犯罪学的基本框架。实际上，许多犯罪学家过去曾是而且现在仍然是刑法学家，犯罪学与刑法学二者之间有着某种天然的联系。

从刑法学的角度看，刑法学所确定的具有一定法律特征的犯罪行为，决定着犯罪学的主要研究方向，成为犯罪学研究的核心内容。离开了刑事法领域，就会混淆犯罪行为与其他危害社会的行为之间的界限，就可能导致将犯罪作为单纯的社会问题（或违法问题）进行研究，犯罪学就会失去它存在的根据。以刑事犯罪或者说以具有刑事意义的犯罪作为自己研究的重点，不但是因为刑事犯罪具有高度的破坏性和危险性，是最需要加以控制的"犯罪"，而且因为

"刑法以其超强制性成为最具破坏性的因而也是最需要科学理性约束的打击、控制'犯罪'的工具和手段——犯罪学既要致力于对犯罪的控制，同时又应重视对控制犯罪的控制"①。犯罪学对刑事手段的评价，首先是以现行刑罚制度为对象的，而刑法学对犯罪人和犯罪行为的分类方法又是犯罪学研究的必要条件。社会中的犯罪行为形形色色，各种各样，实施犯罪的人也极其复杂，如何认识犯罪的本质和规律？如何对犯罪进行有效的预防和控制？分类是认识事物的最好方法之一。所以，犯罪学必须借鉴刑法学对犯罪行为和对犯罪人的分类方法，才能更加科学有效地确定犯罪指标体系，对各种犯罪进行实证研究。

从犯罪学的角度看，刑法学的研究也要利用犯罪学的研究成果，如果我们回顾一下刑事立法和刑法学的历史发展进程便可看出，诸如有关未成年人犯罪、惯犯、累犯、有组织犯罪、环境犯罪、恐怖犯罪、计算机犯罪等犯罪人类型和犯罪种类的界定与研究，无不来源于犯罪学的研究结论；犯罪学在功能上还具有补充性和批判性，它能够有效防止刑事法固有的道德化、政治化的主观倾向，促使刑事法不断地作出相应的调整，以此更加符合自身的规律；犯罪学关于犯罪预防体系的概念和研究成果，已被作为方针运用于包括刑法学在内的刑事科学。事实上，犯罪学具有相当的超前性，它应当而且必须走在刑法学的前面，它的研究结论极大地拓展了刑法学的视野，为刑法学的建构和改良提供了基础。可见，犯罪学和刑法学的研究成果具有互补性。

尽管犯罪学与刑法学有着密切的联系，但两者的区别也是显而易见的，它们分属于不同的独立学科。其一，从学科性质上看，刑法学是一门规范性科学，它以刑法典及其法律解释为依据，对犯罪现象进行规范性研究，侧重于认定犯罪、揭示犯罪的法律特征，以及犯罪与刑罚之间的相互关系，以准确地惩罚犯罪。犯罪学则不同，它是一门事实性学科，它关注的重点是犯罪的动态过程以及犯罪现象的特征和规律，主要是通过实证分析，以理论模型的形式将犯罪产生、存在和变化的规律描述出来，为人们预防和控制犯罪寻找科学依据。所以，如果说刑法学重在支撑刑法的人权保障机能，那么，犯罪学支撑的就是刑法的社会防卫机能。其二，从研究内容上看，犯罪学的学科性质决定了它比刑法学的视野更为广阔。它不仅研究刑法所规定的犯罪，而且还研究刑法未规定的与犯罪有密切联系的"客观事实"。在探讨犯罪原因方面，犯罪学把刑事立法和刑事司法视为影响犯罪生成的一种因素，并把刑事惩罚制度视为整个犯罪预防体系的有机组成部分。其三，从研究方法上看，刑法学侧重于在调查研

---

① 白建军：《犯罪社会控制》，载《中外法学》2000 年第 2 期。

究的基础上，采用演绎分析和比较的方法，服务于保障人权的研究目的。而犯罪学不是从抽象的思辨和逻辑演绎发展起来的，它侧重于实证研究或经验研究方法，采用诸如社会调查、观察、实验、个案剖析、临床诊断等研究手段，注重收集第一手资料，以服务于客观描述犯罪现象、正确分析犯罪原因和预防犯罪的研究目标。实际上，犯罪学就是从解决一个个现实问题发展起来的。犯罪学正是从观察解剖犯罪人、进行犯罪统计以及社会调查和心理实验的过程中，逐渐形成了解释犯罪原因的理论模型，具有了对犯罪进行描述和预测的能力，并提出了切实有效的犯罪对策，从而使犯罪学建立在科学实证的基础之上。

二、犯罪学与社会学的关系

犯罪现象是一种特殊的社会现象，是由各种社会矛盾综合作用的结果。因此，犯罪现象以及产生这种现象的原因既是社会学的研究对象，又是犯罪学的研究对象。社会学是对人类社会和社会互动进行系统、客观研究的一门科学。它主要是从社会结构、社会控制功能、人的社会化过程的弊端而引发的各种社会问题，如失业、辍学、酗酒、卖淫、嫖娼、赌博、吸毒、家庭解体、分配不公、人口失衡等各种社会因素对犯罪的影响方面进行研究，提出改良社会的方案或政策。犯罪学也研究犯罪现象的社会原因，并且随着犯罪学研究的日益深入，社会原因已成为犯罪的主导原因，并且在犯罪学与社会学的交汇处形成了一门新的边缘学科——犯罪社会学。由此可见，这两门学科在研究内容上相互交叉、相互渗透，犯罪的社会原因是它们共同的研究领域和研究对象，研究成果具有很大的互补性，研究方法也有雷同之处。

但它们毕竟是两门完全不同的独立学科。从研究的范围看，与犯罪学只研究犯罪这一特殊的社会现象不同，社会学研究的是所有的社会现象，是从整体上研究社会运行和协调发展的规律性。从研究对象上看，社会学研究的是犯罪的部分原因——社会原因，而犯罪学研究的是犯罪的全部原因。必须承认，社会学的理论、方法和成果所说明的犯罪的社会原因，只是产生犯罪的一个重要方面，而不能说明在同样的社会条件下，为什么有的人犯罪，而有的人不犯罪。这说明，社会学或犯罪社会学的研究成果尚不能揭示犯罪原因的全部内容，以及犯罪的社会原因和犯罪的主体原因相互作用的过程。犯罪学则不仅要研究犯罪的社会原因和犯罪的主体原因及其相互作用的过程，而且还要研究影响犯罪的各种相关因素和条件，致力于刑事制度的改革与完善，进而为预防和控制犯罪提供理论依据。

三、犯罪学与心理学的关系

心理学是以个体心理现象及其变化规律为研究对象的科学，它与犯罪学之间的联系是一种知识、原理的借用关系。一般地讲，犯罪行为是人的有意识、有目的的活动，不可避免地要受人的心理活动的支配与影响。犯罪学对犯罪现象特别是犯罪原因的揭示，必须借助于心理学的原理与研究成果，解释犯罪人的心理与行为的内在联系。在犯罪学研究中，需要透过犯罪的主、客观因素相互作用的机制分析犯罪现象，探求各种对犯罪起推动或抑制作用的心理机制。运用心理学的知识和原理，可以深入探讨犯罪动机、心理机制的形成过程，分析犯罪心理运动、变化和发展的规律性，总结不同类型的犯罪人的心理特点及其与犯罪的关系，控制犯罪的外部条件，改善犯罪主体的内部结构，进行心理矫正和治疗，有效地预防犯罪。因此，犯罪学研究需要借助于心理学的研究成果；心理学的研究成果，深化了犯罪学的研究内容，开阔了犯罪学研究的视野，为揭示犯罪的成因和预防犯罪提供了重要的心理依据。

心理学研究成果在犯罪研究中的广泛应用，导致在犯罪学与心理学的交汇处形成了一门新的边缘学科——犯罪心理学。犯罪心理学的产生与发展既是当代科学不断分化的产物，同时也是不同学科联合攻关、不断走向融合的结果。

但是，犯罪学与心理学的理论分野也是显而易见的。以心理现象及其变化规律为研究对象的心理学，研究的只是犯罪现象的一个特定领域，即只是在犯罪心理这一特定方面同犯罪学发生交叉，因而可以直接叫它犯罪心理学。

犯罪心理学作为犯罪学的一个分支学科，在研究犯罪问题上有其明显的局限性。它不像犯罪学那样全方位地研究犯罪，不能说明犯罪的社会原因，解释犯罪人形成犯罪心理的机制，更不能科学、全面地揭示犯罪现象产生、变化和发展的运动过程。因而，应当明确二者的区别，犯罪心理学只是犯罪学的一个分支学科。

四、犯罪学与刑事政策学的关系

刑事政策学是一门研究现行的刑罚及有关制度，探讨如何改善和运用刑罚及有关制度以打击和预防犯罪的科学。

从上述概念可以看出，犯罪学与刑事政策学都以犯罪人和犯罪预防为其客体，同属于刑事学科。刑事政策学尤其是在立法对策、行刑时间或实体法对策与程序对策等方面为犯罪学的犯罪预防提供依据和帮助，而犯罪学不仅为刑事政策的研究和制定提供具体数据资料，同时它关于犯罪原因的研究成果，也为刑事政策学剖析和改善刑事政策奠定了良好的基础。因此它们二者的联系非常密切，研究成果相互借鉴。

但刑事政策学与犯罪学研究的角度是不同的。前者主要研究采取何种惩罚方法和有关政策、制度才能有效地防止犯罪，其功能主要在于通过剖析现行的刑罚及其有关制度，并对其进行批判性评价，以此完善刑事手段，达到有效预防犯罪的目的；而犯罪学则是通过全面揭示犯罪原因，并在此基础上建构预防犯罪的对策体系。很显然，犯罪学对犯罪对策的研究视野较之刑事政策学要更为宽阔。刑事政策学研究的刑事政策仅仅是社会政策的一部分，其研究范围比犯罪学的研究范围要小得多。另外，犯罪学本身对刑事政策所作的研究，也不像刑事政策那样去具体剖析每一刑事政策的内容、适用方法等，而是侧重于考察刑事惩罚对犯罪的实际影响，分析刑事政策在整个犯罪预防体系中的地位与作用。就二者研究的政策性质来看，刑事政策学研究的主要是惩治那些已然的犯罪政策，而犯罪学研究的则是防患于未然的犯罪对策。如，针对重新犯罪率升高这一犯罪现象，刑事政策学侧重研究如何运用和改进现行处罚方法予以打击，遏制重新犯罪；而犯罪学则从重新犯罪的各种原因出发，提出控制重新犯罪的各种社会政策，包括对刑事政策本身的评价，如打击不力等。

总之，犯罪学与刑事政策学两者之间的关系极为密切，它们分别从不同的角度服务于预防犯罪的共同任务。刑事政策学的研究成果极大地丰富和发展了犯罪学理论，而犯罪学的研究成果则为刑事政策学的发展提供了事实基础。

五、犯罪学与犯罪侦查学的关系

犯罪学和犯罪侦查学作为刑事科学中两门重要学科，有着十分密切的关系。

犯罪侦查学是一门研究犯罪分子活动的规律、特点以及如何发现、揭露、证实犯罪的应用性科学。它的主要任务是针对个案，采取一些专门性技术手段、侦破方法和侦查措施，查明犯罪事实，依法将犯罪嫌疑人逮捕归案；同时通过对个体犯罪行为的原因作出全面而符合实际的分析，揭示个体犯罪发生的一般规律，为制定有效的犯罪打击对策提供理论依据。犯罪学揭示犯罪原因，提出犯罪防控对策的基本理论，离不开对个体犯罪行为的实证分析研究，因此，犯罪侦查学对形形色色案件的事实分析就成为犯罪学抽象概括的基础，犯罪侦查学的研究成果大大丰富了犯罪学的内容。当然，开展犯罪侦查活动和从事犯罪侦查学研究，也离不开犯罪学的有关基础理论，犯罪学能够为犯罪侦查提供理论指导，特别是犯罪学关于各种类型犯罪的犯罪原因、特征及其规律性的揭示，可为犯罪侦查活动指明方向。总之，犯罪学与犯罪侦查学的研究对象同为犯罪问题，具有较强的互补性。

另外，犯罪学还与监狱学、生物学、精神病学、教育学、人口学、伦理学、经济学等众多学科都有着密切的关系。可以肯定，随着科学的发展和研究的日益深入，犯罪学同这些学科的交汇处，还会不断出现一些新的边缘学科。实际上，犯罪学诞生 100 多年来，这些学科都对犯罪学的发展做出了自己的贡献。犯罪学也只有不断借鉴吸取这些学科的研究方法和最新研究成果，才能够不断深化对犯罪的认识，保证其研究始终走在实践的前面，更好地服务于预防和控制犯罪的目的。

第五节　犯罪学的体系

犯罪学体系是指犯罪学理论知识、各个部分相互联系所构成的有机整体，它的形成是犯罪发展走向成熟的标志。改革开放以来，我国犯罪学研究取得了重大进展，很多问题基本达成了共识，其中最重要的成果之一即是犯罪学理论体系已初步形成。通说中，一般将犯罪学体系分为犯罪学导论、犯罪现象论、犯罪原因论、犯罪预防论或犯罪对策论四个基本组成部分。但也有的教科书把犯罪学体系分为五个部分，这种分类是将犯罪类型研究——犯罪类型论从犯罪现象论中分立出来，作为犯罪学体系的一个专门部分。本书根据犯罪学自身知识结构的内在规定性，结合教材使用对象的实际情况，采用"四大块"体系，即犯罪学导论、犯罪现象论、犯罪原因论、犯罪防控论，而略去了犯罪类型论这部分内容。鉴于犯罪类型多种多样、内容庞杂以及本书使用对象课时的限制，与其面面俱到、浅尝辄止地学习犯罪类型论的内容，还不如将有限的精力放在理论犯罪学①的学习上。理论犯罪学是认识和解决各类犯罪问题的基础。

一、犯罪学导论

犯罪学导论部分包括三章：第一章导论、第二章犯罪学的研究方法、第三章犯罪学的产生与发展。它主要研究犯罪学最基本的理论，包括犯罪学的研究

---

① 犯罪学亦可分为理论犯罪学和应用犯罪学。前者主要是论述犯罪学的基本理论和方法，本书即属于理论犯罪学的范畴；后者主要是用犯罪学的基本理论和方法分析具体犯罪或类型犯罪的学科，对犯罪类型的研究即可划入应用犯罪学的范畴。

对象、犯罪学的学科性质、犯罪学与其他学科的关系、犯罪学的研究方法、犯罪学的产生与发展等。由于我国犯罪学研究起步较晚，人们对犯罪认识水平的理性程度相对较低，加之考虑到本书主要由本科生使用的实际状况，我们在书中用较大的篇幅介绍了犯罪学的基本概念、学科性质、研究方法以及在犯罪学历史发展过程中出现的有代表性的理论，以此为犯罪学的学习奠定不可或缺的知识和方法论基础。

二、犯罪现象论

犯罪现象论部分包括三章：第四章犯罪现象、第五章犯罪人、第六章犯罪被害人。该部分在揭示犯罪现象的性质、结构以及如何对犯罪现象测量、动态把握的基础上，从犯罪现象构成的两个基本因素——犯罪人、被害人相互联系与作用的动态过程，揭示犯罪现象的规律特征。它从犯罪现象"事实的"应然性学科性质展开研究，从而为了解犯罪原因、预防和控制犯罪奠定了必要的基础。由于目前我国对犯罪被害人理性认识程度较低，犯罪统计基础薄弱，官方统计数字严重失真，同时又缺乏民间研究的比照，作为犯罪学研究的基本素材——犯罪现象难以清晰地呈现出来，这都极大地制约着我们对犯罪的治理水平。所以，本部分用较大的篇幅对犯罪被害人和犯罪黑数的性质及其存在的原因进行了探讨，试图以此作为打开认识犯罪现象的一把钥匙，从而获取对犯罪现象全面而客观的认识。

三、犯罪原因论

犯罪原因论部分包括四章：第七章犯罪原因的基本理论、第八章犯罪的社会因素、第九章犯罪的个体因素和第十章犯罪的自然因素。本部分在分析犯罪原因概念、基本原理以及介绍西方学者罪因理论的基础上，从犯罪的社会因素、自然因素（客观方面）与犯罪的个体因素（主观方面）展开多层次的分析，揭示了这些不同的因素对犯罪的影响以及它们相互作用的机制。从犯罪发生的机理看，任何犯罪的发生都是社会因素作用于个体因素（当然个体不是完全被动的，而是能动的）并借助于一定的外部自然条件所导致的结果。当然犯罪的发生还与犯罪被害人有密切的关联性。从中我们不难看出，犯罪原因在犯罪学体系中居于核心地位，犯罪学的重要使命之一就是揭示犯罪原因。有效揭示犯罪原因是建立犯罪防控体系、实现犯罪治理和防卫社会目的的根基。

四、犯罪防控论

犯罪防控论部分包括三章：第十一章犯罪预测、第十二章犯罪预防和第十三章犯罪控制。本部分在犯罪现象和犯罪原因研究的基础上，借助于各种科学手段，对如何预防和控制犯罪进行有针对性研究。犯罪防控对策研究是犯罪学研究的落脚点和归宿，不论是对犯罪现象的研究还是对犯罪原因的研究，都是为犯罪防控服务的，所以，它理所当然地成为犯罪学体系的重要组成部分。但在欧洲如德国等国家，将这部分内容从犯罪学中独立出来，形成了一门新学科——刑事政策学，虽然这种做法有一定的道理，但它无疑有割裂犯罪学完整体系之嫌。

总之，本书依据犯罪发生、发展的内在联系性，将"犯罪现象—犯罪原因—犯罪防控"作为犯罪学体系的基本要素，并尽可能地揭示它们之间的内在逻辑关系，以此使得犯罪学体系更加丰富和完善。

思考题

1. 什么是犯罪学？
2. 犯罪学的研究对象是什么？
3. 如何理解犯罪学中的犯罪概念？
4. 如何理解犯罪学与刑法学、社会学、刑事政策学的关系？

阅读书目

1. ［波兰］布·霍维斯特：《犯罪学的基本问题》，冯树良等译，国际文化出版公司1989 年版。

2. 储槐植：《刑事政策：犯罪学的重点研究对象和司法实践的基本指导思想》，载《福建高等公安专科学校学报》1999 年第 5 期。

3. 郝宏奎：《论犯罪学的学科性质和地位》，载《中国人民公安大学学报》1996 年第 6 期。

4. 宋浩波：《论犯罪学的学科性质和地位》，载《中国人民公安大学学报》1996 年第 6 期。

5. 王燕飞：《犯罪学学科性质的新思考》，载《中国刑事法杂志》2008 年第 1 期。

6. 刘广三：《犯罪学上的犯罪概念》，载《法学研究》1998 年第 2 期。

7. 陈兴良：《犯罪：规范与事实的双重视角及其分野》，载《北大法律评论》2000 年第 2 期。

第二章 犯罪学的研究方法

学习目标

● 了解犯罪学研究的一般原则、基本步骤，犯罪调查的基本类型和收集资料的具体方法，抽样调查的基本程序，犯罪样本评估的方法。

● 掌握思辨方法、实证方法、典型调查、抽样调查、观察法、问卷法、访谈法、文献法、相关分析、统计分析、人犯率、发案率、破案率等概念。

● 能够熟练运用犯罪调查方法收集资料，重点掌握犯罪统计的方法和分析统计资料的基本技术（比率运用）。

任何一项研究活动都必须在一定科学理论指导下，采用一定的科学方法才能进行。犯罪学的研究方法是指收集、整理、分析能够反映犯罪现象的特点、规律、成因及其防控对策状况与效果的资料等各种方法的总和。科学研究的方法是犯罪学存在与发展的生命，这不仅是因为科学的研究方法是任何一门科学赖以建立和发展的工具，而且还因为犯罪学研究对象的复杂性决定了一些学科的研究方法是否被科学地应用于犯罪学研究，对犯罪学的结论具有至关重要的影响。如果我们回顾一下犯罪学诞生与发展的历史便可知道科学方法对犯罪学的重要作用。人性论和功利主义哲学方法在犯罪研究领域中的应用，诞生了古典犯罪学派；受西方现代自然科学和孔德实证主义哲学的重要影响，出现了犯罪人类学派；犯罪社会学派和各种现代犯罪学理论的兴起，同样是在实证主义方法的基础上，大量借鉴社会学等各门学科包括自然科学的理论观点与研究方法的结果。

目前，随着社会的变迁，犯罪问题变得越来越复杂，但与早期的犯罪学相比，当代犯罪学在科学范式和基本理论上并没有太大的差异。犯罪学期待着更大的发展。犯罪学理论的创新与发展，有待其研究方法的创新与突破。

第一节　犯罪学研究的一般原则

所谓犯罪学研究的一般原则，是指在犯罪学研究过程中必须始终遵循和坚持的基本准则和基本要求。正如马克思所说："不仅探讨的结果应当是合乎真理的，而且引向结果的途径也应当是合乎真理的。"① 犯罪学研究结论的理性程度，不仅取决于犯罪学具体研究方法和所运用的知识领域是否科学，而且取决于研究总体运用法则的方法论取向。犯罪学研究的基本原则支配着犯罪学发展的方向。没有科学原则的指导，犯罪学甚至比毫无根据地胡乱猜想强不了多少。犯罪学研究应坚持以下基本原则：

一、客观性原则

人们在观察问题时，特别是在观察犯罪这一特殊的社会现象时，由于较多地涉及人类道德及社会利害等敏感性问题，更加倾向于以个人的观点和经验为基础，客观性问题便因此成为犯罪学研究者始终面临的一个重大问题。人们不禁要对犯罪学者发问："和别人一样你也是社会的产物，具有感情、道德观和偏见，你怎么能够在你的调查研究中超凡脱俗，不动感情，从而保证你的发现具有真正客观性呢？人们怎么知道你报道的事实就是它的本来面目，而不是你所希望的呢？"的确，犯罪学家的研究决不可能是完全客观的。因为，对犯罪现象的观察并不是犯罪现象的客观性决定的，而是由犯罪学者过去的经验、知识和信仰决定的。犯罪调查研究人员不可避免地要带有一定程度的主观偏见，即倾向于在其价值观念的影响下对犯罪作出解释。意识到这点非常重要，它将促使我们将客观性作为必须坚持的准则和追求的目标，以保证最大限度减少犯罪学研究不受主观偏见的影响。犯罪学研究者至少可以通过两种方法来解决客观性问题：一是通过其学科理论的构成方式；二是通过其实施调查的方法。同其他学术领域一样，犯罪学的知识来自于众多学科领域的研究者，从而使任何一家之言及其偏见能够降到最小限度。另外，犯罪学的研究结果几乎总是公开发表，并对它的资料来源和方法作出详尽的说明，其研究因此能够受到全面认真的检查，其他人完全可以检查这些证据并可以用同样的方法加以实验，看能

---

① 《马克思恩格斯全集》（第 1 卷），人民出版社 1958 年版，第 8 页。

否得出同样的结论。

犯罪学者应当具备高度的自觉性，在学术领域开展批评与自我批评，并公开自己的价值观和偏见。瑞典社会经济学家冈纳·米道尔认为："坦率地言明个人的价值观是在社会学调查中防止偏见和主观性的最好办法。"① 犯罪学家大都赞同这一观点，并认为它完全适用于犯罪调查研究。

需要予以强调的是，犯罪研究的另一个偏见问题是研究过程本身对被研究者的影响。犯罪学者不能忘记自己的学科是一门关于"人"的行为的科学。人不是木头、瓦块，他可以对研究过程作出反应。有时研究者仅露一下面，就可能破坏研究环境。即研究对象知道自己正在被研究这一事实本身就会改变他们的行为，这种现象被整个社会科学界称为"霍桑效应"。要保证犯罪研究的客观性，就应知晓并努力避免或减轻这种效应。

二、整合性原则

犯罪学整体性的学科性质决定了其研究方法不是单一的，而是综合的。犯罪学研究只有坚持多元研究方法的高度整合性原则，才能避免犯"只见树木，不见森林"的片面性错误。

犯罪学研究方法的整合性原则主要表现在以下两个方面：

（一）思辨与实证的整合

思辨定性研究与实证定量研究是犯罪学者在犯罪学研究中必须坚持的两种最基本的方法。鉴于这两种方法在西方犯罪学发展过程中所起的重大作用，有人因此认为，"百年的西方犯罪学史，实际上是思辨犯罪学与实证犯罪学的递嬗、对峙、消长的历史"②。

所谓思辨，即是抽象推理。思辨方法主要有演绎、溯因、分析、比较等，其中最重要的方法是演绎方法。思辨方法建构理论体系的基本程序是，首先叙述那些最简单的也是最普遍的抽象规定，作为理论的基础和出发点，然后使这些最一般的定义和原理在整个叙述过程中不断得到丰富和深化，直到该研究对象得到完整的阐释或证明为止。犯罪学形成以前，对犯罪研究所采用的方法基本上都是抽象思辨的方法，其重要成果是诞生了古典犯罪学派。该学派以人具有趋利避害的本性这一抽象假设作为其理论的基点，借助于逻辑推理，具体论述了犯罪与刑罚的关系，为犯罪学的诞生奠定了基础。由于思辨不是建立在客

① ［美］戴维·波普诺：《社会学》，刘云德、王戈译，辽宁人民出版社 1987 年版，第 74 页。
② 周路：《实证犯罪学》，天津社会科学院出版社 1995 年版，第 1 页。

观事实的基础之上，不是从感性到概念的过程，而是概念本身的自我运动，其前提都可能存在"假"或"不完全真"的缺陷，所以这种研究从严格意义上讲，称不上科学研究。

自然科学的实证方法，是指超越或排除价值判断，考察实地调查和观察所得的经验材料，并以此分析和预测一定社会行为的客观效果。犯罪学经验学科的性质决定了实证方法能够较早地被研究者所采用。如，比利时统计学家阿·凯特勒在1826年便根据统计学理论对犯罪进行了统计研究。受孔德实证哲学及当代自然科学发展的影响，意大利犯罪学家龙勃罗梭，亲自到刑场、监狱中对犯罪人进行实证研究，详细观察、测量、记录和收集了大量的第一手资料，经过分析研究，创立了犯罪学。龙勃罗梭的许多观点尽管非常荒谬，但他首次以实证方法研究犯罪问题，使犯罪研究第一次建立在可以验证的事实之上，从而开创了犯罪学实证研究的新时代。

但我们不能因此而否定思辨研究的方法。犯罪学研究的历史表明，只有将实证的定量研究与思辨的定性研究相结合，遵守科学实证与严谨思辨相结合的基本规则与原理，才能使犯罪学研究建立在科学方法指导的基础之上。总之，量的测度是一切科学的基本方法，所以大多数犯罪学者都应尽可能使用这种方法。但同时也应明白，社会中的犯罪现象并不是都能用数据来度量的，有些犯罪现象至少不容易用数据来度量，量的测度有时也可能会扰乱和歪曲所研究的犯罪事实。

因此，犯罪学研究应将定性研究与定量研究有机结合起来。通常的模式是，对一个题目的"开发性"研究要用定性方法，随后就要对从该题目中选出的一些问题进行定量研究。

（二）多学科方法的整合

犯罪原因的复杂性与多样性、犯罪预防对策的系统性与整体性，在客观上要求必须运用综合性的方法进行研究。作为一门多学科交叉的大学科，犯罪学的研究涉及众多学科，如法学、社会学、心理学、生物学、经济学、医学、人口学、统计学、计算机科学等。犯罪学的这种学科性质决定了单一学科难以完成犯罪学特殊的历史使命，从而在客观上要求犯罪学必须运用综合性的方法进行研究，将多学科的研究方法通过一定选择与整合高度统一于"如何准确地把握犯罪真实和有效预防犯罪"这一主题之中，并在犯罪学研究领域中得到相应的改造。

目前，随着科学的飞速发展，犯罪学的研究方法也应与时俱进。西方犯罪学研究方法已经达到高度复杂化和技术化的程度，它一方面拓宽了犯罪学研究的深度和广度，但同时也为非专业或一般的犯罪学教学、研究人员学习和掌握该门学科的理论知识带来了实际的困难。因此，研究者必须具备广博的学科知识，即除了必须具有犯罪学的基本素质外，尚需具备能够运用犯罪学相关学科知识进行综合研究的能力，才能对犯罪学有所贡献。另外，犯罪学研究在必要时还应当像医生"会诊"疑难病症那样，整合相关学科研究者集体攻关，最大限度地优化研究结构，取得最佳效果。只有如此，才能适应现代科学高度分化与高度融合的发展趋势。因为，一门学科的性质越复杂，其研究范畴越广泛，那么这门学科所依赖的整合程度也就越大。

三、伦理原则

伦理原则是指犯罪调查活动应当遵守的社会公认的职业道德。犯罪学者研究的是人类主体（包括犯罪主体），这就使他们必然面临着许多重要的伦理问题。其中一个最重要的伦理二难问题是，犯罪学者要知道隐私与被调查者或被试者却有权保护其隐私权的矛盾。犯罪学者总是想对一些犯罪行为进行曝光，可他们到底有无权力去调查别人的过错、冲突、反社会行为和不便告人的社会经历呢？被调查者有权对诸如此类的事情保守秘密吗？社会及有关机构普遍认为，研究者必须保守研究对象的隐私，应该将自己的研究目的告知被研究者，应该通过立法保护他们的人格，甚至在研究开始之前，应该征得被研究对象的书面同意，如果被研究对象是缺乏责任能力者，还应该征得他们的父母或其他监护人的同意；同时，所有犯罪学的研究都应权衡利弊，如果调查所得来源于一个可能会产生更大损害的研究，那么这项研究的必要性就值得怀疑，或者应该被取消。作出这样的决定不仅是进行调查研究的犯罪学者的责任，而且也是我们所有人的责任。

事实上，如果辩证地看，犯罪调查研究的伦理性与科学性并不是完全相排斥的，因为如果不遵循伦理性原则，就难以取得被调查对象的信任，也就因此难以获取真实的材料，被试者也一般不会轻易说出其"隐私"。靠欺骗的手段也许可能达到暂时的目的，但绝不会取得长久的成功。因此，犯罪学者在调查研究中应当尽可能坦率地、适当地提出能被调查对象所接受的问题；在分析整理资料时，对涉及隐私的材料，应当注意保密，确需公开时，应使用化名。应当十分警惕和杜绝一切有悖道德和非伦理的行为，坚持伦理准则。

四、价值无涉原则

价值无涉是犯罪学和其他社会科学甚至包括自然科学研究都会遇到的问题，最早由美国学者马克斯·韦伯所提出。韦伯认为，在科学中，价值无涉指的是，不管它伤害了谁，有益于谁，或者说研究者持何种价值观，都应探索真理，坚持科学精神，避免政治倾向。

可是在现在，许多社会科学家开始认识到价值中立的潜在危险，认为社会科学不涉及政治问题和社会问题，实际上就等于维持现状。许多人拒绝道德中立，赞成更多地参与社会问题和政治问题之中。

第二节　犯罪学研究的基本步骤

犯罪学研究表现为基于特定的目的提出假设，并在收集、占有和分析资料的基础上进行求证的过程。这一过程具有高度的规律性，必须按照一定的理论规则和程序进行，以确保犯罪研究或调查过程能得到合理的概括。完整的犯罪学研究或者完成一项犯罪学研究课题，一般要经过下面六个相互关联、相互依赖的基本步骤（见图2-1）：

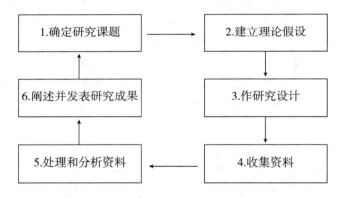

图2-1　犯罪学研究的基本步骤

一、确定研究课题

犯罪研究的课题十分广泛，选择题目是研究的第一步，至关重要，它在一定程度上决定着研究能否顺利进行或成败与否。课题选择一般要考虑以下几个因素：一是理论价值，即所选择的课题有助于学科建设，能够证实犯罪学的某一理论正确与否，或者能对犯罪学理论的某些方面有所充实、发展与创新。二是社会价值，即选择那些源于社会实践需要、具有较强时代感和现实意义的课题，通过研究直接为社会现实服务。三是主客观条件，即对选择的课题应有基本的了解，并阅读有关方面的大量研究资料，在此基础上提出理论假设。实际上，研究课题多是在别人的某一研究或某种想法的推动下提出来的。因此，研究课题不一定非要追求全新的、与众不同的题目。课题的大小和难易程度应当与自己的知识结构、科研能力和拥有的研究手段（人力、财力、技术等）相匹配，否则，在寻求参考资料时会受到局限，甚至导致研究上的无能为力。四是要与调查对象相适应，即要认真分析调查对象是否合作，他能否提供所需的资料等。总之，课题的选择应当遵循价值性、可行性、科学性等原则。

二、建立理论假设

理论假设，是在确定研究课题后，并在初步研究的基础上提出的用以说明某种现象但未经实践证明的推测或命题。研究假设与主观猜想有着本质区别，因为它是在对现有犯罪资料研究的基础上通过理性思维提出来的。但理论假设又不同于公理，它只有得到实践的充分证实，才能成为科学原理。命题是关于两个或者更多概念关系的语句，从而表明一种思想，比如"黄毒泛滥对青少年性犯罪的不良影响"，就是一个命题或理论假设，它试图说明的是"黄毒"与"青少年性犯罪"的正相关关系。一旦研究表明这一假设是合理的，这一假设就成了一种经验概括。建立理论假设的主要目的是明确收集资料的范围、途径和方法，它可以引导研究人员从某些特定方面着手进行观察调查，提供给事实分类与概括的依据，从而架起一座研究者与研究对象之间的桥梁。因此，鉴别一项研究是否以科学的方法进行，关键在于有无假设的建立。在犯罪学研究中，研究者应该具有更加严谨、科学的态度，不盲从于现有的理论或命题，一切从犯罪客观事实出发，勇于探索，不断提高自己的理论修养与研究能力。

三、作研究设计

研究设计是一个与事先的假设有关的资料收集、分析和评价的总体计划。课题选好后，怎样着手进行调查呢？这就必须精心地设计、拟订总体计划，以保证整个研究工作有条不紊地顺利进行。

研究设计主要有以下四个方面的内容：

（1）制定调查计划。调查计划是从调查开始到结束的整个过程的具体步骤、时间阶段和具体细节的安排，它是实现调查目的的重要环节和必要保证，并对整个调查过程具有督促、检查与指导作用。

（2）拟定调查提纲。调查提纲是对调查内容所作的操作化的规定。它一方面是确定调查项目，另一方面是建立一整套社会指标作为测量调查项目的尺度。

（3）确定调查方法。即根据拟定的调查提纲和研究目的，确定采用哪种方法收集资料。犯罪学通常从以下四种基本调查方法中加以选择：一是社会调查。它是运用问卷和访谈从相对较大的人群中收集信息。二是"试验"。它是对变量之间的因果关系进行精确的评估，通常是在具备严格控制条件的社会科学实验室中进行的。三是"观察"。比较而言，"观察"是在自然环境中进行的，研究对象处在日常生活的情景中。四是"二次分析"。即是利用其他研究者以前所收集的数据资料进行分析。这几种研究方法在下面还要进行更详细的讨论。

（4）选择与训练调查访问人员。在小型犯罪调查研究中，一个或几个研究人员就足够了。但在大规模、复杂的课题研究中，仅靠一两个人是无法完成任务的，必须根据具体情况，精心挑选并组织足够的调查访问人员帮助收集、整理资料。选择好调查访问人员后，还必须对他们进行必要的训练，以便使他们能够熟练地掌握整个调查访问的操作过程，避免不必要的失误，少走弯路，以此确保调查任务能够顺利完成。

四、收集资料

根据调查设计收集资料，是一项十分复杂和艰苦的工作，整个研究的大部分劳动将花费在这一阶段。收集资料的具体方法很多，主要有访谈法、问卷法、观察法、文献法等。一项大型调查研究往往需要几种方法交叉使用。

五、处理和分析资料

资料的处理，就是利用科学的方法，将调查所得的资料进行分类、统计汇总，加以取舍，以便从调查资料中发现具有规律性的东西。没有对调查资料的再加工，调查资料只能是杂乱无章的材料堆积，不能说明任何问题。为了达到研究的目的，就必须首先对这些死的调查资料进行分门别类整理、归纳，使之成为比较系统的、能反映事物全貌的东西。

分类时应注意以下问题：一是类别之间的差异性。类与类之间不能相似或相近，须有质与量的显著差别，如按年龄、性别、民族、职业等进行分类，类与类之间的差异一目了然。二是同类资料性质的相同性。被分为同一类的资料，应具有相同的性质。如对犯罪人分类，就有多种分类方法，但不管怎样划分，都必须保持性质上的一致性。三是分类标准精细得当。一般地说，资料分类应尽可能细致，分类越细就越能显示出资料之间的细微性差别，也就越利于对资料进行深入分析。但这样说并不意味着对任何资料都是越细分越好，有些资料的分类就宜粗不宜细，分类太细反而会模糊对事物的认识。具体属于哪种情况，需要研究者在处理资料的过程中灵活掌握。

资料的汇总方法主要有两种：手工汇总和计算机汇总。在小规模调查中，因涉及的问题简单，调查的数据资料较少，研究者可用手工处理资料。但在大规模的研究中，这种方法就不适用了。因为要对成千上万个数据进行统计、汇总，研究者必须借助计算机工具。在统计汇总时，可借助于各种图表。通过图示和表格，调查内容会更加条理化，使人一目了然。

对调查资料的分类整理，既不是调查研究的目的，也不是研究工作的结束，还必须在此基础上对调查资料进行分析。通常要借助于统计分析、比较分析、相关分析、因果分析等科学方法，得出对研究对象全面系统的观点，使原来的假设得到证真或证伪的有效说明。

但不管使用哪种方法，在分析资料时都应紧紧围绕着研究目的展开，力图从纷繁复杂的犯罪现象中找出规律性的东西。

六、阐述并发表研究成果

在全面、科学分析调查资料的基础上，研究者必须对特定的调查结果进行归纳，从零散的事实材料中得出规律性的结论，写出研究报告。研究报告是整个调查研究工作的成果形式，它的重要价值在于验证原先的理论假设，将一大堆死的数据、经验资料上升为理论，完成从结果到概括的飞跃。

研究的最后一个步骤是发表研究报告。公开出版之所以重要，至少有两个原因：第一，它允许别的犯罪学者对其所作的研究及其质量进行检测和评估。研究者在长时间的复杂研究过程中难免会出现盲点，通过发表详细的研究叙述，可使同仁们发现自己难以发现的问题和疑点。研究结果只有经得起众人的推敲与检验，才有充分的说服力。第二，假如某一研究公开发表之后，无论在理论上还是在方法上都被同行所接受，它就成了未来研究计划的基础。

第三节　犯罪学研究的具体方法

犯罪学研究方法虽然具有高度的复杂性，但能够被合理利用与有效接纳的具体方法，归纳起来可分为经验研究和思辨解释两大类。其中经验研究方法基本上可分为收集资料的基本类型、收集资料的具体方式以及分析资料的方法三个程序。下面分别加以介绍。

一、犯罪调查的基本类型

依据研究对象所包括的范围、特点的不同，犯罪调查可分为：个案调查、典型调查、抽样调查和普查等。

（一）个案调查

个案调查又称个案研究，它是在医学对于个别病例研究方法的启发下发展而形成的一种犯罪调查方法。这种方法是把某一社会单位（可以是一个家庭、一个群体，也可以是一起犯罪案件）或某些犯罪主体作为研究单位，全面收集与之有关的一切资料，详细分析各方面的情况，从中得出研究结论。个案调查的目的是要从生动具体的个案分析中发现同类事物的一般规律性，并以生动具体的事例补充、丰富一般的犯罪调查，使一般犯罪调查得出的结论更富有真实感，避免空洞和抽象。

个案调查的局限性是，它不具有代表性。个案不能代表一般，它可能是同类事物共有的，也可能是个案本身特有的，到底属于哪种情况，仅仅研究个案是无法知道的，从个案研究中得出的结论不能直接代表全体。所以，在现代犯罪研究中，个案调查常常被作为其他研究方法的辅助方法使用。

（二）典型调查

典型调查又被称为重点调查，它是从调查总体中选择几个典型的个案进行周密、细致调查的一种方法。毛泽东称这种方法为"解剖麻雀"。只要解剖几只麻雀，就可以知道麻雀这种鸟的生理结构了，而没有必要对它们一一进行解剖。

可以看出，典型调查和个案调查十分相似，都是以个案为研究对象，调查的周密系统和深入程度也大致相同，但它们又是两种不同的调查方法。个案调查的对象不一定具有代表性，而典型调查的对象必须是在同类事物中具有代表性的个案，这个个案具有同类事物中的基本特征，所以它具有代表性。解剖了典型，就认识了一般。因此，典型调查至关重要的一点就是要选点准确。要做到这一点，就必须首先对研究对象有个初步的了解，这是进行典型调查的前提。否则，作为典型的研究对象无代表性或代表性差，就会得出有失准确甚至是错误的结论。

那么，怎样选择典型呢？至少应注意以下两点：一是，这个个案必须具有调查项目所要求的那些特征；二是，这些特征是在与同类事物大致相同的条件下产生的，而不是在特殊的条件下产生的。具备以上两个条件可选作典型进行调查。

典型调查是犯罪调查经常使用的简便易行而又稳妥可靠的研究方法，只要选"点"准确，收集资料的方法又得当，那么作出的结论就有代表意义。这种方法的优点是，节省人力、物力，时间可长可短，研究成果具有代表性，可据此指导实际工作。但它也有局限性，首先，选"点"极易带主观性，容易犯先入为主的毛病。其次，典型调查是对一个或几个个案的解剖，很难排除个案的特殊性和偶然性。"点"与"面"的情况总会有一些差距，而这种差距的大小，又不能用统计的方法精确地计算出来。因此，典型能在多大程度上代表一般，研究者是不清楚的。为了克服这种缺点，科学研究工作者多采用抽样调查的方法。

（三）普查

普查又称全面调查，它是对研究对象所包含的全部单位无一遗漏地加以调查。普查的范围可大可小，既可以是全国范围内的普查，也可以是一个省、一个地市甚至是一个县、乡的普查，但它多在较大范围内使用。

进行普查应该注意以下三个问题：一是要统一规定调查资料所属的标准时间，以免统计的遗漏和重复；二是应在尽可能短的时间内完成，以提高资料的准确性；三是调查项目应力求简明扼要，不发生歧义。

普查的优点是，能够收集到调查总体的全面资料，调查结果准确，可信度高。但此种调查涉及范围广，时间性强，耗费人力、物力大，大规模的犯罪研究较少采用这种方法。

（四）抽样调查

抽样调查是从研究总体中抽取一定数量的样本进行调查与统计，得出结论，然后用其结论推及总体的一种既经济又科学的调查方法。它不仅被广泛应用于工农业生产，而且也是犯罪调查研究最实用的一种方法。犯罪抽样调查一般要遵守下列程序：

第一步：确定调查总体。一旦研究的问题明确后，调查研究的第一步就是识别并确定调查总体，即抽样在何时、何地进行，研究得出的结论适用什么范围。这一步极为关键，如果调查总体不明确，调查结果就失去了实际意义。

第二步：收集调查总体名单。即把所调查的总体名单收集起来，一一进行编号。

第三步：选取样本。掌握了调查名单后，接着就要确定适当的样本。样本是从总体中精心挑选出来用以代表研究总体的有限数量的个案，因其是总体的样子或代表，所以叫样本。选择样本有一套严格的程序，选取样本的程序越完善，样本就越能接近或代表总体，运用样本所进行的概括和预测也就越准确。一般地说，样本越大，误差相对就越小，精确度也就越高，但代价也就越高；反之，样本越小，误差就越大，精确度也就越低。

那么，有无最佳比例的"样本"呢？这要由研究设计者灵活掌握，根据"均衡原则"确定样本的大小。一是根据抽样代价限度抽取样本——抽样的代价越高，样本就应小些；二是根据允许出现错误的程度抽取样本——允许出现错误的程度越小，样本应越大；三是根据研究对象的差异性抽取样本——研究对象的差异越大，样本的数量应越大。

需要特别强调的是，上述原则也不是绝对的。因为具有代表性的小样本会比不具有代表性的大样本更优越。换句话说，最重要的并不是样本的大小，而是样本能否较好地反映出所要研究的调查总体的特征。至于抽取的样本能否反映调查总体的特征，即它能否代表总体，是可以用科学的方法评估的。在评估时首先要确定抽样的标准，如我们以男女性别为标准对某监狱的1000名犯人进行调查，按照10%的比例抽取100个样本单位，其结果参见图2-2。

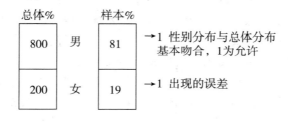

图2-2 样本评估示意图

由图2-2可以看出，在抽取的样本中，性别分布与总体分布基本吻合，抽取的样本能够代表总体。样本与总体的误差仅为"1"。这是允许出现的误差，样本与总体难免会存在一些差距。样本与总体之间存在的差距叫抽样误差。

第四步：抽取样本。抽取样本的方法很多，至于选择哪种方法，应当根据研究的需要而定。有时一项复杂的调查，可能同时使用几种方法。这里只简单介绍几种常用的方法：

（1）完全随机抽样。它是根据概率理论和大数法则进行的抽样，运用这种方法抽取的样本分布均匀，从而保证了调查总体中的每一个体都有相同被抽中的机会。因为它是一种最简单的"随机抽样"，所以也叫"简单随机抽样"。其他"随机抽样"都是在此基础上发展起来的。我们可以用从一种器物或从帽子里抓阄的办法抽出随机样本。但在大规模调查研究中就行不通了，研究人员就需要使用随机表（也称乱数表）——由计算机或随机表所产生的数字来决定哪些总体单位作为样本。

（2）系统抽样。系统抽样也叫等距抽样或机械抽样，它是假定抽样单位在整个抽样名单中是随机排列出来的。其具体做法是：先把总体中的各个个体按照一定的顺序或系统排列起来，然后以总体数除以样本容量，得出抽样的间隔距离，然后按照间隔抽取样本，直至达到样本容量。例如，在电话号码簿中或者在出勤表中每隔10个号码抽取1个样本。这种方法的优点是，操作简便，易于掌握，抽取的样本在总体中分布均匀，具有代表性。但使用时应注意避免抽样距离与现象周期节奏的吻合与重合的情形出现。

（3）分层抽样。这是指根据某种标准将调查总体细分为若干组、群，然后按随机抽样或系统抽样在每一层中抽取样本的一种方法。当总体的个体差异较大时，为了缩小差异性，提高精确度，就需要采取分层抽样的方法。如在犯罪调查中，城市与乡村、沿海与内陆、经济发达地区与经济欠发达地区的差异较大时，犯罪人之间的年龄、职业、性别、文化等差异较大时，均应采用分层抽样法。分层标准可根据调查目的而定。从理论上讲，分层越多，层内的个体差异性就越小，估计值的精确度也就越高，但往往费资耗时，成本也高。

（4）多段抽样。这种方法不是直接抽取样本单位，而是把总体分成若干聚类，先抽聚类，然后再从被抽出的聚类中抽取调查单位样本。比如，我们要在全国抽出500个派出所作为样本调查单位，如果觉得总体数目太大，难以掌握名单，可根据一定的标准从全国范围内抽出10个省、市作为聚类，也可以从全国抽出20个县（市）区作为聚类，然后再把这10个省市或20个县（市）区辖区内的派出所一一编号，最后按简单随机抽样的方法抽取所需要的样本（500个派出所）。这里的"聚类"，相对于总体来说是样本，而相对于样本来说，又是总体。

二、收集资料的具体方法

不管选择哪种调查方法，研究对象或样本一旦确定，就需要对研究对象进行调查。这是整个调查研究中最关键的一环，大量的工作主要集中在这一阶段。实施调查的具体方法或措施，即是收集材料的方法，最常用的有访谈法、问卷法、观察法、文献法、临床诊断法等。

（一）访谈法

访谈法，即是研究者通过与调查对象有目的的谈话而收集犯罪研究资料的一种方法。访谈按双方接触方式的不同可分为直接访谈和间接访谈两种。直接访谈即为面谈，它一般是在面对面的场合下进行的，由访谈者提出问题，调查对象作答，在交谈中获得研究所需要的资料。间接访谈则是以电话、电脑等为媒介进行交谈获取研究资料的一种方法。随着现代传播媒介的迅速发展，间接访谈方法被越来越多的人采用。另外，根据访谈对象人数多少的不同，访谈还可以分为个别访谈和座谈会两种形式。不论采用何种访谈形式，都必须围绕研究主题、研究假设以及根据被访谈人员的具体情况等提出适当的问题，以确保访谈的效果。

（二）问卷法

问卷法，即是通过发放与回收问卷表来收集有关犯罪研究资料的方法。问卷法一般通过邮寄、个别送达和集体分发等多种方式发送问卷，由调查对象按照问卷表格中所列问题的要求作答。问卷法的优点主要是标准化、成本低、便于统计。根据所提问题方式的不同，问卷法可分为封闭式问卷和开放式问卷两类。封闭式问卷法既提出问题，又列出可供选择的答案，其选择形式包括单项选择、多项选择、排列选择等，回答人可在这些限定的选项中选择认为合适的答案。封闭式问题一般是在问题的答案数量较少且能各自相互区别的情况下使用。开放式问卷法只提出问题，不作出答案，由调查对象根据问卷所提问题回答。对答案较多的复杂问题，需要较详细回答和讨论时，应运用开放式提问方式。在同一份问卷中，可以既设定封闭性问题，同时也设定开放性问题。但最好应根据先易后难的顺序，将封闭性问题排列在前，开放性问题排列在后。

问卷法的关键环节是问卷设计。问卷设计是建立在一定理论研究和熟悉所研究问题的基础之上的，它需要一定的问卷设计技术，包括题目的设计、说明书的设计、问卷具体内容的设计等。在问卷设计中容易出现的错误主要有以下几个方面：一是问题内容与研究主题无关或关系不大；二是要求作答的问题表述含糊不清，模棱两可；三是问题内容难以理解，回答人不知所云；四是提出的问题与回答人无关；五是诱导回答人按设计者的意向回答问题等。

（三）观察法

观察法是研究者直接感知、记录研究对象，收集第一手资料的方法。大规模的犯罪研究一般不采用这种方法。这种方法多被应用于正在发生的现象。我们根据研究者与研究对象关系的不同，可将观察法分为参与观察与非参与观察。

1. 参与观察

参与观察又可分为隐蔽性参与观察和公开性参与观察两种。隐蔽性参与观察要求研究人员介入犯罪人群或研究对象中，研究人员实际上要成为研究对象的一员，与他们共同生活，朝夕相处，并试图能从这个群体成员或研究对象的眼光来看待问题。这种方法的优点是，能消除研究者与研究对象之间的心理隔阂，有助于了解研究对象内部的真实情况。但由于研究对象的情况比较特殊——有的是犯人，有的正处于实施犯罪的过程之中，所以，运用这种方法收集资料有一定的难度。在中国成功运用这一方法的当首推老一辈社会学家、犯罪学家严景耀先生。他为了撰写博士毕业论文，曾到北平第一监狱"参与观察"研究，获得了大量有价值的第一手资料，并写出了颇具分量的犯罪学著作。在外国，最具代表性的是意大利犯罪学家龙勃罗梭，他于 1872 年至 1876 年，以极大的自我牺牲精神，扮成罪犯，在监狱中度过了 4 年多的囚徒生活，详细记录了犯罪人的心理、生理特征，为犯罪学的创立奠定了基础。

使用隐蔽性参与观察法研究犯罪问题，除需要具有为科学而献身的精神外，还必须同时具备和做到以下几点：一是研究者在思想上、业务上都要有比较高的修养；二是研究者必须保持思想上的独立性，严守价值中立的态度；三是研究人员应做到"环观人事，默查人心"，不暴露身份，否则，将一事无成。

在公开性参与观察中，研究者参与了研究对象的生活，研究对象明确地意识到了研究者的犯罪学者身份，这在客观上使调查对象的关系复杂化了。例如，本来调查对象是 3 人（见左图 2－3），那么研究者介入后，就使得原来的互动关系发生了很大变化（见右图 2－3），即由原来三方面的关系变成了六方面的关系。这种情况无疑增加了研究的难度。

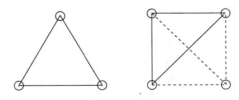

图 2－3 参与观察示意图

2. 非参与观察

非参与观察是指研究人员不参与此事，冷眼旁观，不暴露身份，以此观察研究对象活动情况的一种方法。

我们知道，研究对象如果发现研究者在观察、研究他们，就会作出本能的反应，研究结果就容易因此出现偏差或错误。所以，有些犯罪学者，为了确保观察所得资料的准确性，便注意使用"非干扰性办法"，真正的"不介入"，如在实验室中对一些研究对象进行观察，或通过单向窗口记录下他们的行为、谈话内容；通过观察监狱图书馆、阅览室书刊的借阅和破损情况，了解犯罪人的学习习惯、爱好等。这种观察可谓是"纯观察法",虽然较少被单独使用,但它丰富了研究资料,并且可以保证调查者不对研究对象产生任何影响。

(四) 二次分析法

犯罪调查法、观察法等虽然是收集犯罪资料的重要方法,但犯罪学者并不是整天忙于收集新资料,只重视获取第一手资料,以前别人所作的研究,在经过"去粗取精,去伪存真"的整理和分析之后,可变成回答新问题的主要信息来源。这种对以前所收集资料的重新使用,就是二次分析法或文献法。

在日记、信件、自传和其他私人文献中,在报刊、书籍和以前公开发表的研究资料中,以及在单位案卷、统计报表和政府档案中,都能找到大量的研究资料。在我国,最重要的犯罪信息资料来源就是刑事统计或报表。它主要来自于四个系统:一是公安系统(刑事案件、治安案件等);二是检察系统(经济案件和国家工作人犯罪案件等);三是法院系统(已判决的犯罪案件);四是监狱和劳教系统(已受惩罚的违法、犯罪案件)。使用这些资料时要注意其成果的适用范围和保证不侵犯他人的隐私。

在收集文献情报资料时,应注意以下几个技术性问题:一是尽可能采取由现在到过去的逆时针顺序收集资料。因为任何新的文献资料都是在总结以前学术成果基础上的再创造,按照由新到旧的逆时针顺序收集文献资料能取得事半功倍的效果。二是在收集文献资料时,应尽可能地收集、挖掘第一手资料,尽量不用已过时的第二手、第三手资料,以此保证所收集资料的可信度。三是收集文献资料时应有所侧重,集中精力收集那些重要的、价值较高的资料,以免被纷繁的信息资料耗去过多不必要的精力。

使用二次分析法研究犯罪问题有很多优点:一是利用现有资料可以节省时间和减少开支;二是使用现有资料可以避免或减少侵犯他人的隐私;三是使用现有资料易于进行比较分析;四是现存资料还是进行纵贯研究不可或缺的。

当然,二次分析法也存在一些明显的缺陷,其中最主要的莫过于研究者所需要的资料根本就不存在;此外,研究者极有可能无法鉴别原有资料中所存在的问题。

三、分析资料的方法

犯罪学研究分析资料的方法是指对所获得或占有的犯罪研究资料,经整理后进行分析,以构建成验证某种犯罪学理论的技术性手段。可以说,分析方法是资料和结论之间的桥梁,是犯罪学研究的一道重要工序。可用作分析犯罪研究资料的具体方法很多,并且依据一定的标准可划分为许多类型,但犯罪学研究常采用的方法主要有相关分析、统计分析、比较分析、心理分析等。

（一）相关分析

犯罪学者常想了解两个变量是否相关——两个变量的变异是否一致和显著。变量相关可能是正相关，也可能是负相关。犯罪相关分析就是这种相关分析法在犯罪研究中的实际应用。

在正相关中，当第一个变量增加时，第二个变量也增加；当第一个变量减少时，第二个变量也减少。例如，教育与离婚率是正相关的。这意味着一个人所受到的教育越多，他或她离婚的可能就越大；一个人所受的教育越少，他或她离婚的可能就越小。在负相关中，当第一个变量增加时，第二个变量就减少；当第一个变量减少时，第二个变量就增加。例如，教育与暴力犯罪率是负相关的。一个人受的教育越多，他或她实施暴力犯罪的可能性就越少；一个人所受的教育越少，他或她实施暴力犯罪的可能性就越大。

在犯罪学研究中，因变量——犯罪结果是已知的，自变量——犯罪原因是未知的，因此犯罪研究的重点是自变量——犯罪原因。可是有时要区分原因和结果十分困难，因为原因和结果不是固定不变的，它们可以互换位置，如儿子犯罪可能导致父母离婚或者父亲抛弃家庭，就像家庭破裂有可能导致青少年犯罪一样，在一个时点上是自变量，在另一个时点上又可能变成因变量。青少年为什么容易加入"犯罪亚文化帮伙"？是因为他们所处的生理、心理阶段性特征导致了他们易于接受亚文化，而不是因为他们接受亚文化熏陶的结果。

那么，怎样才能知道两个变量是否有因果关系呢？首先，需要寻求统计中的相关关系，一个变量的变化在一定程度上与另一个变量的变化相关程度的精确值可以通过统计计算出来，即可以通过集中趋势的测量（即算术平均数）予以说明。另一个常用的测量方法是"皮尔逊相关"（Pearson's），有时它被称为相关系数（Correlationcoefficient）。相关系数是在 -1 至 $+1$ 之间变化的一个数字。相关系数 r 为 $+1$ 时表示完全正相关；r 为 -1 时表示完全负相关；r 为 0 时表示两个变量之间没有相关关系。但在实际的犯罪研究中，r 为 -1、0、$+1$ 的情况是极其少见的。

我们即使找出了两个变量之间的相关性，也不易得出两个变量因果关系的确切结论。因为简单相关并不能证明两个变量是以因果关系相联结的，事实上，有时两个变量之间即使不存在因果关系，它们也有可能高度相关。例如，政府机关比其他部门有较高的贪污受贿率，这是否意味着政府机关会导致贪污受贿呢？当然不是。虽然这种相关是有效的，但是由此得出二者因果关系的结论却是错误的。不以因果联系为基础的相关被认为是虚假相关。

最后，调查者在建构相关关系时，必须寻找中间变量。例如，受教育的程度可能会间接地对减少谋杀率起作用，但不是直接作用，所受教育少可能会妨碍获取知识，这又会妨碍年轻人获得高报酬的工作，因此导致贫困或工作环境不良，最后增加谋杀率。

（二）统计分析

统计分析即是通过对大量的犯罪统计数据从数量方面揭示犯罪现象的本质及其规律性的一种方法。犯罪统计分析不是简单地罗列数字或进行简单的数字演算，而是以国家法律、政策以及统计数据为依据，运用统计学、数学等多种方法进行分析。犯罪统计分析是犯罪统计整体过程中不可分割的重要组成部分，是达到对犯罪现象内部联系及质的规定性认识的一种统计活动。

通常，犯罪学者进行两种类型的统计分析——描述性分析和解释性分析。描述性分析是犯罪分析的第一步，主要是为了弄明白犯罪在何时、何地发生，以及对何人做了何种事情。在描述性分析中，研究者运用收集来的大量犯罪资料描述调查对象的状况，如对一定时空内犯罪现象的动态变化及其内部类型结构变化的定量分析，就属于描述性分析。

虽然描述性研究是必不可少的起点，但犯罪学者不会就此止步，他们研究的兴趣在于进一步揭示犯罪现象的特征及其联系的成因。解释性分析就是要弄清楚"为什么"和"怎么样"。为什么犯罪率不断升高？孩子们是怎么变成少年犯的？怎样才能有效地预防犯罪？对这些问题所进行的统计分析就是说明性分析。

犯罪统计资料分析的基本技术就是比率的运用，具体可分为：百分比、千分比、万分比、十万分比、指数等。

（1）犯罪发生率。犯罪发生率分为人犯率和发案率两种。人犯率以一定时间、地点、人口总数和犯罪人数为内容；发案率以一定时间、地点和发生的刑事案件为内容。它们一般皆用万分比表示（见下面的公式）。统计犯罪发生率的作用在于测量一定时期犯罪的严重程度，并可以据此作纵向或横向比较。

$$人犯率 = \frac{一定时地发生的人犯数}{一定时地人口总数} \times 10000‰$$

$$发案率 = \frac{一定时地发生的刑事案件数}{一定时地人口总数‰} \times 10000‰$$

（2）破案率。即一定时地的案件侦破数与犯罪案件数的比例关系。它直接反映的是专门机关在侦破刑事案件和控制犯罪方面的能力。其公式为：

$$破案率 = \frac{一定时地的破案数}{一定时地的案件数} \times 100\%$$

（3）重新犯罪率。指特定时间和范围内犯罪人在刑满释放后重新犯罪人数与特定时间和范围内刑满释放人员总数的比例关系。一般用百分比表示（见下面的公式）。重新犯罪率是检验监狱改造工作和社会接荐帮教工作成绩的重要指标之一。

$$重新犯罪率 = \frac{特定时间和范围内刑满释放人员重新犯罪数}{特定时间和范围内刑满释放人员总数} \times 100\%$$

（4）初犯率。即一定时间范围内初次犯罪人员与全部刑事犯罪人员的比率。

（5）重大刑事案件率。即重大刑事案件与全部刑事案件的比率。重大刑事案件率是衡量社会犯罪数量与质量变化、社会危害程度以及专门机关与社会防控能力的重要指标之一。它一般用百分比表示。其公式为：

$$重大刑事案件率 = \frac{一定时间和范围内发生的重大刑事案件}{一定时间和范围内发生的全部刑事案件} \times 100\%$$

（6）犯罪分配率。指在同一数列中各项犯罪数值占总数值的比重。如各类案件或成员在犯罪总数中所占的比重，则应用犯罪分配率。它一般用百分比表示。其公式为：

$$犯罪分配率 = \frac{犯罪数列中一数值}{犯罪数列中的总数值} \times 100\%$$

（三）比较分析

在分析大量资料时经常使用比较分析的方法。虽然大多数犯罪学研究都多多少少包含了一些比较，但是比较分析一般指的是包括几个社会体系的对比，如国家与国家之间的对比，或国家内部几个主要部分之间的对比，或同一社会体系在不同时点的对比。比较分析被认为是一种独特的研究战略。

跨国犯罪研究是指两个以上国家或地区间所进行的比较研究。这方面一个较好的例子是美国犯罪学家路易丝·谢利所作的比较研究。她在自己所写的《犯罪与现代化》一书中运用大量的、全球性资料，对世界各种类型的国家的犯罪现象进行了比较分析，并结合当代各种犯罪学理论进行评述，从中得出某些规律性的犯罪学结论。如她将犯罪与工业化、城市化、现代化进程之间关系的大量调查文献综合在一起，说明了当代资本主义国家以及社会主义国家出现的犯罪现象的历史性转变，都是社会经济发展的结果。

将同一社会不同时点进行比较研究的目的是了解社会犯罪的变迁，它主要是通过纵向研究和横剖研究来实现的。纵向研究实际上就是对同一单位不同历史时期的同一因素进行的比较研究，或是在一定时期内追踪同一群体进行研究。如比较一个国家或地区在现代化进程中的不同阶段的犯罪状况（如比较中国改革开放前与改革开放后的犯罪状况）就属于纵向比较。通过纵向比较可以发现影响犯罪诸因素之间的联系与变化规律。

由于进行纵向研究的花费较大，所以犯罪学者经常通过横剖研究来了解犯罪的变化。这种研究是将不同单位的同类因素进行比较，如比较发达国家与发展中国家、资本主义国家与社会主义国家、城市与乡村、沿海与内地等犯罪状况、成因、对策上的异同，以及将处于同一时点上某些人的年龄、教育、经济状况和种族背景等情况进行比较，将是非常有趣的，对我们更好地认识犯罪现象、进行犯罪预测都是十分必要的。

（四）心理分析

心理分析，即是根据心理学的基本理论对罪犯实施犯罪的不同阶段的心理状况进行动态分析的一种方法。它所揭示的是罪犯在犯罪前至犯罪后的整个过程的心理机制。为了解释清楚犯罪人在这一过程中的心理变化规律，需要根据具体情况选择以下具体方法：分析一些典型案例的案例研究法；从众多案件的统计比较中找出必然性和倾向性的系列研究法；对罪犯进行测量的心理测试法；倾听罪犯表白心迹的谈话法；对不同类型犯罪人进行询问的调查法，等等。

思考题

1. 思辨与实证整合原则的含义是什么？
2. 犯罪学收集资料的方法主要有哪些？
3. 犯罪学分析资料的方法是什么？

阅读书目

1. 高树桥、李从珠：《犯罪调查及其统计方法》，群众出版社 1986 年版。

2. 吴增基、吴鹏森、苏振芳：《现代社会调查方法》（第 2 版），上海人民出版社 2003 年版。

3. 张小虎：《犯罪学的研究范式》，载《法学研究》2011 年第 5 期。

4. 张绍彦：《论犯罪与刑法研究的基础和方法》，载《法学研究》1999 年第 5 期。

5. 皮艺军：《漫谈犯罪学研究的方法论与基础理论》，载《江西公安专科学校学报》1999 年第 4 期。

6. 张小虎：《犯罪学的经验研究方法》，载《犯罪研究》2002 年第 1 期。

7. 张远煌：《犯罪概念之确立——犯罪概念的刑法学与犯罪学比较分析》，载《中国法学》1999 年第 3 期。

8. 杨雪峰：《多元统计分析方法在犯罪现象描述中的应用》，载《统计研究》2008 年第 3 期。

9. 屈国华：《谈谈犯罪统计》，载《法律适用》1999 年第 9 期。

第三章　犯罪学的产生与发展

学习目标

● 了解犯罪学产生的时代背景，犯罪学产生和发展的基本脉络，以及犯罪学研究的发展趋势，了解古典犯罪学派和实证犯罪学派的主要代表性人物及其代表作。
● 掌握古典犯罪学派、实证犯罪学派、犯罪人类学派、现代犯罪学、自由意志论、自然犯罪等概念的含义。
● 重点掌握古典犯罪学派、实证犯罪学派主要代表人物的学术观点以及他们在犯罪学学科中所占的地位，能够用所学知识对其学术观点的优缺点进行分析。

犯罪是个古老的命题，犯罪学则是一门新兴的学科。人类对犯罪问题的探讨经历了相当漫长的历史发展过程，其中不乏有真知灼见的犯罪学观点，只不过这些观点大都是非专业的、比较零碎的和不系统的，只有到了近代以后，才逐步形成了较为科学、完整的犯罪学理论体系。比较公认的观点认为，犯罪学史①可以划分为三个重要时期：18 世纪的古典犯罪学派；19 世纪末期的实证犯罪学派；20 世纪中叶的现代犯罪学派。这三大学派的理论学说大体勾勒出了犯罪学历史发展的基本脉络。其中，古典犯罪学派的兴起孕育了犯罪学的问世；实证犯罪学派的诞生则是犯罪学作为一门独立学科问世的标志，犯罪人类

---

① 塞林说，犯罪学从来也没有一个恰如其分的历史（Sellin，1968）；洛克说，犯罪学永远不会有一个人人公认的历史（Rock，1994）。之所以如此，是因为犯罪学在漫长的历史发展过程中受到众多学科的影响，每一个学科都想从自己的观点出发，阐述它的演变，把其他与之对立学科的影响作为陪衬。因此，我们很难从林林总总、各言其是的各学派之中找到一个公认而又不主观的历史。的确，在这众说纷纭中很难讲清楚犯罪学的历史。参见曹立群、任昕：《犯罪学》，中国人民公安大学出版社 2008 年版，第 3 页。

学是系统研究犯罪学的理论。①

第一节　18世纪的古典犯罪学派

　　犯罪学作为一种哲学思考起源甚早，其历史源流可追溯到人类史的法律发轫之时。历史上第一部为人所知的成文法应该是公元前1750年巴比伦王朝的汉谟拉比法典；中国第一部成文法是公元前536年郑国执政子产公布的《刑书》。世界各国的一些先哲们，尽管都对犯罪问题发表过许多精辟的见解，但却没有形成系统的理论。直至进入18世纪，古典犯罪学派（亦称刑事犯罪学派或古典派犯罪学）的兴起，才标志着人类正式研究犯罪学的开始。古典犯罪学派的理论学说，被认为是18世纪人道理性主义所达到的顶点，代表了19世纪以前犯罪学思想中最主要的观点。因此，对古典犯罪学派的探讨，是对犯罪学史的溯源性延伸。

　　欧洲自中世纪以来，宗教势力强大，神学桎梏着人类文明，宗教统治者和世俗统治者都借助于所谓"神的意志"来解释和规范人们的行为，因此人们对犯罪行为的解释也是超世俗的，具有十分浓厚的神学色彩，并且这种解释不受时间、地点的限制，不受人们理性的制约，只要犯法就被理解为是违抗上帝意志的过错，并施以各种严酷的刑罚。在这种情况下，系统研究犯罪问题的犯罪学，既无产生的可能，也无产生的必要。但是，从18世纪开始，欧洲大陆掀起了一场轰轰烈烈的启蒙运动。孟德斯鸠、卢梭、伏尔泰等启蒙思想家们，高扬理性的大旗，对宗教神学思想和封建专制统治及其腐败的刑事司法制度进行了无情的揭露和批判。古典犯罪学派正是这场启蒙运动的产物，它的诞生标志着西方对人类犯罪行为进行自然主义探讨的开始，它已不再用超自然的力量而是用人的自身因素来解释人的行为。在这场启蒙运动中涌现出的古典犯罪学派的代表人物主要有：意大利学者切萨雷·贝卡利亚（Cesare Besaria）、英国学者杰瑞米·边沁（Jeremy Bentham）和德国学者费尔巴哈（Feuerbach）等。其中贝卡利亚最具代表性。

---

　　①　对于犯罪的产生，也有国内学者认为：古典犯罪学派的出现特别是贝卡利亚《论犯罪与刑罚》一书的出版，是犯罪学产生的标志；犯罪人类学派的出现标志着犯罪学理论体系的形成。见张绍彦：《犯罪学》，社会科学文献出版社2004年版，第23页。

一、贝卡利亚的犯罪学理论

切萨雷·贝卡利亚（Cesare Beccaria）1738 年生于意大利米兰的一个贵族家庭，他在 1764 年发表了著名的《论犯罪与刑罚》一书。这本篇幅不大的小册子，对欧洲和北美的刑法改革以及犯罪学的诞生都产生了深远的影响，因而被誉为刑法学和犯罪学领域最重要的经典著作之一。在该书中，贝卡利亚深刻揭露了旧的刑事制度的蒙昧与黑暗，明确提出了后来为现代刑罚制度所确认的三大原则：罪刑法定原则、罪刑相适应原则和刑罚人道化原则；并且呼吁废除刑讯和死刑，实行无罪推定。他认为刑罚的目的是对犯罪的特殊预防和一般预防。

（一）犯罪原因理论

贝卡利亚的犯罪原因理论散见于他的代表作《论犯罪与刑罚》一书中。在这部著作中，贝卡利亚虽然没有用专节论述犯罪原因问题，甚至也很少使用"犯罪原因"这样的词句，但他的著作始终贯穿着他对犯罪原因的看法，即人的意志是自由的，一个人只要达到一定的年龄，除精神病人外，都有区别善恶的能力，一个人实施犯罪行为完全是其自由意志选择的结果。可以说，"自由意志论"是贝卡利亚犯罪学学说的一个重要范畴。

此外，贝卡利亚在分析犯罪原因时也涉及社会方面的因素。他认为，"犯罪有两个主要原因：经济条件和坏的法律。一方面，他指出财产犯罪主要是由穷人实施的，而且主要是由贫穷产生的；另一方面，他认为对某种犯罪过于严厉的惩罚，虽然可以遏制一些人犯罪，但同时却通过比较对另一些人更具有犯罪的吸引力。因此他认为，严酷的法律会通过削弱人道精神来促成犯罪。"[①]贝卡利亚认为，偷盗通常是由于贫穷和绝望而产生的；走私是因为关税增长的法律本身造成的；有些犯罪的产生是由罪恶的社会制度本身造成的。

（二）关于刑罚的理论

贝卡利亚从人道主义立场出发，并依据人性论和功利主义的哲学观点，分析了犯罪与刑罚的基本特征，尖锐地批判了封建刑罚制度的报应观和威慑观，指出："刑罚的目的既不是要摧残折磨一个感知物，也不是要消除业已犯下的

---

① ［美］约翰·哈根：《现代犯罪学》，转引自莫洪宪：《犯罪学概论》，中国检察出版社 2003 年版，第 29 页。

罪行……而仅仅在于，阻止罪犯再重新侵害公民，并规诚其他人不要重蹈覆辙。"① 为实现刑罚预防犯罪的目的，他认为应坚持三项基本原则。

1. 罪刑相适应原则

贝卡利亚强调犯罪与刑罚之间的相称对犯罪预防的重要性，指出："公共利益要求人们不要犯罪，更不要进行严重危害社会的犯罪。犯罪对公共利益造成的危害越大，实施犯罪的动机越强烈，阻止人们犯罪的手段也应该相应地更强有力。因此，犯罪与刑罚之间必须有一个适当的比例。"由此可见，贝卡利亚一方面强调，只有重罪重罚、轻罪轻罚，刑罚的强度与犯罪的危害程度才能达到相称；另一方面他又指出，罪刑相称并不意味着罪刑相等，并强调刑罚造成的痛苦只有按一定比例大于犯罪所造成的危害或犯罪人所得到的利益，才能起到刑罚阻止人们犯罪的作用，真正发挥刑罚的威慑力。但是，刑罚又不能超过犯罪太多，"刑罚造成的损害只能仅仅超过从犯罪中所获得的利益"，而不能没有限制。此外，他还特别指出，对特定的犯罪要处以特定的刑罚，只有如此，才能真正做到罪刑相适应，达到预防犯罪的目的。

2. 刑罚的及时性原则

所谓及时性是指在犯罪后迅速地处以刑罚的特性。贝卡利亚认为，"犯罪之后判处刑罚越迅速，刑罚就越公正，社会效果也就越显著"；"在人们的心目中，犯罪与刑罚之间的时间间隔越短，这两个概念的联系就越突出、越持续，因而，人们就很自然地把犯罪看作起因，把刑罚看作不可缺少的必然结果。"②

3. 刑罚的必然性原则

所谓刑罚的必然性是指犯罪之后必然地要受到刑罚处罚的特性。贝卡利亚认为，犯罪与刑罚之间这种必须的、肯定的联系（即只要犯罪，就肯定会被判处刑罚，没有任何例外），是增强刑罚威慑力的重要因素。"对犯罪最强有力的约束力不是刑罚的严酷性，而是刑罚的不可避免性……刑罚即使是温和的，但是如果必然发生，也往往会产生比虽然严厉但是却有逃脱希望的刑罚更加强烈的印象"。因此，贝卡利亚认为，犯罪之后迅速、及时和不可避免的刑罚，是预防犯罪的有效途径之一。

（三）犯罪预防理论

贝卡利亚在重点论述犯罪与刑罚关系的同时，对犯罪预防也同样给予了较

---

① ［意］切萨雷·贝卡利亚：《论犯罪与刑罚》，黄风译，中国大百科全书出版社 1995 年版，第 104 页、第 116 页。

② ［意］切萨雷·贝卡利亚：《论犯罪与刑罚》，黄风译，中国大百科全书出版社 1995 年版，第 56—57 页。

多的关注，正如他所指出的那样："预防犯罪比惩罚犯罪更高明，这乃是一切优秀立法的主要目的。"在此基础上，他提出了如何预防犯罪的四种手段：

1. 制定明确和通俗易懂的法律

贝卡利亚认为，含混不清的法律不仅会使其成为少数人的私有财富，而且会助长犯罪的发生。法律制定得愈清楚、愈详细，人们才能愈加了解和预测自己的行为后果，从而降低犯罪率；反之，则会增加其各种不良欲望，易于陷入犯罪。

2. 司法当局应遵守法律

贝卡利亚认为，法官是法律的执行者，他们应严格履行执法职责，维护法律的尊严，而不能滥用法律或创设法律；对所有的违法者，应平等地适用法律。遵守法律的司法官员越多，合法权利被滥用的危险性就越少，犯罪也会相应减少。

3. 奖励美德

贝卡利亚认为，法律是被用来维护正义和惩罚犯罪的，但它不能对人们的美好德行进行奖励。所以要减少犯罪，社会应注意在法律之外奖励美德，以鼓励和引导人们修德行善，以此为减少犯罪创造条件。

4. 改善教育

贝卡利亚认为，预防犯罪最困难但也是最有效的手段是改善教育。愚昧无知是犯罪产生的重要条件，因此应大力开展思想启蒙，启发人们的理性，使人们在自由状态下自觉地进行符合理性的行为；应选择适当的科目并以倾注情感方式解决青少年在现实生活中遇到的物质和精神问题，引导他们形成善良品质；同时还应采用说服方式预防青少年少做或不做坏事，以此减少犯罪。

贝卡利亚用人的趋利避害的本性来解释犯罪的起因，归根结底是为了反对宗教势力和封建专制制度的愚昧与残暴，是为了说明犯罪绝非是神的意志和人的内心堕落的结果。他的重要历史功绩在于，一是把犯罪的命题从宗教神学的枷锁中解放出来，成为人类社会关于自身行为缺陷的研究课题；二是将犯罪行为纳入人的行为本身进行考察，在刑罚和刑事政策方面全面贯彻人道主义原则，以此有力地促进了刑罚的人道主义改革，并奠定了现代刑事法学和犯罪学的理论基础。

二、边沁的犯罪学观点

杰瑞米·边沁（Jeremy Bentham，1748—1832），英国功利主义哲学的创立者，著名的法学家、经济学家，古典犯罪学派的代表人物之一。边沁毕生致力于英国的法律改革事业，被誉为英国法律改革运动的先驱和领袖，其学说对近代刑法学、犯罪学都产生了深远影响。边沁的犯罪思想主要体现在他所著的《道德与立法原理》（1789）和《刑罚原理》（1830）两部著作中。

边沁的功利主义犯罪学思想包括两个核心原理：一是功利原理或最大幸福原理，二是自利选择原理。边沁认为，人类的一切行为都是理性选择的结果，并且都受上述两种基本动力的驱使，即追求快乐和避免痛苦。这是一切道德行为的原因和动力，也是一切不道德行为包括犯罪行为的原因和动力。犯罪人追求快乐的犯罪行为破坏了他人的快乐，给他人造成了痛苦，构成了对他人的侵害，因此应该为此受到惩罚。

边沁对犯罪与惩罚的关系有着较为深刻的论述，其观点主要体现在以下三个方面：

（1）犯罪人的内心存在着两种相互作用的动机，即驱使犯罪的动机和制止犯罪的动机。如果制止犯罪的动机大于驱使犯罪的动机，犯罪就不会发生；反之，犯罪的动机大于驱使犯罪的动机，就会诱发犯罪。

（2）为了遏制犯罪动机，社会对犯罪必须予以惩罚。惩罚最广泛、最适当的目的就是尽可能地预防犯罪。一方面刑罚将痛苦施加犯罪人，以平衡其因犯罪行为得到的快乐，以期收到惩戒和教育作用，并以此威慑大众，使大众因惧怕惩罚而远离犯罪；另一方面，通过刑罚对犯罪人实施教育性矫治，使其避免沦为再犯。

（3）对犯罪惩罚的严厉程度应该与犯罪的诱发力成正比，惩罚带给犯罪人的损失应大于犯罪人因犯罪所得到的利益，以此制止和消除犯罪引诱力，达到减少和预防犯罪的目标。为了真正做到罪刑相适应，不仅应当恰当地衡量犯罪行为对被害人造成的实际损害和在公众中引起的恐慌程度，还要考虑到犯罪人在实施犯罪时的心理状态、犯罪后被害人的状况等。[①]

为了刑罚的有效展开，边沁还精心设计了一套刑罚体系和监狱建筑方案。

（1）刑罚体系。边沁设计的刑罚手段主要包括 10 种：死刑、痛苦刑（如鞭打、禁食等）、不能消除的刑罚（如截肢、烙印等）、羞辱刑（如游街示众等）、赎罪刑、慢性刑（如流放和监禁等）、罚金刑、准金钱刑（剥夺应得的享受或服务）、特征刑（如穿囚服以示身份）、单纯限制刑（如禁止执业、吊销或扣押营业执照等）。在上述诸多刑罚种类中，边沁最为推崇监禁刑，他认为监禁刑有利于改造罪犯。

（2）监狱建筑设计。对监狱建筑的设计改造是边沁司法改革的重要贡献之一。他赞成用监禁方式惩罚某些犯罪，但又不满意当时流行的监狱建筑设

---

① 参见魏平雄等：《犯罪学教科书》（第 2 版），中国政法大学出版社 2008 年版，第 40 页。

计，认为那些监狱使犯罪人与外界相隔离，不利于犯罪人悔改。边沁设计的监狱是椭圆形的，呈放射状，控制室设在中央，从中央控制室可以看到所有监舍。① 边沁认为，这种形状的监狱既可以威慑外面的公众，又能体现对犯罪人的人道关怀。边沁还建议，将监狱建在靠近城市的中心区域，这样能够使其成为一个人人可见的提醒物，可对潜在犯罪人起到警戒作用。边沁提交的监狱设计蓝图因 1794 年的对法战争被英国政府搁置，但该设计后来被美国的一些州所采用。

边沁从增进最大多数人最大幸福的功利主义原则出发，提出了以下预防犯罪的主张：②

（1）通过制定良法预防犯罪；

（2）通过正确的刑罚适用预防犯罪；

（3）通过多种制裁措施预防犯罪；

（4）通过预测个人的行为倾向性预防犯罪。

三、古典犯罪学派的犯罪观

（一）古典犯罪学派的犯罪原因观

在当代犯罪学理论中，国内外学者比较公认的观点认为，"自由意志论"是古典犯罪学派解释犯罪原因的一个主要观点。英美法等国家的大部分犯罪学家和日本的犯罪学家以及我国的一些学者大都认为，贝卡利亚等关于犯罪原因以及其他犯罪学课题的研究，明确采纳了"自由意志论"的基本哲学原则。他将犯罪原因中的"神的意志决定"转换到了"人的意志决定"，并把人在现实生活中必然遵循的"苦乐平均"原理运用于犯罪原因研究，把犯罪看成是人在苦乐计算基本原则的指导下所作出的最终选择。因此，"自由意志论"是贝卡利亚及其古典犯罪学派的一个重要范畴，如启蒙思想家洛克（Locke，1632—1704）、卢梭（Rousseau，1712—1778）等人就曾对"自由意志论"的思想作过充分的阐述。他们认为："人的犯罪行为是由违法者不受限制的自由意志决定的"；"自然人的一切行为都是自由意志的体现"；"犯罪也是一样，行为人对自己所犯的罪行要负责，法律惩罚就是基于人的自由意志的行为"；"禽兽是根据本能决定取舍，而人是通过自由意志决定取舍。"③

---

① 魏平雄等：《犯罪学教科书》（第 2 版），中国政法大学出版社 2008 年版，第 40 页。

② 宋浩波：《犯罪学新编》（第 3 版），中国人民公安大学出版社 2012 年版，第 42 页。

③ ［意］切萨雷·贝卡利亚：《论犯罪与刑罚》，转引自邵名正：《犯罪学》，群众出版社 1987 年版，第 394 页。

但是，也有一些学者认为，并不能将贝卡利亚的犯罪原因论简单地归结为"自由意志论"。贝卡利亚在论述犯罪原因时，除了反映出苦乐计算的基本心理学依据外，更重要的是体现了机械唯物主义关于人的感受性的基本原理。如贝卡利亚就曾在《论犯罪与刑罚》一书中指出，人的意志是不可能绝对自由的，"人的感情始终与自己的感官摄入的感觉相协调，而且不可能形成剩余的感情。"人的"意志永远与其源泉——感官印象相对称"，"没有一个人能够使自己的思想超越生活的要求。"① 所以，人的意志并不自由，人的意志决定于感官的印象，而感官的印象则是人们自身的感受和追求物质生活时的行为选择标准。人只有依据这些标准，才能对自己的行为作出趋利避害的最终抉择。

（二）古典犯罪学派的犯罪预防观

由上可知，古典犯罪学派对犯罪原因的研究，总体说来是不够深刻具体的，相比之下，他们对犯罪预防的阐述更为全面、系统。概括地讲，古典犯罪学派所提出的犯罪预防思想主要体现为以下三点：

1. 法律控制论

法律控制论认为，只有依靠制定法律，遵守法律，并在执行法律中贯彻人人平等的原则，才能预防犯罪。如贝卡利亚认为，除立法机关外，任何人包括法官都不能制定法律；国家应尽一切力量保卫法律的尊严使之免遭破坏，并让每个公民都敬畏法律；应该让法律为全体人民服务而不是为某些人服务；要让全体公民都知道"在什么情况有罪或无罪这一原则"，只有"使宫殿和茅舍，使显贵的人和最贫穷的人都同样有受到法律约束的义务"，才能"堵塞走向为所欲为的一切道路"，才能最终达到预防犯罪的效果。

2. 心理强制论

心理强制论是古典犯罪学派代表人物之一的费尔巴哈（Feuerbach）提出的一个著名理论。该理论认为，人与动物有着根本的区别。人不但能够区别善恶，分清是非，而且在"权衡"利弊之后有选择的本性。如果一个人知道实施一定的犯罪行为后可以得到精神、财产或肉体等方面的快感，同时也知道实施犯罪后受到惩罚的痛苦，权衡利弊后，为了免受痛苦，他就可能放弃要实施的犯罪活动。因此，心理强制可以使人们放弃犯罪从而达到预防犯罪的目的。这一理论强调，对犯罪行为给予什么程度的惩罚，行为前法律要有明文规定，即"法无明文规定不处罚，亦不为罪"，② 否则法律就起不到预防犯罪的作用。

---

① 张筱薇：《比较外国犯罪学》，百家出版社 1996 年版，第 32—33 页。

② 费尔巴哈坚持并完善了罪刑法定主义，提出了"无法律即无刑罚"、"无犯罪即无刑罚"、"法无规定者，不罚，亦无罪"三项主张，被尊为近代刑法学之父。

3. 报应刑论

报应刑论的基本观点是，只有对实施犯罪行为的人给予惩罚，才能维护法律的严肃性，并缓和人们的报应情感。但是，对犯罪人实施的刑罚要以犯罪人实施的犯罪行为为基础，即应当根据犯罪行为的轻重确定对犯罪人报应的程度，不能滥施刑罚，更不能采取报复主义的态度。只有如此，才能达到抑制犯罪、预防犯罪的目的。

第二节　19 世纪末期的实证犯罪学派

19 世纪中叶以后，欧洲各国相继完成了资产阶级革命，社会发展亦进入到一个崭新的历史时期。一是新兴资产阶级为了巩固其统治地位，需要一个良好社会秩序和经济发展环境，犯罪现象非但没有因为古典犯罪学派所倡导的刑法改革而减少，相反，却出现了犯罪率不断增长的严重趋势，这就引起了各国政府和公众控制犯罪的强烈要求。二是受现代科学特别是"运用实验方法消除各种病因的科学医治手段"治疗传染病所取得的成效的启发，使设想通过实验等科学方法探究犯罪原因并加以治理成为可能。三是 19 世纪 20、30 年代法国出现的孔德实证主义哲学，对当时社会问题的研究产生了重要影响，使许多社会科学在观念和方法论上都发生了明显的变化。① 正是在这样的历史条件下，从古典犯罪学派脱胎而出，又同古典犯罪学派截然不同的学派——以实证主义哲学为指导思想、以近代科学技术为重要手段的实证犯罪学派在意大利诞生了。其主要代表人物是切萨雷·龙勃罗梭（Cesare Lombroso）、恩里科·菲利（Enrico Ferri）和拉斐尔·加罗法洛（Raffaele Carofalo）。

一、龙勃罗梭的犯罪人类学理论

切萨雷·龙勃罗梭（Cesare Lombroso，1835—1909）于 1835 年 11 月 6 日生于意大利威尼斯的一个犹太人家庭。他早年学医，于 1858 年获得医学博士学位，曾在军队中作为军医服役，1864 年被任命为帕维亚大学精神病学教授，从 1876 年起长期任都灵大学精神病学、临床精神病学教授，1880 年在菲利和加罗法洛的协助下，创办了《精神病学、犯罪人类学和刑罚学档案》，1906 年

① 白建军：《犯罪学原理》，现代出版社 1992 年版，第 42—43 页。

在法国创建了犯罪人类学博物馆。

龙勃罗梭充分借鉴了生物学先驱们的研究成果，并对犯罪人作了大量临床研究和人体测量调查，在此基础上，他于1876年发表了《犯罪人论》一书中，终于使犯罪人类学成为一门完整的学科，并据此建立和发展了犯罪实证学派。龙勃罗梭庞杂而又与前者不同的犯罪学理论概括起来主要由"天生犯罪人论"、"犯罪人定型论"和"犯罪隔代遗传"三部分组成。但从总体上看，犯罪生物学理论仍然是龙勃罗梭犯罪学思想的核心。

（一）天生犯罪人论

天生犯罪人论是龙勃罗梭最重要、最有影响的犯罪学理论，也是龙勃罗梭费力最大、最富于创新精神的理论，当然也是后来最有争议的理论观点之一。该观点集中体现在他的代表作《犯罪人论》一书中。

龙勃罗梭早在上大学时就已经注意到，人们的生理差异与行为特征有某种关系。1859年他成为军医后，便对3000多名士兵的人体特征进行了大量的观察、测量和比较，试图从中发现身体特征与行为特征的联系。但总的来说，这些研究还是比较粗浅的。直到1866年他在帕维亚医院开始从事精神病学研究的时候，才真正重视了对精神病人头颅的测量，并继而开始了对犯罪人与普通人之间解剖学特征上的数据收集和比较研究。最终导致龙勃罗梭理论形成的是他对当时闻名于世的江洋大盗维莱拉这一典型案例的研究。维莱拉是一名职业盗窃犯，一生犯下无数严重的罪行，他70多岁时还能肩扛赃物翻越峻峭的阿尔卑斯山脉的各个山头。龙勃罗梭在监狱中与这个罪犯进行了接触，并知道了他一生中所犯下的无数无耻罪行。该犯死后，龙勃罗梭应邀对他的尸体进行解剖，当打开维莱拉的头颅时，龙勃罗梭惊奇地发现，其头颅中央后枕部有一个明显的"凹槽"（即解剖学上的"中枕凹"），并且大脑中央枕骨窝附近的小脑蚓部肥大（发育过度）。龙勃罗梭认为，这两种特征在普通人身上是极其罕见的，只有在类人猿以下的动物中才普遍存在。这说明维莱拉是在龙勃罗梭生活的那个时代出生的原始野蛮人。受这一事实的启发，龙勃罗梭提出了天生犯罪人的观点，认为犯罪人是出生在文明时代的野蛮人，他们的行为当然不符合文明社会中的传统、习惯和社会规范，必定要实施犯罪。龙勃罗梭由此断定，犯罪人是一种自出生时起就具有犯罪性的人，他们的犯罪性是与生俱来的，是由他们异常的生物特性决定的，犯罪人就是生来就会犯罪的人。决定犯罪人生来就具有犯罪性的这种生物异常性，则是通过隔代遗传而来的。

龙勃罗梭通过大量研究，总结出了天生犯罪人的生物学特征：① （1）天生犯罪人的身体特征。天生犯罪人的颅骨过大或过小，面部大小不均，眼睛有缺陷，鼻子扭歪、上翻或者扁平，耳朵（外耳）比一般人大或偶尔比一般人更小，手臂过长，等等。（2）天生犯罪人的感觉和功能特征。天生犯罪人的一般感受性、对疼痛的感受性、触觉、磁感、气候感、视力、听觉、嗅觉、味觉、敏捷性、体力等与正常人有明显的差异。龙勃罗梭用仪器测定，天生犯罪人的敏感度是 49.6mm，而正常人是 64.2mm。在体力方面，用测力计检查的结果与人们所预期的情况并不一致，天生犯罪人通常并没有超人的体力，但左右肢体都很灵巧，左肢的力量更大。（3）天生犯罪人心理特征。自然感情在正常人的生活中起着重要作用，但天生犯罪人极少体验到这类感情，他们不考虑自己的同胞，却往往对动物和陌生人过分喜爱，常常用激情代替家庭和社会感情。这种激情包括虚荣心、冲动性、复仇心和放荡性。（4）道德感。天生犯罪人往往缺乏道德感，如犯罪人很少有悔恨和自责感，具有玩世不恭、背信节变、虚荣心、冲动性、报复性、残酷性、懒惰、纵情放荡、赌博冒险和智力低能等特性。（5）其他智慧表现。如使用隐语、象形文字，纹身等。

（二）犯罪人定型论

龙勃罗梭的犯罪人定型概念始终是含混不清的。早期，他把这一概念同天生犯罪人结合在一起，认为抢劫、诈骗、杀人等犯罪人都具有相应的模型。到了晚年，他又指出，所谓犯罪人定型绝不是天生犯罪人在精神上或者身体上的一两项特征，而是所有基本特征的综合。但是直到他去世，也没有对犯罪人定型再作进一步说明，也没有提出过更为具体的模型。实际上，犯罪人定型在龙勃罗梭的论著中也就成了犯罪人分类，这两个理应相互区别的概念被龙勃罗梭搞得含混不清，这不能不说是一大遗憾。因此，后来的研究者在论及龙勃罗梭著作中有关犯罪人分类时，提出了很多不同的观点。其中分类较为详细并为多数犯罪学家所接受的是美国犯罪学家莫里斯·帕米利（Maurice Parmelee）所作的分类概括。他在为龙勃罗梭的著作《犯罪及其原因和矫治》一书的英译本（1911）所写的序言中，对龙勃罗梭的犯罪人分类作了如下概括：②

（1）生来犯罪人。

（2）悖德狂。他们是完全无视亲属关系而毫无反悔地对这些亲属实施残暴行为的人。其中有的是精神病人，有的是天生犯罪人，而更多的则是悖

① ［意］吉娜·龙勃罗梭·费雷罗：《犯罪人：根据切萨雷·龙勃罗梭的分类》（英文版），第20—48 页，转引自吴宗宪：《西方犯罪学史》，警官教育出版社 1997 年版，第 193—194 页。
② 张筱薇：《比较外国犯罪学》，百家出版社 1996 年版，第 66—68 页。

德狂。

（3）激情犯罪人。政治犯罪人是其中的一种特殊类型。

（4）精神病犯罪人。

（5）偶发性犯罪人。它又包括虚假犯罪人（又称为"准犯罪人"）、倾向犯罪人和习惯犯罪人三小类。

（三）犯罪原因论

龙勃罗梭天生犯罪人的观点一经提出，即受到了整个西方社会各个阶层的猛烈批判，甚至有人挖苦他说，龙勃罗梭所描述的罪犯的生理特征看起来与龙勃罗梭的朋友们的肖像一模一样。

受多种因素的影响，龙勃罗梭后来逐步认识到自己统计、测量方法上的偏误，所以他并没有顽固地坚持自己的错误观点，而是在他的两个弟子——菲利和加罗法洛的协助下修正了"天生犯罪人"学说。他在为美国读者写的《犯罪及其原因和防治》一书中指出，生物返祖现象并不适用于所有的犯罪人，许多犯罪并非生物因素所致，而与环境因素有关。因此，龙勃罗梭晚年所提出的犯罪原因论，并不仅仅是我们通常所认为的天生犯罪人论和犯罪人定型论。在龙勃罗梭的晚年著作中（包括第5版《犯罪人论》），"天生犯罪人"已被他看作是犯罪的一种次要原因和征兆，他将更多的精力倾注于对"犯罪的隔代遗传原因"、"犯罪的病理学原因"和"社会原因"、"自然环境原因"及其他综合原因的考察。

（四）犯罪控制理论

龙勃罗梭以他的犯罪原因论为基础，提出了相应的犯罪控制理论。

首先，在刑罚方面，龙勃罗梭认为，当代刑罚和刑事科学的目的与手段对犯罪来说既没有预防功能，也没有镇压效力，这是刑罚制度本身不完善以及错误的理论所形成的后果。龙勃罗梭进一步指出，像拘禁这种被看作是最主要的刑种和最人道的刑罚，除了对偶发性犯罪人尚能起到一定的威慑作用外，对其他犯罪人根本没有什么意义，许多犯罪人一出狱就重新犯罪，毫无悔改之意。因此，必须重视对各类犯罪人的预防措施和保护控制措施的研究。龙勃罗梭的这些思想后经菲利等人的发展，形成了比较完整的社会防治理论。

其次，在社会保护措施方面，龙勃罗梭认为治疗犯罪与治疗疾病一样，越早越好。对于贫苦孤儿来说，由于他们所处的特殊环境的影响，故其犯罪的可能性很大，因此必须从多方面给予必要的保护。对那些无职、无业又无亲友的贫穷成年人，龙勃罗梭强调为他们建立化解生活危机的预防机构。具体的保护方法是，为这些人建立旅馆、庇护所、阅览室、娱乐场所，为体力劳动者创办夜校、劳动局、移民救助组织等。龙勃罗梭还特别推崇美国救世军的慈善事业，他认为这是保护成年穷人的良好方法。

再次，在具体犯罪的预防方面，龙勃罗梭认为，对少年犯和女犯应制定特殊的法律措施分别予以处理，一般宜采取较为温和的感化性特殊措施，以减轻社会危害后果。对于感情性犯罪人、一部分偶发性犯罪人也应当采取区别治疗待遇，即送其到故乡或被害人住地执行短期监禁刑，或者采取赔偿、劳动赔偿的方法，以唤起他们的良知，加深其忏悔感；对习惯性犯罪人，应当实行隔离措施；对天生犯罪人，应适用终身监禁、永远隔离和死刑等；对于精神病犯罪人，应置于专门的治疗机构；对性犯罪预防的最有效办法是允许离婚，鼓励老年人结婚，减少婚姻的金钱色彩，承认卖淫的合法性，在法律上允许婚外性行为；预防诈骗和背信犯罪的措施是广泛地宣传信用知识，改革银行信用制度。此外，龙勃罗梭还论述了酗酒和富裕对犯罪的影响以及对政治犯罪、激情犯罪的预防问题。

（五）对龙勃罗梭的评价

长期以来，龙勃罗梭的犯罪学理论一直被看成是"良莠并存、鱼龙混杂"的特殊理论。对于龙勃罗梭本人及其理论评价则始终存在着"褒贬不一、毁誉参半"的对立倾向。的确，龙勃罗梭的"天生犯罪人论"在一定程度上严重忽略了一般与特殊相互关系的重要哲学原理，混同了遗传因素与后天恶习的基本界限。在这样的条件下，以部分统计数据（主要是关于犯罪人的数据）为依据而得出的结论，难免陷入错误的泥淖。更为遗憾的是，龙勃罗梭的"天生犯罪人论"在一定程度上被反社会、反人民的法西斯统治集团所利用，成了镇压人民、消灭犹太人的"理论依据"，这也从客观上给龙勃罗梭的理论蒙上了一层沉重的阴影。

但是，这些缺陷与龙勃罗梭对犯罪学的贡献相比仍然是微不足道的。龙勃罗梭对犯罪问题极富创新性的、孜孜不倦的探讨，不仅使自己被尊称为犯罪学的开山鼻祖，而且对以后的犯罪研究产生了深远的影响。首先，龙勃罗梭在强调犯罪人的生物原因和遗传原因的同时，将传统犯罪问题研究中纯理性思辨的方法变换为注重调查和分析的定量研究方法。他将实证、归纳方法引入犯罪研究领域，引起了犯罪研究领域中的一场方法论革命，使犯罪学向着科学的方向大大迈进了一步。其次，龙勃罗梭的犯罪学理论一改古典犯罪学派注重犯罪的法律实体、强调行为核心的研究方向，"把犯罪和犯罪人作为无偏见的、事实的研究对象"，① 即以行为人本身的特征为核心展开全面的研究，这一重要转向对于开拓犯罪学的研究领域、发掘犯罪问题的深度都产生了十分重要的影响。再次，龙勃罗梭后期的犯罪学理论，能在不断修正错误的基础上，从社会、经济、文化、心理等更为广泛的领域对犯罪进行全方位的考察，并能基于这种综合的考察而提出多层次的犯罪预防基本设想，这无疑是犯罪学发展史上的一个重要里程碑。尽管龙勃罗梭的某些观点在今天看来或许有点荒唐可笑，但是他的许多富有挑战性的结论和观点，就是在今天看来仍然具有生命力，富有启发性，并激励着人们对犯罪行为和犯罪人进行科学探讨。而且，龙勃罗梭"不是只坐在绿色的桌子旁设计关于犯罪理论"的学问家，而是一名"亲自深入实际的、进行经验性研究"② 的理论家。他严谨、勤奋、客观、求是的学风，永远是犯罪学领域中的后来者学习的楷模。应该说，龙勃罗梭本人确实是一个伟大的、严肃的、认真的学者，是犯罪学史上少数几个对犯罪学的创立和发展做出巨大贡献的杰出人物之一。龙勃罗梭被尊称为伟大的精神病学家、犯罪学的创始人是当之无愧的。

值得注意的是，当前从生物学和遗传学的角度研究人的行为包括人的犯罪行为，已成为行为科学发展的一个重要理论倾向。现代生物学特别是遗传工程学和生物化学的高度发展，更为这类研究提供了前途无量的研究手段。因此，我们应当彻底摒弃一些人将龙勃罗梭的犯罪学看成是"反科学、反人民的"、"仇视人类的"伪科学的极端观点。深入研究龙勃罗梭的犯罪学理论，从中汲取合理的成分，发掘新的研究课题，对把犯罪学研究推向一个新的高度具有十分重要的意义。

二、菲利的犯罪社会学理论

恩里科·菲利（Enrico Ferri，1856—1929）是意大利著名的社会学家、犯罪学家、龙勃罗梭的学生、实证犯罪学派的主要创始人之一。③ 菲利 1856 年 2 月 25 日生于意大利曼托瓦省的一个商人家庭，1874 年进入波伦亚大学学习，1877 年获法学博士学位，随后到比萨大学任教，1879 年春离开法国进入意大利都灵大学学习，师从龙勃罗梭，潜心钻研犯罪学。在批判古典犯罪学派的基

① Hans – Dieter. Schwind, Kriminologie, 3ed, Heideiberg, 1986, p.79.

② Hans – Dieter. Schwind, Kriminologie, 3ed, Heideiberg, 1986, p.79.

③ 鉴于菲利的犯罪学思想对西方犯罪学的发展做出了多方面的重大贡献，他既被称为犯罪人类学的代表，又被称为犯罪社会学的代表，同时他还是环境学派的代表。但实际上，他应被主要看作是实证犯罪学派的代表。参见康树华：《比较犯罪学》，北京大学出版社 1994 年版，第 28—29 页。

本理论中，菲利与龙勃罗梭的观点基本一致，即都否认自由意志说。因菲利的犯罪学思想在前半期具有明显的人类学派倾向，他也因此被认为是犯罪人类学派的重要代表人物之一。但在后半期，他则明显地倾向于犯罪社会学派，特别是他的《犯罪社会学》于1884年出版后，因受到犯罪社会学派的高度重视而使菲利被看作是一个典型的社会学派的理论家。该书在1900年第五次再版时，原来仅有160页的小册子已扩充成了1000多页的大部头著作。西方有些学者认为，《犯罪社会学》的出版标志着菲利的犯罪学思想已经完全转向犯罪社会学派。

除菲利外，犯罪社会学派的代表人物还有德国著名刑法学家李斯特（Lester）、法国著名社会学家埃米尔·迪尔凯姆（Emile Durkeim）和犯罪学家加布里埃尔·塔尔德（Gabriel Tarde，1834—1904）等。李斯特既反对龙勃罗梭的"天生犯罪人论"，也不赞成菲利的"犯罪三因素论"，提出了著名的"犯罪二元论"。他认为，犯罪是个人因素与社会因素相结合的产物。他在承认个人的生理因素对人的行为有重要影响的同时，特别强调了社会因素对人的行为的决定性作用。他的犯罪二元论在犯罪学界产生了重大影响。迪尔凯姆和塔尔德提出的犯罪社会学理论分别是"社会反常状态论"[①]和"犯罪模仿论"（见下面章节）。

（一）"犯罪三因素论"

菲利一方面继承了龙勃罗梭的理论，否定人的自由意志，认为犯罪与生物遗传有着密切的关系；但另一方面，他又批判地发展了龙勃罗梭的观点，认为不能仅仅用生物因素去解释犯罪，自然因素和社会因素也起很大的作用，任何犯罪都是以上三种因素相互作用的产物。这就是菲利著名的犯罪三因素论。具体阐述如下：

1. 人类学因素

菲利认为，犯罪的人类学因素应当包括生理状况、心理状况和个人状况三个方面。[②] 犯罪的生理状况包括颅骨异常、脑异常、主要器官异常、感觉能力异常、反应能力异常和相貌异常及纹身等所有生理特征；犯罪人的心理状况包括智力和情感异常，尤其是道德情感异常以及犯罪人的文字、行话（隐语、

---

① "社会反常状态论"亦称"社会异常论"。该理论认为，犯罪是社会的弃物和社会弊病的表现。社会在它自身的发展过程中，越来越失去了社会控制力和凝聚力。过去的规范和标准变得越来越无用。这样社会就出现了无序和混乱状况，人们之间的隔阂和个人主义得以迅速发展，从而导致社会出现各种违法和犯罪。他还认为，犯罪来自于社会，存在于一切社会之中，犯罪并不是社会的罪恶。

② ［意］恩里科·菲利：《犯罪社会学》，郭建安译，中国人民公安大学出版社2004年版，第41页。

黑话）等；犯罪人的个人状况包括年龄、性别等生物学状况和公民的地位、职业、住所、社会阶层、训练、教育等生物社会学状况。此外，犯罪人类学因素"也包括我们每个人都具有的种族特征"①。

2. 自然因素

菲利认为，犯罪的自然因素实际上就是人们生活的物质环境，主要包括自然资源状况、地形、气候、季节、昼夜长度、农业状况等。这种自然环境因素不仅通过神经系统对人们的身体运动产生很大影响，而且也影响到诸如贫富、就业、文化、道德等社会状况，从而与犯罪有密切的关联性。

3. 社会因素

菲利所说的社会因素是指足以使人类社会生活不诚实、不完满的社会条件。它基本包括"人口密度、公共舆论、公共态度、宗教、家庭情况、教育制度、工业状况、酗酒情况、经济和政治状况、公共管理、司法、警察、一般立法情况、民事和刑事法律制度等。"② 在这些因素中，菲利似乎更重视贫穷对犯罪的作用。他认为贫穷会引起人的道德信念的动摇，导致道德堕落和反社会情感，当它与其他因素相互作用时，就会引起犯罪行为的产生。而在财富增长的情况下，经济因素也发挥着滋生犯罪的作用，财富本身就是犯罪的一种原因。因为，富有者不从事体力和脑力劳动，他们精神空虚，沉溺于赌博、金钱之争，过着闲荡和腐化的生活，会进行"嬉戏式的犯罪"，如赌博、欺骗、通奸等。此外，自由竞争等也会引起多种经济与暴力犯罪。

菲利认为，任何一种犯罪行为乃至整个社会的犯罪现象都是上述三种因素相互作用的结果，但这三种因素在具体犯罪中所起的作用是不同的，一般地说，社会因素所起的作用最大。他还进一步指出，最严重的犯罪，尤其是侵犯人身的犯罪，主要是由人类学因素以及自然因素引起的，而那些程度比较轻微但数量众多的侵犯财产罪、侵害公共秩序罪和带有偶然性的侵犯人身罪，则主要是由社会因素引起的，是社会环境直接影响的结果。

在犯罪原因研究中，菲利认为，"原因与结果的区别只是相对的，因为每一个结果都有其原因，每一个原因也有其结果。"③ 该观点充满了辩证法色彩，避免了犯罪研究中的机械性和僵化现象。

（二）"犯罪饱和法则"

菲利在化学饱和定律的启示下，在犯罪三因素论的基础上，根据他对犯罪

---

① ［意］恩里科·菲利：《实证派犯罪学》，郭建安译，中国政法大学出版社 1985 年版，第 29 页。
② ［意］恩里科·菲利：《犯罪社会学》，郭建安译，中国人民公安大学出版社 2004 年版，第 42 页。
③ ［意］恩里科·菲利：《犯罪社会学》，郭建安译，中国人民公安大学出版社 2004 年版，第 45 页。

统计资料的研究，提出了著名的"犯罪饱和法则"。他说，就像一定量的水在一定温度下会溶解一定量的化学物质而且不多也不少那样，每个国家在一定的个人和自然条件下的特定社会环境中，也会发生一定量或一定种类的犯罪，不多也不少。但影响犯罪的诸因素不是恒定不变的，而是处于不断的变化之中，它们的变化将导致犯罪在年内的增多或减少。当社会出现重大变革或异常时，犯罪就会激增，出现"超饱和"状态。但随着社会变化趋于稳定，犯罪最终还会恢复正常的"饱和状态"。该理论的实质在于，"犯罪的规模与种类取决于某一特定空间里起决定性影响的社会条件。"①

（三）"刑罚替代性措施"

菲利是保安处分制度、被害人赔偿制度的最早倡导者。菲利在对刑罚进行了深入的研究后，基于对刑罚抑制犯罪作用有限性的认识，他极力寻找能够替代刑罚并对减少犯罪有更加明显效果的间接性措施，并把这些间接的防卫手段称为"刑罚替代措施"（sostituiti penali，equivailents des peins）。在菲利看来，该措施就是一些"消除犯罪的社会因素的合法方式"，或者称之为对未发生的犯罪具有预防作用的措施，它应当成为社会防卫机能的主要手段，而刑罚尽管是永久的但却要成为次要的手段。"刑罚替代性措施"包括经济领域的刑罚替代措施、政治领域的刑罚替代措施、科学领域的刑罚替代措施、立法和行政领域的刑罚替代措施、教育领域的刑罚替代措施五个方面的内容。菲利认为，只要社会在行使自己的权力和执行某项任务时，对以上五个方面都充分考虑，注意减少犯罪，那么相应的犯罪就可以避免。如：

（1）减轻关税——可以防止走私等犯罪；

（2）用金属货币替代纸币——可以减少伪造货币罪；

（3）加宽道路、安装路灯——可以防止夜盗；

（4）加强金融管理——可以减少各种贿赂罪；

（5）将公有森林分给穷人——可以减少盗伐林木罪；

（6）保护非婚生子女——可以避免堕胎、溺婴罪；

（7）放宽性生活管理——可以避免强奸罪；

（8）严禁赌博——可以防止因赌博而产生的凶杀、伤害罪；

（9）加强法医检验——可以减少投毒罪；

（10）公平征税——可以减少偷税、漏税罪。②

---

① ［德］汉斯·约阿希姆·施奈德：《犯罪学》，许章润译，中国人民公安大学出版社、国际文化出版公司1990年版，第117页。

② ［意］恩里科·菲利：《实证派犯罪学》，郭建安译，中国政法大学出版社1987年版，第42页。

菲利的这些替代措施对犯罪的预防作用，主要是通过改变社会环境或变革一定的社会制度来达到减少犯罪发生的效果。正如菲利自己所评价的那样，"刑罚替代措施的目标不是使所有重罪犯和轻罪犯都不可能产生，而是在任何特定的自然和社会环境下都力争将他们减少到最少的数量。"①

（四）社会防卫和矫治理论

菲利与实证犯罪学派的其他代表人物一样，主张以犯罪人的人身危害性为根据的社会责任论，反对古典犯罪学派的自由意志说和道德责任观，并主张以社会防卫的概念取代刑罚的概念。根据菲利的论述，追究犯罪人的刑事责任，并不是基于犯罪人滥用自由意志和因此而产生的道德责任，而是出于保卫社会、保卫国家和法律的需求。这种"刑事责任的实证理论"包含着严格责任的含义，即一个人只要违反了法律就应当受到惩罚，而不管其在行为时的心理状态如何。但预防犯罪，不能仅仅依靠刑罚的效力，应当着力消除产生犯罪的人类学的、自然的和社会的各种因素。在这三种因素中，前两者是难以甚至是无法改变的，因而只能通过改变社会因素对人类学因素和自然因素施加影响，进而控制和减少犯罪。因此，预防犯罪的根本在于社会改良——消除社会弊端。

对产生犯罪社会环境的改良，尽管可以预防和控制大部分犯罪，但不能消除全部犯罪。那些因人类学因素（生理、心理因素）导致的犯罪仍将存在。对这部分犯罪，应基于不同的犯罪原因和针对不同的犯罪类型及其个性特征采取不同的处罚和矫治措施。

菲利根据犯罪人的个性特征将犯罪人分为五类：

（1）天生犯罪人；

（2）精神病犯罪人；

（3）习惯性犯罪人；

（4）偶犯；

（5）情感犯。

菲利认为，对天生犯罪人、习惯性犯罪人和精神病犯罪人，应采取不定期隔离的处罚方式。在隔离期间，要对他们施以人道待遇，并根据他们的生理、心理特点进行有针对性的治疗，直到他们能够重返社会、适应社会为止。对于偶犯，他主张适用赔偿损失的处罚措施。对于情感犯，他认为要区别这种情感是理智的还是盲目的，是社会性的还是反社会性的，以此决定对他是否宽恕。

---

① ［意］恩里科·菲利：《犯罪社会学》，郭建安译，中国人民公安大学出版社2004年版，第95页。

菲利还极力推崇不定期刑，认为应当"根据违法及其造成的损害情况和罪犯的个人情况（罪犯的人类学类型），视其是否被认为可以回归社会，确定是否有必要将罪犯永久、长期或短期地隔离。"① 并且，"当犯罪行为和犯罪人的情况表明赔偿损失不足以成为社会防卫的一种手段时，法官只能在判决中宣告将罪犯放在精神病院、为顽固犯设置的监狱和为偶然犯罪人设置的机构中不定期监禁。"② 但是，罪犯服刑的长短最终由谁来决定呢？菲利建议成立一个由监管人员、犯罪人类学家、治安法官和检察官以及被告方代表组成的行刑监督委员会或行刑委员会来决定。

此外，菲利还用专节（《犯罪社会学》第三章第五节）论述了为精神病犯罪人建立精神病院并进行矫治的主张。

三、加罗法洛的犯罪心理学理论

拉斐尔·加罗法洛（Raffaele Garofalo，1851—1934）是意大利著名的法学家、犯罪学家、实证犯罪学派的代表人物之一。加罗法洛于 1851 年 4 月 18 日出生于意大利那不勒斯市一个贵族家庭，早年主修法律，后在政府供职，曾任法官和地方议员，在那不勒斯大学讲授过刑法学，于 1903 年应邀起草意大利刑事诉讼法典，代表作是他 1885 年出版的《犯罪学》。

加罗法洛作为龙勃罗梭的学生，一方面承袭其师，另一方面又影响其师，并从法学角度对龙勃罗梭的"天生犯罪人论"做了补充和发展，有力地支持了这一学说。龙勃罗梭和他的两个弟子菲利和加罗法洛因为都是意大利人，因此被称为意大利学派。不过，他们三人的职业生涯和研究的侧重点各不相同，其学说和观点也有明显的区别：龙勃罗梭强调生理因素对犯罪的影响，菲利强调社会因素对犯罪的作用，加罗法洛则偏重于从心理学方面解释犯罪。他们三人一起对实证主义犯罪学的创立和发展做出了重大贡献，由此被尊为"犯罪学三圣"。

（一）加罗法洛的"自然犯罪"概念

加罗法洛在其《犯罪学》一书中第一次提出了"自然犯罪"（Delitto positive，natural crime）的概念，并将它与"法定犯罪"（Delittolegale，legal crime）相区别，在犯罪的法律定义之外提出了一个新的犯罪概念。这对以后的犯罪学研究产生了巨大影响，使犯罪学者们可以在更广的意义上使用"犯罪"一词，

---

① ［意］恩里科·菲利：《犯罪社会学》，郭建安译，中国人民公安大学出版社 2004 年版，第 141—142 页。

② ［意］恩里科·菲利：《犯罪社会学》，郭建安译，中国人民公安大学出版社 2004 年版，第 146 页。

即可以在法律特别是刑法有关规定之外研究犯罪问题，而不必完全受刑法规定的约束。

加罗法洛同龙勃罗梭一样也反对自由意志说，赞成用科学方法研究和理解犯罪问题，并试图用多学科的知识为犯罪下一个在任何时期和条件下都适用的科学定义。在他看来，犯罪的法律定义只是立法者对行为的分类，它在不同的时期、不同的国家都有不同的规定，因此法定犯罪不是真正的犯罪。那么，什么是真正的犯罪呢？加罗法洛相信"自然犯罪"这个术语能使其得到最清楚、最准确的说明。所谓"自然犯罪"就是"那些文明社会都认为是犯罪并用刑罚手段进行镇压的行为"。他进一步解释说，人类有两种属性：一是基于保护自己的本能利己情绪，二是基于保护社会的利他情绪，而利他情绪是一种怜悯和正直的道德观念。"自然犯罪"就是"违反了任何年龄的任何人都具有的两种基本的利他情绪——正直和怜悯道德情操的犯罪。"①

加罗法洛将"自然犯罪"的原因归结为心理或道德方面的异常。这种心理或道德的异常、"利他感受性"没有得到适当的发展，并非完全取决于社会经济等后天的原因，而是由个体的特定遗传因素所决定的，是有其器质性基础的。他确信，在真正的犯罪人的本能中，存在着一种先天性的、遗传而来的或者是在童年早期不知怎样获得的成分，这种成分变得无法与犯罪人的心理有机体相区分。因此说，尽管加罗法洛不赞同龙勃罗梭的"天生犯罪人论"，并力图用"自然犯罪论"作进一步的解释，但从实质上看，加罗法洛把犯罪人的反自然情绪所形成的原因，归结为人体的因素或遗传因素，归结为人的退化或道德败坏，完全割裂、歪曲了人的主观世界与客观世界相互联系的唯物主义辩证法，这与"天生犯罪人论"并没有什么本质的区别。

（二）加罗法洛的犯罪预防理论

加罗法洛与自己的犯罪原因观（即将犯罪原因归结于个体自身）相适应，在犯罪预防问题上，关注更多的不是事前预防、一般预防和社会预防，而是怎样处置已经犯了罪的人，使之不再危害社会。加罗法洛反对贝卡利亚刑罚与犯罪的严重性相适应的主张，从其"自然犯罪人论"出发，以社会防卫为目的，提出应根据犯罪人的道德异常程度和社会危险程度来确定对他们的处罚方式。他同时还为法官设计出了镇压、限制犯罪人的措施。加罗法洛认为，最初的量刑决策应当确定，"淘汰"犯罪人是否为保卫社会安全所必要，如果是保卫社会安全所必要的话，那么就应该永久地或是暂时地淘汰犯罪人。在这个问题

---

① ［美］乔治·沃尔德：《理论犯罪学》，1986 年英文版，第 43 页。

上，加罗法洛将达尔文的生物进化理论和斯宾塞的犯罪人赔偿与释放理论相结合，提出了社会淘汰犯罪人的三类方法：①

（1）完全淘汰法。这是将犯罪人从社会环境中绝对淘汰，使犯罪人与社会失去联系的方法。判处犯罪人死刑是唯一、绝对的淘汰方法。死刑适用于那些长期异常而犯罪的人。因为这种人永远不能适应社会。

（2）不完全淘汰法。这是将犯罪人从他不适应的特定环境中隔离开来的相对淘汰方法。该方法主要包括四种：长期监禁或终身监禁；流放；在流放地安置；永久禁止犯罪人从事一定职业或者剥夺民事政治权利。不完全淘汰方法适合于缺乏正直情操的犯罪人，因为这类犯罪人有可能适应社会，但困难的是如何才能找到与犯罪人相适应的环境。

（3）强制性赔偿。这是强制犯罪人赔偿其犯罪所造成的损害的淘汰方法。这种方法适合于那些缺乏利他情操，在特定情况下进行了犯罪但是又不可能再次犯罪的人。

另外，加罗法洛还是首倡全球性刑事政策的人。他认为，由于世界上所有的"自然犯罪人"几乎没有本质上的区别，因此应当建立全球共同与自然犯罪作斗争的制度与政策，即制定和采用共同的刑法典，实施共同的审判程序、共同的行刑制度和警察制度，等等。加罗法洛的这一建议，不仅受到当时的统治者的充分重视，而且对当代国际刑事政策的拟定和国际犯罪预防会议的健康发展，都有一定的促进作用。

综上所述，实证犯罪学派既是历史发展的需要，又是科学技术不断进步的体现。当古典犯罪学派的理论在实践中越来越不能解释不断发展的犯罪问题时，一种代表着时代新观念的理论也就理所当然地登上了历史的舞台。可以说，犯罪学从实证犯罪学派研究开始，就已经孕育并逐步衍化着一门新学科的诞生，而实证犯罪学派三大代表人物的三部代表作——龙勃罗梭的《犯罪人论》、菲利的《犯罪社会学》、加罗法洛的《犯罪学》的问世，是犯罪学诞生的主要标志。尽管实证犯罪学派的某些观点确实存在某些偏颇和荒谬之处，但实证犯罪学派对犯罪学的贡献是显而易见的。其中它的一个重大理论倾向是把古典犯罪学派以行为为核心的研究转向了行为人研究。这一研究方向的转换，形成了犯罪学领域内行为主义与行为人主义两大阵营的彻底对立。在这以后的以社会学原理为基础的美国学派和以生物学原理为基础的德奥学派可以说是上述对立关系的扩展与延伸。而综合主义犯罪学则是现代犯罪学中调和两大对立学派的中间学派。在犯罪学领域内，这种对立、折中与综合的趋势一直延续发展至今。

---

①　吴宗宪：《西方犯罪学史》，警官教育出版社 1997 年版，第 255—256 页。

第三节　现代犯罪学

现代犯罪学，又称当代犯罪学，是指 20 世纪初意大利实证派犯罪学之后的西方犯罪学。在这一时期，随着犯罪社会学和犯罪心理学的产生，西方犯罪学研究的重心逐步从意大利等欧洲国家转移到了美国，犯罪学研究在美国等许多国家蓬勃发展起来，犯罪学的发展开始进入鼎盛时期，并出现了利用不同研究方法、运用不同学科原理解释犯罪现象、犯罪原因及探讨犯罪对策的众多理论流派和学说，如犯罪生物学、犯罪心理学、犯罪社会学、犯罪政治学、犯罪伦理学、犯罪经济学、犯罪整合理论，等等。透过这些色彩纷呈的理论、流派和学说，依据犯罪学发展的历史轨迹和犯罪学理论的现实影响，我们可以按照以下犯罪学发展的四条主线加以归纳与介绍。

一、犯罪生物学理论

自从龙勃罗梭创立犯罪生物学学说以来，犯罪生物学理论研究一直都没有停息过，特别是 20 世纪初至 20 世纪中叶，犯罪生物学理论取得了较大的发展，依然在犯罪学领域占据主导地位。但此时现代生物学理论不再断言犯罪仅仅是或主要是由遗传引起的，而是在更大范围内探讨不同类型的犯罪人之间及其犯罪人与非犯罪人之间在生物结构上的差异，并认为生物学因素只有与社会因素和其他因素相结合才能发挥作用。

犯罪生物学理论涉及的研究领域十分广泛，大致可以分为体质理论和遗传理论两大分支。体质理论主要是通过分析人体的生理、体质或身体构造与犯罪之间的关系来探求犯罪的原因。其基本内容主要包括：体型与犯罪，发育失调与犯罪，内分泌失调与犯罪，脑组织损伤与犯罪，智力缺陷与犯罪等。遗传理论主要是通过分析遗传因素与犯罪之间的关系来探求犯罪原因。其内容主要包括：孪生子犯罪研究，染色体异常与犯罪，收养子女与犯罪等。

上述这些研究，均遭到一些学者的质疑，甚至一度被斥为缺乏根据的"伪科学"。客观地讲，当代犯罪生物学派的不少观点尚待进一步澄清和验证，但不可否认的基本事实是，生物学因素不论任何时候都是影响人类行为的内在因素之一，是解释人类犯罪行为不可缺少的方面。现代遗传工程学和生物化学的高度发展，特别是人类基因研究的伟大突破，更为这类研究提供了丰富的研究手段。可以认为，现代犯罪生物学理论尚处于发展之中，我们不应该过多地纠缠生物学因素对犯罪有无影响这一问题，而是应当认真地探讨它们究竟在什么条件下促成了人们的犯罪行为。

二、犯罪社会学理论

当代西方犯罪学的一个显著特征是广泛运用各门社会科学特别是社会学的理论和方法研究犯罪问题。20世纪中叶以后，犯罪社会学理论全面压倒犯罪生物学理论。美国一批犯罪学者充分运用社会学的原理和方法研究各类犯罪问题，提出了众多有影响的犯罪社会学理论。当代西方犯罪社会学理论，一般从社会结构和社会化过程两个角度研究犯罪问题。

社会结构理论认为，社会是划分为层次的，不同层次的成员享有的政治、经济和其他社会权利不同，犯罪与这种社会结构有关。属于社会结构理论的主要有：20世纪20、30年代芝加哥学派（Chicago School）的霍普金斯·帕克（Hopkins Park）、欧内斯特·伯吉斯（Ernest Burgcss）、克利福德·肖（Clifford Shaw 和亨利·麦凯（Henry McKay）等人创立的犯罪生态学理论（human ecology），罗伯特·默顿（Robert Merton）的紧张理论，艾伯特·科恩（Albert Cohen）的亚文化理论，理查德·克洛沃德（Richard Cloward）和劳埃德·奥林（Lloyd Ohlin）等人的不同机会论，索斯坦·塞林（Thorsten Sellin）的文化冲突论，理查德·昆尼（Richard Quinney）、奥斯汀·特克（Austin Turk）等人提出的"冲突理论"等。

社会化过程理论认为，一个人在社会结构中的地位并不能完全决定其行为方式，一些社会地位低下的人并不意味着就一定犯罪。其实，犯罪是个体与社会以及个体与各种社会化机构在个体社会化过程中相互作用的结果。该理论主要有：法国著名犯罪学家加布里埃尔·塔尔德的模仿理论，美国著名犯罪学家埃德温·萨瑟兰（Edwin Sutherland）、罗纳德·艾克斯（Ronald Akers）和大卫·马躜（David Matza）的社会学习理论，[①] 美国犯罪学家雷克利斯（Reckless）的遏制论，特拉维斯·赫希（Travis Hirschi）的社会控制论，莱默特（E. M. Lemert）和贝克（H. S. Becker）等人的标签理论，以及在上述各种学说

---

① 社会学习理论认为，犯罪是行为人学习与犯罪有关的准则、价值观念和行为的结果。该理论由法国著名犯罪学家加布里埃尔·塔尔德（Gabriel Tarde, 1834—1904）的模仿理论发展而来。塔尔德认为，个人的行为是通过模仿而习得的。在模仿的过程中，关系越密切，相互影响越大。下层人物模仿上层人物，低劣者模仿优越者，农民模仿贵族，小城镇模仿城市。

的基础上所形成的整合理论①等。以上这些研究极大地拓展了犯罪学的研究领域，在犯罪产生的原因及其预防方面都提出了比较深刻的见解。美国学者的这些理论观点因此常常被看成是犯罪学领域的圭臬。

三、犯罪心理学理论

现代犯罪心理学是一个范围十分广泛的概念，它泛指 19 世纪末期特别是 20 世纪初期以来的一切有关犯罪与心理关系的研究和学说，主要包括三个基本的类别：②

（一）精神分析理论

自从奥地利犯罪学家汉斯·格罗斯（Hans Gross）于 1897 年出版《犯罪心理学》（现代犯罪心理学诞生的标志）以来，特别是奥地利精神病学家西格蒙德·弗洛伊德（Sigmund Freud，1856—1939）在 19 世纪末 20 世纪初创立精神分析学以来，弗洛伊德、瑞士精神病学家奥古斯特·艾希霍恩（K. F. Eichhorn，1878—1947）、美国心理学家威廉·希利（William Healy）、匈牙利出生的美国犯罪心理学家弗兰茨·亚历山大（Franz Alexander）、英国女精神分析学家凯特·弗里德兰特（Kate Friedlander）、美国精神病学家沃尔特·布朗伯格（Walter Bromberg）、英国犯罪心理学家约翰·鲍尔比（John Balby）、美国临床心理学家弗里茨·雷德尔（Fritz Leider）、戴维·西伯拉罕森（David in Hebrew Lahansen）等人，运用心理学和精神分析的理论与方法研究犯罪心理问题，发表了一系列论著，提出了许多有影响的观点，形成了犯罪学研究的一个重要分支领域——犯罪心理学。

（二）精神病学理论

犯罪精神病学理论是犯罪心理学理论的重要组成部分，是精神病学家、精神分析学家和其他心理学家应用精神病学的观点和方法解释犯罪问题、研究犯罪人与犯罪心理的理论和学说。其研究结果形成了犯罪心理学中的精神病学分支学科。该学科的主要代表人物有：德国精神病学家库尔特·施奈德（Kurt Schneider，1887—1967）和卡尔·比恩鲍姆（Carle Bean Baum，1878—?）、美国精神病学家赫威·克莱克利（1903—?）、麦科德夫妇（Mr. and Mrs. Mc-

---

① 整合理论就是将犯罪社会学的各种理论进行整合，建立一个集各种理论之大成的综合理论。其代表人物有美国犯罪学家约瑟夫·威斯（Joseph Weis）、德尔伯特·埃利奥特（Delbert Elliot）、多伦斯·桑伯瑞（Terence Thornberry）等人。

② 参见吴宗宪：《西方犯罪学史》，警官教育出版社 1979 年版，第 461—462 页。

cord）、欧文·弗雷（Owen Fred）以及加拿大精神病学家罗伯特·黑尔（Robert Hale）等。他们主要从人格障碍与犯罪的关系、精神病与犯罪的关系以及性变态、神经病与犯罪的关系等方面进行了广泛而深入的研究，对精神病学理论的发展做出了重要贡献。直到 20 世纪中叶以后，这些国家的许多精神病学家仍然从事犯罪问题的研究。

（三）正常个性心理学理论

正常个性心理学理论是指对精神正常的个别犯罪人的心理进行研究的理论。该理论强调以下三点：一是对精神正常的犯罪人进行心理学研究，而与精神病理论相区别；二是对个体犯罪人进行心理学研究，而与社会心理学理论相区别；三是对犯罪人正常的、有意识的心理现象进行研究（其研究的对象是表层的、明显的心理现象，而不是无意识的、深层的、隐伏的心理现象），而与精神分析学理论相区别。

正常个性心理学理论主要有以下分支：

1. 发展理论

这是用人的心理与社会方面的发展和成熟程度（水平）的差别来解释犯罪行为产生原因的一组理论学说。这组理论的基本观点是，个人之所以犯罪，是由于在其心理与社会方面的发展中没有达到成熟程度的缘故，犯罪人的发展程度和成熟水平低于非犯罪人。发展理论又包括道德发展理论、人际成熟水平理论和人格成熟理论三个分支。道德发展理论认为，个人之所以犯罪，是由其道德发展水平造成的。由于道德发展水平低，对社会道德规范的理解有偏差，对个人行为的道德控制力较差，因而会进行违反道德准则和法律的行为。该理论的代表人物主要有瑞士著名心理学家让·皮亚杰（Jean Piaget, 1896—1980）和美国哈佛大学心理学教授劳伦斯·科尔伯格（Laurence Kolberg）等。人际成熟水平理论是用人际关系方面的成熟水平来解释犯罪（特别是青少年犯罪）产生的原因，并根据不同人际成熟水平来对犯罪人进行分类矫治的一种理论。该理论认为，犯罪行为之所以产生，是由人际关系方面的成熟水平低造成的，因此需要根据犯罪人的人际成熟水平对他们分别进行矫治。该理论最初由 C. E. 沙利文（C. E. Sullivan）、M. Q. 格兰特（M. Q. Grant）和 J. D. 格兰特（J. D. Grant）在 1957 年首先提出，其后在应用的过程中逐渐形成了一套完整的人际成熟分类体系。1966 年玛格丽特·沃伦（Margaret Warren）又将上述研究作了进一步发展，认为犯罪是由于不成熟的人格引起的，具有不成熟人格的人容易实施违法犯罪行为。该理论的代表人物主要有美国学者哈里·科泽尔（Harry Coetzer）、理查德·鲍彻（Richard Bao Che）和拉尔夫·加罗法罗（Ralph Garrow Faroe）。

2. 挫折—攻击理论

该理论认为，当人的动机、行为遭到挫折后容易引起攻击欲望和侵犯性反应，从而导致犯罪特别是暴力犯罪的发生。其代表人物主要有美国心理学家索尔·罗森茨韦克（Saul Rosenzweig，1907—2004）、约翰·多拉德（John Dollard）和梅尔（Mel）等人。

3. 学习理论

1962 年，英国心理学家戈登·特拉斯勒（Gordon Trusler）在其《对犯罪性的解释》一书中提出了犯罪学习理论。其基本观点认为，犯罪行为是通过条件反射作用学会的，幼年时期不恰当的教养活动往往使个人形成不正确的条件反射联系，从而导致一些个体为了追求快乐和避免痛苦而进行犯罪行为。

除上述理论观点外，正常个性心理学理论还有整合学习理论、理性选择理论、日常活动理论等。

四、社会心理学理论

社会心理学理论与社会学理论有所不同，它是以强调犯罪人之间以及犯罪人与环境之间相互作用为特色的犯罪社会心理学理论。该理论试图消除社会学理论中抽象的环境论与生物学或心理学理论中狭义个人主义的鸿沟，强调社会越轨、违法和犯罪与正常的行为一样，是一个社会学习和行动的过程，都是在人与环境相互作用的社会化过程中产生的。现代社会心理学理论又可分为三个分支：（1）社会学习论。该理论认为犯罪技巧和心态是从"榜样"那里学来的，并通过自己的体验而得以加强，其代表人物是"差别交往论"的创立者埃德温·萨瑟兰。[①]（2）监督论。监督论的一个基本命题是：与其说人们为什么不做坏事，不如说如何引导人们做好事。该理论试图通过社会所施加的顺应性压力和人们的人格特征来说明为什么人们会采取顺应社会的行为。对监督论者而言，个人对社会的责任（社会良心）是决定个人与社会能否相协调的最重要标准。其代表人物有英国心理学家埃森克和美国的雷克利斯等。（3）相互作用论。该理论认为，犯罪的成立重要的不在于行为本身，而在于人们对自己的行为所赋予的意义，以及别人对行为所赋予的意义。对该理论贡献最大的是创立"标签理论"的莱默特和贝克等人。

---

① 在不少犯罪学著作中，萨瑟兰的理论被当作社会学理论来看待，其实他的理论带有明显的社会心理学色彩。

第四节　犯罪学研究的发展趋势

现代犯罪学研究越来越趋于全面和科学化，出现了以下发展趋势：

一、研究方法：从单一向多元的高度整合

犯罪学"整体性"学科特点决定了它并不存在完全区别于其他学科的独特的研究方法，它具有广泛借鉴其他相邻学科基本方法的鲜明特征。比如，古典犯罪学派的兴起不外乎是功利主义哲学思辨方法的运用；犯罪人类学派的出现亦不过是达尔文进化论思想和孔德实证主义哲学方法影响的结果；现代社会学派依靠调查统计、测量以及数量分析等社会学的研究方法，将犯罪看成是社会学中的一个重要命题；社会心理学派则注重临床检验和心理分析等研究方法，并结合自身的研究内容，不断将观察和实验测量等方法渗入到特定的研究课题之中；美国当代激进主义犯罪学，强调犯罪问题的参与性与变革性，认为犯罪学家只有深入民众的生活，才能把握纷繁复杂的犯罪问题，对预防和控制犯罪做出贡献；现代生物学派受益于现代遗传学、生物工程学和生理学、病理学的高度发展，它广泛地运用生物化学和遗传工程学的研究方法分析犯罪人内在的因素，其科学性已经达到了令人相当信服的程度，是早期人类学派所采用的简单的测量方法难以比拟的；以民族学、文化学研究方法为主导的犯罪社会文化学派，在大量运用传统研究方法的同时，在方法论上不断进行大胆革新与探索；文化学与心理学相结合的文化心理学研究方法，对特定社区的、特定种族内部的犯罪问题的分析研究，也具有很强的解释能力。

任何具有时代特征的犯罪学理论的形成与发展，都与采用新学科的研究方法、吸纳新的思想密不可分。但任何采用单一方法和理论对犯罪问题所作出的解释，都难免存在一定的局限性。犯罪学要具有更强的解释、分析能力，从而更趋于科学化，就必须在不断整合一切可能为犯罪学研究做出贡献的方法、手段的基础上才能使自己不断前进和发展。所以，力图从多种角度、多项原理来诠释犯罪产生与蔓延的基本规律，将多学科交叉研究方法高度统一于"如何准确把握犯罪和有效预防犯罪"这一主题的多元整合研究方法，已成为现代犯罪学研究的基本特征和发展趋势。

二、研究方式：由理论或应用的单线偏重转为双线并重

长期以来，在犯罪学的发展过程中，由于各种理论流派所确立的研究对象和研究重点的不同，犯罪学逐渐分化、演变为两大分支：一是以犯罪原因、犯罪行为结构、犯罪心理机制、犯罪人精神状态和犯罪动机、目的等基础课题为研究对象的纯理论犯罪学；二是以犯罪人的矫治与改造、犯罪人的教育与处置、犯罪人的社会复归与安置、刑罚效果评价、监狱管理和刑事政策等应用性、实践性课题为主要研究对象的应用犯罪学。但事实上，理论犯罪学与应用犯罪学之间并不能完全割裂开来，二者所依附的科学原理是紧密相连的，它们只有相互支持、相互补充才能得到充分的发展。具体来讲，理论犯罪学是应用犯罪学的基础，理论犯罪学的基本原理能够为应用犯罪学的研究提供指导。如果忽视对犯罪学的理论性研究，不重视犯罪原因的探索以及犯罪与整个社会之间的相互关系，那么应用犯罪学的研究将难以深入开展，其实践效果将会受到严重损害；而应用犯罪学又是理论犯罪学的前提，应用犯罪学的大量实践性内容，可为理论犯罪学的研究提供充分的素材与依据。因此，如果轻视犯罪学的应用性研究，犯罪学的理论研究将成为无源之水、无本之木，其研究成果就难以起到指导实践的作用。

于是，经过长期的研究和探索之后，犯罪学家们终于达成了共识，两大分支出现了由单线偏重向双线并重、交叉发展的趋势。特别是近 30 余年来，世界各国在重视本国犯罪学基础理论研究的同时，都加强了应用性研究。这种研究形式的有机结合，不仅提高了理论研究的科学性和预见性，而且充分实现了理论研究成果转换服务于犯罪预防与矫治的基本功能的现实需求。

三、罪因研究：由单因到多因的全方位审视

纵观犯罪学的历史可以看出，早期犯罪学采取的是"单因论"：古典犯罪学派着眼于罪行和罪责；实证犯罪学派把注意力集中在犯罪人及危险性上；现代犯罪学在犯罪原因研究方面开拓了新的领域——被害人和社会过程的条件。现代犯罪学不再以静态方式研究犯罪行为的原因，而是把犯罪成因理解为一种由犯罪人、被害人和社会（环境或条件）一起参加的相互作用的过程。这种加害现象—被害现象、犯罪人—被害人与社会多因素的互动模式，为分析犯罪现象、探讨犯罪原因以及预防犯罪奠定了更为科学的理论基础，代表了犯罪原因研究的发展趋势。不仅如此，犯罪学犯罪原因研究的领域还在不断扩大，"现代犯罪学不仅对被标定为犯罪的那些人的行为感兴趣，而且也对把别人标定为犯罪的

那些人的行为感兴趣，如警察、法庭、监狱等。现代犯罪学注意研究被害人以及各种监控措施，不仅看到社会监控具有犯罪预防的作用，而且也对它们所起的促使犯罪和继续犯罪的作用作批判性评价。"① 它把犯罪原因看成是加害、被害、社会（犯罪根源、犯罪原因、犯罪条件、犯罪相关因素）多种因素相互作用的系统。实践也充分证明，这种研究符合犯罪的内在属性，有利于对犯罪的控制与预防。

四、犯罪预防：由单一模式向复合模式转向

全球性犯罪增长的浪潮，使犯罪预防问题成为犯罪学者们关注的重心。与犯罪原因的多因素论相适应，学者们大都抛弃了早期犯罪学研究中的"单因论"，普遍认为应整合多学科理论与方法研究犯罪问题，并在此基础上提出了综合预防犯罪的理论模式，同时也更加注重犯罪预防的实际效果（特别是20世纪中叶后）。比如，美国等学者提出了"三级预防论"。第一层次的预防：环境设计；邻里照看；一般威慑；公众教育；私人保安。第二层次的预防：鉴别潜在的犯罪者，进行早期干预；确定犯罪高发区，进行社区预防；对轻微违法人员进行转处；发挥学校的功能作用，引导有潜在问题的青少年健康成长。第三层次的预防：特殊威慑；剥夺犯罪能力；矫正和治疗。荷兰司法部预防犯罪局主任范·岱克（Dai Gvan）和捷帕·沃德（Jiepa Ward）等学者提出并建立了"预防犯罪规划的二元模式"（见表3-1）。

表3-1　荷兰"预防犯罪规划的二元模式"

目标	犯罪的发展阶段		
	初级 （大众）	次级 （危险人群与情景）	三级 （核心人群与情景）
犯罪人	1	2	3
情景	4	5	6
被害人	7	8	9

我国学者冯树梁提出了"三级预防体系"：（1）群众预防、专业预防和技术预防；（2）一般预防、重点预防和特殊预防；（3）家庭预防、学校预防和社会预防。康树华提出了"二级预防体系"：（1）宏观预防：社会预防、治安预防和司法预防；（2）微观预防：家庭预防、学校预防和社区预防。需要特

---

① 魏平雄等：《犯罪学教程》，中国政法大学出版社1998年版，第72页。

别提出的是，我国在与违法犯罪作斗争的长期实践与理论探索过程中，于20世纪80年代初提出了社会治安综合治理模式，将犯罪防治的具体范围和内容归纳为打击、防范、教育、管理、建设、改造六个方面，对完善犯罪预防理论做出了重大贡献。

具体而言，近30年来，犯罪预防研究出现了以下新的态势：

（1）综合治理已成为治理犯罪对策中的全球共识；

（2）通过改变或保护环境，以消除犯罪的条件来预防犯罪的环境预防被提到了突出的位置；

（3）"公众参与、邻里守望"的社区预防理论受到了广泛的关注；

（4）与犯罪预防密切相配合的被害预防受到了高度重视；

（5）预防主体间的国际交流与合作取得重大进展。

总之，犯罪预防正朝着多元化、综合性的方向不断完善与发展。

思考题

1. 古典犯罪学派的主要代表人物及其观点是什么？
2. 实证犯罪学派的主要代表人物及其观点是什么？
3. 现代犯罪学主要包括哪些理论派别？

阅读书目

1. 吴宗宪：《西方犯罪学史》，警官教育出版社1997年版。

2. ［意］切萨雷·贝卡利亚：《论犯罪与刑罚》，黄风译，中国大百科全书出版社1995年版。

3. ［意］切萨雷·龙勃罗梭：《犯罪人论》，黄风译，中国法制出版社2000年版。

4. ［意］恩里科·菲利：《犯罪社会学》，郭建安译，中国政法大学出版社2004年版。

5. 李明琪、张光：《英国犯罪学的新发展：20世纪90年代的英国犯罪学研究》，载《中国人民公安大学学报》2002年第2期。

6. 刘建清：《三大心理学派对犯罪心理学的影响》，载《政法学刊》2004年第1期。

7. 宋浩波：《西方犯罪学研究发展历程评述》，载《江西公安专科学校学报》1999年第2期。

8. 刘朝阳：《龙勃罗梭人身危险性研究的谱系学分析》，载《政治与法律》2004年第3期。

9. 斯蒂芬·赫维茨、卡尔·克里斯琴森、陈新亮、熊志海：《犯罪学的历史》，载《国外法学》1985年第5期。

10. 徐爱国：《解读龙勃罗梭的犯罪人论》，载《上海政法学院学报》2006年第2期。

第四章 犯罪现象

犯罪现象作为一种社会客观现象，是指一定时空范围内所表现出来的各种犯罪事实和犯罪人情况的总和。把犯罪现象作为犯罪学的一个重要范畴来研究，其意义在于能够摆脱对犯罪行为就事论事的孤立研究，进一步提高对犯罪社会危害性的认识，并通过更有效地揭示犯罪的表现形式，为系统探求犯罪原因、改进犯罪预防体系和建构科学的犯罪学理论奠定事实基础。

第一节 犯罪现象的属性

犯罪现象的属性属于犯罪性质研究的范畴，它是指犯罪现象所固有的、不以人的意志为转移的一般共性。探讨犯罪现象的属性，是科学认识犯罪的本质、有效地同犯罪现象作斗争的前提。

一、犯罪现象的客观性

不可否认，犯罪具有严重的社会危害性，它给人类带来了无穷的灾祸，一直成为困扰人类安宁与社会发展的一大痼疾。因此，长期以来，人们便自觉不自觉地认为，犯罪的产生不符合人类生存和社会发展的一般规律，犯罪是正常社会现象的一种例外，甚至将犯罪人视为异己的可怕的怪物，将犯罪现象归类为"令人憎恶的"、"丑恶的"因而是应当予以彻底消灭的社会现象。这种饱含人类道德情感的观念不仅普遍存在于社会各阶层的成员之中，而且也明显地体现在学术界和司法实践之中。现在仍有一些学者认为，"犯罪只是一个历史范畴"，"犯罪问题只要正确运用刑罚或其他制裁手段就能解决"。这种观念体现在司法实践方面，则是"重打击，轻预防"，对前者不惜精力和本钱；对后者"只打雷，不下雨"，缺少投入和长远规划。

实际上，犯罪既是造成社会痛苦的一种事实，同时也是人类社会自身认定的一种结果。它看上去不管多么复杂，都与人类的社会生活条件密切联系在一起，并随着人类社会生活条件的变化而变化。并且，它还是与社会的政治、经济、文化等处于同一层次的社会现象，是人类社会无法回避的一种客观存在，就如同病痛对于人体是一种基本的生理现象一样，不论社会或个人是憎恶它还是喜欢它，它都以自身的规律存在、发展、变化着。因此，犯罪存在的客观性便成为犯罪学无须刻意证明的事实。

确认犯罪现象的客观性，有助于我们抛弃成见，[①] 获得对犯罪和犯罪人全面、客观的认识。其一，犯罪现象是人类社会的一种正常现象，我们应当客观地对待它，不因其严重而惊慌失措，失去对其治理的信心；也不因其相对减少而掉以轻心，或放任自流。其二，对犯罪应作出恰如其分的反应，避免制定过于严厉的刑罚制度和囚禁太多的罪犯。对犯罪过分地控制不仅有失公正，而且可能事与愿违，产生负作用。在现有条件下急躁冒进，试图消灭一切犯罪行为是不现实的，弄不好会导致整个社会规范体系的失调。其三，罪与非罪的界限不是泾渭分明的，它们二者之间不存在一种明确的二分法，犯罪行为只是一种或多或少、或轻或重的现象。社会特别是司法机关应当容忍（不干预）轻微犯罪行为的存在，并给予其自行消失的机会，即使对于重刑犯也应当给予人道待遇。

---

① 承认犯罪现象的客观属性，对于理性地认识犯罪现象的根源，避免感情用事尤为重要。因为人类一旦感情用事，就难以理智地去思考，并对犯罪作出公正、及时的惩罚。如现实中治理犯罪的刚性"严打"，尽管有其合理性，但如果缺乏对犯罪根源性的理性认识，在治理犯罪手段的运用上则容易偏离法治的轨道而产生很大的负面影响。

二、犯罪现象的反社会性

犯罪学认为，凡是那些我们认为有必要予以预防和控制的危害社会的行为，即任何反社会的行为，不管它是否触犯刑律，只要它能纳入实证分析的模型，都应该进入我们的视野予以研究。如此说来，犯罪现象的属性并不以刑事违法性为唯一标准，它也不仅仅存在于阶级社会之中，在非阶级社会中，如原始社会中的伤害、杀人等反社会行为都对人类的生存与发展构成了严重威胁。即使到了将来的共产主义社会，诸如此类的行为可能或多或少地将继续存在着。所以，从犯罪学（而非刑法学）的角度看，不论是阶级社会还是非阶级社会，犯罪现象都将程度不同地存在着，反社会性将是犯罪现象的普遍性特征。看起来，这似乎与马克思的观点相左。马克思主义认为，犯罪是阶级社会特有的现象，是伴随着私有制、阶级、国家和法的产生而产生的，也必将随着它们的消亡而消亡。其实，我们只要细加分析就不难看出，马克思在这里是将犯罪作为一种法律现象来认识的，没有阶级、国家和法律，当然也就没有触犯刑律的行为——犯罪。我们可以设想，将来随着社会的高度发展，人类在进入共产主义社会后，阶级被消灭，国家逐步消亡，法律失去了它存在的意义，刑法所规定的犯罪也就自然而然不存在了。但从犯罪学的角度看，人类社会即使到了共产主义社会的高级形态，也不可能没有任何矛盾与冲突。要知道，社会肌体同人类有机体一样，也会生病，出现偏差，所以幻想彻底消灭人类社会存在的犯罪现象，不仅是不可能的，而且也违反了人类自身生存发展的规律。完全消灭犯罪现象就等于消灭人类自身。对于犯罪现象，我们只能控制它，而不可能彻底消灭它，这是不以人的意志为转移的客观规律。可以说，作为违反刑法的现象，犯罪现象不是从来就有的，也不会永远存在下去，它必将随着阶级、国家和法律的消亡而消亡，它是一定历史阶段的产物——仅仅是阶级社会里存在的反社会现象。但作为犯罪学意义而非法律意义上的反社会行为，它是人类社会自古就有的，并将与人类社会共始终。

三、犯罪现象的阶级性

如果说犯罪现象的反社会性具有普遍性，那么犯罪现象的阶级性则是在一定历史时期内表现出来的特性，它具有鲜明的时代性特征。犯罪现象的阶级性也只有在阶级社会才能得到恰如其分的说明。人类发展史表明，当人类处于蒙昧时期时，没有法律，自然也没有法律意义上的犯罪。到了原始社会后期，随着生产力的发展，出现了私有制后，社会便分裂为两大对立阶级——剥削阶级和被剥削阶级，从而产生了不可调和的对抗性矛盾。剥削阶级为了维护其既得利益，并使这种阶级压迫合法化、制度化，便以法的形式将反抗现行统治秩序的行为规定为犯罪并予以惩罚。尽管任何法律都会打上一个国家、民族和社会文化的烙印，但是确定犯罪行为的法律评价的最基本标准，仍然是统治阶级的价值观，是统治阶级意志的体现。因此，法律对犯罪行为的界定，也自觉不自觉地带有明显的阶级性。另外，从犯罪现象的总体上看，任何犯罪不管侵害了哪类客体，触犯了谁的利益，都是对现存统治秩序的破坏，都威胁到统治阶级的根本利益。在阶级社会里，任何法律所反映的都是以国家意志的形式表现出来的统治阶级的意志。在特定的刑法规范中，将什么样的行为规定为犯罪往往取决于统治阶级的意志。也正是在这个意义上，犯罪现象具有阶级斗争的性质，具有阶级性，超出这个范围，把任何犯罪行为都说成是阶级斗争的表现，将是十分错误和有害的。

四、犯罪现象的社会性

犯罪源于社会，从根本上讲，它侵害的是社会关系，是对社会共同体的破坏，因而它具有社会性，即使在阶级社会也是如此。因为，社会各阶级、阶层、集团的利益既有对立的一面，又有统一的一面，犯罪行为不仅侵害了统治阶级的利益，同时也侵害了公共利益，破坏了社会各阶层之间的利益依存关系，对被统治阶级也同样有害。首先，从犯罪的主体看，犯罪是孤立的个人实施的危害社会的行为，而不是特指哪个阶级、阶层。其次，从犯罪所侵害的具体对象看，犯罪行为直接侵害的是各阶层的人身和财产安全，而不仅仅是统治阶级生活的安宁和利益。最后，从犯罪产生的原因、条件和所造成的危害看，犯罪现象的原因存在于该社会的政治、经济、文化、法律、道德等社会环境之中，任何犯罪行为所危害的都是社会共同生活的安宁和利益，都对社会构成严重的威胁。

犯罪的这种社会属性决定了它在一定时期具有普遍性。尽管社会形态和社会制度不同，但犯罪的表现形式在纵向上往往具有历史继承性，在横向上往往具有一定的国际共同性。如杀人、抢劫、强奸、盗窃等行为，在不同的时代、不同的国家都有着相同或相似的法律标定。

五、犯罪现象的相对性

犯罪的相对性是指对某一行为的犯罪标定具有可变性，此时此地是犯罪行为，彼时彼地则可能不是犯罪行为，甚至是受到社会鼓励的行为，反之亦然。

（一）不同的阶级对同一行为有着不同的评价标准

法律虽然也体现了一定的整体利益，但是对犯罪行为进行法律评价的最基本的标准仍然是统治阶级的价值观。在阶级社会里，各个阶级都有自己的犯罪观，同一行为，剥削阶级认为是犯罪，而被剥削阶级可能不认为是犯罪，反之亦然。例如，中国封建社会无数次反抗封建统治者的农民起义，对于统治者而言，这些行为无疑是极为严重的犯罪，而对于受压迫者而言，则是正义的行为。

（二）不同的历史时期对同一行为可以有不同的认定

由于社会在生产力与生产关系的矛盾运动中不断发展变化，作为社会现象的犯罪现象也不是静止不变的，它始终处在不断的运动变化之中。一种行为，在此时此地被规定为犯罪，而在彼时彼地可能被视为合法，并不存在超越一切时空的所谓"天然犯罪行为"。例如，在古代的斯巴达，对杀害畸形或虚弱婴儿的行为予以奖励，但当时的雅典却禁止这类行为。现在绝大数国家都把杀害婴儿与杀害成年人一样规定为犯罪。在我国古代，通奸被视为犯罪行为，并严加惩处，而现行刑法则对此不予定罪，它只属于道德调整的范畴。我国在计划经济体制下，曾将超出一定区域的长途贩运行为规定为投机倒把罪，而现在同样的行为则被视为正常的经济活动。

（三）对任何行为的评价无不打上一个民族的文化、价值观的烙印

不同文化、不同价值观导致了不同的犯罪观。对于同一行为，不同的文化就可能出现不同的法律标定。例如，堕胎在我国是合法的，而在一些西方国家则被视为非法；一个男人娶几个女子为妻，被我国法律规定为重婚罪，而在一些阿拉伯国家则是合法的行为。

（四）犯罪价值的相对性

毋庸置疑，犯罪现象是蔑视社会秩序最明显、最极端的表现形式，具有严重的社会危害性，需要社会进行严格的控制。但透过犯罪现象的"恶"，对犯罪现象进行客观的分析，便可发现犯罪现象的存在也有一定的合理性，甚或是"有益的"。法国著名社会学家埃米尔·迪尔凯姆（Emile Durkeim）就曾认为，犯罪本身对道德与法律的正常发展来说是不可缺少的。犯罪是社会变革的前提，它可以帮助社会准备变革。他一方面承认犯罪是一种偏离行为，另一方面又认为如果不允许有任何偏离，社会就不会前进。就是说当社会规范落后于社会生活时，作为违反这种规范的所谓犯罪往往就成为社会变革的先兆，以其独特的方式影响社会的发展与进步，最终引起犯罪现象的变化，并将自身从法律规范意义上的桎梏中挣脱出来，完成由罪到非罪的飞跃。

对此，恩格斯也曾指出："在黑格尔那里，恶是历史发展的动力借以表现出来的形式。这里有双重意思：一方面，每一种新的进步都必须表现为对某一神圣事物的亵渎，表现为对陈旧的、日益衰亡的但为习惯所崇奉的秩序的叛离；另一方面，自从阶级对立以来，正是人的恶劣情欲、贪婪和权势欲成了历史发展的杠杆。"① 同时，犯罪现象客观上也刺激了生产力的发展。"如果没有小偷，锁是否能达到今天的完善程度？如果没有伪造钞票的人，银行券的印制是否能像现在这样完善？如果商业中没有欺骗，显微镜是否会应用于通常的商业领域？……犯罪使侵夺财产的手段不断创新，从而也使保护财产的手段日益更新。这就像罢工推动机器发明一样，促进了生产"。"罪犯不仅产生罪行，而且产生刑法……罪犯产生印象，有时是道德上有益的印象，有时是悲惨的印象，看情况而定；而且在唤起公众的道德感和审判感这个意义上也提供了一种'服务'……因此，它就推动了生产力。"② 马克思的这段论述清楚地表达了犯罪在社会价值方面所具备的相对性。实际上，社会也不可能强迫全体成员一致服从社会规范，否则就会窒息人的个性发展与创造力，最终导致社会的僵化甚至倒退。社会正是在一种有序与无序、罪与非罪的交替状态中不断前进发展的。

因此，试图提出一个绝对、普遍的关于犯罪的定义，或用一种客观价值标准来说明这一概念都是徒劳无益的。犯罪的相对性不仅为我们提供了犯罪只能控制而不可能被完全消灭的有力证据，同时也提醒我们更加谨慎地在不同的时空范围内收集和进行比较分析犯罪统计资料，从而为我们客观全面地认识复杂多变的犯罪现象提供了广阔的视角。

第二节　犯罪现象的分类

一、犯罪现象分类的意义

犯罪学上的分类是根据不同的目的和依据不同的标准将犯罪现象划分为若干类型和种类。犯罪分类是犯罪学中的一个基本理论问题，是认识纷繁复杂的犯罪现象的重要方法，对犯罪学研究具有十分重要的意义。

---

① 《马克思恩格斯全集》（第 4 卷），人民出版社 1958 年版，第 233 页。
② 《马克思恩格斯全集》（第 26 卷），人民出版社 1958 年版，第 415—416 页。

（一）　犯罪分类是认识和预防犯罪的最好方法

现代科学皆十分重视分类的作用。犯罪现象是一种十分复杂的社会现象，它是由多种不同的因素相互作用而形成的。因此，要有效地认识它，就需要借助一定的手段和工具，对其进行科学分类。美国学者 V. 佛克斯曾指出："类型学是一种工具，借助它，罪犯可以被划分为各种范畴，以便采取影响措施和维护公共秩序。况且，类型学还可以对犯罪进行这样的解释，这种解释已经超出了警察局和法院所使用的法律范畴。类型学有助于确定对诊断犯罪类型并对它们适用相应影响措施有重要作用的那些因素。"① 因此说，我们只有将犯罪具体归属于不同的类型之中，深入认识不同类型犯罪间的固有联系和运动方式，才能进一步认识犯罪的共同本质和一般规律，这比单纯识别更有助于促进对犯罪的控制与预防。

（二）　犯罪分类是深入研究犯罪的基础

我们知道，犯罪现象不仅具有复杂性，而且具有多样性。不同的犯罪主体，不同性质的犯罪类型，其形成的原因是不同的，预防与控制的手段也有很大的差异性，如果不加以区分对待，势必会造成事与愿违的后果。如财产性犯罪与性犯罪，经济犯罪与暴力犯罪，男性犯罪与女性犯罪，成年人犯罪与未成年人犯罪等，这些不同类型、不同犯罪主体的犯罪原因和特征是不同的，只有区分不同情况，具体研究，才能客观地认识各种不同犯罪产生的具体原因和具体过程，才可能针对不同犯罪的不同情况采取有效的预防对策，从而将犯罪研究引向深入。

（三）　犯罪分类有助于犯罪的分层研究

客观事物不仅是可以划分为种类的，而且这些种类也是有层次的。例如，对犯罪原因进行分类，可以使我们了解到，整体犯罪现象、类型犯罪现象和个体犯罪行为三个层次的犯罪内涵是不一样的；犯罪根源、犯罪原因、犯罪相关因素、犯罪条件四个层次的犯罪原因也是不同的。对犯罪现象进行分层研究，能使我们对犯罪现象的性质、规律的认识更科学、更准确。

（四）　犯罪分类有助于推动司法实践的开展

无论是刑事立法还是犯罪预防专项立法，都必须吸收和借鉴犯罪学研究的成果，其中包括对犯罪分类研究的成果。首先，在刑事立法方面，近 20 年来有组织犯罪比较突出，为了加强打击此类犯罪，有效地整治社会治安秩序，全

---

① ［美］V. 佛克斯：《犯罪学概论》，载《外国犯罪研究专集》（第 3 集），赵可译，第 244 页。

国人大常委会增加了刑法有关黑社会性质犯罪方面的内容。其次，在刑事司法方面，我国司法机关在犯罪的立案、批捕、起诉、审判、处罚、改造等一系列工作中，都体现着对犯罪分类和对犯罪类型的应用。如果没有科学的犯罪分类，司法实际部门的工作势必变得难以操作。在罪犯执行过程中，也要考虑到不同的罪犯类型，尽量做到分关分押，有针对性地实施教育、改造和挽救措施，避免不同类型的罪犯相互学习犯罪经验，交叉感染。最后，在犯罪预防方面，如果犯罪分类搞得准确、科学，我们在制定具体的预防措施时就有据可依，做到科学性和针对性，从而极大地提高犯罪预防效果。可以说，对犯罪分类和犯罪类型学研究得愈深入，划分得愈合理，我们的刑事司法工作就会更加得心应手。但也须清楚，犯罪分类研究并不是机械的，不能过分强调不同类型犯罪之间的差异性，而忽视它们之间的基本共同点。此外，由于采用多种标准对犯罪进行分类，必然导致出现同一犯罪可能归入不同类型的情形，如强奸犯罪既属于性犯罪，也属于暴力犯罪；抢劫犯罪既属于暴力犯罪，也属于财产犯罪。这就产生了对犯罪分类所依据的标准问题的争论。犯罪分类标准是由分类主体根据自己的犯罪观和研究目的自行确定的，由于其对犯罪现象的认识不同，往往提出不同的甚至是相去甚远的分类标准。

但是，不管我们为了什么目的和依据什么标准分类，都必须把握以下几点：（1）必须将不同的犯罪比较作为分类的基础，不进行比较就无法了解其是否具有同类性和相似性，也就无法进行分类；（2）必须以犯罪表现出来的特征为依据；（3）必须按照一定的方法、原则进行；（4）必须依据确定的标准（即按照同一律）将某些犯罪归属于一个确定的类别，而且上述标准还应当能够充分地反映犯罪学的研究特点和有助于犯罪学研究目的的实现。总之，无论采用哪一种分类标准，如果背离了上述宗旨和原则，就会陷入分类的根本失误之中。

二、犯罪学的犯罪分类

犯罪分类主要有刑法学和犯罪学两种分类方法。由于二者都以犯罪为研究对象，所以二者有许多可以相互借鉴的地方。但由于二者研究的角度与目的各不相同，刑法学犯罪分类在首先考虑犯罪人实施犯罪行为的社会危害程度的基础上，还要考虑犯罪人的主观恶性。刑法学对犯罪人的划分标准是法定的，目的是有利于刑罚的执行。犯罪学对犯罪人的划分原则应有利于对犯罪原因和犯罪特点的研究，为控制预防犯罪和减少犯罪服务。犯罪学对犯罪或犯罪人的分类有较长的实践和多种尝试，但综合各国学者的观点，可归纳为以下分类方法：

（一）以犯罪人的生理、精神状态为标准进行的分类

这是犯罪学初创时期犯罪学家所作的划分，主要代表人物是实证犯罪学派的龙勃罗梭和菲利等人。在 1911 年出版的龙勃罗梭的《犯罪原因及其矫治》一书中，根据犯罪人是否具有先天特质及主观恶性程度将犯罪人分为四类：（1）天生犯罪人；（2）精神病犯罪人；（3）激情性犯罪人；（4）偶发性犯罪人。龙勃罗梭认为前两种人是真正的犯罪人。菲利把犯罪人划分为常习性犯罪人和偶发性犯罪人两个基本类型。常习性犯罪人可分为三种：精神病犯罪人；生来就因身体或道德缺陷而倾向犯罪的犯罪人；在社会环境影响下不可改正的犯罪人。偶发性犯罪人可分为两种：受外部影响的犯罪人和受自己感情支配的犯罪人。早期犯罪学家天生犯罪人的观点一出炉即遭到众多学者的批判，但他们将犯罪人划分为诸如习惯性犯罪人、精神病犯罪人、偶发性犯罪人、激情性犯罪人的分类，为后人的研究提供了有益的参考。

（二）以是否具有反社会性为标准进行的分类

该种分类的主要代表人物是意大利的犯罪学家加罗法洛。它将犯罪分为自然犯罪与法定犯罪两类，前者是指违反一般人所共有的怜悯与诚实两种道德情绪的犯罪，并认为自然犯罪为任何文明社会所不容，是真正的犯罪；而法定犯罪是指国家通过立法规定的属于自然犯罪范畴之外的犯罪，在不同时期和不同的国家对法定犯罪都有不同的规定，因此，他认为法定犯罪不是真正的犯罪。

（三）以对社会造成危害的程度为标准进行的分类

该种分类的主要代表人物是古典犯罪学派的贝卡利亚等人。他在《论犯罪与刑罚》一书中提出了"犯罪给社会带来的危害是衡量犯罪的真正标准"的观点。据此他把犯罪分为三类：（1）直接破坏社会或者推翻其代表者（使它的代表者死亡）的行为；（2）侵犯公民生命、健康、财产和荣誉的犯罪行为；（3）与法律所规定的每个公民应当作为或不应当作为相抵触的行为。贝卡利亚与封建统治者根据人的身份和社会地位以及侵害封建贵族利益的大小进行的分类方法针锋相对，以危害程度为标准将犯罪划分为重罪和轻罪，这不仅在当时具有反封建的进步意义，而且在犯罪学说史上也是一个巨大的进步。

（四）以犯罪行为的性质为标准进行的分类

这种分类方法由于有利于犯罪现象的统计和阐明各种犯罪的特征而被犯罪学界普遍采用。主要有：（1）财产犯罪——以获取财物为目的的犯罪，主要包括盗窃、走私等；（2）暴力犯罪——以使用暴力或以暴力威胁等为手段的犯罪，主要包括杀人、抢劫、绑架、伤害等；（3）性犯罪——以侵害他人性权利为特征的犯罪行为，主要包括强奸、轮奸妇女、奸淫幼女等；（4）经济犯罪（或白领犯罪）——社会地位较高或有体面身份的人在职务活动中为牟取经济利益而实施的犯罪，主要包括涉税犯罪，证券、票证、银行等金融领域的犯罪，贪污贿赂犯罪，走私、管理方面的犯罪等；（5）智能犯罪——运用智谋而进行的犯罪，主要包括诈骗、仿造、计算机犯罪以及大多数白领犯罪和经济犯罪等；（6）风俗犯罪——破坏社会风俗的犯罪，主要包括强奸、通奸、性淫乱等；（7）破坏性犯罪——主要指叛乱、放火、破坏公私财物等各种危害公共财产安全的犯罪。

（五）以犯罪案件的公开程度为标准进行的分类

外国一些学者从实际发生的犯罪与司法机关掌握的犯罪之间存在较大的差距的现象出发，将犯罪分为三类：（1）已决犯罪（又称司法犯罪），是指经审判机关作出判决的刑事犯罪；（2）公开犯罪（又称表面犯罪），是指警察机关或司法当局所了解掌握的犯罪；（3）实际犯罪（又称真实的犯罪），是指实际发生或客观存在的犯罪。这种分类研究有助于我们对犯罪现象进行较为准确的描述，从而达到进一步控制犯罪的目的。

（六）以犯罪模式为特征所作的分类

这是美国犯罪学家罗贝克和凯德沃莱德对400个案件进行研究后所作的分类。按照犯罪模式划分的四种主要类型是：（1）单一模式，即经常实施某种类型的犯罪行为；（2）多种模式，即某些单一模式的结合；（3）混合模式，即实施多种类型的犯罪行为；（4）无模式，即职业犯罪。[①]

（七）以犯罪人的年龄为标准进行的分类

这种分类方法通常将犯罪人分为：青少年犯罪、壮年犯罪、老年犯罪。青少年犯罪人一般指14周岁至25周岁的违法犯罪人；老年犯罪人一般指60岁以上实施违法犯罪行为的人；介于青少年犯罪人与老年犯罪人之间的犯罪即为壮年犯罪。由于年龄的不同，犯罪的动机、手段、原因，犯罪的类型倾向性，以及防治的措施也表现出一定的差异性。

（八）以犯罪人的精神状态是否正常为标准进行的分类

根据犯罪人的精神状态是否正常可将犯罪人分为常态犯和精神异常犯。常态犯为精神正常的一般犯罪人；精神异常犯是指精神方面存在某种障碍的罪犯。根据精神异常的程度，精神异常犯还可以分为无责任能力者与限制责任能力者两类。随着现代社会竞争的加剧和生活压力的增大，精神障碍患者的数量

---

① 莫洪宪：《犯罪学概论》，中国检察出版社2003年版，第111页。

有不断增加的趋势，因此需要加强这方面的研究。

（九） 以犯罪人的性别为标准进行的分类

根据犯罪人的性别可将犯罪人分为男犯与女犯两种。男性与女性在生理结构、心理特征、情感需求以及社会活动范围等方面存在着较大的差异性，所以，以性别为标准所作的划分，有助于了解性别差异对犯罪的形成、规模、种类等的影响，并对女性犯罪的原因给予特别的关注，进而在考虑到女性生理及社会地位等特殊情况的基础上，寻求有效的处遇措施。①

（十） 以犯罪人的信仰为标准进行的分类

以犯罪人是否有信仰为标准可将犯罪人分为普通犯与信仰犯。普通犯是指无信仰的犯罪人；信仰犯是指因追求某种价值、信仰而从事犯罪的人。信仰犯包括政治犯、宗教信仰犯、邪教犯和伦理信仰犯。对宗教恐怖主义和邪教犯罪特别需要加强研究和控制。

除上述分类外，还有多种分类主张，如美国著名犯罪学家萨瑟兰将犯罪分为白领犯罪和蓝领犯罪。日本的前田信二郎将都市犯罪分为：（1）贫民窟型；（2）无赖性；（3）白领阶层型；（4）病理性；（5）市民型。亦有学者主张根据犯罪演变状况将犯罪行为分为传统犯罪和新型犯罪。我国一些学者根据犯罪人的犯罪经历或恶性程度，将犯罪人分为初犯与累犯，偶犯与惯犯等。可见，在犯罪类型的划分上，犯罪学不像刑法学那样有一个传统的标准。学者们在犯罪分类上存在不同的认识并不是坏事，它一方面活跃了犯罪研究的学术气氛，另一方面也说明在犯罪分类问题上还存在更大的研究空间。但不管如何，这些学者的犯罪分类观点都给我们的研究以有益的启示。

第三节 犯罪现象的测量

犯罪现象的测量是借助于一定的方法和手段对一个国家或地区等范围内的犯罪程度进行量的测度。在犯罪学研究中，犯罪现象的测量主要是用量的方法说明犯罪状况及其动态过程，以此揭示犯罪现象的状态、结构和变化趋势等，因而它能够使对犯罪现象的描述建立在科学的基础之上，并与犯罪现象的定性分析一起构成了科学完整的犯罪现象描述体系。但对犯罪现象这种极其复杂的

---

① 张甘妹：《犯罪学原理》，汉林出版社 1985 年版，第 15—16 页。

社会现象的测量是非常困难的，它只能追求最大限度的近似值，而不可能像自然科学研究那样达到非常精确的程度。最初，对犯罪现象的测量主要是依据官方的统一犯罪报告，但由于官方统计资料常常由于一些政治或技术问题漏掉了许多犯罪案件，而难以反映真实的犯罪情况，因而犯罪学者们便采取被害人调查和青少年自我报告调查两种途径，以弥补官方统计之不足。但由于后者受到多种条件的限制，开展得并不普遍，目前仅有美国等少数国家的学者实施过。

一、犯罪测量的手段

犯罪测量主要借助于犯罪调查和犯罪统计两种手段，因而犯罪调查和犯罪统计共同构成了犯罪测量的基本内容。

（一）犯罪调查

犯罪调查是研究主体为了描述犯罪现象、解释犯罪原因，采取一定的科学方法，获取犯罪案件、犯罪人、被害人等有关情况和数据资料的活动及其过程。它是犯罪学研究最基本的研究方法与手段，是犯罪学理论研究与犯罪防控决策的材料来源和事实依据。犯罪学是一门实证科学，不论是犯罪学者还是实际工作者，为了弄清纷繁复杂的犯罪现象，了解犯罪变化的动态，把握犯罪的发展规律，预测犯罪现象发生、发展、变化的趋势，都必须进行广泛的调查研究。只有深入调查获得丰富的第一手资料，然后经过"去粗取精，去伪存真，有此及彼，由表及里"的加工改造，才能够从感性认识上升到理性认识，得出关于犯罪问题的科学结论，用以指导实际工作，并在实践过程中不断检验这些结论是否正确，由此不断往复，将犯罪学的理论与实践不断推向深入。犯罪调查依据不同的标准可以进行多种划分。这里依据调查对象的不同，将犯罪调查分为以下四种：

1. 犯罪案件调查

犯罪案件调查是对一定时空范围内所发生的犯罪基本情况的调查。犯罪案件调查的目的在于解释一定时期内的社会治安状况，一切调查的组织与设计都须围绕这一目的而展开。在这方面，犯罪学的犯罪调查统计就不同于刑法学的犯罪统计。对连续犯罪次数的统计，刑法学以一案一罪论，而在犯罪学的调查统计中则以数件计算。犯罪案件的调查主要围绕着以下项目：发案时间，包括年度、季节、月份、节假日、时刻等；发案空间，包括发案的行政区域、警务社区、行为地（包括农村、城市）；案件类型，如盗窃案件、抢劫案件、诈骗案件、贪污案件等。

2. 犯罪人调查

犯罪人调查是对犯罪人的生活环境、性格、气质、体质、性别、职业、受教育程度等各种因素与犯罪关系的综合性调查。犯罪人调查的结论不仅为犯罪原因研究提供事实材料，同时也为预测个体犯罪行为和选择犯罪人处遇措施提供依据。犯罪人调查的内容十分丰富，主要包括犯罪人的分类调查（包括未成年犯、成年犯；男犯、女犯；偶犯、惯犯；财产犯、暴力犯等）、犯罪人家庭环境调查（包括健全家庭，缺陷家庭，问题家庭；贫困家庭，富裕家庭；父母的职业等）、犯罪人社会环境调查（包括居住环境、受教育环境、职业环境等）、犯罪人处遇调查（被检举、揭发的种类，判决经过及结果，狱中生活等）、犯罪人犯罪前调查、犯罪人性格和气质调查、犯罪人体质及遗传调查等。

3. 犯罪侵害调查

犯罪侵害调查是对犯罪行为所引起的侵害结果的调查，主要包括对人的侵害和对物的侵害两种。前者主要包括被害人数、被害人身份、被害程度、致死和致伤原因等；后者主要包括损害的名称与种类，侵害的程度与价值，侵害对象的所有权状况与损害赔偿情况等。

4. 被害人调查

被害人调查即犯罪行为与被害人互动关系的调查，主要包括两者的基本情况，各自责任的大小，以及被害人的心理状态和反应状况等。

犯罪调查的方法很多，我们可以根据研究的目的采用多种方法进行。由于犯罪学不仅要从结构、功能的层次上客观描述犯罪现象，深刻揭示犯罪原因，科学设定预防体系，而且还要从价值层次上解释犯罪的本体意义。因而犯罪学研究的方法可以概括为经验研究方法和思辨研究方法两种。其中，经验研究方法又可分为收集资料和分析资料两个程序。收集资料的方法有个案调查、典型调查、全面调查、抽样调查、观察法、访谈法、问卷法、文献法、实验法等；分析材料的方法有统计分析、比较分析、因果分析等。[1]

（二）犯罪统计

犯罪统计是指运用统计学原理，定期地、有计划地收集、处理公开发表的犯罪数据资料，包括关于特定时空范围内的犯罪行为、犯罪人、被害人以及刑事司法机关所作出正式反应的有关情况。犯罪统计是司法统计的一种，是进行犯罪资料收集、整理、分析与推理等司法统计工作的专业性统计。由于人们公

认这些统计资料能够粗略地反映那些具有共同的地理和人口统计学特征辖区内的犯罪数量及其"严重程度",因而犯罪统计成为犯罪学研究不可缺少的研究工具与手段。

犯罪统计在 17 世纪初犯罪学没有诞生之前就被德国人康林（1606—1652）等人运用于犯罪研究,但当时的犯罪统计很不系统。19 世纪初,被后人称为犯罪统计学创始人的比利时学者凯特勒（1796—1874）运用统计学的理论和方法,对各种社会现象与犯罪之间的关系作了大量的统计研究,提出了犯罪的社会原因说,认为犯罪不是偶然性产物,而是合乎规律的必然结果,从而奠定了现代犯罪统计学的基础。继凯特勒之后,法国社会学家勒普莱（1806—1882）等人的研究进一步完善了犯罪统计学。法国（1827）是最早运用统计学方法研究犯罪现象并公开犯罪统计的国家之一,法国司法部的"刑事司法统计"也是世界上最早的犯罪统计之一。随着电子计算机的发展,从20 世纪 60 年代起,世界上越来越多的国家运用电子计算机来整理犯罪情报。美国的各主要犯罪预防机关中,都设有关于犯罪情况的统计资料库;日本的警视厅、最高法院和法务省每年都发行司法、检察统计年报、矫正统计年报以及犯罪白皮书等。犯罪统计在预防犯罪中的作用越来越明显。

但是,犯罪统计也有局限性。因为公众对犯罪行为的承受能力及其告发意愿、国家刑事司法系统的作用范围及其有效性、犯罪统计的方法和效率等各种因素都对犯罪统计产生重要影响。因此,企图把犯罪现象的各种特点和规律全部用数量反映出来的想法是不现实的,"仅仅利用犯罪统计数据本身作为衡量'实际犯罪状况'的规模、类型、发展和分布的客观有效数字是不正确的"。因此"单单官方的统计还不是衡量犯罪状况的标准"。[①] 正如法国司法部的一份报告所强调的,"对所有的犯罪活动和所有的犯罪分子来说,这些统计只是忠实地反映了一部分,对其他的只是片面的反映,有些甚至没能包括其中。"因为,除了官方公布的犯罪统计之外,还有犯罪"黑数"存在。因此,为了表明犯罪的规模、结构、发展和分布,必须掌握一切可以利用的数据,才能在此基础上作出犯罪学的定性评价;否则,如果盲目相信统计结果,或运用方法不当,犯罪学研究就可能因此误入歧途。

犯罪统计的内容十分广泛,根据不同的标准可将犯罪统计分为多种类型。（1）根据统计主体的不同可将犯罪统计分为两种:官方犯罪统计——司法机关等部门所作的犯罪统计;学者犯罪统计——有关学者为研究犯罪问题所作的

---

① ［德］汉斯·约阿希姆·施奈德:《犯罪学》,许章润译,中国人民公安大学出版社、国际文化出版公司 1990 年版,第 204 页。

统计。　（2）根据统计内容的不同可将犯罪统计分为五种：犯罪的一般统计——依法处理的各种案件的统计总数、分类数以及犯罪成员基本情况的统计，包括单位统计、比例统计和相关统计；指标犯罪统计——各种指标犯罪的趋势、新出现的犯罪类型统计，每一种指标犯罪的总数、比例以及各种指标犯罪成员的年龄比、性别比、职业比、文化程度高低之比等；犯罪原因统计——何种原因引起的犯罪及其作用的数量与比例关系；犯罪危害统计——财产危害和人身危害等方面的统计数字及比例；被害人统计——被害人基本情况及受害原因的统计等。犯罪统计的目的与任务就是对调查获得的材料进行汇总、分析，编制成统计资料专册，供决策机关和有关部门以及研究人员使用。

犯罪统计是一项十分严格而复杂的工作，必须按照一定的科学程序进行。一般说来，一项完整的犯罪统计工作都要经过以下三个阶段：

（1）犯罪统计调查。即是根据统计调查的计划与设计，对各种犯罪现象、犯罪原因以及其他有关问题进行登记整理、分类归纳的过程。犯罪统计调查是犯罪统计的起点，是统计汇总和统计分析的前提和基础。它要求做到统计资料准确、全面、及时，以保证犯罪统计的质量。

（2）犯罪统计汇总。即是按照一定的要求将犯罪统计调查获得的大量零散的原始资料进行加工整理与综合，以获得犯罪调查对象的总数和整体状况，从而为下一步的犯罪统计分析提供条件。

（3）犯罪统计分析。即是在犯罪统计调查和犯罪统计汇总的基础上，根据资料的性质，运用统计方法将获得的资料进行加工、整理、研究并获得初步认识的过程。犯罪统计分析的方法很多，但不管采用哪种方法都必须坚持辩证唯物主义的观点和实事求是的科学态度，通过揭示犯罪调查对象整体与部分以及部分与部分的关系，找出各种现象之间的内在联系，从中发现规律性的东西，从而使研究得出的结论能够真实反映客观存在的犯罪现象。

二、犯罪率及其客观评价

（一）犯罪率的涵义

犯罪率是指一定时空范围内犯罪人数或刑事案件数与该时空范围内的总人口的比率，它包括人犯率和发案率两种形式。犯罪率作为犯罪测量的重要指标之一，其主要功能是反映一个国家或地区一定时空条件下犯罪的严重程度。正是由于犯罪率这种不可替代的重要作用，使得一些人过于关注其表现形式而忽视了它自身固有的一些致命弱点；同时出于种种原因，一些人在犯罪率上大做文章，玩数字游戏，人为地降低犯罪率，掩盖了社会治安的严峻形势，给客观地评价社会治安状况设置了巨大的障碍，造成了极其恶劣的社会后果。在这种情况下，对犯罪率进行深入细致地研究，并对它作出客观的评价，对于准确地进行犯罪测量是十分必要的。

（二）对犯罪率的客观评价

1. 人犯率

人犯率是在一定时空内经法定诉讼程序确认的犯罪人数与人口总数的比率。这里的犯罪人数须经法定诉讼程序确认，非经法定诉讼程序，即使是事实上的犯罪人也不应该包括在内；虽经法定程序确认但已死亡的犯罪人也不应统计在内。人犯率能够间接地反映一定时地的社会治安状况。一般来说，人犯率越高，说明犯罪力越强，社会治安状况越差；人犯率越低，说明犯罪力越弱，社会治安状况越好。但是，问题的复杂性就在于，人犯率的准确性往往难以保证，人犯率的计算会受到许多因素的影响。

一是受破案率的影响。在我国司法实践中，人犯率的计算一般以法定诉讼程序确认的犯罪人数为准，而破案率的高低则直接决定了人犯率的准确度。也就是说，只有破案率高，犯罪人数才越接近事实上的犯罪人数，人犯率才可能准确；反之，如果破案率低，大量的犯罪人逍遥法外，无法经法定程序予以确认，在这种情况下统计的人犯率一定是不准确的，从而也就失去了其本身具有的意义。但从目前的状况看，世界各国的破案率普遍较低，特别是我国，由于受到各种因素的影响，一些侦查机关往往采取"不破不立"的做法，人为地通过降低立案数的方式提高破案率，制造高破案率的假象，从而造成统计数据的严重失真。因此，在使用犯罪率时需要切记，破案率高，人犯率并不一定绝对准确，破案率只是确保人犯率准确的一个必要条件，而非充分条件。

二是受破案时间和诉讼时效的影响。人犯率通常都是以月份、季度或年度为单位计算的，但实际得出的统计数字并不都是发生在当月或当年的数字。事实上，有些犯罪案件经法定程序确认的案发时间是在上月、上年或更早，只不过由于破案速度或诉讼效率的影响才计算到以后的月份或年份当中。而且，越是能反映犯罪状况的大案、要案，由于案情复杂，其侦破时间越长、诉讼速度越慢（有的需要1—2年）。在这种情况下，要想完全得知当月或当年发生的人犯数是不可能的。因此，把当月法定诉讼程序确认的犯罪人数看作是当月发生的案件的犯罪人数，无异于以不定时期的犯罪人数来衡量一定时期内的犯罪状况，自然有失精确。这是静态统计人犯率无法弥补的一个缺陷。特别是在"严打"及专项斗争期间，破案速度和诉讼速度对人犯率的影响尤为明显。所以，在计算和使用人犯率时，也应将破案速度和诉讼速度考虑进去。否则，对某一时间段内犯罪数量的明显攀升、下降不加以鉴别和分析就可能得出错误的结论。

三是受司法管辖的影响。犯罪地法院管辖是刑事诉讼最基本的原则，但对于流窜犯罪或者犯罪行为地与犯罪结果地分别处于不同法院辖区内的犯罪来说，并非在每一个辖区的法院都有审判权，审判权只能由主要犯罪地法院行使，即由具有管辖权的法院对该犯罪人的全部犯罪行为一并作出判决。虽然犯罪人的行为涉及不同地区，但由于多数地区的法院无管辖权，这势必减少了该地法定犯罪人数并影响人犯率的准确性。

2. 发案率

犯罪率的另一种表现形式为发案率，它指的是一定时空由公安、检察机关立案侦查和法院直接受理的刑事案件数与一定时期人口总数的比率。发案率一般不受是否破案或是否作有效判决的限制，也不受诉讼速度和司法管辖的影响。因此，就反映犯罪状况而言，发案率比人犯率更能真实有效地反映社会治安状况。

但是，作为犯罪测量的一个重要指标，发案率同样存在局限性，主要表现为：

一是立案标准难以完全统一。某一行为是否应当作为刑事案件予以立案，在不同时期、不同地区各司法机关的做法存在着很大的差别。我国是个大国，各地经济、文化发展极不平衡，各民族风俗习惯、宗教信仰存在很大差异。因此，要在全国统一立案标准几乎是不可能的。这是犯罪统计中的一个难题，它给犯罪的比较研究带来了极大的困难。

二是犯罪黑数的存在。任何一个国家的案件统计，都难以做到准确无误，总会有一些案件由于各种各样的原因未被计算到官方正式犯罪统计之中。犯罪黑数的存在，直接影响到立案的数量。

三是案件数量难以确定。在连续犯、持续犯、牵连犯、吸收犯等犯罪形态中，罪数只有一种，件数则多少不定。而计算发案率要以件数为准，这在统计中是相当困难的。在这种情况下，侦查机关一般本着"就少不就多"的原则，将一些小案、搞不准的案件人为地刷掉了，有的甚至将同一犯罪主体所实施的多起案件只立一起，造成大量的隐案、漏案，这些都是运用发案率时需要注意的地方。

第四节　犯罪黑数

一、犯罪黑数的涵义

犯罪黑数又称犯罪暗数或犯罪隐匿数，是对隐匿犯罪的总量指标的估计值。隐匿的犯罪确已发生，由于种种原因，其实际总量却难以精确测定，犯罪黑数因而只能是一个估计值。从外国学者的犯罪黑数调查来看，已知犯罪总量与实际犯罪总量之比是："杀婴案件 1:10；一般盗窃案件 1:20；集团盗窃案件 1:8；抢劫案件 1:5；诈骗案件 1:20；放火案件 1:9"。① 可以看出，实际的犯罪危害比官方了解或公布的要严重得多。因为官方统计的目的有时不是告诉我们犯罪的状况，而主要是衡量作出这些统计的机构如警察机构和其他司法机构的活动及其效率。因此，如果我们不保持足够的警惕和审慎，那么犯罪统计就有可能将我们引入歧途。为了弥补犯罪统计的不足，各国政府与犯罪学者一样皆十分关心未被发现的或未被统计的那一部分犯罪数量的情况，以便真正科学地认识实际发生的犯罪现象。

犯罪黑数在各个国家都程度不同地存在着，而且形成的原因、数量的大小也各不相同。在学者们的研究中，犯罪黑数一般被分为绝对犯罪黑数（或可疑犯罪黑数）和相对犯罪黑数。前者指已实际发生但未被觉察，或已无法回忆，或因证据不足未能将犯罪嫌疑人定罪的犯罪行为；后者是指犯罪确已发生并被察觉但未被纳入警方统计之内的犯罪行为。在犯罪测量中，由于对绝对犯罪黑数难以调查核实，故而真正对评价实际犯罪状况有重要价值的主要是相对犯罪黑数。相对犯罪黑数主要包括两种情形：（1）有关公民或组织对所知晓的犯罪行为没有报案；（2）警方对获悉的犯罪行为没有登记。犯罪黑数的存在由此引出了一个在犯罪学上具有实质意义的重大问题——未被官方统计出来的那部分犯罪行为的数量、公布的情况究竟如何？进入 20 世纪 60 年代后，人们开始寻求解决这一问题的可行性标准，犯罪黑数这个犯罪学研究的重要课题由此而日益引人注目。

---

① 莫洪宪：《犯罪学概论》，中国检察出版社 2003 年版，第 45 页。

二、犯罪黑数的研究方法

经验型的犯罪黑数研究方法有两种：被害人调查和犯罪自我报告调查。

（一）犯罪自我报告调查

犯罪自我报告调查（简称自报调查）始于 20 世纪 40 年代的美国。这项由社会学家主持的调查是由调查者向随机抽取的被试青少年和成年人发出不署名问卷，要求被试者回答何时何地是否实施过哪类违法犯罪行为，其目的是证明青少年和成年人违法犯罪的普遍程度。奥斯汀·L. 波特菲尔德于 1943—1949 年在德克萨斯的沃思堡地区向高等专科学校的男女大学生以及曾在青少年法庭前作为被告的违法青少年作自报调查。弗雷德·J. 墨菲、玛丽·M. 雪莉和海伦·L. 威特 3 人于 1946 年开始对 114 名 11—16 岁的男孩进行研究。经过 5 年的观察之后，这 3 位研究人员得出以下结果：只有 13 名男孩没有那种可能使他们成为青少年法庭前被告的违法行为；全部 114 名男孩至少涉案 6416 起，其中只 95 起（1.5%）为刑侦当局获悉；在 616 起重大违法行为中当局只发现 68 起（占 11%）；在 4400 起轻微违法行为中只发现 27 起（占 0.6%）。詹姆斯·S. 沃勒斯坦和克莱门特·怀尔，于 1947 年在纽约市调查了 1020 名没有前科的成年男子和 678 名没有前科的成年妇女，向他们了解在生活中是否犯有 49 种不同类型的犯罪行为。这次抽样调查中，有 91% 的人承认曾经犯有一种或几种罪行。男子平均实施 18 次犯罪行为，妇女平均实施 11 次犯罪行为，89% 的男子和 83% 的妇女承认有盗窃行为。20 世纪 50 年代末和 60 年代初，在斯堪的纳维亚国家里重复了北美的这些自报调查。1959 年谢斯廷·埃尔姆胡恩在斯德哥尔摩几所学校里向 878 名 9—14 岁之间的学生发放调查表，了解 21 种违法类型，结果 92% 的人承认有各种违法行为（平均占 11.4%），53% 的男孩犯有 16 种较为严重的违法行为（人均 5.7 起），只有 34 名男孩（占 3.5%）声称被警察逮住过。因凯里·安蒂拉（1962）和里斯托·严科拉（1966）分别在赫尔辛基和罗瓦涅米（城市和农村）让 2520 名 19 岁的新兵在入伍体检时填写调查表，询问 20 种不同的违法形式。他们所取得的结果与北美和斯堪的纳维亚的其他自报调查的结果基本相同。① 此后，西欧、澳大利亚等国的学者也在本国进行了犯罪自报调查。

自报调查的最大收获在于在这项调查的有关国家里取得了基本一致的结

---

① ［德］汉斯·约阿希姆·施奈德：《犯罪学》，许章润译，中国人民公安大学出版社、国际文化出版公司 1990 年版，第 207—210 页。

果：一是违法犯罪行为远比官方犯罪统计所估计的更加普遍，正式监督的社会当局（如法院、警察机关等司法机关）所获悉的只是其中的一小部分，而且这些违法犯罪行为都是性质较轻的，大部分是青少年在日常生活中不自觉的行为。二是较严重的违法犯罪行为要少于较轻的违法犯罪行为，只有少数青少年经常实施严重违法犯罪行为并发展为常习犯。三是违法犯罪行为相对平均地分布于社会各个阶层。而在警方的统计中之所以社会下层人员居多，主要原因在于警方对其违法犯罪行为较之中上层人员的违法犯罪行为作出了较为严厉的反应，也即中上层人员违法犯罪行为的犯罪黑数更为严重。四是女性青少年的犯罪黑数远远低于男性青少年，但实际上男女受指控的差别并不像在明数中那么大，其原因在于警察和法院对女性青少年的违法犯罪行为采取了比较宽容的态度。因而，女性青少年违法犯罪行为的黑数应比男性更多。

自报调查虽然取得了一个有别于官方犯罪统计的重要数据和结论，但其局限性也是显而易见的。主要表现为：一是调查方法涉及有关法律适用的溯及力及时效问题，因而收集到的多为无关紧要的违法问题，加上一些问题学生在调查时总是予以回避，而正是这部分违法犯罪行为最多的人没在调查中显示出来，这在一定程度上直接影响到调查结果的真实可靠性。二是被调查的问题很多，被调查者难以将每一事件都区别开来，而且从感性上讲，被调查者一般都不太情愿吐露过去的不法行为。三是自报调查抽取样本的范围较小，因而调查结果只适用于衡量本地区的犯罪状况，难以对全国性的犯罪状况作出较为正确的评价。很多人因此认为，自报调查的可靠性和有效性很难得以验证。正因为如此，进行自报调查的，也仅有美国和少数几个欧洲国家。

（二）被害人调查

被害人调查或被害调查①是利用抽样的方法，在特定的人群中选取一定数量的样本，让受访者回答在过去的一段时间内自己是否受到某种形式犯罪的侵害的一种方法。这些侵害既包括已向警方报案的案件，也包括未报案的案件，以此估算未报案的犯罪黑数。其目的就是从社会公众的角度了解实际发生的犯罪状况，具有何种特征的人或组织容易遭受侵害，被害后果如何，被害人对犯罪、刑事司法、犯罪预防的态度。调查内容主要包括：（1）特定时空范围内的犯罪数量、犯罪表现形式，包括犯罪类型结构、犯罪人的特征、犯罪的组织

---

① 有学者对被害人调查与被害调查进行了区分，认为被害人调查是被害调查的组成部分，被害调查除被害人调查外，还包括被害物品的调查以及被害时的地理环境等的调查。参见张智辉、徐名涓编译：《犯罪被害者学》，群众出版社1989年版，第21页。但从目前多数学者的观点和实际操作来看，被害调查与被害人调查的目的、内容、方法和程序基本相同，没有必要再作严格的区分。

形式、犯罪工具、犯罪行为方式、犯罪的时空分布以及犯罪趋势等；（2）特定时空范围内的犯罪被害数量、被害率以及被害死伤率；（3）特定时空下的被害人的人口统计学特征、生活方式特征和人格特征以及被害人与犯罪人的关系表现；（4）特定时空下犯罪被害现象的时空分布特征；（5）被害后果，即被害的物质损失、身体伤害和心理创伤的类型与程度以及被害人被害时和被害后的反应；（6）公众对刑事司法机关的信任程度以及报案态度，司法机关的工作方法及效率；（7）公众对具体犯罪类型和刑罚的态度；（8）公众对犯罪预防措施和被害人援助制度的主观感受。①

被害人调查始于美国。"一个犯罪学专家委员会于 20 世纪 60 年代初建议开展这项研究工作，目的是想创造一种测量工具，以便独立于官方的统计，而直接地、仅仅是为统计的目的去调查犯罪数据（获取第一手资料），并且从犯罪被害人的角度来看待犯罪行为"。② 学者们首先在华盛顿 D·C 区进行了两项地方性调查，然后在波士顿和芝加哥进行了一项全国性调查。这些试验项目具有方法学的性质。例如，他们在一项全国性的抽样调查中，对具有代表性的9644 个家庭（样本）进行了调查，向每个家庭中的一名成年人了解该户的某个人在采访前的最近一年中是否成为犯罪被害人。如果该成年人对筛选性问题作出肯定回答，就向该被害人了解他受害的详情，主要包括发案地点和时间、作案人情况、犯罪行为的原因和后果、造成的损失和人身伤害、被害人在案发后生活方式的变化等。此外还了解被害人的安全感、对犯罪行为的恐惧心理、对刑事司法的态度以及是否向警方告发了罪行。如果没有举报，那么要了解被害人为什么不予告发。除了非官方的被害人调查外，官方也着手实施了被害人调查。其中以美国人口普查局组织实施的被害人调查最具典型性。该项调查共分三个步骤：③ 首先，在全国进行抽样调查，历时 3 年半，每隔 6 个月即对全国 6 万个样本单位进行访问与再访问。调查材料用于评估全国的主要犯罪情况。其次，访问被抽取的 42000 个商业企业的所有人、经理人员及职员。该调查用于评估商业企业遭受侵害的情况（如抢劫、盗窃等）。最后，对 6 个主要城市的居民进行随意抽查，以评估城市的犯罪状况。后面两种被害调查为一年 1 次。继美国之后，被害调查在一些西方发达国家迅速发展起来，并成为统计机关的常规性工作；有些国家还开发了独立于刑事司法体系的犯罪被害

---

① 李伟：《关于建立犯罪被害人调查制度的构想》，载《山东公安专科学校学报》2002 年第 5 期。

② ［德］汉斯·约阿希姆·施奈德：《犯罪学》，许章润译，中国人民公安大学出版社、国际文化出版公司 1990 年版，第 207—210 页。

③ ［美］D. 斯坦利·艾兹恩、杜格·A. 蒂默：《犯罪学》，谢正权等译，群众出版社 1988 年版，第 91 页。

调查项目，并逐步形成了严格的程序和方法。通过对问卷的设计、计算机辅助调查、抽样技术等方法的改进，被害调查的信度和效度得到了充分的保障。

20 世纪 70 年代，联合国经济合作与发展组织提出了开展国际被害人调查的建议，1987 年成立了协调第一次国际犯罪被害人调查小组。1989 年联合国区域间犯罪和司法研究所主持了首次"国际犯罪被害调查"（英文缩写为 ICVS）。① 当年共有 17 个国家参加，其中绝大多数为发达国家。② 之后又于 1992 年、1996 年、2000 年、2005 年进行了四轮该项目调查，参与的国家不断增加，一些发展中国家和处于社会经济转型期的国家也参与了进来。据统计，截止到 2009 年年底，已有超过 30 万人接受过国际犯罪被害调查。在联合国区域间犯罪和司法研究所的资助与支持下，中国司法部预防犯罪与劳动改造研究所于 1994 年 5 月在北京市组织实施了我国首次国际犯罪被害人调查，调查规模为 2000 个样本。这是迄今为止我国参加的唯一一次国际犯罪被害调查，其结果（被害率为 21.6%）被包含在 1996 年的国际犯罪被害调查报告中。

被害人调查取得了重要成就，它指明了这种研究方法的可行性，并且它弥补了刑事司法统计的不足，为解决犯罪黑数问题提供了一种重要手段和事实材料。

但被害人调查也存在一些显而易见的缺憾，主要表现为：一是调查范围过大（全国性）、周期过长，尤其是官方的调查要花费大量的人力、物力，因而不利于经常性地进行；二是人们都有特定的有效回忆期（6 个月至 1 年），被害人也容易产生记忆上的失误；三是受各种因素的影响，有的被害人不承认受到过侵害；四是有些犯罪，如贿赂、偷税漏税、涉及个人隐私的犯罪和家庭内部的犯罪等，往往不适用于被害人调查方法。

三、犯罪黑数研究的意义

犯罪黑数研究是测量实际犯罪行为、获悉犯罪状况不可缺少的一种重要手段，它为犯罪学理论的形成奠定了新的事实基础。其意义是多方面的：

---

① 国际犯罪被害调查是在参与国家或城市中通过随机方法选取一定数量的家庭进行被害调查。样本数量一般不少于 1000，而在一些发达国家样本数量可以达到 2000 以上。

② 参加首轮犯罪被害调查的国家包括澳大利亚、比利时、加拿大、英格兰与威尔士、芬兰、法国、联邦德国、日本、荷兰、北爱尔兰、挪威、苏格兰、西班牙、瑞士、美国、波兰、印度尼西亚。其中波兰和印度尼西亚分别在其城市华沙、苏腊巴亚进行了此项调查，其他国家在其全国范围内进行了此项调查。

（一）　犯罪黑数研究在检讨传统犯罪学理论的基础上为犯罪学的发展开辟了新的领域

犯罪学作为一门实证学科，长期以来所依据的事实材料主要是官方的犯罪统计和经验型的个案研究。但这两方面的材料只来自于一方当事人——实施不法侵害的犯罪人；而另一方当事人——被害人在产生和促成犯罪行为中的作用被忽略了。这是传统犯罪学研究的一个极大缺陷。以被害人调查为重心的犯罪黑数研究结果表明，犯罪人与被害人之间并非单方面恶与善的绝对对立关系，被害人在许多情形中负有法律或道义上的责任，并且二者在一定条件下是可以相互转化的。因此，犯罪黑数研究提醒我们，"检讨传统犯罪学中的犯罪原因和犯罪预防理论，把被害人作为一个能动因素引入犯罪原因系统是制定实际犯罪对策的需要。"因为离开公众的配合参与，不去增强公众的自我保护意识，任何犯罪预防的努力都将大打折扣。也正是在不断对传统犯罪学检讨的基础上，犯罪学研究领域得到了极大拓展，并出现了一个新的分支学科——犯罪被害人学。

（二）　犯罪黑数研究弥补了官方犯罪统计的不足，使正确评估犯罪形势成为可能

官方的犯罪统计作为正式社会主管当局的工作报告是不可缺少的，但我们必须认识到这种统计的局限性和弱点：一是警方犯罪统计作为其工作实绩的证明材料，虽然能够较好地反映比较严重的犯罪情况，但却同实际发生的犯罪行为有极大的差距。二是警方犯罪统计难以准确地反映犯罪率的实际增减变化。因为官方犯罪统计的内容在很大程度上受居民告发意识强弱和统计制度是否健全以及统计人员素质高低的影响。以法律为根据的官方犯罪统计由于法律制度的变化也会导致犯罪的数量、种类、结构的变化；并且司法统计机关统计的大多是已作出反应的那些犯罪行为，而对那些未能作出成功反应的犯罪行为往往出于利己考虑而故意漏掉了。因此说警方统计的犯罪率与其说是实际犯罪率的反映，毋宁说是"公众报案意识和警方工作效率"的产物。相比之下，犯罪黑数研究由于直接指向犯罪行为的"把关人"——被害人，不仅能够较为全面地反映犯罪行为的数量，而且能根据犯罪被害人增减情况的比较，较为准确地反映犯罪率的升降。因此，官方犯罪统计只有与犯罪黑数研究结合起来，相互印证，相互补充，才能使之成为刑事司法系统的计划和监督工作以及犯罪学研究工作可靠的测量工具。

（三）　犯罪黑数研究对制定刑事政策具有重要指导作用

犯罪黑数研究表明，违法与犯罪行为是一种比较普遍的现象，在这种情况下，任何过分的犯罪化（太多和太严厉的刑罚）和监狱化政策都值得怀疑。

对犯罪的过分反应不仅是不公正的，而且可能事与愿违，产生副作用。因为，罪与非罪之间并不存在十分明显的界限，违法与犯罪行为只是一种或多或少、或轻或重的现象，彻底侦破一切犯罪和违法行为不仅难以做到，而且还可能导致整个社会规范体系的崩溃。因此，刑事司法系统只能靠一定的隐案来维持生存。但犯罪黑数也不能太大，它必须符合明智与合理的标准。即是说，首先要给予那些较轻微的违法犯罪行为自行消失的机会，不要对其过分干预，轻意贴上犯罪的标签。刑事司法系统必须集中力量对付那些严重的犯罪形式，如有组织犯罪、严重经济犯罪、严重暴力犯罪等，以此保持社会的协调发展。

（四）犯罪黑数研究使国际性的犯罪比较变得简便易行

被害人调查几乎避免了其他犯罪调查中发生的一切方法上的错误，而这种错误在警察、法院、缓刑帮教以及监狱服刑统计中是必然会出现的。但是，犯罪黑数研究也不可能准确无误地澄清事实，无论是官方的抑或是非官方的犯罪统计都有优缺点，犯罪行为不论是通过隐案研究还是由官方的犯罪统计查明的，它都是一种创造性的命名，是一种思想的辅助设计。犯罪学研究，除隐案研究外，也不能放弃官方的犯罪统计和经验型的个案研究。隐案研究、官方的犯罪统计和经验型的个案研究都是犯罪研究的重要数据来源，它们相互取长补短，共同奠定了犯罪测量的事实基础。

四、我国的犯罪黑数研究

世界上各个国家都程度不同地存在犯罪黑数问题。西方一些国家由于民间研究机构开展了卓有成效的犯罪被害人调查，因而犯罪黑数问题揭示得较为明朗化；而我国由于长期以来缺乏比较完善的犯罪统计制度和监督机制，大量的案件没有立案，犯罪黑数较大，因而需要加强研究。

（一）我国犯罪黑数的现状及其危害

自 1987 年开始，我国启动了对犯罪黑数的实证研究（确切地说只是对立案不实问题的研究）。国家"七·五"社会科学规划重点项目《中国现阶段犯罪问题研究》课题组，对全国 15 个省市 300 个派出所进行了为期 3 年（1985、1987、1988）的犯罪黑数调查，从此揭开了我国犯罪黑数研究的序幕。调查结果发现：（1）犯罪明数最多只占实际发案数的 1/3（见表 4-1）。危害较大的重大案件的明数相对来说较接近实际，约占接报案数的 2/3。（2）各类犯罪的明数与暗数之比值差异较大，杀人、强奸等严重侵犯人身的案件的隐案数相对较小，占 5%—10%；侵财案件犯罪暗数较大；盗窃非机动车、扒窃、抢夺、破坏生产等案件的明数只占接报案数的 1/10。[1] 隐案数如此之大，是官方和许多研究者所始料不及的。

表 4 - 1　中国隐案问题调查（%）

单位 ＼ 年份	1985	1987	1988
派出所接报案数	100	100	100
派出所核实数	99.90	98.02	97.56
派出所上报数	42.73	29.00	40.90
县区公安局统计数	32.58	19.04	29.89

我国公安部从 2000 年起，尽管取消了将发案率作为衡量社会治安好坏的标准，立案不实的问题得到一定程度的改观，但由于这项指标本身所包含的特殊价值以及人们对犯罪内在规律缺乏正确的认识，当地政府及公安机关仍对发案率指标非常忌惮和敏感，这一问题直到目前仍没有得以彻底解决。立案不实造成的危害是多方面的：

一是严重影响了对我国社会治安形势的正确估价，对党和政府的决策产生了误导。在虚假泡沫数字的掩盖下，人们对社会治安的真实情况若明若暗，加上新闻媒体的正面报道，造成了人们对社会治安形势的盲目乐观，迷信甚至夸大刑事司法机关的工作效率和刑罚的功能，其所造成的不良社会反应是：一遇案件上升，便认为是"打击不力"、"执法不严"所致；反之，案件下降，即认为是对犯罪活动严厉打击的结果。所以司法机关的集中统一行动，便成为解决犯罪问题的主要手段。我国从 1983 年首次开展"严打"一直到现在，每隔一段时间就集中进行一次专项打击活动。这种"运动式"犯罪治理方式对缓解一定时期的"维稳压力"无疑能起到明显的效果，但这种短期效应所带来的消极作用也是显而易见的，其中之一便是忽视、放松了日常群众性防控工作，造成了治安基础工作的断裂和失控等严重社会后果。这种预防和控制犯罪决策上的失误还导致了公众对执法主体的过分依赖，使得执法主体难以有效地组织起全社会的综合治理和个体防范。当公共安全需要与期待得不到满足时，又会引发公众对执法主体的不满，进而使执法主体陷入"孤军奋战"的境地。在这种情况下，决策机关更难以对治安形势作出正确的分析和判断，无法确切地掌握刑事案件给国家经济发展和公民人身财产造成的实际危害，无法衡量群

---

[1]　宋浩波、郝宏奎：《犯罪学》，中国人民公安大学出版社 1987 年版，第 61—62 页。

众的安全感，从而失缺进行宏观决策的科学依据。

二是严重影响了公安队伍建设和警力的加强。犯罪统计的严重失真，不仅影响宏观决策，而且也造成了资源有效供给不足，严重影响了公安工作的健康、持续发展。改革开放以来，发案率实际上一直在大幅度上升，社会治安形势十分严峻，我国广大公安民警面临着巨大的工作压力，他们不惜以鲜血和生命为代价，打击和防控犯罪，维护社会稳定，成绩是非常显著的。但是，在以"数字论实绩"的情况下，低水平发案率和高水平破案率的虚假统计，必然导致在社会资源的配备上无法做到与实际状况相适应，严重影响了对公安工作进行人力、物力和财力的投入，使我国公安机关与发达资本主义国家的警察机关在装备、人员素质等各方面的差距难以尽快缩小。

三是直接影响了执法主体的工作作风。公安机关犯罪统计的严重失真，滋生了"数字出政绩"、"政绩出干部"等弄虚作假的风气，致使"从下到上层层加码，马到成功；从上到下，层层加水，水到渠成"。这种欺上瞒下的现象大行其道，见怪不怪。其所造成的严重后果是：记录广大公安民警长年累月超负荷工作的实绩，被犯罪率指标"一票否决"了，从而严重挫伤了广大基层民警的工作积极性和主动性。

四是严重影响了群众对执法机关的信任。社会治安形势的好与坏，广大群众是可以体验出来的。犯罪形势不断恶化，犯罪分子大量逍遥法外，人民群众的生命财产安全得不到有效的保障，司法机关却在粉饰太平，这势必引起人民群众的极大反感，对执法机关的权威和工作效率必然产生怀疑，从而出现信任危机。人民群众遇事热衷于说和私了和自认倒霉，而不愿报案和协助破案。警民关系疏远的后果，又直接影响了对犯罪分子的打击和综合治理措施的贯彻落实。

（二）我国犯罪黑数大量存在的原因

从我国司法实践来看，造成犯罪统计失真、犯罪黑数大量存在的原因是多方面的。

1. 对犯罪形势认识不足，决策出现失误

长期以来，由于受"左"的犯罪理论的影响，不少人片面地认为社会主义制度本身可以遏制甚至消灭犯罪，把低犯罪率看作是社会主义制度优越性的体现。对改革开放后我国经济高速发展，特别是社会经济转轨时期大量增多的犯罪现象缺乏正确的认识，习惯于将我国 20 世纪 50、60 年代超稳定时期的社会治安状况作为参照，不切实际地提出了将社会治安"恢复到历史最好水平"的口号，主观设定"案件下降"的预期目标，并把低发案率和高破案率纳入岗位责任制和基层领导的任期目标之中，从而导致了在立案率上相互攀比、层层把关的弄虚作假现象，严重掩盖了实际发案数，人为地造成了犯罪黑数的增多。

2. 把发案率作为衡量社会治安好坏的主要指标

社会指标主要有肯定指标和否定指标两种。前者又叫社会进步与发展指标，它反映的是社会积极的方面，是人们希望发展的指标；否定性指标又叫问题指标，它的上升意味着社会不稳定因素增多。尤其是当发案率发挥其评价功能，被作为重要甚至是唯一评价标准并与当地领导者的政绩和公安机关的工作联系起来时，就直接关系到人们的利害得失。这是公安机关犯罪统计不实、犯罪黑数增多的直接原因。

3. 缺乏规范的犯罪统计制度

一些公安机关及其民警对犯罪统计工作缺乏足够的认识，认为案件的登记只是形式，形式规范与否无所谓，只有破案才是硬道理，所以，统计意识差，对案件的受理、登记责任心不强；不少单位没有专人负责登记、受案工作，而是谁在谁受理；有的人对立案标准不熟悉，遇到自认为非处理不可的案件才登记上报，对可能不构成犯罪的案件则不愿受理，公安机关对此缺乏有效的监督制度。这种犯罪统计中的主观随意性，造成了漏统、漏报、瞒报或重复上报现象的大量出现。

4. 缺乏社会的比照与监督

目前，我国的犯罪统计主要来源于公安机关、检察机关、审判机关等"官方"之手，缺乏其他的数字比对与监督，这也容易产生人为"设计"发案率的弊端。如果政府机构和其他社会组织能有效地开展犯罪调查、被害调查等活动，从另一角度向社会公开其统计数据，犯罪统计失真和犯罪黑数问题将会受到一定的制约。

（三）减少犯罪黑数的措施

犯罪统计不实、犯罪黑数较大的问题，不是个别人的品质问题，而主要是体制问题。对此，我们必须加以改革，建立一整套适合我国国情的新的社会治安评估机制。在将发案率作为分析社会治安形势和衡量司法机关工作重要参考依据的同时，还必须把它与其他指标结合起来综合地加以分析。这些指标主要包括：

1. 综合评估指标

应将过去单一的刑事案件立破案统计评估指标，改为包括报警案件数、立案数、破案数、严重犯罪数、犯罪黑数、"两劳"释放人员重新犯罪数和可防性案件的发生数，以及检察院、法院等司法部门的起诉数、判罪数、投入劳教和劳改数等在内的综合指标体系。一是犯罪的数量指标。即以刑事案件总量增长速度的比率不超过当地经济增长的速度为标准，并允许上下波动，承认地区间的差异。建立如实登录报警案件制度，实行"有警必录"，并采用计算机技术将投诉报警人的信息输入信息库备查，在如实依法立案的同时，将受理案件按照危害程度划分为若干等级，以便准确地确定案件的等级，对严重犯罪进行严厉打击，并据此量化计算警员的工作绩效。二是犯罪的质量指标。主要指重大刑事案件和严重经济犯罪案件的立案数。前者主要指杀人、抢劫、强奸、爆炸、绑架、重大盗窃、涉枪等案件的立案数；后者主要指贪污、贿赂、走私、诈骗等案件的立案数。三是重大刑事案件和重大经济犯罪案件的年增长幅度。四是突出犯罪类型的数量。主要包括集团犯罪、暴力犯罪、恐怖犯罪等。五是犯罪人的数量。主要包括农民犯罪、工人犯罪、白领犯罪、学生犯罪、社会闲散人员犯罪的人数等。在犯罪率相同的情况下，犯罪绝对数多的地区或重大案件多的地区，人们对社会治安形势的感受是不一样的，不同犯罪人在犯罪数列中所占比例的不同（犯罪分配率）可清晰地反映出犯罪结构的状况。

2. 社会控制指标

社会控制指标主要包括：一是司法机关打击犯罪的力度，如警务区建设情况、文明执法情况、破案率、逮捕犯罪嫌疑人的数量、判处实刑人数、判处缓刑人数、收监人数等。二是发动群众的程度。治保组织、人民调解组织、治安联防组织的状况及控制力；居委会和村委会基层组织的状况；文明安全力量的建设情况；对刑满释放人员接荐帮教的情况；群众举报率；党政、企事业单位和家庭、公民的社会治安责任制以及领导责任制的落实情况。三是资源保障状况。主要指一个地区对维护社会治安、防范犯罪等进行的人、财、物的投入，以及投入后的效益指标。它包括公、检、法、司以及社会治安综合治理部门的经费在财政支出中所占的比例；预防犯罪的经费在财政支出中所占的比例；每万人口中民警、检察人员、审判人员和管教人员的数量。社会对治安工作进行投入，就是为了取得稳定社会治安的社会效益。社会治安工作并不直接创造物质财富，其活动是一个耗费人、财、物的过程，这是各级政府为保障地区经济发展和现代社会生活所付出的必要成本。虽然社会治安的好坏不能完全以人力和金钱投入的多少来衡量，但在"社会成本"与"治安效益"之间的价值关系是可以核算的。逐步设立并建立起社会治安的核算制度，能够使有限的人力和资金资源充分发挥其社会效益，极大地帮助我们测量、监督社会投入的使用情况，同时也有助于我们评价执法机关的工作。

3. 社会因素指标

犯罪问题是社会各种消极因素的综合反映，它随着社会形势的变化而变化。什么时候党和国家的政策调整好了，党风、社会风气正了，社会就稳定，犯罪也会随之减少；反之，什么时候诱发犯罪的社会矛盾、不良社会风气和腐败现象等社会消极因素增多，犯罪率就会攀升，社会治安形势就会恶化。虽然犯罪的社会因素难以量化，但通过理论研究完全能够得出正确的结论。我国建国后60多年的实践已经充分证明，社会政治、经济、文化、教育、法制等社会因素是测量社会治安形势的一个重要指标。

4. 群众安全感指标

安全感是人们对社会治安状况的主观感受和评价。广大群众对社会治安状况的主观感受、对犯罪的容忍程度，也是衡量社会治安状况的重要依据。群众安全感指标包括：一是群众对犯罪分子的态度。这是指当自己或他人的人身或合法权益受到不法侵害时，是挺身而出与之斗争，还是慑于对方的淫威忍气吞声，或明哲保身，"见死不救"。二是群众对严重犯罪及其后果的承受能力。群众对不同类型的犯罪案件的承受能力是不同的。群众的安全感在很大程度上取决于对当时发生的某类犯罪案件的心理状态及其反应。如同是严重暴力案件，情杀和仇杀所侵害的对象是特定的，对群众安全感的威胁就要小些；而影响公共安全的爆炸、抢劫、杀人等案件，由于侵害的对象是不特定的多数人的生命财产安全，所以对群众安全感的威胁就大得多。三是群众对公安机关、司法部门的信任感以及对其工作效率和作风的评价。如果警民关系好，群众能够积极参与到群防群治的治安防范工作中去，说明公安工作有着广泛而深厚的群众基础，这是搞好社会治安工作的根本保障。四是群众对非法侵害的可能性的估计。如果群众普遍担心自己随时都会受到不法侵害，人身和财产安全难以保障，则说明安全感差。如一个时期，人们乘飞机害怕被劫持，坐长途汽车害怕被抢劫，白天上班害怕家中被盗，女性上夜班怕遇到流氓，等等。这都说明群众没有安全感。

对以上四个方面的数据需要进一步给予科学的细化、量化，形成一整套简便易行、操作性强、能够衡量一个地区社会治安真实情况的统一评估体系。

五、对我国犯罪现象的动态分析

所谓犯罪现象的动态，是指犯罪现象在时间上发展和变动的状态。对犯罪现象动态的分析，通常是根据某种犯罪现象的统计指数的数值，按照时间的先后顺序排列而成的数列来研究犯罪现象发生、发展、变化的规律和趋势。我国建国以来，随着政治、经济改革和法治环境的变化，犯罪现象也始终处于动态变化之中。这种变化大致可分为五个时期：（1）新中国成立初期；（2）新中国治安形势最好的时期；（3）十年动乱时期；（4）拨乱反正和改革开放初期；（5）全面建设社会主义现代化时期。

（一）新中国成立初期（1950—1955）

1950—1955 年是中国新旧制度交替的特殊历史时期，其犯罪也打上了那个时期特有的烙印。新中国成立时，人民政权接收的是一个千疮百孔的烂摊子，连年的战争使社会生产遭到严重破坏，人民生活极为困苦。国民党败退之际，社会生产萎缩，交通梗塞，物价飞涨。一些不法分子趁机大肆破坏，他们囤积居奇，哄抬物价，偷工减料，偷税漏税，投机倒把，盗窃国家经济情报，严重干扰破坏了国民经济建设。在政治上，残留在大陆的国民党溃散武装就达 200 多万人，反动党团骨干和特务分子达 120 万人。他们不甘心失败，继续与人民为敌，一面等待时机"反攻大陆"，一面疯狂地进行各种犯罪破坏活动。他们散布反动思想，传播政治谣言，蛊惑人心，制造恐怖气氛，破坏工厂、铁路、桥梁，抢劫物质，残害干部群众，组织武装暴乱。1950 年春季到秋季半年间，有 4 万名干部群众遭到反革命分子的暗杀。除反革命破坏案件外，旧社会遗留下来的流氓、盗匪、兵痞、娼妓等残渣余孽进行的违法犯罪活动也很突出，主要表现为制毒贩毒、赌博、卖淫、嫖娼、拐卖人口、溺婴等违法犯罪活动。反动势力政治、经济上的全面反扑，导致了 1950 年建国后的第一次犯罪高峰，当年的刑事发案数为 51.3 万起，发案率为 9.3‰。这次犯罪高峰主要是新旧政权交替和旧社会的残余分子对新政权的仇视、颠覆与破坏所造成的，具有普通刑事犯罪与反革命犯罪相交织的特点。据公安部统计，1950 年凶杀案占全部刑事案件的 22%，诈骗案占 5.5%，盗窃案占 58.4%。其中，凶杀、诈骗、抢劫三类案件是建国以来历次刑事犯罪高峰中所占比例最高的，而盗窃、投毒案件所占比例在历次犯罪高峰中最低。1950 年 12 月 1 日，党中央发布了《关于镇压反革命活动的指示》，1951 年 2 月，中央人民政府又颁布了《惩治反革命条例》，在全国范围内开展了大规模的镇压反革命活动，对土匪、恶霸、特务、反动党团骨干、反动会道门进行坚决镇压，对旧社会遗留下来的残渣余孽进行了查封、镇压和打击，杀、管、关了一大批犯罪分子，从而使犯罪率大幅度回落。1955 年全国刑事案件立案 32.6 万起，比 1950 年下降了 18.7%。

这一时期的犯罪现象与新中国其他历史阶段的犯罪现象相比，有以下几个显著特点：

（1）从犯罪类型上看，一是暴力犯罪多，持枪杀人、持枪抢劫、爆炸等暴力犯罪占全部犯罪的 39%。二是反革命破坏案件多。1955 年全国在押的犯罪分子中，反革命分子占 42.2%。三是经济领域犯罪突出。据北京、上海、天津等九大城市统计，在 45 万户私营工商业中，有 34 万户具有不同程度的违法犯，占私营工商业户总数的 76%。他们主要从事偷工减料、偷税漏税、盗窃国家经济情报、投机倒把等犯罪行为。

（2）从犯罪主体看，一是敌对势力和旧社会遗留下来的残渣余孽犯罪的多，人民群众犯罪所占比例较小。在严重刑事犯罪中，其成员主要是国民党的军、警、宪、特以及反动党团骨干、土匪恶霸、流氓阿飞、赌徒赌棍、反动会道门骨干和封建帮会骨干以及不法资本家。二是中、老年人犯罪占绝大多数，青少年犯罪少，只占全部案犯的 20%—30%。三是惯犯、累犯多，占全部案犯的 7%—10%。

（二）新中国治安形势最好的时期（1956—1965）

1956 年，我国的社会主义改造基本完成，国民经济发展迅速，我国开始进入全面社会主义建设时期。其间，发案率很低，群众安全感很高，出现了"路不拾遗、夜不闭户"的社会盛世景象。

良好的治安状况来自于良好的社会环境。这期间，我国政治比较稳定，1956 年召开了党的第八次全国人民代表大会，并提前完成了第一个五年计划，社会经济不断发展，人民的道德素质和生活水平不断提高，基层政权和群众组织得到了发展，与犯罪分子作斗争的水平和监控能力逐步增强，党的政策深入人心，全国上下团结一致，社会呈现出一派祥和景象。在这种背景下，犯罪较前一时期明显减少，年发案数在 18—42 万起之间，年均发案率为 3.0‰。其中 1956 年的立案数降至 18 万起，发案率为 2.9‰，（当时全国总人口为 6.2亿）是建国以后发案数和发案率最低的年份。但是，由于我党政策的失误，造成了 1957 年的反右扩大化；1958 年在"左"的错误思想指导下，不顾客观规律，进行了"大跃进"和人民公社化运动，对国民经济造成了极大破坏，加之连续 3 年自然灾害和原苏联政府的背信弃义、撕毁合同等不利因素，使我国经济遇到了前所未有的困难，社会出现了一定程度的震荡，犯罪数量也随之增多，出现了建国以来的第二次犯罪高峰。1961 年全国刑事案件达到 42.2 万起，（当时全国总人口为 6.59 亿）发案率为 6.4‰，发案数和发案率均比 1960年增加约 1 倍。1962—1965 年，国民经济经过及时调整，得到恢复和发展，加之各地政法机关认真执行党的政策，在工作中正确区分和处理敌我矛盾和人民内部两类不同性质的矛盾，有效打击刑事犯罪活动，刑事案件迅速回落，城乡社会治安呈现出良好的局面。1964 年全国刑事案件下降到 25 万起，发案率下降到 3.5‰，1965 年全国刑事案件下降到 24 万起，发案率下降到 3.0‰。

这一时期的刑事犯罪最显著的特点是：第一，从犯罪总量上看，刑事犯罪较之前一时期明显减少，年发案数在 18—42 万起之间，平均发案率为 3.0‰，是我国建国后治安形势最好的时期。这一时期尽管因国家政策失误，出现一次犯罪高峰，但由于措施得力，犯罪率很快降了下来。1962—1965 年，刑事案件发案数年均在 25 万起左右，发案率在 3.0‰—4.0‰之间徘徊，基本恢复到三年困难时期以前的水平。第二，从犯罪类型看，反革命犯罪所占比重逐年下降，比最高年的 1950 年下降 20%；杀人、抢劫、放火、强奸、投毒等危害严重的犯罪也有较大幅度下降，约占全部刑事案件的 7.0%；财产犯罪因其他犯罪的下降所占比例有所上升，其中盗窃案件占全部刑事案件的比例由新中国成立初期的 58% 上升到 81%。第三，从犯罪主体看，青少年犯罪不断增多，新生的刑事犯罪分子与蜕化变质分子逐渐增多；敌对势力、反动分子作案的减少，中老年人犯罪相对减少。

（三）十年动乱时期（1966—1976）

1966—1976 年持续 10 年之久的社会动乱，给国家和人民造成了巨大灾难。这期间，在极"左"路线的引导下，国家的民主与法制遭到恣意践踏，各级党政组织不能正常行使职能，公、检、法被砸烂；打、砸、抢、武斗成风，公民的基本权利无法保证，冤、假、错案成堆；社会风气日下，是非颠倒，道德沦丧。在这种混乱动荡的局面下，犯罪呈现出特殊的态势，出现了建国后的第三次犯罪高峰。

这一时期刑事犯罪的突出特点是：第一，犯罪数量增多，发案率较高。从统计数字看，从 1966—1970 年，犯罪现象出现了一个长达 5 年之久的低谷期，其中 1969 年发案数仅为 16.1 万起，是建国以来的最低点。但实际上，1966—1970 年正是武斗盛行、社会秩序最为混乱的时期。一些犯罪分子混水摸鱼，草菅人命，滥杀无辜，大批干部群众受到迫害，罪与非罪的界限混淆不清，难以有效地加以统计。从 1971 年开始，全国刑事犯罪案件开始大幅度上升，该年立案 40.3 万起，比 1970 年增加 40.7%，1972 年增加到 50.11 万起，比 1971 年增加 24.4%，1973 年又增至 53.6 万起，比 1972 年增加 33.1%。从 1973 年开始，全国刑事案件保持在 50 万起左右，形成了建国以来的第三次犯罪高峰。这种犯罪的高发态势一直持续到"文革"结束后的 1978 年。但实际上，这一时期，存在着惊人的犯罪黑数，官方统计的数字只不过是实际发生的犯罪案件的极少部分。第二，侵犯公民人身权利和民主权利的犯罪多。十年动乱期间，林彪、江青反革命集团及其骨干，为全面篡夺党和国家领导权，诬陷、迫害老一辈无产阶级革命家，使一大批党和国家领导人蒙冤而死，大批群众在武斗和派系斗争中被抓、被斗甚至死于非命，人身权利和民主权利遭到肆意侵犯。第三，青少年犯罪增多。"文革"后期青少年案犯在全部案犯中所占比例，已由 50、60 年代的 20%—30% 上升到 60% 左右。与此同时，在当时的"红色恐怖"、"政治风暴"、"群众专政"的形势下，旧社会遗留下来的反革命分子所从事的犯罪大大减少，新生的犯罪分子开始增多。第四，流氓犯罪活动猖獗。十年动乱期间，不仅政治动乱，人们的思想道德观念也出现了混乱，发生了大量侮辱、摧残、强奸妇女的案件。特别是在全国性的上山下乡和支边运动中，一些基层干部和生产建设兵团干部，利用职权强奸女知青的犯罪活动也曾一度达到了非常严重的程度。另外，一些靠造反起家的干部在掌握了权力之后，为满足其私欲，为所欲为，贪污受贿，大肆侵吞国家资财，拉关系、走后门、搞特殊，严重败坏了社会风气。

（四）拨乱反正和改革开放初期（1977—1986）

这一时期，"文革"已经结束，党的十一届三中全会胜利召开，党中央拨乱反正，实行经济体制改革和对外开放。此时，我国正处于解除思想禁锢的阶段，改革开放的大潮正在启动，人们的思想十分活跃，加之10多年来"文革"动乱余毒的惯性作用，一些社会矛盾和社会问题在社会转型之初开始暴露出来。其中一个突出的问题就是流氓团伙犯罪、青少年犯罪十分嚣张。一些20岁左右正值非常时期的青少年，由于在10年动乱期间，没能受到良好的思想、文化、道德教育，其越轨犯罪行为的增多便成了顺理成章的事情，从而导致了刑事犯罪的大幅度上升。1977年全国刑事案件立案54.8万起，同比增长12.2%；1978年立案53.6万起，比1977年略有下降；1979年立案63.6万起，同比增长18.8%；1980年立案75.7万起，同比增长19.0%；1981年立案数高达89万起，同比增长17.7%，发案率为8.9‰，出现了我国刑事犯罪的第四次高峰。在刑事犯罪大量增多的同时，经济领域的犯罪也出现了日益严重的趋势。1982年全国检察机关立案29563起，出现了改革开放以后的第一次经济犯罪高峰。在此期间，还发生了建国以来震惊全国的南京"控江路案件"、沈阳市的"二王"持枪杀人案件（1983年2月）、卓长仁劫机事件（1983年5月）。这3起事件在全国造成了极其恶劣的影响。面对如此严峻的治安形势，1983年党中央、国务院下令发动了声势浩大的"严打"战役，取得了立竿见影的效果。1983年全国共立刑事案件61万起，同比下降22.1%；1984年立案51.4万起，同比下降15.7%。但从1985年开始，"严打"的威慑作用慢慢失去原有的效力，刑事犯罪与经济犯罪又开始呈现增长趋势。

这一时期的犯罪状况是由当时的社会背景所决定的，带有社会转型时期的明显特征：一是犯罪总量连续大幅度上升。除1984年犯罪降至改革开放以来的最低点（51.4万起）外，犯罪基本上呈现出快速增长的趋势，而且大要案和恶性案件大量增多。二是以国家工作人员为主体的经济犯罪一直呈上升趋势，贪污贿赂犯罪增长的速度惊人，重大案件所占比例增加。三是境外黑社会势力开始向国内渗透，卖淫嫖娼、吸毒贩毒等社会丑恶现象在经济发达的东南沿海等地区死灰复燃，并向内地蔓延。

（五）全面建设社会主义现代化时期（1987 年至今）

三年"严打"期间，犯罪率迅速下降，出现了改革开放以来至今的刑事犯罪的低谷。但事实证明，仅靠"严打"并不能从根本上有效地防治犯罪。"严打"的效果是迅速的、明显的，但同时也又是短暂的、不巩固的，其作用的发挥，必须以更为广泛和有效的犯罪预防为前提。因此，从 1987 年开始到 1991 年，犯罪现象连年大幅度猛增，犯罪在真正意义上成为继我国改革开放后伴生的诸多社会问题中的一个突出问题。随着经济体制改革的不断深化和社会主义市场经济体制的建立，社会关系和社会结构发生了重大变化，各种社会矛盾必然增多，社会控制机制、管理机制明显减弱，导致违法犯罪的骤然增多。1991 年刑事立案达到 236 万起，发案率为 20‰，出现了建国后的第五次犯罪高峰。1992—1999 年由于立案标准的修改和立案严重不实等原因，这 8 年的立案数比 1991 年均有大幅度的降低，约为 182 万起，发案率约为 15.4‰。但综合研究分析表明，这 8 年犯罪形势并没有得以好转，仍处于上升的趋势。2000 年，公安部否定了将发案率作为衡量公安工作好坏的标准，犯罪黑数明显减少，立案数大量增加。2000—2005 年，年均立案 436.5 万起，发案率为 33.6‰（以 13 亿人口计）。可以看出，自改革开放以来，我国刑事犯罪增长速度之快、持续时间之长在古今中外都是罕见的。

纵观改革开放以来，犯罪在经过"严打"期间一个短暂的低谷后，犯罪率一直居高不下，犯罪出现了日趋复杂化、严重化的态势。其突出特点可归纳为以下几个方面：一是犯罪数量剧增，重大案件绝对量和所占比重明显增大；二是侵财犯罪突出，且趋向暴力化、严重化；三是经济犯罪日趋严重，新型犯罪、高科技犯罪不断出现，建国初期已基本绝迹的一些犯罪又死灰复燃；四是有组织犯罪十分猖獗，危害越来越大；五是恐怖犯罪特别是个体恐怖犯罪和个体极端暴力犯罪（反社会性犯罪）增多，严重威胁到国家安全和社会稳定；六是青少年犯罪增多，且呈现出低龄化趋势；七是女性犯罪所占比重增大；八是流动人口犯罪十分突出，跨国、跨境、跨区域犯罪比重增大；九是农民犯罪、社会闲散人员犯罪、境外人员犯罪突出；十是国家公职人员的腐败犯罪不断升级；十一是犯罪的国际化趋势日益明显，犯罪类型和犯罪手段的地区性差异逐渐缩小。

思考题

1. 犯罪现象的客观性和相对性是什么？

2. 犯罪现象测量主要有哪些手段？

3. 犯罪黑数的研究方法和意义是什么？

4. 我国犯罪黑数形成的原因是什么？

阅读书目

1. 康树华：《新中国成立后不同历史时期犯罪的状况与特点》，载《江苏公安专科学校学报》1999 年第 1 期。

2. 郭永智、于建平、于阜民：《犯罪现象：犯罪学的基本范畴》，载《社会科学战线》2007 年第 6 期。

3. 冯树梁：《论犯罪规律》，载《江苏公安专科学校学报》2002 年第 2 期。

4. 储槐植：《要重视"犯罪发展"问题》，载《江苏公安专科学校学报》2002 年第 3 期。

5. 陈兴良：《犯罪价值论》，载《法制与社会发展》1995 年第 6 期。

6. 刘广三、单天水：《犯罪是一种评价——犯罪观主体角度解读》，载《北大法律评论》2005 年第 1 期。

7. 陈金亮：《中国犯罪测量现状及评价》，载《国家检察官学院学报》2007 年第 6 期。

8. 陈曙光、邓云：《浅谈反犯罪隐案问题》，载《江西公安专科学校学报》1999 年第 2 期。

9. 刘广三：《犯罪现象论》，北京大学出版社 1996 年版。

第五章　犯罪人

┌───┐

学习目标

● 了解犯罪人的概念、关于犯罪人概念的不同观点以及在犯罪学意义上理解犯罪人应注意的问题。
● 掌握犯罪人实证研究的基本内容。
● 重点掌握犯罪人的涵义、犯罪人的一般属性和特殊属性以及犯罪人特殊属性的表征。
● 能够运用犯罪学理论对犯罪人口学特征进行分析研究。

└───┘

第一节　犯罪人的涵义及研究意义

一、犯罪人的涵义

关于犯罪人的定义，各国学者从不同的角度进行了广泛而深入的研究，其观点归纳起来大体上有以下三种：

一是法律意义上的犯罪人定义。美国一些学者认为，犯罪人是"违反刑法应受惩罚之人"，"犯罪人是被捕并被起诉和判刑的罪犯"，"是被刑事法庭宣判为罪犯的人"。俄罗斯的一些学者认为，"犯罪人是实施了法律所禁止的、应负刑事责任的危害社会行为的人"。以上观点的共同点是：犯罪人概念与各国刑法的规定相一致，分类明确，范围确定，有利于作比较分析。

二是社会学意义上的犯罪人定义。法国一些学者认为，"犯罪人是反社会精神状态或犯罪精神状态之人"。美国一些学者认为，"犯罪人是违反行为规范和危及社会的人"。① 其共同特点是：这一定义的外延较广，将具有一般违反社会规范和越轨行为的人都包括在研究范围之内，优点是有利于全面揭示犯罪原因，缺点是容易混淆罪与非罪的界限。

三是法律与社会学意义相结合的犯罪人定义。如将犯罪人定义为"实施了危害社会的违法犯罪行为，应被采取矫治措施的人。"②该定义既包括了刑法规定的犯罪人，又不完全局限于刑事法要素，因而扩大了犯罪人的外延。这有利于全面分析犯罪发展的规律和制定犯罪防范措施。

犯罪学研究犯罪人有自己独特的视角和目的，它既不同于法律意义的犯罪人，也不同于社会意义的犯罪人，与法律和社会结合意义上的犯罪人亦有明显的区别。它与犯罪学意义的犯罪概念相对应，是指实施了一切危害社会的行为而应被采取矫治措施的人。其外延包括：绝大部分法定犯罪人；准犯罪人；待犯罪化的人。这里的"犯罪"应当包括法定犯罪行为、一般违法行为甚至严重违反社会道德的行为。

在犯罪学意义上理解犯罪人还须注意以下几点：

（1）犯罪学意义上的犯罪人概念是基于分析犯罪原因和预防犯罪的目的而提出的一个科学术语，只能应用于犯罪学研究。但它仍以法律规定的犯罪人为研究对象，这是因为，从一般意义上讲，法律所规定的犯罪人绝大部分是严重危害社会的人，因此应以法律规定的犯罪人为主要内容。

（2）犯罪学意义的犯罪人有特定的身份，不能随便加以标定。行为人只要实施了危害社会的违法犯罪行为，不论其是否被逮捕、起诉、判刑或是否已被采取矫治措施，均不影响其犯罪人身份的构成；③ 反之，没有实施违法犯罪行为，即使其内心充满了反社会情绪，也不能称其为"犯罪人"，不能只用某些生物学或遗传学的理论解释犯罪，将某些人看成是天生犯罪人或注定要犯罪的人。

（3）犯罪学中的犯罪人虽然包括实体犯罪人和虚拟犯罪人两种类型（实体犯罪人即自然犯罪人；虚拟犯罪人即法人犯罪人），但我们对犯罪人的研究主要以自然人为标本，因为任何犯罪终须由自然人来实施，关于自然人犯罪的结论同样适于犯罪法人。当然，法人区别于自然人的犯罪特征，犯罪学也会予以关注和揭示。

（4）在犯罪学中，犯罪人既是具体的又是抽象的。说它是具体的，是指

① 张智辉等：《比较犯罪学》，中国人民公安大学出版社1992年版，第226页。
② 张智辉等：《比较犯罪学》，中国人民公安大学出版社1992年版，第226页。
③ 张绍彦：《犯罪学》，社会科学文献出版社2004年版，第77页。

它具有一系列生理学、心理学和社会学特征，是可以用经验描述的具体的犯罪行为人；说它是抽象的，是指对它可以作一般抽象和概念性把握。这种一般抽象和概念性把握以经验研究为基础，反过来又对经验研究具有指导作用。①

二、犯罪人研究的意义

以龙勃罗梭《犯罪人论》（1876）的出版为标志，刑事科学的研究重心发生了转移，即从古典犯罪学派对犯罪的法律阐释转向对犯罪人的研究，从而使犯罪学脱胎于刑事科学而成为一门独立的学科。随着犯罪学的不断发展，犯罪人在犯罪学中的地位日益受到各学派的重视，学者们对犯罪人展开了广泛而深入的研究。这种研究对于深刻认识和理解犯罪现象具有重要的意义，具体表现为：

（一）有助于揭示犯罪现象和建立科学的犯罪学体系

犯罪现象是各种具体犯罪行为的集合表现，而犯罪人是犯罪行为的载体，没有犯罪人，犯罪现象就不复存在。所以研究犯罪现象必须从研究犯罪人入手，才能从个别中抽象出一般，深刻认识和揭示犯罪现象的本质。同时，在犯罪原因系统中，犯罪人是犯罪的实施者，是犯罪原因构成诸要素中最重要、最有能动性的因素之一，这就决定了他比其他非能动的因素要复杂得多，如不对其进行深入而客观的研究，就难以充分理解犯罪发生的直接原因、犯罪条件、相关因素以及它们相互作用的机制，并在此基础上建立科学的犯罪学学科体系。

（二）能够拓展和深化犯罪学研究的内容

犯罪是由犯罪人实施的，不论是分析个体犯罪行为的原因，还是分析犯罪现象的原因，都离不开对犯罪人的研究。这种研究既是一种描述性研究，又是一种基础性研究。作为描述性研究，它以犯罪人群体作为分析单位，在大量统计资料的基础上，描述这一群体中每个个体的年龄、性别、职业、文化、家庭以及个性状况和特征，使我们对犯罪人这一群体的基本情况有一个整体的把握，从而为进一步分析犯罪原因奠定事实基础；作为基础性研究，深刻剖析犯罪人的个性特征和行为特征，将犯罪人实施具体犯罪的动机、手段和原因放在宏观的社会大背景下加以考察，并以此为基础分析整个犯罪现象，可以加深对犯罪原因的理解。因为只有深刻研究犯罪人这一影响社会环境的主观因素，才能了解不同类型的个体同一定社会环境类型相互作用所产生的犯罪行为的普遍

---

① 张绍彦：《犯罪学》，社会科学文献出版社 2004 年版，第 77 页。

程度，从客观因素与个体因素的相互作用中弄清其相互作用的性质与机制，制定科学的刑事政策和个别犯罪的反应、预防措施。

（三）有利于预防和控制犯罪

犯罪研究的最主要目的之一是预防和控制犯罪。要达此目的，就必须研究犯罪行为的主体——犯罪人。犯罪预防在很大程度上表现为对犯罪人的预防与控制。如果不加强对犯罪人的研究，不了解犯罪人的作案动机、作案手段及其心理机制，就难以找出犯罪的原因并进一步制定有效的防控措施。所以，加强对犯罪人的研究，不仅为科学预测、预报犯罪提供新的可能性，而且能使犯罪预防尤其是特殊预防更具针对性，从而为预防和控制犯罪奠定良好的基础。

（四）能够有效指导被害预防的社会实践

加强犯罪人研究，揭示犯罪人犯罪的规律和特征，将取得的研究成果作为理论基础，用于宣传、教育、警示广大群众，可提高全体民众的防范意识，在全社会形成一种阻遏犯罪、减少被害的巨大防卫力量；同时，通过有效的方式和途径，一方面向公众揭露犯罪人犯罪的心理状态、犯罪方法和手段，一方面向公众提供防范犯罪的方法和应对技巧，可以有效地避免或减少被害。

第二节　犯罪人的本质属性

犯罪学研究实质上是从一个侧面对人和社会及其相互关系的研究，因此研究犯罪人的本质属性对于犯罪学研究有着重要的方法论意义，它能够帮助我们理解人作为高级灵长目动物的行为性质。

一、犯罪人的一般属性

人包括犯罪人都具有生物性和社会性两种属性，社会性是其本质属性。

（一）犯罪人与非犯罪人并无本质区别

人的本质是先天的、遗传的，还是后天的？这是犯罪学研究必须解决的重大理论问题，它影响和规定着犯罪学研究的方向。人类的研究已经表明，犯罪人也是人，属于人类总体的一部分，他们与非犯罪人并无生物学或人种学上的类的差异，仍然具有人类的一般属性。他们的情感活动和行为方式不论看上去有多么复杂，依然符合人类情感发展和行为发生的一般规律，不存在什么"天生犯罪人"或注定陷于犯罪的"犯罪人格"。犯罪人与非犯罪人的区分不过是一种文化上的后果，即是人们按照某种价值准则所作的人为区分，况且任何犯罪人都有向善并重新回归社会的可能性。

（二）犯罪人一般属性的根据

首先，人类来源于动物界的事实决定了人不论发展到什么程度，都或多或少带有动物性即自然属性。日本著名学者池田大作和英国著名学者汤因比在其对话录中明确肯定了人具有动物性的一面：“所谓人类是怎样的一种存在？并且应该是怎样的呢？当我们考虑这个问题的时候，不能无视人类也是一种动物，并具有种种本能的欲望这个事实。”① 英国生物学家 D. 莫瑞斯甚至把人比作“裸猿”，把人类社会比喻为“人类动物园”。② 马克思虽然反对过分强调人的自然属性的社会生物学观点，但也不否认人具有自然属性的一面。恩格斯曾指出：“人来源于动物界这一事实已经决定人永远不能摆脱兽性，所以问题只能在于摆脱得多些或少些，在于兽性或人性程度上的差异。”③ 这是恩格斯对人的自然属性和社会属性所作的最好诠释。

其次，人的本质属性是社会性，是其一切社会关系的总和。这句话可从两方面理解：一是人包括犯罪人虽然具有动物性，但他又不同于一般动物，确切地说，人是一种社会性动物，是人类文化的产物，社会属性才是人区别于一般动物的本质属性。“跟其他任何物种相比，人类的生存更有赖于习惯的行为模式。人类没有这样的本能，即通过遗传而确定的如何去具体行动的指令。”④人类必须创造和学习自己的行为方式，才能适应环境，生存下去。人类创造了文化，文化反过来又塑造了人类。人类行为的这个特点，是亿万年以来在不断变化着的环境中经过漫长的进化形成的。而动物的行为是不需要刻意学习的，老鼠生来会打洞，动物的先天遗传基因已经将动物行为的程序预先设定好了，动物的后天行为是严格按照遗传密码进行的。以上说明，人固然有着某种生物的遗传本能和冲动，如饥饿本能、性本能等，但就人的本性来说，真正能够将他与其他动物区别开来并决定其行为方向的是人的社会属性。

再次，人包括犯罪人是自然属性与社会属性的有机统一，而不是二者的机械拼凑。人性是感性与理性的互渗，自然性与社会性的融会，也就是说，在人或犯罪人的任何行为活动中，都将同时包含着人的生物性因素和社会性因素这

---

① 《展望二十一世纪——汤因比与池田大作对话录》，国际文化出版公司 1985 年版，第 1 页。
② ［英］莫瑞斯：《人类动物园》，贵州人民出版社 1987 年版，第 102 页。
③ 《马克思恩格斯全集》（第 20 卷），人民出版社 1972 年版，第 100 页。
④ ［英］哈拉兰博斯：《社会学基础：观点、方法、学说》，孟还、卢汉龙、费涓洪译，上海社会科学院出版社 1986 年版，第 2 页。

两种因素的作用，二者交融互渗，很难截然区分。并且人包括犯罪人还是一种具有理性和自我意识的精神存在，这是与生物本能或者外在环境相观照甚至相对立的人所特有的明辨善恶、自我省察和自决自律的能力。正是由于这种自由意志的精神存在，使人成为自主的、自为的和有道德的人，成为大自然的"超出者"，而不再是听任上帝或环境的玩偶；他们能够在环境的制约面前有能力按照自己的意志作出相对自由的选择；他们的种种欲望总是要在理性的"过滤"和监督下并通过一定的方式（文化）来得到满足，而不再是本能的赤裸裸的表达；更有甚者，对于社会化文明程度高的人来说，其行为甚至是反本能的。当然这样说并不意味着否认环境及人的生物遗传因素对人的影响和制约。

总之，人包括犯罪人的某些生理因素和本能以及类似本能的一些需要，尽管都在一定程度上发挥着作用，但这种作用不是孤立地表现出来的，它只有与社会性因素结合在一起才能发挥作用。或者说，它只能以社会文化因素以及人的个性心理因素为中介而发生作用，它对于犯罪行为的发生仅仅提供了物质基础和预设了发展潜力。在犯罪行为的发生过程中，真正活跃的并起直接推动作用的是社会文化因素以及人的个性因素，不过，在这两种因素背后也都或隐或显地存在着人类本能和基本需要的驱动。[1]

二、犯罪人的特殊属性

犯罪人除了具有人的一般属性外，还具有不同于非犯罪人的特殊属性——反社会性，亦可称之为主观恶性或社会危害性。

犯罪人的反社会性，是指犯罪人的人格所呈现出的与社会规范和价值准则相悖逆的不良个性品质和倾向。这种反社会性蕴涵于犯罪人的整个人格结构之中，是犯罪人人格结构所呈现出的一种整体性或综合性倾向。它主要包含两层意思：一是犯罪人的反社会性并不完全取决于犯罪人的人格结构中的某一种或几种单个因素的性质，而是取决于具有一定特质的各种人格因素的综合配置，并表现为这种综合配置的总体倾向。二是承认犯罪人具有反社会性，并不等于否认犯罪人的人格结构中同时也包含某些亲社会倾向。实际上，犯罪人人格结构是一个反社会性与亲社会性以及无倾向性的复杂混合体，这些综合的倾向在与外界环境的互动中影响着犯罪人的行为选择。

犯罪人的反社会性具有以下表征：

---

[1]　魏平雄等：《犯罪学教程》，中国政法大学出版社 1998 年版，第 175 页。

（1）具有错误的信念体系。犯罪人错误的信念体系特征主要表现是：对社会持有极端的否定或敌视态度；具有极端的个人主义、利己主义价值观；接受与主流社会相对立的反文化或亚文化。

（2）具有歪曲的需要结构。犯罪人在其不良的心理结构支配下，由于欲求不满而常常处于受挫折状态。

（3）具有不良的人格倾向性。如孤僻冷漠，虚伪狡诈，喜怒无常，爱慕虚荣，精神脆弱，意志力差，缺乏自控力等。

（4）自我意识发展不成熟。主要表现为社会化程度低或社会化过度，缺乏自尊心、羞耻心、社会责任感、法律意识和道德意识，或表现为以自我为中心，不能对自己合理定位和作出正确评价，难以适应社会。

（5）具有怪癖的行为方式和生活方式。[①]

第三节　犯罪人实证研究

犯罪人实证研究是指借助自然科学的方法，通过对犯罪人的详细观察、测量、记录，收集经验材料，以此全面了解犯罪人，分析其犯罪的原因和规律，有效预防犯罪的一种科学研究法。犯罪人实证研究主要包括犯罪生涯研究、犯罪人口学特征研究、犯罪个性特征研究、犯罪生活方式研究等内容。下面择其要述之。

一、犯罪生涯研究

所谓犯罪生涯，是个人演变为罪犯的过程以及个体犯罪行为的时间序列。犯罪生涯研究是犯罪人研究的一项重要内容，其意义在于通过对犯罪个体的生活及其犯罪经历进行全方位考察，为犯罪控制以及制定科学的刑事政策提供决策参考。

对于犯罪人的犯罪生涯，一般可从以下四个方面加以描述：

（1）对犯罪人的基本情况包括其生物学和社会学特征进行定量分析，以了解哪些人更易于成为犯罪人，以及他们实施犯罪的普遍程度。

（2）对犯罪人实施犯罪行为的频率以及犯罪年龄的高峰期进行描述。

---

① 　张绍彦：《犯罪学》，社会科学文献出版社 2004 年版，第 81 页。

（3）对犯罪人的主观恶性程度以及犯罪人与各种犯罪类型的关联性加以考察。

（4）对犯罪生涯的长度以及犯罪的间隔期进行分析。

犯罪生涯的研究对象主要是那些在一定时期内反复实施犯罪的人，是对犯罪个体的犯罪历程及原因所作的一种纵向研究，这是与注重研究犯罪群体特征的横向研究方法相区别的重要标志。这项研究，在西方一些国家开展得比较广泛和深入，而我国在这方面的研究到目前为止基本属于空白。西方学者所采用的研究方法主要有：出生群体研究，自我报告研究，特定区域研究，[①] 实地观察。

二、犯罪人口学特征研究

犯罪人口学特征，主要指犯罪人的年龄、性别、种族、文化、职业、社会地位、家庭状况、居住区域等。分析犯罪人这方面的特征，对于了解犯罪产生的原因和制定具体的防范措施具有一定的意义。

（一）犯罪人的性别特征

从世界各国的大量统计看，大多数犯罪是男性实施的。犯罪因此被一些人称之为"男性的工作"。据统计，日本 1983 年被捕的人犯中男性占 81%；[②] 1986 年美国全国被捕的人犯中，男性占 80%；[③] 1985 年德国男性犯罪占 76.2%。[④] 从男女犯罪的类型分布看，他们各有其集中犯罪的领域：男性犯罪相对集中在杀人、抢劫、强奸、重伤害等暴力犯罪方面；而女性犯罪多集中于杀婴、虐待、卖淫、欺诈、在商店偷窃、伪造等非暴力性财产犯罪方面。

尽管男性犯罪人多于女性犯罪人是一个普遍的事实，但实际上犯罪的性别差异并不像官方统计所显示的那么明显，女性参与犯罪以及其他越轨行为的程度高于一般想象。[⑤] 这种现象可能与警察机关对相对弱势的女性的关照有关。特别是进入现代社会以来，确切地说，西方发达国家自 20 世纪 50、60 年代以来，我国自 20 世纪 80 年代初以来，女性犯罪率都呈现上升的趋势，其上升的速度和幅度均超过男性犯罪率的增长。尽管如此，犯罪的主要实施者主要是

---

① 即对特定区域内的已知犯罪人的犯罪史料（即被捕、受控告、被判刑等方面的记载）进行纵向分析。

② 日本法务省综合研究所：《日本犯罪白皮书》，中国政法大学出版社 1986 年版，第 69 页。

③ 赵国珍：《1986 年美国犯罪情况统计》，载《法学译丛》1988 年第 6 期。

④ 王世洲：《日本与联邦德国的犯罪及控制》，载《中外法学》1989 年第 6 期。

⑤ ［美］Robert Bonn 所著的 Criminology 一书中有关犯罪统计部分。

"男人的事情"这一基本事实仍未改变。

（二）犯罪人的年龄特征

年龄与犯罪有着密切的关系，不同年龄段的犯罪人在犯罪中会表现出不同的特点。从犯罪数量看，当今世界各国都面临着低龄化的趋势，青少年犯罪占犯罪人口的大多数。据统计，我国目前青少年犯罪人占犯罪总人数的 75% 左右，个别地区甚至达到 80% 以上；中壮年犯罪人占犯罪人总数的 20% 左右；老年犯罪人占犯罪总数的 5% 以下。① 从犯罪类型上看，青少年多犯抢劫、盗窃、强奸、杀人、伤害等罪；中壮年人多犯欺诈、贪污、侵占、诈骗、伪造、报复性犯罪等；老年人多犯包庇、窝藏和性犯罪等。从犯罪手段上看，青少年犯罪的暴力化、智能性倾向突出，而中老年犯罪表现出较高的智谋性。需要说明的是，随着社会的发展，出现了青少年犯罪成人化现象，越来越多的青少年开始实施原本主要由中壮年人实施的犯罪，出现了犯罪的一体化趋势。

（三）犯罪人的文化特征

学历、受教育程度不仅能反映一个人智力发展、能力和素质的高低，而且与其需要层次、业余生活以及行为方式有重要的关系。从总体上看，在犯罪人中，未受过高等教育和中等专门教育的人所占比例较高，并且，他们易于接受不良文化和亚文化的影响，形成反社会人格。从犯罪类型上看，文化素质高的人，多实施智能犯罪，如计算机犯罪、金融犯罪、受贿罪等；文化素质低的人，多实施传统型犯罪，如抢劫、盗窃、破坏等，具有原始性犯罪特征。特别是一些严重暴力犯罪、流氓犯罪以及累犯，其文化教育程度的指标最低。②

（四）犯罪人的社会性特征

职业、家庭、居住状况是人们生存与发展的重要社会生态环境，与犯罪有密切的关系。

职业状况决定着人的收入水平和社会地位，从而影响到人的社会意识、需要结构和行为走向；同时职业状况还可能为某种特定的犯罪提供机会和条件，从而表现出犯罪的职业倾向性。有关调查结果显示，从工、从商或没有职业者的犯罪率较高，公务员及其他脑力劳动者犯罪率较低。职业与犯罪类型的关系更为直接，一般来说，相同职业的人，容易实施同类型的犯罪，如财务人员容易实施贪污罪，工商业者容易实施偷税、漏税犯罪，公务员容易实施受贿罪和渎职罪等。但同一职业，因地位不同，犯罪会表现出一定的差异性。

---

① 宋浩波：《犯罪学原理》，中国人民公安大学出版社 2001 年版，第 73 页。
② ［苏联］B. K. 茨维尔布利：《犯罪学》，曾庆敏译，群众出版社 1986 年版，第 120 页。

　　家庭是个体成长过程中最重要的社会环境，与个体犯罪有密切的关系，家庭在犯罪人身上打下了深深的烙印。一般说，缺陷家庭、贫困家庭、问题家庭的人在犯罪人中占有较高的比例。

　　家庭居住条件、居住社区环境也对人个体产生很大的影响，因此，犯罪人的居住特征是犯罪学研究者感兴趣的话题之一。有不少学者认为，接近工业区与商业区的区域，犯罪率高，反之则低；城市犯罪率高，农村犯罪率低。城市犯罪率高的区域主要有：居民生活贫困区、偏僻区、特殊区、不讲道德的地区和行为不良者居住的地区等。①

三、犯罪人个性特征研究

　　个性是指一个人在社会化过程中所形成的意识倾向性和比较稳定的心理特征的总和。个性倾向性主要包含兴趣、需要、动机等心理现象；个性心理特征主要有能力、气质、性格等心理现象。它们之间相互作用、相互影响、相互依存，如果其中之一发生变化，其他方面也将随之发生变化。一个个性正常的人能够正确地认识和评价自己，并能够及时地调整个性中各种心理成分的矛盾和冲突，使人的心理和行为保持一致。而犯罪人个性恰恰相反，其内部各心理成分间常常处于失调状态，从而导致个性的分裂。犯罪人的个性特征主要表现为，不良需要恶性膨胀，常常与社会处于对立状态，并在不良需要的驱使下，产生犯罪动机，直至导致犯罪行为的发生。与此同时，在犯罪心理初步形成后，如不能受到外部因素的有效制约，会逐渐地加以强化，最终形成稳定的犯罪心理结构和犯罪人格。犯罪人格一旦形成，就会在犯罪人身上产生一种对犯罪行为的自动控制系统。这种控制系统对犯罪过程能起到发动、调节和控制的作用。

思考题

　　1. 犯罪人的涵义是什么？

　　2. 犯罪人的本质属性是什么？

　　3. 犯罪人实证研究的主要内容有哪些？

---

　　① ［日］菊田幸一：《犯罪学》，海沫等译，群众出版社 1989 年版，第51—56页。

阅读书目

1. 李梅：《论犯罪的传染性——以校园血案为分析样本》，载《中国人民公安大学学报》2011 年第 4 期。

2. 朱营周：《潜意识与潜意识犯罪》，载《河南社会科学》2003 年第 2 期。

3. 张宝义：《犯罪人的社会特征对暴力犯罪原因的倾向性影响》，载《江苏公安专科学校学报》2000 年第 3 期。

4. 翟中东：《一种整体、动态的犯罪人观：人格犯罪人论》，载《河北大学成人教育学院学报》2002 年第 4 期。

第六章　犯罪被害人

学习目标

● 了解犯罪被害人的不同类型及其含义，犯罪被害人研究的价值，实施被害预防的方式、方法。

● 掌握犯罪被害人的概念及特征、犯罪被害人与犯罪人互动关系的机理以及犯罪被害人与犯罪人的互动模式。

● 重点掌握犯罪被害人、犯罪被害人的被害性、犯罪被害人补偿的涵义，犯罪被害人补偿的现实意义以及国内外犯罪被害人补偿立法与实践情况。

● 运用所学理论分析被害预防在我国犯罪预防中的地位和作用。

犯罪由犯罪人、被害人和犯罪行为三个要素构成，被害人是其中一个非常重要的因素，如果不对被害人进行研究，就难以全面地把握犯罪的全貌。因此，随着犯罪学研究的不断深入，犯罪被害人研究在世界各国蓬勃地开展起来。科学界定犯罪被害人的概念，揭示被害人的被害特征和被害原因，分析被害人与犯罪人的互动关系等，不仅可以为建构科学的被害预防体系提供依据，而且通过探讨对被害人的援助和补偿制度，能够有效地促进我国司法制度的改革，保障和改善被害人的合法权益。

第一节 犯罪被害人及其研究价值

一、犯罪被害人的概念

"被害人"（Victim）一词源于古代社会宗教仪式上对神的祭祀品（Sacriface，也译为牺牲）这一概念。当时，这一术语仅指被杀后供于祈祷仪式上的人或物。[①] 后来经过长期演化，"被害人"一词的含义不断扩大。现在"被害人"意指因各种原因而遭受伤害、损失或困苦的人。各种事故的受害者、自然灾害的受害者、受种族或性别歧视者、战争或滥用公共权力的受害者以及犯罪受害者等都可以被称为"被害人"。

犯罪学意义上的被害人，是相对于犯罪人（加害人）而言的，不包括民事法律中的受害人，更不包括自然灾害、战争等方面的受害人，它一般被称为"犯罪被害人"或"刑事被害人"，以此区别于其他被害人。然而在最初的被害人研究中，学者们仅将其局限于个人，主要指暴力罪、性犯罪和诈骗犯罪的被害人，其研究范围十分狭窄。进入 20 世纪 70 年代后，被害人的范围进一步扩大。德国犯罪学家汉斯·约阿希姆·施奈德认为，受犯罪行为侵犯、危害或损害的被害人，可能是某个人、某种团体、道德规范或法律制度……被害人可能是非物质的、无形的或抽象的（如作为整体的社会、信仰、国家）。[②] 德国犯罪学家凯泽认为，不仅存在着具体的被害人，而且存在着抽象的被害人，经济制度便是其中之一。[③] 可以看出，学者们对被害人研究的范围，不再局限于受到犯罪行为侵害的自然人，而且将其扩展到被害法人，甚至包括遭受到犯罪侵害的整个社会、信仰、国家在内的抽象被害人。

由于许多犯罪行为所侵害的对象不仅仅是具体的自然人、法人及其合法财产和权益，而且还直接危害国家安全、公共安全，破坏市场经济秩序，妨害社会管理秩序，以及危及国防利益等，也给国家和社会造成严重的危害。因此，为了保卫国家安全和社会稳定，维护广大人民群众的根本利益，将国家和社会

---

① 郭建安：《犯罪被害人学》，北京大学出版社 1997 年版，第 5 页。

② ［德］汉斯·约阿希姆·施奈德：《国际范围内的被害人》，许章润译，中国人民公安大学出版社 1992 年版，第 5 页。

③ ［德］汉斯·约阿希姆·施奈德：《国际范围内的被害人》，许章润译，中国人民公安大学出版社 1992 年版，第 5 页。

作为犯罪的无形被害人进行研究，对于犯罪被害人学研究具有非常重要的理论价值和实践意义。

据此，我们将犯罪被害人界定为：由于犯罪行为（一般也包括尚不构成犯罪的违反刑事法律的行为）而使其合法权益及其精神等遭受到损害的个人、单位乃至因犯罪受到严重危害的国家和整个社会。

二、犯罪被害人研究的价值

犯罪被害人研究作为犯罪学研究的一个重要方面，决定了它具有其他研究所不能替代或不能完全替代的价值。犯罪被害人研究的价值主要表现在以下几个方面：

（一）有助于客观揭示犯罪现象

在犯罪被害人调查出现之前，官方犯罪统计资料是描述犯罪现象的最主要甚至是唯一的依据。但是，官方犯罪统计资料在估价犯罪水平和趋势方面具有明显的缺陷。首先，官方的犯罪统计往往存在很大的误差。一方面，官方的犯罪统计资料是警察机构层层上报后形成的，在多层上报和汇总的过程中，难免产生误差；另一方面，犯罪水平由于被认为是反映一个国家或地区社会治安状况的一项主要指标，一些警察机构为了粉饰太平或突出自己在控制犯罪方面的业绩，常常故意压低犯罪率。其次，在官方犯罪统计之外还存在着一个很大的"犯罪黑数"。这主要是犯罪被害人未向警方报案造成的。当然，警方立案标准过高或故意压低犯罪率，将一些轻微犯罪排除在官方犯罪统计之外，也是一个重要原因。通过犯罪被害人调查研究，不仅可以基本解决"犯罪黑数"问题，而且还可以查明居民对犯罪的恐惧程度、各种类型的犯罪被害人的特征、被害人与犯罪人的关系及其在时空上的分布、易受侵害的被害人的基本现状等。这样就提供给我们一种从另一个角度认识犯罪水平和趋势的方法，使犯罪被害人调查的结论与官方犯罪统计相互补充，进一步向公众和决策者揭示犯罪的全貌，从而能够在更加科学、严密的基础上制定和完善刑事政策。

（二）有助于全面认识犯罪发生的机制和原因

早期的犯罪学集中于对罪犯的生物学特征、心理学特征以及各种有关社会因素对犯罪影响的研究；当代犯罪学运用科学实证方法排除某些因素对罪犯从事犯罪行为的影响，或假定某些因素可能与行为人犯罪有关，然后来证实这些因素与犯罪有关与否及相关程度的大小。这种用动态方法研究犯罪原因虽然向前迈进了一步，但"仍是单纯从犯罪人角度探求犯罪原因的静态、单向解释，大多数犯罪的原因并非这么简单"。只有充分考虑到被害人对犯罪发生的作用，亦即被害人与犯罪人之间的相互作用，对犯罪原因的解释才是动态的和全面的。① 显而易见，在必须研究犯罪人及其行为的同时，还要研究被害人及其在犯罪行为实施过程中的表现，研究被害人的行为和特征对犯罪生成机制的促成或抑制功能。只有如此，才能使犯罪原因的研究更加深入和全面。

（三） 有助于转变人们对被害人的错误认识

人类始终对犯罪人比较关注，以犯罪人为研究对象的犯罪学先于被害人学产生 100 多年。因为不论是社会大众，还是犯罪学者都认为，犯罪人是危险的、可怕的，而被害人是无害的，不须过多地关注他们。众多的犯罪人权利保障法及其在刑事诉讼中所享有的一系列权利即是例证。与此同时，被害人的权利不断萎缩也是一个不争的事实。这种观念上的偏差，极大地影响到犯罪治理的效果。而犯罪被害人研究却证实，被害人并非完全是无害的，被害人与犯罪人之间可以发生角色转换，不少罪犯是在自己受害后由于没有获得公正待遇而对正义失去信心，才因此走上犯罪道路的。另外，数量巨大的犯罪被害人如果对自己被害后的境遇不满，会形成一股强大的社会不稳定力量，对社会秩序造成消极影响。所以，同犯罪问题一样，将犯罪被害问题作为一个严重的社会问题提出来，乃至最终被全社会所接受，需要在寻求犯罪人与被害人之间的权利平衡以及被害人并非无害的研究过程中才能逐渐得以实现。这有待于对犯罪被害人进行深入系统研究。

（四） 有助于根据罪责大小准确地定罪量刑

在刑事审判实践中，定罪、量刑准确与否关键在于能否查清犯罪事实，而人们对怎样查清犯罪事实研究得太少，或者只是片面地研究，即只重视对犯罪人罪行方面的调查，轻视或忽视了被害人方面的调查。刑事司法人员在对罪犯定罪量刑的过程中有时虽然也考虑被害人的责任大小这一因素，但这种考虑往往是不自觉的，并没有从犯罪被害人的角度上升到被害人与犯罪人相互作用、被害人对犯罪应负一定责任的理论高度来认识这一问题，这在一定程度上影响到刑罚的合理性和准确性。事实上，被害人的行为对犯罪的发生往往起着一定的作用，被害人因此也具有一定的责任，而被害人的责任又直接影响着加害人的责任程度，从而对加害人的处罚是加重、减轻还是从轻将产生直接影响。所以，被害人与犯罪人的相互作用、被害人对犯罪产生的责任及其程度是准确适用刑罚的重要依据之一，撇开被害人的行为就难以准确地认定犯罪人的行为及情节，就难以保证司法裁判的公正性。

---

① 郭建安：《犯罪被害人学》，北京大学出版社 1997 年版，第 36 页。

（五）有助于刑事诉讼的公正和保护人权

司法公正主要体现在两个方面：一是及时地惩罚犯罪人，二是有效地平复被害人。在现代刑事制度建立之前，被害人的权益有着较多的体现，那时，被害人在刑事司法中居于起诉者的核心地位，罪犯的命运与被害人的意愿密切关联，犯罪行为被认为是对被害人的侵害，而不是对社会秩序的侵害。但是，随着国家公诉制度的建立，刑事诉讼成了犯罪人与国家之间的官司，除了少数轻微的案件在一些国家还允许被害人自诉外，被害人除了和其他证人一样履行一下作证义务外，几乎成了被遗忘的角色。刑事司法的目的从朴素的匡扶正义演化为维护国家的利益和社会稳定，平复被害人退居其次或更后的位置。随着人权观念的兴起，人们认识到犯罪人在与国家之间的刑事诉讼中处于不利的地位，他们的权利需要特别加以保护，此后关于罪犯权利保障的法律文书或条款不断增加，对被告人或罪犯的需要和权利若得不到满足，动辄就被上升到人权问题，而对大量的被害人的需要和权利不能满足的情况反而熟视无睹。在很多情况下，被害人连其所受的直接损失都难以追回，更为糟糕的是，有时他们还要遭受"二次被害"，以至于常常使人感到"刑事司法机构是为了保护犯罪人的利益和满足犯罪人的要求建立的"。

在这种情形下，加强被害人权利的研究，确认被害人在刑事诉讼中的法律地位和应当享有的合法权利，可以减轻被害人的损害，有力地促进刑事诉讼的公正，保障犯罪被害人的人权。

（六）有助于完善犯罪防控体系

传统的犯罪防控对策是以犯罪人为中心制定的，主要是以控制潜在犯罪人的产生和再次犯罪以及剥夺犯罪人继续犯罪的能力或以消除犯罪条件为宗旨的，这种控制方法显然有失偏颇。犯罪被害人学产生后，从预防犯罪被害的全新角度提出了犯罪防控对策，它强调通过个人和社区消除遭致受害的因素而预防被害，进而预防犯罪。这类措施具有最大限度地调动预防犯罪的主体参与预防的潜能。因为，预防犯罪通常被看成是政府的事情，与自身无关或关系不大，社会治安不好，多数百姓一味地埋怨政府，意识不到自身的责任。其实，预防犯罪，人人有责。如果我们研究被害人问题，提出被害预防的理论，并加强宣传与教育，人们就会理性地认识到，社会中每个人都有可能受到犯罪侵害，都是潜在的被害人，都有预防犯罪的责任，从而提高报警意识，加强同国家司法机关的合作。例如，在联邦德国，90%的暴力犯罪和财产犯罪的刑事诉讼是由犯罪被害人提起的；在1979年美国国会通过的《1978年犯罪被害人法令》修正案后的 5 年中，由于被害人的积极参与，对被告的起诉增加了 4%—5%。[①] 人们犯罪预防观念的转变，防范责任感和防范意识的增强，不仅可以减少个人遭受犯罪侵害的数量，而且也使犯罪的"双重预防"[②] 和整体防控体系的建立与实现成为可能。

第二节　犯罪被害人分类

犯罪类型的多样化和犯罪原因的复杂化，决定了犯罪被害人的多样性和复杂性。到目前为止，学者们对犯罪被害人的分类标准并没有一个统一的认识，于是就出现了多种被害人的称谓，如：既然被害人，潜在被害人；一般被害人，特殊被害人；特定被害人，非特定被害人；有责任被害人，无责任被害人；机会被害人，状态被害人；个体被害人，团体被害人，共同被害人，独立被害人；直接被害人，间接被害人；轻浮型被害人，挑衅型被害人，贪婪型被害人，轻信型被害人，怯懦型被害人，受挫型被害人，等等。犯罪被害人类型多样性的客观存在，要求我们必须对它进行认真研究，根据预防被害的需要和被害人的实际情况作出符合逻辑的科学分类。

一、犯罪被害人分类的原则

比较完善和合理的分类应遵循以下原则：

（1）多视角原则。被害人本身的复杂性特征决定了我们不能按照某一个固定的标准或一维角度对它进行单一划分，而应该以不同的标准、从不同角度对犯罪被害人进行具体分析和深入探讨。

（2）现实性原则。不管采用何种方法、从哪个角度对犯罪被害人进行划分，划分的基础应该建立在对犯罪被害人（特别是我国的犯罪被害人）现实情况的准确认识和把握的基础之上，即任何一种划分都应该在现实中找到相应的案例，并有相应的理论研究价值与实践价值，而不应只是理论推导或主观预测，即使这些推导和预测可能有很充足的依据。

（3）概括性原则。划分和结果应该尽可能带有概括性和普遍性，即能够

---

① ［德］汉斯·约阿希姆·施奈德：《国际范围内的被害人》，许章润译，中国人民公安大学出版社 1992 年版，第 401 页、第 419 页。

② 指犯罪人预防和被害人预防。

基本上包括所有犯罪被害人的情况。

二、犯罪被害人的主要类型

按照上述原则和基本要求，我们可以将犯罪被害人划分为以下主要类型：

（一）既然被害人和未然被害人

该类被害人的分类标准是根据是否已经被害及有无被害趋势而划分的。

既然被害人也称"真实的被害人"、"实际的被害人"，它包括所有受到犯罪行为侵害的人。对犯罪被害人的分类，实际上就是对既然犯罪人的分类。对既然被害人的特点、为何被害、受害情况、受害程度和性质进行分析，一是可以查明直接被害人与间接被害人、复合被害人与单一被害人、被剥夺生命或损害健康的被害人、受一般损害的被害人与无损害的被害人等不同的类型；二是可以保护他们的合法权益，并使之获得应有的补偿和赔偿；三是可以预防他们重新被害和帮助他们恢复正常生活状态；四是能使更多的人从被害人的被害事实中吸取教训，增强预防被害的意识。

未然被害人又称"状态性被害人"或"潜在被害人"，专指那些未受过犯罪行为侵害，但却潜伏着被害的危险性和可能性的人。潜在被害人的概念比较笼统，有广义和狭义之分。广义的潜在被害人，是指那些在客观上潜藏着可能导致自身被害的因素，而在主观上除少数人之外绝大多数并不具有被害性的人。即是说，并非所有的潜在被害人一定会遭到侵害。国内外的大量被害人调查证实，其中一部分人一生中并没有遭受过犯罪行为的直接侵害；有相当一部分人只遭受过轻微犯罪行为和一般违法行为的侵害；只有少数人遭受过严重犯罪行为的侵害。狭义的潜在被害人，是指那些不仅客观上潜藏着致害因素，而且主观上也已经具有了某种被害性，或者已经步入被害的情景，但还没有发生被害事实的人。这类潜在被害人被害的可能性非常大。对未然被害人进行研究，有助于我们确认有被害可能的人、被害情景、犯罪与被害的互动模式和累犯选择被害人类别的倾向，有助于识别有重复被害可能的人，告知人们如何保护自己，从而采取切实的措施，防患于未然。

（二）无责任被害人和有责任被害人

根据被害人对犯罪行为有无责任或责任的大小可把被害人划分为无责任被害人和有责任被害人。这种划分方法已被世界各国的被害人研究者所广泛采用。

所谓无责任被害人，是指那些与犯罪起因无任何关系或自身未带有被害性因素，尽了自己的努力并在法律与道义上对犯罪行为的发生既无过错也无任何责任的被害人。这类被害人又称为"无过错被害人"、"真正被害人"、"纯粹被害人"、"无辜被害人"、"典型被害人"、"一般被害人"（相对于特殊被害人而言的）。在所有被害人中，无责任被害人占大多数。由于无责任被害人在被害发生的过程中没有任何主观责任，因而应该悉数得到法律规定的有关被害赔偿与补偿。

所谓有责任被害人，又称过错被害人、有罪被害人，是指那些自身实施了违法犯罪行为或主观上有一定过错而遭到被害的人。根据有责任被害人的责任程度，可将这类被害人划分为：（1）责任小于加害人的被害人。这类被害人虽然对自己的被害负有一定的责任，但其责任大大小于加害人的责任。被害人虽有过错，但其行为的性质主要属于无知或道德范畴，而加害人则属于犯罪，二者的性质完全不同。（2）责任相当于加害人的被害人。这类被害人对侵害自己的犯罪行为的发生负有不可推卸的责任，其责任程度与犯罪人大体相当。（3）责任大于加害人的被害人。即犯罪行为的发生主要是由被害人的违法犯罪行为引起的。在这种场合，被害人往往首先实施了违法犯罪行为，而后来由于种种原因转化为被害人，如防卫过当的被害人就是这类被害人的典型代表。（4）具有最大或全部过错的被害人。这类被害人之所以"被害"，主要或完全是因为自己的违法犯罪行为受到反击使然。

（三）财产犯罪被害人、暴力犯罪被害人、性犯罪被害人和经济犯罪被害人

按照我国现行刑法分则对犯罪性质的分类，可把犯罪被害人划分为相应的十大类，而每一类中又对应地包含若干具体的犯罪被害人。但这样划分显然过于繁杂，也不符合犯罪被害人研究的目的。

一般认为，研究犯罪被害人，依被害性质对犯罪被害人进行分类，没有必要完全依据或对应我国刑法分则对犯罪的分类标准。我们应该依据被害的性质，着眼于被害防范的目的性，把犯罪被害人划分为财产犯罪的被害人、暴力犯罪的被害人、性犯罪的被害人、经济犯罪的被害人四大类。财产犯罪的被害人主要包括盗窃犯罪的被害人、诈骗犯罪的被害人（也属于智能性犯罪被害人）、抢劫犯罪的被害人（也属于暴力犯罪的被害人，具有复合性）等；暴力犯罪的被害人主要包括杀人犯罪的被害人、抢劫犯罪的被害人、伤害犯罪的被害人、强奸犯罪的被害人、爆炸犯罪的被害人、危害公共安全犯罪的被害人、恐怖犯罪的被害人等；性犯罪被害人主要包括强奸犯罪的被害人、流氓淫乱犯罪行为的被害人等；经济犯罪的被害人主要包括涉及金融、证券、保险犯罪的被害人，国家公务人员贪污、侵占犯罪的被害人等。

按照犯罪被害的性质划分犯罪被害人，有利于了解受害的原因，采取针对性的被害预防措施。为了研究和预防被害的需要，根据被害的性质还可以对犯罪被害人进行更为细致、具体的划分。

（四）直接被害人和间接被害人

以犯罪给被害人造成的危害后果为根据，可将犯罪被害人划分为直接被害人和间接被害人。

犯罪不仅给被害人自身造成严重后果，使被害人遭受巨大的精神痛苦和物质损失，而且还会给被害人的家庭及其亲属等造成严重的损失和创伤，同时也给社会带来严重的危害。所以，我们不能孤立地看待犯罪行为侵害的直接对象，一人被害，并不是他（她）个人被害的问题，它涉及到其家庭、周围的人和整个社会。而且，这些危害效应有些是短期的，有些则是长期的、有连锁反应的甚至是不断延伸的；有些是有形的损害（如金钱和物质损失）可以计算和量化，有些无形的损害（如身体伤害包括伤残和死亡带来的心理创伤、名誉受损等）是无法通过计算的方法量化的。认识到这一点对于我们正确地对待直接被害人与间接被害人是非常必要的。在犯罪被害人研究中，我们应当把直接被害人作为研究的重点，但也不能因此而忽视间接被害人的研究。有时间接被害人所承受的压力和痛苦并不比直接被害人小，而且一人被害，可能会有很多人因关心而参与到处理被害人问题的一系列活动中去，并对犯罪人和执法活动的公正性作出强烈反应。他们对犯罪人的反应以及对执法问题的态度也会影响到周围的群众甚至社会大众。所以，研究间接被害人对于积极预防犯罪与被害，维护社会稳定是非常重要的。

（五）男性被害人和女性被害人

以性别为标准，可将犯罪被害人划分为男性犯罪被害人和女性犯罪被害人。

性别是个体生理差别的最显著特征，男女性别差异的生物学特征是不能改变的，性别的差异，造成了男女之间在生理机能及其外在的行为表现上有许多区别，其遭受被害的可能性、被害状况、被害类型、被害性质、被害心理、被害后果、与罪犯的关系等都呈现出各自不同的特点和差异性。有些犯罪被害人男性为多，如杀人、抢劫、伤害等暴力犯罪的被害人，男性一般多于女性；有些犯罪被害人则女性较多或纯粹为女性，如在拐卖妇女和家庭暴力犯罪的被害人中，女性多于男性，强奸、奸幼、强迫组织卖淫犯罪的被害人纯粹或基本为女性；有些犯罪被害人男女所占比重的多少则不太明晰，需要加强研究。但各国的总体统计结论表明，男性的被害率比女性要高，而某些具体被害类型的比率，女性比男性要高，但女性被害的"隐数"较大。①

（六）未成年被害人和成年被害人

根据犯罪被害人年龄的大小，可把犯罪被害人划分为未成年被害人和成年被害人。

未成年被害人又可分为幼年被害人和少年被害人；成年被害人可包括青、壮年被害人和老年被害人。

年龄影响到一个人生理、心理和社会成熟的程度及相关特征，因而也对其被害的可能性产生影响。不同年龄的人，被害的性质、类型和被害后果等都是有一定差别的，年龄与被害之间存在着某种规律性，这是由不同年龄的人的社会角色、认知能力、行为能力、受教育状况、道德水平、生活习惯、生活方式以及社会影响等情况造成的。儿童时期，个体的生理和心理发育尚未成熟，思维与行为能力仍在形成之中，在社会生活中处于抵抗能力最弱的阶段，如果脱离父母的监护，极易成为拐骗、虐待、遗弃犯罪的被害人。少年时期，个体的生理、心理迅速成长，具有发展中的许多特点，他们精力充沛、思维活跃、好奇心强、争强好胜、好结伙、重义气、考虑问题简单、行为偏激、爱走极端，在很多方面易与他人发生冲突，容易成为暴力犯罪的被害人。青年时期，他们精力充沛，追求独立，憧憬未来，期望展示自我，多数人都在为实现自己的理想而发奋学习和忘我工作。但在这一时期，由于他们既脱离了父母的监护又不承担家庭责任，因而在家庭以外活动的时间较多，加之精力过剩，情绪波动较大，对外界刺激反应过激，因此与他人发生冲突的可能性比少年时期大大增多。壮年时期，是人生的黄金时段，个体各个方面都表现得比较成熟，与他人冲突而成为被害的可能性大大降低。但由于社会地位的升高，财富的增多，一是容易与他人发生利益冲突，二是容易成为犯罪分子注意的目标，被害的机率比青少年有所上升。人到老年，由于生理、心理等各个方面都在衰退，一般体弱多病，行动迟缓，抵抗力下降，常常需要他人帮助和照顾。但由于他们大都积累了一定的财富，因而比较容易引起犯罪分子的注意，易成为抢劫、盗窃、扒窃、诈骗、虐待等犯罪的被害人。

被害调查统计结果表明，就年龄而言，青少年和中年人的被害率最高，儿童和老年人的被害率最低。②

以年龄为标准划分被害人类型，对于预防和研究被害具有十分现实的意义。在被害人学研究的早期，汉斯·亨梯就把被害人分为老年被害人、女性被

---

① 汤啸天、任克勤：《刑事被害人学》，中国政法大学出版社 1989 年版，第 112 页。
② 郭建安：《犯罪被害人学》，北京大学出版社 1997 年版，第 100—101 页。

害人、青少年被害人。在被害人统计中，也常根据被害人的年龄段来划分各种被害人群。为了加强对社会弱势群体的保护，我国曾分别出台了两部法律：《中华人民共和国未成年人保护法》和《中华人民共和国预防未成年人犯罪法》。可见，以年龄为标准划分被害人是非常必要的。

（七）机会性被害人和状态性被害人

依据被害人自身是否具有某种被害性，可将犯罪被害人划分为机会性被害人和状态性被害人。

所谓机会性被害人又称为"偶发性被害人"、"非特定被害人"，主要是指那些非自身因素无意间进入犯罪人所期待的特殊环境而受到侵害的被害人。

所谓状态性被害人是指那些已经步入或正在步入被害情景的被害人。状态性被害人由于自身知识、能力存在某些局限性，对人际交往中的不测事件及周围环境的危险性认识不足，对被害的可能性缺乏应有的判断，因而在遇到被害的危险时，缺乏应急处置的能力，或茫然不知、惊慌失措而遭致被害。由于当代犯罪的日益严重性和不可避免性，从理论上讲任何人都有犯罪或被害的可能性，因而重视对状态性被害人的研究，采取一些切实可行的措施，消除被害的情景因素，对于减少状态性被害人有非常重要的意义。

除此之外，还有多种分类方法。如：依据被害人与犯罪人的关系，可把犯罪被害人分为与犯罪人不相识的被害人、与犯罪人相识不相知的被害人、与犯罪人既相知又相识的被害人、与犯罪人有亲缘关系和姻缘关系的被害人；依据被害人的心理状态、个性特点和性格等，可把犯罪被害人分为轻浮性被害人、放荡性被害人、轻信性被害人、多疑性被害人、贪婪性被害人、孤独性被害人、受挫性被害人、怯懦性被害人、忧郁性被害人、挑衅性被害人、自愿性被害人、复合性被害人、多重性被害人、习惯性被害人、参与性被害人、智力低下性被害人、精神病被害人，等等。

第三节　犯罪被害人的被害性

一、被害性的内涵

被害性（victimity）这个概念，是由以色列学者、被害人学的创始人之一的本杰明·门德尔松（Benjamin Mendelsohn）首先提出来的。他认为，被害性是指某些社会因素所造成的某些损害的所有各类被害人的共同特征。[①] 奥地利学者琼·格雷文（Joan Graven）认为，被害性是"一种由内在、外在两方面因素所决定的，使人能成为被害人的那种特性"。[②] 他们二人在这里所说的被害性指的是广义被害人的被害性。日本犯罪学家宫泽浩一在其所著的《犯罪与被害者——日本的被害者学》一书中认为，被害人的被害性，是指在犯罪过程中与犯罪的发生有关的各种条件中属于被害人的各种条件的总括。可以看出，被害性是被害人本身的一种特性，是诱发加害人实施加害行为的一种带有主动诱使和强烈刺激的因素，或者是加害人实施加害行为时可以利用和必须利用的有利条件。

可是，在我国的被害人研究中，不少人没有将被害原因与被害性区分开来，甚至将二者画等号，把被害原因作为被害人研究的重点，这会将被害人研究引向歧途。研究被害人的被害性，应当把握以下几点：

首先，应当区分犯罪被害人的被害性与犯罪被害人的被害原因是两个不同的概念，绝不能将二者混为一谈。因为，原因和条件不同，是被害原因直接导致了犯罪人对被害人的加害行为，而被害性则是被害人本身存在的有利于犯罪实施的条件，这些条件反映了被害人容易受害的特性，而不是犯罪的原因，更不是被害人被害的原因。所以说被害原因（加害）与被害（结果）是一种因果关系，没有犯罪的加害行为，也就不存在被害人的被害问题，犯罪行为是造成被害的根本原因，当然原因（加害行为）和结果（被害）在一定条件下可以相互转化。所以，被害的原因（犯罪人的主、客观原因等）应当是犯罪学研究犯罪原因时重点解决的问题，也就是要解决犯罪人为什么会犯罪的问题；而被害人研究的重点应当是被害人方面的特性（被害性）和引起被害现象的特殊原因（被害条件），而不是研究被害的一般原因（被害的一般原因就是犯罪）。这样，一方面可以避免研究内容的重复；另一方面有利于深化犯罪被害人学研究和其学科体系的建立，达到有效预防被害的目的。

其次，研究犯罪被害人的被害性，目的不是为罪犯开脱罪责，更不是要去谴责被害人，而是在充分认识被害人的被害性的基础上，更好地预防被害。

再次，犯罪人与被害人之间存在着互动关系。虽然犯罪人选择犯罪对象是由其犯罪动机和目的决定的，但在许多场合，犯罪行为能否实施和出现什么样

---

① ［德］汉斯·约阿希姆·施奈德：《国际范围内的被害人》，许章润译，中国人民公安大学出版社1992年版，第18页。

② ［德］汉斯·约阿希姆·施奈德：《国际范围内的被害人》，许章润译，中国人民公安大学出版社1992年版，第18页。

的后果，并不是完全由犯罪人的意志决定的。犯罪行为发生前和发生过程中，被害人并非完全处于消极被动的境地，他（她）可能消极地承受犯罪行为的侵害，也可能积极进行反抗，犯罪人与被害人始终处于相互作用的过程之中。

最后，不少被害人对自己的被害有一定的过错，甚至还有极少数被害人，其行为成为自己被害的原因，这主要是指那些由加害人变为被害人的人。在这种情况下，被害人（原加害人）自己实施的加害行为成为其后来被害的主要原因（如防卫过当、实施报复行为等），即由原来的加害人变为被害人。在这里被害人原来的行为本身已超越了一般被害性的范围，成为自己被害的原因。

因此，我们应该深刻研究并认识犯罪被害人的被害性特征。如果能将被害人存在的生物的、心理的、社会学上的弱点明确化，那么就会在加害人与被害人不可分割的对立统一关系中查明被害性的主要原因。

二、被害性的特征

被害人被选作侵害对象，除了复杂多变的偶然因素外，主要的还在于被害人自觉或不自觉地具有一定的被害性。这种由被害人因素引起的被害性主要有以下特征：

（一）诱发性

被害的诱发性是指被害人在心理和行为中存在着容易引起犯罪人侵害而导致自己受害的因素。如果没有这些因素的存在，被害就可能不会发生。所以，具有诱发性特性的被害人对自己的被害有一定的过错，主要表现为被害人在被害前曾对加害人实施了挑衅性或者诱惑性行为，如首先殴打、凌辱、诽谤、虐待、非难、要挟他人或表示伤害对方而招致被害，或者是女性为了获取某种利益对男性进行欺骗或性诱惑等。这类行为是诱发犯罪人犯罪的重要条件。某些情况下被害人的诱发行为并非针对加害人（如与加害者有密切关系的人），也会招致被害。在这种情况下，被害人是以积极的行为方式"参与"了犯罪过程，"被害者与加害者共同导致被害"。

诱发性特征使被害人对犯罪行为具有趋近性，它能否诱发犯罪行为的发生，主要取决于两种情况：一是诱发的强度。具有强烈诱发性的行为和一般轻微诱发性的行为，对犯罪的刺激效果是不同的，在一般情况下两者成正比，即诱发程度强的行为引起被害的可能性大，产生的后果也就严重；诱发程度轻的行为引起被害的可能性小，产生的程度和后果也就轻。二是客体的承受能力。由于个体的差异性，这种诱发性特征对于不同的犯罪以及作用于不同的人身上就有不同的表现方式，所引起的被害后果也是不同的。男性的诱发性特征常常遭到暴力攻击和财产侵害，女性的诱发性特征常常表现为在性犯罪过程中的积极"配合"。金无足赤，人无完人，大凡是人都有弱点，如果不能对外界的刺激和诱惑作出正确的反应，就可能攻击他人成为犯罪人或遭致他人的攻击而成为被害人。所以，被害者之所以被害，除了犯罪者这一决定性因素外，外界诱因，尤其是来自被害者自身的刺激也起着重要的作用。

诱发性特征可归纳为以下表现形式：举止轻浮、色情诱惑；恶语相激、武力挑衅；仗势欺人、侵犯非难；露富显财、自我炫耀等。因此，修身养性，注意自己的行为规范，是预防被害的重要方面。

（二）易感性

被害的易感性是指被害人在心理和行为方面处于无意识状态，存在着容易接受加害者的诱导或容易成为被选作侵害对象的因素。这种特征只是犯罪人实施犯罪过程中的一个重要条件，被害人通过调适自己的心理状态和改进自己的行为方式就可以减少或消除这些条件，从而避免被害。

易感性特征和诱发性特征虽然都对被害的发生起着一定的作用，但是二者作用的方式和作用的强度是不同的。诱发性因素是被害人以自己不当的行为积极刺激犯罪者从而导致被害；而易感性因素是以消极的不作为形式出现的，是一种无意识的状态。从一定意义上可以说，诱发性特征刺激了犯罪人的加害行为，而易感性特征只是吸引了犯罪人的加害行为。如有的人对自己被害的危险性浑然不知，无意识地进入被害的情景；有的人发财心切，急于做成一笔买卖，成为合同诈骗的被害人；有的女青年在恋爱过程中急于求成的心理被犯罪分子所利用等，这些都是易感性特征的典型形式。一个人的易感性特征与被害的危险性成正比，易感性越强，被害的危险性就越大，而且还可能遭致反复被害。

（三）受容性

被害的受容性是指被害人在遭受侵害时和侵害后的一种顺应状态。被害的受容性可分为两种：一是自觉性受容，即因顾及名誉受损或既得利益的丧失而自愿隐忍与受容。如有的女性遭到强暴，为了保全名声不愿声张；某领导巨款被盗，害怕暴露其经济问题而不去报案等。二是被迫受容，即迫于屡次控告无人受理的困境而忍辱含垢，或慑于犯罪分子的淫威而不敢反抗，被迫就范等。如弱女子遭歹徒持刀拦截，无力反抗，听任凌辱；有的人被犯罪分子抓住把柄，不得不屈从犯罪分子的意志。被害的受容性往往引发再次的犯罪侵害。一些犯罪人在选择犯罪目标时，往往考虑被害人各方面的情况，如被害人是否具备某种反抗的条件，是否有把柄掌握在自己手中；除此之外，犯罪分子还往往选择那些在以前的犯罪过程中保持顺从态度的被害人，致使被害人再次或多次受害。

三、犯罪人与被害人的互动关系

传统犯罪学往往把加害与被害的关系看作是侵害与被侵害、主动与被动的一种静态关系，或看作是"刺激—反应"的关系，即加害人实施加害行为是由于被害人或者物对其产生了一种直接的刺激，加害人受到这种刺激后才引起加害被害人的动机和行为。但随着被害人学研究的深入，这两种观点逐渐被人们所扬弃。

辩证唯物主义认为，任何事物都处在运动、变化和发展的过程之中，僵死的、静止的和一成不变的事物是不存在的。同样，犯罪人与被害人之间也是一种既相互依存，又相互影响和相互作用的动态关系。这种关系促使犯罪人与被害人在某一犯罪情景中，分别以不同的形式相互作用并扮演着不同的角色，有些甚至导致犯罪人与被害人的相互易位。

关于这个问题，被害人学创始人之一的美籍德国犯罪学家汉斯·冯·亨梯早就指出，被害人"影响和塑造了"他的犯罪，"犯罪人与被害人之间确实存在着互动关系，互为诱因"。① 施奈德则提出了"无被害人则无犯罪"的命题。这是对无犯罪人就无被害人命题的反证。实际上，两位学者共同说明了一个道理：犯罪人与被害人互为因果，犯罪行为的发生是加害人与被害人互动的结果。

（一）被害人与犯罪人互动关系的机理

1. 个性特点预示着被害人与犯罪人互动的方式

个性，是个体自身所具有的比较稳定的心理状态，理解个性特征有益于认识犯罪发生的内在原因。现代心理学研究表明，个性或人格"预示一个人在任何规定的情境中将会干什么"，是"文化之间的活跃着的交叉点"。作为个体属性的总和，个性是预测和分析个体行为的可靠的因子之一。因此，根据个体特征、角色特性、情景因素和外部刺激强度，可以建立个体行为的阐释模型，对个体的行为进行预测。一个人在特定的条件下对外部刺激的反应，其方式和强度都要受到其人格特性的影响，尤其是在特殊情景下，外部刺激对人格特性的影响作用就更为明显。就多数人身攻击犯罪而言，犯罪的发生往往是人

---

① ［德］汉斯·约阿希姆·施奈德：《国际范围内的被害人》，许章润译，中国人民公安大学出版社1992年版，第4—5页。

际冲突恶性发展的结果。在冲突双方的互动过程中，一方对另一方行为方式的反应，在相当大的程度上受其自身调节水平的影响。反应过激是造成激烈对抗、导致暴力犯罪的主要内在起因。可以说，每个社会成员都面临着不同程度的矛盾与冲突，个体能否符合社会角色的期望，有效地化解矛盾，调适好心理状态，一方面受制于社会的决定性作用，另一方面也取决于个体的能动作用。

2. 情感是被害人与犯罪人发生冲突的内在动因

被害人与犯罪人互动关系的重要特点之一是它具有情感基础，这种互动关系是在二者相互间产生的一定情感的基础上形成和出现的，当然，这种情感基础主要是二者分离或敌对的情感。在被害人和犯罪人双方关系的延续过程中，无论相识与否，无论是喜欢还是厌恶，但在加害行为实施时，一般都转化或发展为相互的对立与敌视，或者一方敌视对抗另一方。同时，个体的情感体验对于犯罪也产生很大的影响。从被害人的角度而言，如在强奸案件中，被害人的半推半就与拼死反抗，可能使案情向着多种截然不同的方向发展。对犯罪人而言，由于情感障碍可能导致犯罪，即由于犯罪人情感亢奋、情绪抑郁或病理性激情等因素，导致其内心情感体验的强度和持续的时间超出正常范围。司法实践也表明，情感冲动是犯罪的重要动因之一，一些罪犯由于缺乏意志力，情感上稍有不满便难以自控，导致激情犯罪。因此，正视被害人与犯罪人互动关系的情感基础，有助于深刻理解被害人与犯罪人相互作用的机理。

3. 交往是被害人与犯罪人互动的实现形式

人类社会的交往既是个体联结个体的方式，也是个体自身发展的方式，它是一种"人类机能"。[①] 交往必须在各种各样的人际关系中实现，即便在人际关系十分尖锐、敌对的情况下，交往仍以特殊的方式而存在。交往既出现在一个人对另一个人的正面关系的情况下，也发生在反面关系的情况下。积极的社会交往有助于个体个性的形成和更好地适应社会，保持良好的心理状态；消极的社会交往会破坏一个人的心理平衡，严重的将导致人格变异、越轨犯罪，或遭致被害。

建立人际关系的目的并不只是单纯地进行交往，而是为了满足个体的需要。人际关系的性质不同，对个体行为影响的效果也不同。因此，在个体的互动过程中，其权衡和调节能力，反映了主体之间在意识和智力上的差异。从行为主体的心理倾向性来划分，主体意识对客观对象内隐设计过程可大体分为四种类型：循规蹈矩型、因势利导型、迂回曲折型和攻击型。个体的选择受客观

---

① 马克思：《1844 年经济学——哲学手稿》，人民出版社 1976 年版，第 48 页。

环境、条件和其个性特点的影响。在攻击型这种类型中，个体实现需要的方式主要是采取对立的方式作用于对象，反映在许多犯罪事件中，犯罪人往往使用暴力、胁迫、强制和欺骗等手段，这一特征是犯罪构成的客观方面的一个重要组成部分。从相互作用的角度而言，这是一种典型的反面交往，是犯罪人主体意识的畸形反应。因此，在个体心理发展和社会交往过程中形成的人际反应特质，是通过犯罪人与被害人在特定的人际关系和交往过程中的相互作用，对犯罪的发生方式和被害人在犯罪中的作用产生影响的重要因素。

（二）被害人与犯罪人的互动模式

1. 被害人受攻击模式

在被害人与犯罪人的矛盾运动过程中，作为矛盾一方的犯罪人，多数情况下处于主动进攻的优势地位，并表现为有预谋、有计划、有目的地对被害人进行侵害，而被害人常常处于毫无思想准备的被动状态和劣势地位。在这种互动过程中，被害人的作为与不作为都会对加害行为产生影响。这种影响有时是积极的，有时则是消极的。特别是在强奸、抢劫、伤害等暴力犯罪案件中，加害人与被害人势必要进行面对面的接触，甚至发生身体的接触和激烈的较量。被害人在较量中一般表现为：或者顺从，或者想方设法逃离现场，或者半推半就、消极反抗，或者针锋相对、奋力反击等。被害人的这种行为状态表征着他与加害人的互动过程。在这种互动模式中，被害人被害的可能性最大，多数被害人往往以自己最终被害而结束。这种互动模式的被害人大多是无辜的被害人或责任较小的被害人。

2. 被害人诱发模式

在这种模式中，被害人通过实施一个或更多的推动行为来实现其引诱（这些推动行为恰好能够诱发）他人用犯罪行为作出还击。这个过程可能比较短暂，也可能持续较长一段时间，但它基本上能够导致某一犯罪行为的发生。这一模式符合被害人学创始人之一的门德尔松关于个人唆使或引诱他人实施犯罪的观点，也包含了美国犯罪学家沃尔夫冈"关于被害人事实上首先诉诸暴力的见解。"[①] 在有些场合，被害人诱发模式与被害人受攻击模式完全不同，它意味着被害人首先对加害人采取了攻击性行为或语言上的挑唆和侮辱等。加害人犯罪心理和犯罪动机的形成与被害人的攻击和挑唆有一定的因果制约性。换言之，如果没有被害人方面的攻击行为或者谩骂、侮辱等举动，加害人就不会在特定时间内产生针对该被害人的犯罪动机和犯罪行为，因此该被害人也就

---

① ［德］汉斯·约阿希姆·施奈德：《国际范围内的被害人》，许章润译，中国人民公安大学出版社1992年版，第4—5页。

不会被害。这类被害人主要有两类：一是本身具有严重过错的被害人；二是其本身所实施的行为属于严重的违法行为甚至是犯罪行为。不论被害人的行为属于上述哪类情况，被害人的行为无疑成为诱发加害人加害行为的主导因素，在二者的互动关系中，被害人的行为属于矛盾的主要方面。因此，他（她）应对自己的被害承担一定的责任。

被害人诱发模式不能被用来解释绝大多数被害人的被害问题，而只能用于解释诸如杀人、伤害等一些犯罪与被害的情形。即使这样，在被害人确实诱发加害人犯罪的情形中，也有一个双方心理和行为相互作用、相互影响的互动过程，而不是简单的"刺激—反应"的机械诱发模式。"人并不像编好行动程序的机器一样行动，他的行为是带有感情的和有目的，同时还受自己的思想观念和所处环境的影响。"① 在同样受到"引诱"、"刺激"的场合，不同的人会作出不同的心理反应和行为反应。有的人可能选择适当、合理的行为方式，有的人可能选择过激的行为方式，还有的人会选择犯罪的行为方式。所以，应当从互动论的观点正确理解被害人诱发模式。

3. 冲突模式

冲突模式也可称之为"双向推动"模式，即被害人与加害人相互推动模式。这是一种典型的互动模式，加害与被害的关系是在双方相互作用的过程中发生的，一般要经过较长时间的互动过程。在该模式中，被害人往往也有严重的过错，"罪犯与被害人之间常常互换角色，被害人有时扮演了罪犯的角色，反之亦然……由于双方既是被害人，又是罪犯，因此要分清这类关系中的责任，即便可能，也困难重重。"② 也就是说，双方发生冲突，在被害结果出现之前，双方都有可能成为加害人或被害人，要确切地知道谁是加害人，谁是被害人，往往要等到冲突双方的互动过程结束时才见分晓。这种类型的加害人在加害行为发生以前往往缺乏周密的预谋，其加害行为，有时是在特定的情景下才发生的，有时是在激情状态下发生的，具有较大的盲目性。这种模式在诸如家庭暴力、殴斗、报复性行凶等暴力犯罪案件中表现得比较突出。

4. "无接触被害"模式

所谓无接触被害是指被害人在自己没有察觉的情况下而遭致犯罪侵害的形态。"无接触被害"模式与其他模式的重大区别，一是"被害人无意、并且也

---

① ［德］汉斯·约阿希姆·施奈德：《国际范围内的被害人》，许章润译，中国人民公安大学出版社 1992 年版，第 4—5 页。

② ［德］汉斯·约阿希姆·施奈德：《国际范围内的被害人》，许章润译，中国人民公安大学出版社 1992 年版，第 8 页。

许根本就没有意识到自身行为的诱惑性";① 二是被害人与加害人没有直接接触，或者"没有直接和实在被害人"。② 这类被害人一般为无辜的被害人。该模式的特点是，被害人的财物成为引起加害人选择加害对象的诱因，但是被害人对此却毫无觉察。在犯罪人实施犯罪之前，有些被害人的人格特征、行为方式、生活态度、社会地位、家庭资产以及管理制度等，就可能成为被盗窃、被大肆侵吞的被害因素。有的人警惕性不高，对自己的钱财保管、防范不够；某些单位纪律松弛，缺乏必要的规章制度，管理不善，都可能成为盗窃、贪污、挪用公款等犯罪可资利用的因素与条件。但这样说并不意味着这些可利用的因素本身有什么问题，或者说，这并不意味着这些物质的和非物质的、有形的和无形的事物或现象的存在是不合理的。不能说，"你有钱，所以你被害"。"有钱"成为"被害"原因的说法，不管在理论上还是在逻辑上都是错误和荒唐的。但从司法实践上看，确实存在着"有钱人"遭受犯罪侵害的概率大和程度越来越严重的问题。从犯罪类型上看，尽管"无接触被害"模式涉及的犯罪类型不是太多，主要有盗窃、白领犯罪、法人犯罪等经济犯罪形态，但这几类犯罪在全部犯罪中所占的比重非常大，对数量众多的人间接构成无形的侵害，严重威胁着国家的经济秩序，败坏了党风和社会风气，其所造成的危害后果甚至比"有直接的被害人"的犯罪更为严重。所以加强对"无接触被害"模式的研究，特别是对"没有直接和实在被害人"被害形态的研究，应引起高度重视。如果忽略了这类被害人的研究，实际上便忽略了对绝大多数犯罪被害人的研究，也忽略了对绝大多数犯罪被害人的保护、救助。这是不符合被害人学研究初衷的。

5. "自愿被害"模式

在一些场合，犯罪的发生是被害人对加害人加以"配合"的结果。在"自愿被害"的模式中，加害人首先有意设置圈套，被害人由于轻信加害人的谎言，或为了获取某种利益而上当受骗，成为被害。在"自愿被害"模式中，加害人的行为是有预谋、有计划的故意加害行为，但被害人不是被动地接受加害行为，而是"自愿"地接受这种行为，甚至是积极主动地去"配合"加害人的犯罪行为。当然，这种"配合"并不是真的出于被害人的自愿，而是因为他没有识破加害人的阴谋诡计。在这种场合，加害人与被害人一般不会发生

---

① ［德］汉斯·约阿希姆·施奈德：《国际范围内的被害人》，许章润译，中国人民公安大学出版社 1992 年版，第 100 页。

② "没有直接和实在被害人"的犯罪，并非没有被害人，而是指没有具体的人直接被害或造成直接的有形损害。但法人、国家等都可成为被害人，如法人犯罪给国家造成的损失是巨大的。

角色转化，常常以被害人遭致侵害而告终。这类被害人中，有的是轻信的被害人，有的是过于自信的被害人，有的是贪利的被害人，有的则是无知的被害人。例如，街头诈骗犯罪的被害人，以招工、介绍对象为名被拐卖的被害人，以调动工作、提职、办理出国手续等为名被骗取钱财的被害人，因物质、色情引诱上当受骗的被害人，被以高额利息为诱饵非法集资诈骗的被害人，以优惠条件为诱饵的合同诈骗的被害人，等等。应当说，这类被害人本身有一定的过错，而这种过错正好起到"配合"与促成犯罪结果发生的积极作用。

6. "角色转换"模式

角色是社会学和社会心理学的一个概念，这里被借用于说明犯罪人与被害人之间的关系。研究表明，被害与加害、被害人与犯罪人之间并不是截然对立的，在特定的情景、特定的个体和特定的社会关系中具有明显逆转的可能性。主要体现为：

（1）被害人与加害人具有同质性。被害人与加害人的同质性（homogeneity），是指被害人与加害人具有部分相同的特征。二者的身份并不是绝对确定的，不仅不完全相互排斥，反而在一定程度上具有同质性并相互重叠（homogenous and over laping），如"暴力循环"、"代际之间的虐待"这些术语被创造出来，就是用来说明人类这种行为倾向性的。美国犯罪学家辛格通过研究发现，未成年时遭受被害的人，在很大程度上意味着他在成年后成为犯罪人；犯罪被害人比非被害人具有更多的暴力倾向性，被害经历是严重的人身攻击行为的最佳预报因子。

（2）被害人与加害人常常如同一个硬币的正反两面，忽视其中的一面就不可能合理地解释另一面。特别是对于某些特定的对象而言，加害与被害是其生活经历中相互结合和并行的事件，许多人的人生是持续的犯罪与被害的循环。这种思想与传统被害人学静止的、孤立的、绝对的犯罪人与被害人的二分法截然对立。

（3）被害人与加害人的角色并非固定的、既定的、静止的，而是动态的、可变的、可互换的。同一个人可能相继或同时由一个角色转变为另一个角色。犯罪人与被害人的角色转换主要呈现为以下两种形态：

一是正向角色转换。即是指被害人向加害人的转化，也就是说，被害是继而发生的攻击行为的直接促成因素和必要条件。被害人向犯罪人转化可分为四种情况：①被害人在被害后，迫于犯罪分子的淫威或由于犯罪分子的利诱而转化为犯罪人，如受到犯罪分子的胁迫引诱加入犯罪组织，被拐卖妇女转变成人贩子等。②被害后因进行复仇而转化为犯罪人。这类角色转换现象非常突出，如：复仇——与冒犯他的人算账；报复——妻子杀死虐待她的丈夫等。③防卫过当的犯罪人。④ "幼女犯罪人"。这是幼女主动卖淫的一种特殊情况。在这种情况下，幼女既是被害人，又是"犯罪人"（犯罪学意义上），在这里，被害人与犯罪人角色重叠表现得尤为明显。因为我国刑法规定，具备法定条件的行为人只要与不满 14 周岁的幼女发生性关系，即构成奸淫幼女罪。但幼女在客观上成为被害人的同时，她主动与别人发生两性关系的行为同时也违反了社会规范，成为犯罪学意义上的犯罪人。研究认为，被害人向犯罪人转换的关键因素是被害的体验或被害经历。当被害人有了被害体验或被害经历后，他（她）是否向犯罪人转化，以及转化的时间、类型，要取决于复杂的个体和社会因素。被害体验对于个体的人格和行为影响的机制是十分复杂的，其结果也是多样的。但经历和被害体验之所以对个体未来的行为产生影响，其机制就在于，"被害体验或被害经历往往使受害者产生不公正感以及对法律规范的不当态度，从而使受害者在社会化或再社会化的过程中，向反社会化方向逆转或深化，产生或强化了加害意识。"①

二是逆向角色转换。即是指从犯罪人向被害人的转化。逆向转换是由于人们的侵害和攻击行为导致或促成自身伤亡，或者其掠夺性的、非法的、不诚实的行为是其自身被害的促成因素。这样的事例比比皆是，如抢劫犯、强奸犯被杀死，盗窃犯被致残，粗暴的父亲、丈夫、儿子被"大义灭亲"，诈骗犯被欺诈，赌博、卖淫者被抢劫，流氓殴斗团伙之间的相互火并等。欧美国家的大量研究表明，特定社会成员从事非法犯罪活动的经历，与其个人被害呈正相关关系，即从事违法犯罪活动增加了被害的可能性。美国犯罪学家戈特雷德森于 1984 年分析了 1982 年英国犯罪调查的资料，证实了犯罪与被害之间有相当强的相互联系。资料表明，对于至少具有一次自我报告的暴力犯罪人而言，被害的可能性是 42%。换言之，其个人被害的可能性是没有自我报告暴力犯罪者的 7 倍。②

暴力犯罪与暴力被害之间的正相关关系同样适合于财产犯罪。范·岱克和斯泰因·梅兹（Stein Metz）于 1983 年进行的两项关于荷兰未成年人的研究发现，在各种盗窃犯罪的被害人与承认曾有盗窃行为者之间存在着大量的重叠。其重叠的原因之一就是，被害可能是"规范约束"（normative curbs）受到削弱的结果，或者是由于盗窃是换回损失的捷径。

埃斯·本森（Aars Benson）和赫伊·津赫（Huizin Beh）于 1991 年发现，个人终生所经历的被害，与其一生中 7 种类型的越轨行为相关，也与他们总的

---

① 张智辉、徐名涓编译：《犯罪被害者学》，群众出版社 1989 年版，第 156—159 页。
② 郭建安：《犯罪被害人学》，北京大学出版社 1997 年版，第 197 页。

越轨程度相关。这七种越轨行为是：盗窃、轻微盗窃、人身攻击、轻微人身攻击、贩卖毒品、吸食大麻、酗酒。参与越轨行为的种类与被害可能性之间总体上有非常强的相关性。

第四节　犯罪被害人保护

犯罪被害人问题是伴随着犯罪问题而存在的一个严重社会问题，而且是被社会轻视的一个社会问题。随着犯罪的日趋严重，被害人所遭受的经济损失和承受的精神痛苦也与之俱增。关心、救助被害人，并通过立法形式保障他们的合法权益，是我国目前亟待解决的一个重大课题。

一、犯罪被害人补偿

（一）犯罪被害人补偿的概念

犯罪被害人补偿，又称刑事损害补偿，是指国家对一定范围内因犯罪侵害而遭受损害但又无法通过刑事附带民事诉讼获得损害赔偿的被害人及其家属，通过法律程序给予其一定的物质加以弥补的一种法律制度。一般来说，被害人受到犯罪侵害后，其经济上所遭到的损失，可以通过提起刑事附带事民事诉讼，请求人民法院判令被告人给予自己一定的赔偿。但是，由于现实情况的复杂性，刑事损害赔偿制度无力也不可能使所有应当得到赔偿的被害人如愿以偿。有的案件久侦未破，罪犯为何人难以确定；有的犯罪分子已被处死，身前又无遗产，根本没有赔偿可能；有的犯罪分子虽曾掠取了大量财物，但归案时已挥霍一空，在长期被监禁的情况下，即使承诺了赔偿责任也无法兑现。此外，不少暴力犯罪的被害人生命垂危，必须立即投入大量资金进行抢救。医院由于自身的困难，不得不要求伤员家属支付押金，此时押金若不能及时到位，哪怕是见义勇为的被害人也可能陷入"英雄流血又流泪"的窘境。因此，为了给予被害人现实而又及时的保护，被害人补偿制度首先在西方一些经济发达国家和福利国家被创设出来，之后便得到迅速的发展。

综合其他一些国家的做法，可将被害人补偿归纳为以下六个基本特点：

（1）被害人补偿是刑事损害赔偿的补充。只有在被害人无法取得赔偿，[①] 或虽已取得赔偿，但在赔偿严重不足的情况下，被害人才可能得到损害补偿；（2）被害人补偿主要表现为现金补偿，即国家被害人补偿机关通过一定的法律程序向被害人支付一定数量的金钱，补偿经费要纳入国家财政预算；（3）被害人补偿的实施主体是国家；（4）被害人补偿不仅包括对被害人物质损失的补偿，而且还应当包括对被害人精神损害补偿；（5）补偿不同于赔偿，它带有福利性质，因此它不可能对所有的犯罪被害人都给予补偿，也不可能补偿被害人的全部损失，而只能对那些损害比较严重的被害人和需要国家给予精神安抚的被害人给予一定数额的损害补偿；（6）被害人补偿必须经过一定的立法程序加以确立，并纳入法制化轨道。

（二）犯罪被害人补偿的理论依据

一项制度的创设必然有其存在的理论根据，否则它就难以长期存在下去。被害人补偿的理论依据主要有以下几种学说：

1. 国家责任说

国家责任说认为，国家对公民的人身、财产安全负有保护之责。这里包含两种情况：

第一种情况是，犯罪侵害的发生与国家对公民的保护不力、尽责不够以及某些部门的工作效率不高有关。在这种情况下，除了犯罪人必须对被害人承担损害赔偿责任外，国家也理应对被害人承担补偿责任，这种责任被称为"显性国家责任"。从权利与义务的对应关系来说，公民有保障国家安全、保守国家秘密、依法服兵役、依法纳税等义务，公民只要依法履行了对国家的义务，同时就取得了受国家保护的权利。国家有责任为公民的生产生活提供安全的环境，向被害人支付补偿金，这是国家向纳税人承担责任的表现形式之一。

第二种情况是，国家虽然已尽可能地提供了安全与治安方面的保障，但由于犯罪原因的复杂性及个案的差异性，犯罪仍无法避免，在此情况下，国家虽无直接责任，但仍应承担"隐性的国家责任"。因为政府对每个公民的命运有一视同仁的抽象责任。目前，世界上许多国家都以立法的形式肯定了国家责任说。

2. 社会福利说

社会福利说认为，犯罪被害人的境遇是非常悲惨的，国家理应在生活上予

---

①　刑事法律方面的损害赔偿和补偿一般有三种情况：（1）冤狱赔偿，即国家司法机关对于宣告无罪而一度被收审、关押、追诉、处理者的一种赔偿；（2）犯罪人因其犯罪行为对被害人及其家属造成的损害而进行的赔偿；（3）国家对于因犯罪而受到损害的被害人进行的补偿（即犯罪被害人补偿）。

以扶助，向他们伸出援助之手。因为，社会福利是全体社会成员创造的，它取之于民就应当用之于民，享受社会福利是公民应有的权利。社会越发展，人类文明程度越高，福利事业就更应当发挥其保护弱者的作用。在现代社会，犯罪人即使被囚禁，也享受到人道的待遇；相反，享有充分自由的被害人，如果连起码的生活保障都没有，两者相比就显失公平了。尤其是那些遭到严重人身侵害的被害人，生理上、心理上皆造成巨大创伤，有的虽然生命尚存，但其感觉可能生不如死。对此，社会福利性投资既要考虑国民的普通享受率，更要向处于困境中的被害人适度倾斜。犯罪被害人补偿法，就是向公民提供福利性保障的规范。社会福利说现已得到世界各国的普遍接受。

3. 命运说

命运说认为，犯罪是当今任何社会都无法避免的一种反社会现象，而犯罪被害人正是这种反社会现象的直接承受者。社会没有理由让被害人独自忍受这种不幸，因而需要给予被害人一定的补偿。这种由不幸者与幸运者共同承担犯罪受害者的不幸的观点，作为刑事损害补偿立法的理论依据之一，是具有积极意义的。但是如果片面强调被害人的不幸，未免有过于淡化被害人的主观责任之嫌，这样反而会使为被害人分担不幸责任的人感到难以接受。

4. "公平、正义"说

"公平、正义"说认为，犯罪被害人补偿制度作为一项法律制度，它本身所弘扬的理念，只有内在地体现了社会正义和公平之时，才是一种理性的法律制度。"我们所需要的不仅仅是一个具有确定的一般性规则的制度，我们还需要该制度中的规则是以正义为基础的。换言之，是以对人性的某些需求和能力的考虑为基础的，否则这个制度就行不通"。"正义是衡量法律之善的尺度"。"真正的和真正意义上的'公平'乃是所有法律的精神和灵魂，实在法由它解释，理性法由它产生。"① 亚里士多德关于分配正义和矫正正义的范畴为各人应得的归于个人原则在政治行动和社会行动中的运用指出了主要的检验领域。分配正义主要关注的是在社会成员或群体成员之间进行权利、权力、义务和责任的配置问题。美国法学家赫伯特·哈特认为："正义观念的运用是不尽相同的，但隐于其间的一般性原则乃是就人与人之间的相互关系而言，人们应当得到一种平等的相对地位。"当一条分配正义的规范被一个社会成员违反时，矫正正义便开始发生作用，矫正正义要求使受到破坏的不平等的境况回复到最初的平等状态中去。如一个违约行为将通过一个规定支付损害赔偿费的判决而得到矫正，除非规定了某种其他救济手段，在侵犯行为人使他人遭受故意或过失

---

① ［美］金义勇：《中国与西方的法律观念》，陈国平等译，辽宁人民出版社1989年版，第79页。

损害赔偿的案件中，判给恰当的补偿也是法官或陪审团的义务。根据以上理论，可以认为犯罪被害人与普通公民一样是居于平等地位的，当其受到其他社会成员的犯罪侵害时，意味着其原有的与其他社会成员平等的地位遭到了破坏，在这种情况下，就发生矫正正义的情形，即破坏分配正义的社会成员应当为其破坏行为付出代价，并努力使已被破坏的情形恢复到最初的正义状态。

矫正正义的核心是适当地追究责任。在刑事案件中，被害人受到犯罪侵害后，应当根据犯罪人的主观特征和被害人的特点，由犯罪人为其破坏性行为付出代价，即令其承担相应的刑事责任并给予被害人经济赔偿。可是被害人若无法从犯罪人处得到适当的赔偿且陷入贫困状态时，意味着其经济地位处于一种不平等的状态中，此时，国家应当给予被害人适当的补偿，以矫正被破坏了的正义，平复被害人失衡的心理，使其恢复与其他社会成员平等的经济地位，而不至于因受害而陷入穷困潦倒的境地。

（三）犯罪被害人补偿的意义

建立犯罪被害人补偿制度，以此作为刑事诉讼制度的一项重要内容具有重要的意义。

1. 有利于保护人权，实现被害人与被告人权利的均衡

现代刑事诉讼制度追求人权保障，但人权保障之光应普照所有的诉讼参加人，尤其与案件的处理结果有直接利害关系的被告人和被害人。因为在刑事诉讼过程中，除了控审职能分离外，控辩职能还必须保持相对平衡，否则，任何一方在诉讼地位上的过分上扬或贬抑都可能打破控辩职能之间的相对平衡，给程序的公正性或合理性带来消极的影响。刑事诉讼是一个需要控、辩双方共同积极参与的活动，控、辩双方的主动配合对于刑事诉讼的顺利进行也有着极大的保障和促进作用。因此，对控、辩双方的权利及地位都应给予同等的保障与尊重。在刑事诉讼中，虽然绝大多数案件是由国家专门追诉机关代替被害人行使对被告人的追诉权，即执行控诉职能，但这并不表明犯罪被害人的人权（主要是人身及财产权）就得到了充分、全面的保障和尊重。犯罪被害人的利益与国家的利益有一致之处，但作为犯罪被害人，其人权及利益的保障是具体而个体化的，不能用犯罪被害人与国家利益的一致性抹杀犯罪被害人利益的独立性，控、辩双方的平衡不仅仅是强调被告方与国家专门机关的分庭抗礼，还应寻求被告人与被害人之间的平衡，将刑事诉讼中的人权保障仅局限于被告人是片面和极端化的。20 世纪 60 年代，随着被害人学研究的兴起，被害人在西方国家刑事诉讼中的地位也日益受到重视，世界各国已开始意识到犯罪是一种社会冲突，涵盖国家、被害人和被告人三方面的利益，如果刑事诉讼（程序）

疏远、忽视被害人，势必造成被害人及其他社会成员对刑事司法制度的不信任，削弱司法机关的权威。因此，西方各国纷纷开始加强对犯罪被害人的立法，在充分考虑被告人或已决犯的宪法性权利的同时，加强犯罪被害人宪法性权利及人权保障。"对被害人利益的保护丝毫不意味着将与企图伤害犯罪人并剥夺其宪法性权利的压制性的刑事政策发生必然的联系"，[①] 公正的刑事诉讼制度实际上是一项能调和各主体间利益冲突的刑事制度，是一项寻求各主体间利益均衡并全面保障人权的刑事诉讼制度。

2. 有利于阻却被害人向犯罪人转化

被害人与犯罪人角色转化的原理告诉我们，被害人遭受犯罪侵害后若不能获得公正的待遇，如未追究犯罪人的责任，被害人没有得到应得的经济补偿等，势必会产生怨恨心理。社会控制理论认为，怨恨是一种防卫反应，是一种自我保护的本能，在这种本能的驱使下，受到侵害或攻击的人们会采取"以眼还眼，以牙还牙"的报复行为来实现自我与他人的再一次"平等"，以此获得满足感。"在被害与犯罪之间所观察到的联系是相当出人意料的，无论被害是直接的还是间接的，是实际的还是想象的，是个人的还是共同的，'已经成为被害人'这一意识不仅为犯罪提供了诱因和借口，而且还提供了必要的合理性和中立性，从而使潜在的犯罪人可能克服任何正式的和非正式的社会控制，这些动机和借口能够把被害人转化为一个毫无怜悯之情的加害者。"[②] 这种情况，在微观层面表现为被侵害者变为侵害者，被虐待者变为虐待者；在宏观层面表现为被压迫者变为压迫者，被迫害者变为迫害者。

由被害人状态转变为犯罪人状态的例证是司空见惯的，最明显的莫过于复仇、报复、找对方算账以及防卫过当、自行执法、私刑等，诸如此类，无疑是产生犯罪的一个重要原因。因此，国家要有效地控制和减少犯罪，避免被害人向犯罪人转化，就必须强化社会控制系统的功能，即通过法律和道德等行为规范对被害人失衡的心理进行调节。而法律作为一种外在的社会控制工具，它具有的强制性、惩罚性及国家暴力机器的保障和支持等特征使其成为社会控制的有效手段。国家对犯罪人采取的刑罚实际上是对被害人的一种精神安慰式弥补，它在一定程度上能够平复对犯罪人的怨恨心理，而犯罪被害人补偿制度作为社会控制系统中的一个重要环节，是对被害人进行物质弥补和精神弥补的补充，目的也是调节被害人失衡的心理状态，特别是通过对那些因遭到犯罪侵害

---

① ［德］汉斯·约阿希姆·施奈德：《国际范围内的被害人》，许章润译，中国人民公安大学出版社 1992 年版，第 420 页。

② 郭建安：《犯罪被害人学》，北京大学出版社 1979 年版，第 204—205 页。

而陷入生活困境的被害人进行适当的经济补偿，可防止其心理失衡并对他人及社会产生怨恨情绪，避免其向犯罪人转化，从而达到控制社会犯罪总量的目的。

3. 有利于刑事诉讼活动的顺利开展，提高犯罪控制水平

犯罪被害人是刑事司法制度的"守门人"，在犯罪控制中具有非常重要的作用。因为大部分案件是通过被害人的报警才进入刑事诉讼程序的。"在联邦德国，90%的暴力犯罪和财产犯罪的刑事诉讼是由犯罪被害人提起的"。[①] "在1979 年美国国会通过《1978 年犯罪被害人法令》修正案之后的 5 年中，由于被害人的积极参与，对被告的起诉增加了 40% —50%"。[②] 犯罪被害人作为犯罪行为的直接受害者，一般都经历了被害的全过程，对案情比较了解，被害人积极主动地参与诉讼活动，对及时查清犯罪事实、审结案件有很大的帮助。世界各国的被害人调查结果也表明，受到犯罪侵害是一种相当普遍的现象，但只有一部分被刑事司法机关获悉和破获，其中一个重要的原因是许多被害人没有向司法机关报案或在司法机关立案后持不合作态度。因此说，"犯罪被害人的报警意愿在很大程度上决定了隐藏的、未侦破的犯罪案件数的规模，进而在很大程度上决定着社会对犯罪的控制水平"。[③]

现实中，被害人不报警的原因主要有：一是被害人对司法机关的能力和工作效率等失去信心；二是担心犯罪人的报复；三是担心犯罪人入狱后，其经济损失无法得到弥补。因此，一些被害人宁愿与犯罪人"私了"，也不愿将案件诉诸法律。但通过确保对一定重大犯罪的被害人进行补偿以缓和社会的报应情感，能够维持、确保国民对刑事司法的信赖，提高国民的报警意愿，增强被害人与国家刑事司法机关配合的主动性，从而提高犯罪控制水平，稳定社会秩序。

通过以上分析可知，建立犯罪被害人补偿制度，不仅是被害人人权保障的一个重要方面，而且也是维护被害人与被告人权利平衡的一项重要举措。正因为如此，目前世界上多数发达国家和地区已确立了犯罪被害人补偿制度，联合国于 1995 年 11 月 29 日通过的《公正对待因犯罪和滥用权力而受害的被害人的基本原则宣言》中也规定了由国家补偿被害人的原则。我国作为世界人权保障运动的积极拥护者，也应该将犯罪被害人补偿制度纳入被害人权利保障的

---

① ［德］汉斯·约阿希姆·施奈德：《国际范的被害人》，许章润译，中国人民公安大学出版社1992 年版，第 419 页。

② 郭建安：《犯罪被害人学》，北京大学出版社 1997 年版，第 209 页。

③ 郭建安：《犯罪被害人学》，北京大学出版社 1997 年版，第 209 页。

议事日程，在刑事诉讼活动中努力寻求一种被害人利益、被告人利益和国家利益三者和谐共存的状态。

（四）犯罪被害人补偿立法

加强犯罪被害人补偿立法，给犯罪被害人以必要的国家救济，已成为当今世界刑事法制发展的潮流和趋势。

1. 国外被害人补偿立法及发展

自从 1963 年新西兰通过了世界上第一部关于补偿被害人损失的法律以来，目前已有几十个国家建立了犯罪被害人国家补偿制度。

1982 年美国制定的《联邦被害人和证人保护法》规定，法院不仅对威胁和报复被害人的犯罪人和其他有关人发布羁押令，禁止他们与被害人和证人发生任何联系，以保护被害人和证人，维护正常的审判秩序；同时还规定，检察官提供给联邦法院的调查报告中，必须包括一份"被害人影响的陈述"，否则，法院将不能对罪犯进行审判。该法还规定，法院可以作出独立判处罪犯补偿被害人所遭受的损害的决定。对曾经在经济上帮助过被害人的亲朋，同样可以在法院审理案件期间向罪犯提出赔偿损失的要求。

1983 年，美国司法部又对《联邦被害人和证人保护法》提出了许多附加规定，其中主要有：一是对被害人提供信息，包括告知被害人在何处获得医疗帮助，向国家提出什么样的赔偿要求，到何处请求法律顾问和取得法律帮助；二是提供法律顾问，包括必须告知被害人要保护自己及其家庭，防范罪犯的威胁企图，对罪犯宣布判决的时间和对罪犯判处什么样的刑罚，给被害人就某些问题发表意见的机会，以及告知被害人有权就审判期间释放被告人及先决条件问题发表自己的看法等；三是为被害人做其他工作，如为被害人的财产安全提供保护，法院为被害人提供特别候审室，使其在不愿意会见被告和证人时能够得到保护；四是对被害人提供教育计划等。

1986 年联邦德国制定的《被害人保护法》规定：在刑事审判的提问中对被害人的隐私问题不能进行提问，除非确系为查明案件真相所绝对必须；在刑事诉讼中，检察院和犯罪被害人均可作为共同原告出庭，包括强奸、绑架、谋杀等犯罪的被害人；对未能共同起诉的被害人，法院必须告知他们法庭审判中所涉及的全部内容；被害人可以委托一个辩护人并授权他在法庭抵制法庭或被告的辩护人所实施的对被害人不公正的侵害，并能通过其辩护人查阅案卷。

1981 年，欧洲议会的犯罪问题委员会建立了被害人与刑事、社会政策小型专家特别委员会，其任务是提出改善犯罪被害人保护的各种措施。1985 年，欧洲议会部长会议批准了"关于改善被害人在刑法和刑事诉讼中的地位建议"。

1986 年，联合国大会通过了《为犯罪滥用权利行为的被害人取得公理的基本原则宣言》。该宣言的内容是：刑事诉讼的基本目的之一在于，使罪犯赔偿被害人及其亲属所遭受的损害，不仅对物质性的损害，而且对诸如名誉损失等非物质性损害，都应当给予赔偿；各会员国应当采取对犯罪被害人的损失给予公共赔偿；提出关于在刑事诉讼中改善被害人地位的建议，并要求采取必要措施，尤其强调被害人可以参加诉讼，并进一步采用调解程序解决争端，避免对被害人的不必要的和可能有害的宣传，等等。①

在其他一些国家，对被害人进行赔偿和补偿基本上采取四种方式：（1）国家赔偿和补偿。国家赔偿包括国家对由于国家行政执法人员和刑事执法人员的违法犯罪行为所造成损害的受害人（或被害人）进行的行政赔偿和刑事赔偿；国家补偿即是指国家对犯罪被害人的补偿。（2）犯罪人赔偿和补偿。（3）犯罪保险补偿，是指投保人受到某种犯罪行为对被害人造成了损失并进行的被害赔偿和补偿。（4）社会成员自愿资助被害人，给予犯罪被害人的一种损害补偿。

2. 国外被害人补偿立法的基本内容

（1）补偿对象与范围。各国立法对补偿的对象与范围有不同的规定，概括起来，大致有以下几种情况：一是对所有的犯罪被害人都进行补偿，如加拿大立法规定，凡被刑法上规定的犯罪被害人都是国家被害补偿的对象；二是对暴力犯罪的被害人进行补偿，主要有美国、英国、新西兰等国；三是除犯罪被害人或暴力犯罪被害人外，因制止犯罪、协助警方逮捕罪犯、帮助被害人而获得司法赔偿的、被害人造成加害行为的、迟误向侦查机关报案的被害人，不在补偿范围之内。此外，还有一些国家把无刑事责任能力和未达到刑事责任年龄的被害人，也作为补偿对象。

（2）补偿金额。综观各国对被害补偿金额的做法大致有：一是国家补偿的不是被害人的所有损失，而是一部分损失，它属于救助的性质；二是补偿金额的大小要考虑被害人本身过错的大小和受损害的程度；三是通过其他法律获得赔偿者，一般不再给予补偿，但赔偿不足者，仍可获得补偿；四是规定某些犯罪被害人不列为补偿对象，如德国《被害人补偿法》规定，过失犯罪、交通肇事的被害人不列为补偿对象，它由保险公司进行赔偿。

目前各国对补偿金额大小规定不一，一般是规定一个最高限额，如新西兰立法规定，物质损失和精神损害的补偿加起来不能超过 1500 英镑；美国一些

---

① ［德］汉斯·约阿希姆·施奈德：《国际范围内的被害人》，许章润等译，中国人民公安大学出版社 1992 年版，第 430—431 页。

州在 1 万至 1.5 万美元，也有几个州的最高限额为 2.5 万美元。

（3）补偿办法。世界各国的补偿办法概括起来主要包括补偿申请和补偿调查两大部分。补偿申请是指被害人遭受犯罪侵害后，由自己或其近亲属、监护人、法定代理人向国家提出请求予以刑事损害补偿的行为。有关部门受理申请后，即着手进行调查，然后根据调查掌握的事实和补偿的具体规定，决定是否予以补偿和补偿的数额。

在英国，补偿申请的受理与补偿调查工作由刑事损害赔偿委员会负责。委员会的一名成员，根据申请和了解的情况作出初步裁决，裁决部分赔偿或不予赔偿的，应说明理由。如果申请人对裁决不服，可以在接到初步裁决 3 个月内找委员会作出该裁决成员以外的 3 名成员申诉。

日本的《犯罪被害人等抚恤金付给法》规定：补偿申请由被害人向住所地的都、道、府、县公安委员会提出，并接受其裁定。公安委员会可以要求补偿申请人和其他有关人员提出报告、文件及物证，或到场接受询问，或接受医生诊断。申请人无正当理由拒不合作时，公安委员会有权驳回他的申请。对都、道、府、县公安委员会裁定不服的，可请求国家公安委员会审查。

（4）补偿申请期限。世界各国对申请补偿的期限都作了明确、具体的规定。英国规定，申请被害补偿一般应在案件发生 3 年以内提出，可以采取书面报告的形式，也可以填写事先拟就的表格。

（5）补偿的顺序。当被害人因犯罪侵害而死亡时，被害人领取补偿金的顺序在一些国家的立法中也有明确的规定。如日本《犯罪被害人等抚恤金付给法》规定：被害人受犯罪之害而死亡，支付给其遗属补偿金时，按下列顺序进行：①法律上或事实上的配偶；②以被害人的收入维持生活的子女；③被害死者的亲生父母亲；④被害死者的祖父母；⑤被害死者的同胞兄弟姐妹；⑥被害死者的其他子女等。当第一顺序被害人家属存在时，一般情况下不再对下一顺序的家属支付补偿金。[①]

3. 关于制定我国《犯罪被害人补偿法》的基本设想

我国刑事诉讼法对犯罪被害人的法律地位虽然已有明确的规定，但在被害人的社会预防、社会救助、社会保护、损害赔偿和补偿、被害人的教育和法律援助等方面，目前还缺乏专门的法律，在犯罪被害人补偿立法方面大大落后于经济发达国家。究其原因，不外乎认识和经济两个方面。随着我国经济的持续、稳定、高速发展，综合国力的不断增强，加之人权保护的世界潮流和我国民主与法制建设的蓬勃发展，制定我国的《犯罪被害人补偿法》已趋向可能。

---

① 赵国玲：《被害人补偿立法的理论与实践》，载《法制与社会发展》2002 年第 3 期。

同时，就目前我国的刑事犯罪来看，近 20 多年来，我国每年的刑事犯罪案件至少有 200 万起，而破案率不足 50%。这样，我国每年至少有 100 万的被害人根本不可能从罪犯那里获得赔偿。每年 100 万，20 年便有 2000 万被害人。由于刑事司法系统未能捕获罪犯，从而使被害人失去赔偿或补偿的任何机会。实际上，即使案件百分之百地破获，由于种种原因，被害人从犯罪人那里得到的赔偿也微乎其微，加之犯罪黑数的大量存在，我国这支分布于社会各个阶层和各个行业的庞大的、而且人数逐渐增加的被害队伍，如果不能通过法律手段弥补因犯罪所害而造成的损失，势必对我国的法制失去信心，特别是那些确实难以承担被害损失之重负的被害人，若不能通过其他渠道获得补偿，他们很可能会形成一股社会不稳定力量，甚至转化为一支潜在的犯罪大军。因此，无论是从犯罪被害人个人的利益考虑，还是从国家法制的有效实施以保证社会长治久安的大局着眼，都应将犯罪被害人补偿立法提到议事日程。

制定《犯罪被害人补偿法》需要重点解决以下几个问题：

（1）补偿金的来源及管理。被害补偿金的经费来源对被害人补偿制度的建立至关重要，建议我国也设立"被害补偿基金"。"被害补偿基金"应以国家预算为财源，由司法行政部门设立专门委员会负责补偿金的收取、管理和发放等事宜。除了国家的预算外，以下财源可作为被害人补偿金：罚金的一部分；监狱服刑者的劳动收入的一部分；犯罪人的犯罪所得或其财产依法没收后的变卖所得；法院收到的诉讼费的一部分；上交国库的无主财产的一部分；捐助款等各项。

除此之外，还可以通过下述措施来保障犯罪被害人补偿的实现：重视刑事诉讼中的财产保全措施的适用；建立刑事保险制度；[①] 实行"补偿与刑罚互补原则"。[②]

（2）补偿的对象。我国补偿立法的对象应该为：被害人及依靠其生活的人确实陷入了生活困境；应以故意犯罪的自然被害人为限；应以暴力犯罪所引起的对人的生命、健康以及精神的损害为重点。

（3）补偿的适用。即便是属于上述被害补偿的对象，也未必能够得到补偿，因为补偿的适用还需要具备一定的条件：一是无法从罪犯或其他途径得到充分的补偿；二是被害人和加害人之间不具有亲属关系；三是被害人对遭受被

[①]　在公民或单位因犯罪而遭受损害时，被害人可以向保险公司索赔，保险公司在赔偿后，有权向犯罪人追偿。

[②]　犯罪人若能全部补偿其犯罪给被害人造成的损失，则量刑可以从轻、减轻甚至免除处罚；如果补偿不了，司法机关应根据其应付的金额，对其从重或加重处罚，以示补偿与不补偿、偿多与偿少有别，从而促使犯罪人积极偿付被害人的损失。

害没有责任或责任较小；四是依一般社会观念，认为补偿不失妥当的场合。

（4）补偿的数额。补偿的数额应以被害调查为依据，参照国家赔偿法的相关规定，并借鉴外国所采取的一般标准来确定。补偿的具体数额，应区分财产损失、生命健康损失和精神损失三种情况，分别作出详细的设计。

（5）补偿的程序。首先应确定补偿裁（决）定权的归属。作者倾向于由法院来行使裁（决）定权。因为法院是刑事案件的最终裁判机关，它使案件有了最终结果，已确定了被害人，而案件在公、检机关时，没有最终结果，被害人的构成尚未定论；法院审判人员熟悉案情和法律，便于确定补偿的数额；审判机关有审级设置，可采取两审终局制，同时也有利于对裁定的监督。但不管是否由法院来行使裁（决）定权，补偿的申请人对补偿裁（决）定不服，都可以根据行政复议法和行政诉讼法的规定申请行政复议和提起行政诉讼，这一点至关重要。

（6）补偿的原则。犯罪被害人补偿应遵循以下原则：一是及时补偿原则。为了减轻那些急需救助的被害人的痛苦，应给予及时而迅速的救济；对于那些符合补偿条件的被害人，在案件长期不能破获、犯罪人不能归案的情况下，应对被害人临时予以补偿。二是特殊保护原则。对性犯罪被害人，应充分考虑其身心所遭受的打击和终生造成的影响，给予特殊的关怀和优厚的精神损害补偿；对于因犯罪被害而生活陷于极度困难的被害人，在确定补偿额时应给予特殊的照顾；对死亡者的未成年家属应建立教育基金，以保障他们接受教育的权利。三是溯及力原则。为了体现公平性，应当在犯罪被害人补偿法中确定溯及力原则。可以将溯及力限定为若干年，补偿的额度可逐年递减，如溯及力以5年为限的话，年递减为15%；也可以先确定补偿的年递减额，然后推出溯及力的年限。

二、犯罪被害人援助

1995年全国第一个法律援助机构——广州法律援助中心宣告成立，标志着我国的法律援助工作进入了实施阶段。1996年《刑事诉讼法》的修订与《律师法》的颁布，首次以立法的形式规定了法律援助的基本内容。2001年9月28日我国司法部正式宣布，全国省级法律援助机构已全部成立，标志着中国法律援助事业进入了一个新的阶段，中国法律援助的雏形已基本形成。但从司法实践层面上看，我国现阶段对被害人的法律援助体系依然十分薄弱，刑事诉讼中规定的法律援助对象仅限于被告，公诉案件的被害人却被排除在援助范围之外。因此，为保护被害人的合法权益，减少他们的损失，必须构建我国被害人法律援助的新模式。但鉴于目前我国法律援助工作的发展必须依靠各级司法行政部门的现状，建议在"官方"的法律援助机构功能健全完善的基础上，再逐步转向"民间"，以此建立起真正意义上的"社会援助"制度，即被害人及其亲属、社会团体、企业公司等自发建立的援助组织，设立类似于国外被害人庇护所、康复中心、救助中心等援助机构，对被害人提供包括经济援助、法律服务、医疗服务以及其他特殊援助项目等多方面的内容。因此，我国的被害人法律援助的理想模式应为："民间机构多，官方机构少，民间机构重操作，官方机构重管理。"民间机构与官方机构只有相互包含、相互补充，才能使各项援助制度和措施发挥应有的作用。

（一）建立被害人社会救助组织

被害人是在物质和精神等方面遭受严重损害的一个庞大群体，他们不仅需要依法获得其损害赔偿和补偿，而且还需要社会的关心、理解和帮助。有些无辜的被害人，如强奸被害人，被害后背负着巨大的精神压力和心理创伤，如果不能取得社会的同情和理解，就会使他们陷入绝境，甚至产生自杀的念头。即使对自己的被害有一定责任的被害人，他们也希望有个辩解和向他人诉说的机会，以取得他人的理解与同情。因此，提供感情支持，对被害人表示理解与同情是一项最基本而普遍的服务。建立社会援助组织，专门为被害人服务，帮助他们恢复正常的社会生活和家庭生活，对于预防被害、维护社会治安秩序是非常重要的。自1975年美国成立世界上第一个被害人服务机构——"全国被害人资助组织"之后，许多国家和地区也陆续成立了类似的机构。我国在建立被害人援助机构和组织时可以借鉴国外的经验，充分利用我国最为广泛的前被害人资源。前被害人在向被害人提供感情支持方面有着其他人所不可比拟的作用。

（二）创立被害人咨询机构

被害人咨询机构的功能主要有两个方面：一是法律咨询，二是心理咨询。许多被害人不懂得自己被害后的诉讼权利和义务，不懂得如何参与诉讼活动。被害人咨询机构可以满足他们获得法律常识的需要，从而使他们能以诉讼当事人的身份参与诉讼活动，拿起法律武器保护自己的合法权益。

如前所述，被害人不但身体受到损害和财产受到损失，其精神也会受到不同程度的伤害，短期的症状包括委屈、气愤、幻想、感到无助和社会不公平等；长期的症状包括脑震荡后综合症、神经症、生命周期缩短和生命质量下降等。这些心理症状若短期内不能及时缓解和消除，还会进一步对被害人的心理造成损害，影响被害人的学习、生活和工作。因此，应当在被害人受害后及时向他们提供心理咨询与服务，缓解与消除被害人所遭受的心理创伤。在这方面，许多国家的被害人援助组织都做了大量的工作。但在我国，心理咨询与服务业刚刚兴起，被害人援助组织尚未建立，对被害人的心理咨询服务基本上还处于空白状态。因此，在建立被害人援助机构的同时，应将创立被害人咨询服务机构提上议事日程。

第五节　被害预防

被害预防是整个犯罪预防体系的重要组成部分之一，应当把被害预防同犯罪预防一样置于同等重要的地位。轻视被害预防，"标志着同犯罪作斗争只做了一半的工作。"① 因此，在致力于犯罪预防的同时，还必须加强被害预防，建立有效的被害预防体系。

一、被害预防的概念

关于被害预防的概念，国内学者有多种不同的界定，主要有"自我防范说"②、"个性说"③、"被害人角度说"④ 和"总和说"⑤ 等。但归纳起来可将其分为狭义被害预防和广义被害预防。狭义被害预防主要是指被害人或潜在被害人采取一切措施和手段进行自我防范犯罪侵害的活动。广义被害预防是指国家、社会组织和个人等所采取的一切有利于预防被害现象产生的措施。

由上可以看出，狭义被害预防将预防被害的主体仅仅限定为被害人或潜在被害人的自我预防，因其预防主体的范围过于狭窄，不利于消除被害因素，达到预防被害的目的。因此，我们应坚持广义被害预防的概念，将其界

---

① ［俄］阿·伊·道尔戈娃：《犯罪学》，赵可译，群众出版社 2000 年版，第 357 页。

② 认为是被害人的自我防范，即"从被害人方面采取各种措施和手段，防止自己成为犯罪行为的被害人的一种目标明确的活动。参见赵国玲：《中国犯罪被害人研究综述》，中国检察出版社 2009 年版，第 81 页。

③ 认为被害预防的依据是被害人的个性特征。即"根据被害人和群体方面存在的一些个性特征，采取各种有效措施，防止他们实际遭受犯罪侵害的活动"。参见赵国玲：《中国犯罪被害人研究综述》，中国检察出版社 2009 年版，第 81 页。

④ 该观点认为，被害预防是指"从被害人和潜在被害人方面采取的一系列措施和手段，防止其成为犯罪行为侵害的被害人的一种预防活动"。其最大特征在于从被害人的角度采取预防活动。参见赵国玲：《中国犯罪被害人研究综述》，中国检察出版社 2009 年版，第 81 页。

⑤ 该观点认为，被害预防是各种被害预防对策的总和，包括个体、群体和社会与国家本身所采取的一切有助于预防被害现象产生的措施与对策。参见赵国玲：《中国犯罪被害人研究综述》，中国检察出版社 2009 年版，第 82 页。

定为：从被害人的角度，由国家、社会以及个人所采取的各种防范被害的体系。

广义被害预防概念主要具有以下四个方面的特征：

（1）被害预防的主体是国家、社会和个人。

（2）被害预防以被害人为视角，是围绕着被害人或潜在被害人而展开的，这是与以犯罪人为视角的犯罪预防相区分的标志。

（3）被害预防的目的是防范被害或再次被害。

（4）被害预防是一种综合性预防体系。这种综合性首先表现为被害预防的主体包括国家机关、企事业单位、社会团体、家庭、学校及个人；其次表现为防范措施的多样化，包括法律制度、宣传教育、社区建设、单位管理、个人防范等；最后表现为从策划组织到各种措施的制定再到具体的落实，各层次、各环节彼此关联、相互影响。

二、被害预防的作用

以犯罪人为中心的犯罪预防和以被害人为中心的被害预防是犯罪预防体系中相互联系、不可分割的两个方面。任何犯罪的发生，都是犯罪人与被害人相互作用的结果，只有以动态的相互作用的观点去分析和理解被害预防才是全面的、科学的，才能充分发挥它们在预防犯罪中的作用。被害预防的作用主要体现在以下方面：

（一）被害预防能够有效缓解我国社会转型期犯罪增多的社会压力

在犯罪原因体系中，被害预防在不同的历史时期所起的作用是不同的。在传统的农业社会，社会结构稳定，人、财、物呈静态分布，社会成员的活动范围十分有限，人们固守传统，按照既定的行为规范行事，社会心理趋于平静，犯罪条件、犯罪机会相对较少，被害预防的作用不太显著，以犯罪人为中心的犯罪预防是其主要预防方式。但进入工业社会以后，随着犯罪持续不断的增长，西方一些国家经过长时间的犯罪预防实践尝试后逐渐认识到，犯罪增长的主要原因是由于工业社会犯罪机会增多，那么，遏制犯罪增长的主要措施也应侧重于减少犯罪机会。英国的内政部门采纳了这种观点，从 20 世纪 80 年代中期开始，英国将情景预防摆在了突出位置，[①] 并取得了明显的效果。我国是个后工业化国家，在现代化过程中，社会在很多方面都表现出"转型期"的特征，如人、财、物的无序流动，给犯罪的社会控制带来了很大困难；各种各样

---

① 管晓静、马惠芳：《英国预防犯罪的启示》，载《山西警官高等专科学校学报》2000 年第 4 期。

的信息通过现代媒介的迅速传播无时无刻不在对人们产生着强烈的刺激，现代社会的人们再也无法保持平静的心态，这种状况无疑大大增加了犯罪的机会和条件。此种机会和条件，有相当一部分是被害人有意无意提供的。那么，在社会改革、开放趋势不可逆转以及在控制犯罪的原因效果式微的情况下，倡导并加强以减少犯罪机会和条件的被害预防将具有独特的优势：一是被害预防是从广大群众利害攸关的安全问题入手，以提高广大群众的自防能力为落脚点，比犯罪预防更利于广大群众接受。二是推行被害预防比推行犯罪预防要简单易行得多。以改变被害人和潜在被害人的一些不良行为习惯和生活方式的被害预防比以改变社会环境和犯罪行为的犯罪预防更具有可行性和可操作性，其预防措施也更容易落到实处。

（二）被害预防可通过增加犯罪难度减少犯罪

理性选择理论认为，犯罪人是有理性、会思考的人，犯罪是行为人在权衡犯罪的风险与回报、成本与收益的基础上作出选择和决定的结果。这一理论告诉我们，积极主动地为犯罪制造障碍，增加犯罪人实施犯罪的难度和危险性（即减少、消除犯罪实施的外部条件），就能大大减少犯罪的总数。因为人人都有趋利避害的本能，犯罪分子也不例外。一般地说，犯罪分子在选择作案目标时，首先会考虑实施犯罪的成功率，然后考虑被抓获的可能性，如果认为犯罪难度大或者作案后难以逃脱法网的话，绝大多数犯罪分子是不会作案的。因此，对于我们每个人来说，犯罪分子加害于我们的难度越大，我们被害的可能性就会越小，如果这种障碍足以阻止犯罪行为的实施，那么我们就可能避免被害。所以，提高自防意识，减少自身被害的机会和条件，或者力所能及地增加犯罪分子实施犯罪的难度，就能够大大减少犯罪的发生。

（三）被害预防能够有效地预防"可防性犯罪"

根据犯罪预防的难易程度，可把犯罪划分为"不可防性犯罪"和"可防性犯罪"两类。前者的特征是，犯罪分子已形成比较稳定的犯罪心理结构或动力定型，具有较强的犯罪意志力，非经特殊的外力作用一般不会轻易发生良性转变；犯罪分子在实施犯罪的过程中，即使遇到很大的阻力也不会轻易止步，总会千方百计创造条件，或者调整作案方向，不达目的决不罢休。这类犯罪分子主要是社会上的一些惯犯、累犯、黑社会分子以及以犯罪为职业的人员。对这类犯罪的预防难度很大，采取被害预防的效果不太理想。而后者的特征主要表现为，行为人或许存在这样那样的问题，但并没有形成稳定的犯罪心理结构，他们之所以犯罪，多因被害人的诱发所致，如被害人欺人太甚、恶言相激，对自己的钱财毫无防备，穿过分暴露的衣服，性挑逗，或因处于难以控制的犯罪情景之中，等等。在这种情况下，如果消除被害人自身存在的种种不良因素，减少犯罪实施的条件，犯罪就不至于发生，也不存在犯罪转移的问题。对于在犯罪总数中占相当数量的初犯、偶犯、激情犯、被迫犯以及一些轻微犯罪者来说，如果没有被害人有意无意的"配合"，他们可能永远都不会犯罪。所以，在我国社会大变革、社会利益关系调整和社会矛盾大量增多以及社会心理失衡的特殊历史条件下，从被害人自身的利益出发，从加强被害教育、减少被害机会的角度入手预防犯罪，就能够防止大量可防性犯罪的发生，从而大大降低犯罪率。

（四）　被害预防能够有效阻却被害人的恶性转化

被害人与犯罪人角色转化原理为被害预防的价值意义提供了强有力的佐证。研究表明，被害人并非是无害的，犯罪被害人比非被害人更多地犯有暴力行为；未成年时遭受被害的人，在很大程度上意味着他在成年后更有可能成为犯罪人，许多人的人生是持续的犯罪与被害的因果循环。这说明被害与犯罪具有难以分割的联系性。被害人遭到犯罪侵害后若不能获得公正的待遇和及时的心理疏导，势必会产生怨恨心理，继而可能向加害人转化。因此，国家要有效地控制犯罪，避免被害人向犯罪人转化，就必须强化被害预防的功能。首先，应当对犯罪人采取及时的刑罚措施，以缓和被害人的报应情感。其次，国家应当通过立法，建立被害人补偿制度和社会援助制度，通过保障被害人的合法权益，给被害人适当的经济补偿，以减轻被害人的损失，平复被害人的怨恨情绪，防止其出现不良反应。最后，还应当加强被害教育。"实质上，犯罪预防的根本问题在于教育人"。① 这里所说的教育，不仅指教育犯罪人和潜在犯罪人，同时也指教育被害人和潜在被害人，特别是通过对那些因遭到犯罪侵害而形成心理死结的被害人的教育，可减轻其怨恨心理和社会敌意，防止其心理失衡并向犯罪人转化，从而达到控制犯罪、减少犯罪的目的。

（五）　被害预防能够充分调动广大群众预防犯罪的积极性

被害预防不只是已然被害人的预防，而是全体公民的预防，其实质是通过教育改变人们错误的犯罪预防意识，使每个公民都认识到自己在预防犯罪中的责任。② 然而从目前的犯罪预防实践来看，我国的犯罪预防仍被仅仅看作是国家及司法部门的责任，这种观念与认识直接影响到犯罪预防的成效。孰不知，

---

① 康树华、石芳：《论犯罪预防中的教育机制》，载《法学杂志》2003 年第 3 期。

② 应当说，预防被害不仅是公民的权利，同时也是公民的义务，是其权利与义务的统一。片面强调公民的权利或公民的义务都有失偏颇。在目前预防犯罪和被害责任主要由国家承担的情况下，强调公民的责任与义务是理所当然的。

"犯罪控制应有的效力在某种程度上取决于被依靠参与犯罪控制的个人或群体，而不是刑事司法工作人员"。① 没有广大群众的积极参与，甚至自己也不关心自己的被害问题，不去考虑如何防范被害，这意味着司法机关与广大群众打击犯罪合作关系的疏远。所以，在目前干群关系、警民关系还不太和谐的情况下，作为预防犯罪主体之一的司法机关，不能将预防犯罪的重担全部扛在自己肩上，而必须主动推行与实施被害教育战略计划，通过被害教育，取得广大群众的支持，使每个公民都来自觉地分担被害的责任，并积极参与到预防犯罪的社会实践中去。这种预防责任的转移是一种巨大的进步，它比单纯推行犯罪人预防更接近现实，更符合广大群众的切身利益，是国家职能机关与广大群众相结合、实现群防群治的具体体现，是群众路线在新形势下的发扬光大，完全契合了我国犯罪综合治理的总方针。

综上所述，犯罪预防与被害预防在预防犯罪体系中是相互联系、不可缺少的两种预防方式，它们二者从不同的角度对犯罪预防共同发生作用。因此不能简单地说，犯罪预防是从根本上、从犯罪原因方面预防犯罪，而被害预防仅仅是从条件方面预防犯罪。因为从辩证唯物主义的观点出发，原因与条件、犯罪人与被害人之间的关系不是固定不变的，而是可以相互转化的，将被害预防界定为条件预防的范畴，也只有从其相对意义上才能得到恰如其分的解释，否则，不从犯罪人与被害人相互作用的动态关系的高度认识被害预防问题，就难以有效解决我国目前犯罪预防实践中存在的问题。因此，在我国社会转型的特殊历史时期，应充分理解被害预防的属性和机制，以切实发挥被害预防在整个犯罪预防体系中的作用。

三、被害预防的分类

根据一定标准和预防被害的需要，可将被害预防划分为多种不同的类型。

（一）依据被害预防层次划分的被害预防类型

1. 宏观被害预防、微观被害预防和个体被害预防

宏观被害预防是指国家及其职能部门利用政治、经济、法律、教育等手段和措施在较高层面上所实施的总体被害预防活动；微观被害预防是指单位、社区、家庭、学校等社会组织的被害预防活动；个体被害预防是指公民个人的自我防范活动。

---

① ［德］汉斯·约阿希姆·施奈德：《国际范围内的被害人》，许章润译，中国人民公安大学出版社1992年版，第354页。

2. 国家被害预防、社会组织被害预防、个体被害预防

国家（包括其职能部门）被害预防有两层含义：一是国家也是抽象的被害人，它所采取的一切防范措施从本质上说都是为了自身的利益免遭被害；二是国家通过颁布法律、规章和制定各种社会政策影响和减少具体的被害人免遭犯罪侵害。社会组织被害预防主要指社区或各企事业单位、社会团体、学校等所进行的预防被害的一切活动。社区或社会组织不仅要避免自身被害，同时还要组织开展对其内部成员的被害预防宣传和指导工作。个体被害预防是个人在社会有关部门宣传、教育影响下，根据个人的经验和所掌握的有关知识技能，防止犯罪侵害的过程。①

（二）根据被害预防阶段划分的被害预防类型

我国学者普遍认为，依据被害预防的阶段，可将被害预防分为被害前预防、被害中预防和被害后预防三个阶段。但对被害预防三个阶段的具体含义，学者们有着各自不同的解读。其原因在于每一个阶段都涉及主体被害预防措施的实施以及与之相适应的各种配套预防措施的落实，这为学者们提供了充分的想象空间。

1. 被害前预防

被害前预防是指被害预防主体在被害发生之前所采取的各种积极防范被害的活动。其意义在于潜在被害人方面的一些问题在犯罪前能够得到有效地解决，可防患于未然，因而"它是最主要的、真正意义上预防"。"被害前预防是最为积极、内容最为丰富的防范措施，居于被害预防的核心地位。"②

2. 被害中预防

被害中预防是指被害发生过程中，被害预防主体为避免或降低危害后果而采取的各种积极应对措施。其实，从严格意义上讲，现实犯罪"侵害中"采取的应对措施不应称为预防，而将其称为防范对策更为贴切。

3. 被害后预防

被害后预防是指在初次犯罪发生后为预防再次被害所采取的各种防范活动。它主要是从被害人被害后的实际情况出发，及时采取包括经济补偿、社会援助、救治等在内的多种补救措施，使被害人尽快恢复到正常状况，避免再次遭到被害、重复被害或出现恶逆变。

（三）其他标准划分的被害预防类型

除上述划分类型外，还可以根据其他标准划分为多种被害预防类型。有学

---

① 宋浩波：《犯罪被害人与犯罪被害预防》，载《湖南公安高等专科学校学报》2004 年第 4 期。
② 郭建安：《犯罪被害人学》，北京大学出版社 1997 年版，第 323 页。

者根据被害预防是否主动，将被害预防划分为积极被害预防和消极被害预防。前者指被害人为避免自身遭受犯罪侵害而主动进行的努力；后者则是指被害人或潜在被害人为避免自身遭受犯罪侵害而不得已或不情愿而为之进行的努力。① 还有学者根据被害预防侧重点的不同将被害预防划分为犯罪被害人的预防、犯罪被害空间上的预防和犯罪被害时间上的预防。

四、被害预防的实施

被害预防若要在实践中取得切实的成效，应重点解决以下三个基本问题：提高被害人的防害意识、建立被害人补偿制度和被害人责任机制。

（一）提高被害人的防害意识

1. 防害意识的含义

被害预防的方式可分为物质预防、技术预防和观念预防。物质预防是通过加强物质防护，给犯罪分子增加犯罪成本和难度以防止被害，如在房屋上安装防盗门窗，在车辆上安装报警装置等；技术预防是利用科学技术所进行的被害预防；而观念预防是通过树立预防被害的观念，增强自我防卫意识，对危险人物和危险环境提高警惕以避免被害的预防。实践证明，物质预防和技术预防尽管也能在某种程度上对犯罪起到一定的预防作用，但其局限性也是显而易见的。一是成本过高；二是犯罪分子的犯罪手段会随着社会的发展和科技的进步而水涨船高；三是有些被害预防是技术预防和物质预防无能为力的，如在性被害人或诈骗被害人身上，我们既不能安装报警器，也不能让他们穿上防害服，只有使他们提高防害意识，增强与犯罪分子作斗争的能力，消除自身存在的不良心理与行为习惯，才能有效地预防被害。如果缺少了防害意识，不论配备多少保安员，安装多么坚固、完善的防盗设施，也只能形同虚设，发挥不了应有的作用。因此说，提高防害意识是被害预防的核心与关键。我们在利用物防、技防的同时，必须在提高防害意识上下功夫。

那么，何谓防害意识呢？所谓防害意识是指人们在社会生活中，对可能遭受的不法侵害及其严重后果所表现出来的一种警觉行为，它包含人的思维和人的行为两个层面。从人的思维层面看，防害意识是人们对犯罪现象尤其是对自身是否会遭受犯罪侵害以及遇害后果的一种认识。这种认识是一切防害意识的前提，一个人防害意识的强弱，完全取决于他（她）对犯罪行为及其后果的认知程度。人的行为是意识支配的产物，任何被害人所表现出来的防害行为都

---

① 蔡芬：《试论犯罪被害预防》，载《当代经理人》2006 年第 4 期。

是受其防害意识支配的，因此说，防害意识是一切防害行为的前提和必要条件。从人的行为层面看，防害意识不只是停留在对犯罪的认知上，而是在这种认知的基础上所产生的一种警觉性行为。防害意识是人的思维的内在活动方式，而防害行为则是人的思维的外在行为方式，二者相辅相成，共同构成了人们的防害意识。由此可以看出，提高防害意识对被害预防具有决定性意义，它是被害预防的灵魂和基础。但是，要提高人们的防害意识并不是一件容易的事情，特别是要持久地增强或保持公众较强的防害意识是十分困难的。因为，公众防害意识的强弱受多种因素的影响，这些因素主要有：一是社会治安状况。一般而言，社会治安状况越差，人们的防害意识就越强；反之，社会治安状况越好，人们的防害意识就越弱。二是行为人的被害体验。不论社会治安状况如何，亲身遭受犯罪侵害的人，比没有遭受犯罪侵害经历的人会有更深刻的体验。被害经历是增强被害意识的重要途径之一。三是行为人接受的犯罪信息量。行为人可以通过多种方式和途径接受到众多的犯罪信息，这对人们提高防害意识有着重要意义，而且，人们的防害意识大部分来源于此。四是行为人对社会治安的特定需求。特定的社会治安需求，是在特定的条件下所产生的防害意识，如偶尔走夜路时所产生的警觉性。因此，建立在特定治安基础上的防害意识只是短暂的，也是靠不住的。①

从上述四种影响因素来看，我们不可能通过恶化社会治安形势来提高人们的防害意识，也很难通过行为人暂时的、短暂的对社会治安的需求来提高防害意识，更不能要求大多数没有被害经历的人以付出亲身遭受犯罪侵害的代价来增强防害意识。所以，对提高公众防害意识有意义的只有第三种情况，即增加有关犯罪信息量。

2. 提高防害意识的途径

通过增加犯罪信息量提高公众的防害意识，主要有宣传、教育和警示等基本手段。这些手段并没有什么创新性，而大都是些传统的方式、方法。但它却是提高公众防害意识的基础性重要手段，或者说是我们提高公众防害意识的唯一选择。

（1）宣传。宣传主要针对社会公众普及防害常识。国家及其职能部门应加大宣传力度，通过各种渠道和手段，争取让公众获取更多的有关犯罪的信息量。一是要改变过去对老百姓空泛的说教和单一的"拉横幅、贴标语、送传单、喇叭喊"等传统的做法，要千方百计充分运用现代先进的传媒技术、移动电视、互联网、手机短信、治安简报、"110"信箱、电子宣传海报、宣传

---

① 王可群：《试论被害预防》，载《山西警官高等专科学校学报》2003 年第 3 期。

画刊、电视短片等灵活多样、有吸引力的方式，宣传、普及被害预防知识，培养和强化公民的防害意识，使公民充分认识到犯罪存在的必然性和人人都是潜在的被害人，都有遭到犯罪侵害的可能性，从而提高对犯罪的防范意识。二是要教授公众防范各种犯罪的方法。特别是公安机关应采取务实的做法，将防范犯罪的方法和技巧及一些案例汇编成手册，由辖区民警免费送到群众手中，以提高公民防范犯罪的自觉性和积极性。在西方一些国家，警察上街巡逻时将写有警示语的玩具熊（在小熊身上写有"与陌生说不"）分发给孩子；在警察局中备有大量图文并茂、通俗易懂的防害宣传材料，如《妇女这样防止性被害》、《儿童这样防止被拐卖》等。这些做法值得我们学习、借鉴。

（2）教育。这里所说的教育不是针对一般人群的宣传教育，而主要指针对特定人群和个人以及被害人的教育。首先，国家犯罪预防机构、基层公安机关以及城市街道办事处、居民委员会、村民委员会、各单位保卫部门等应结合自身的业务特点，各司其责，加强对那些易成为侵害对象的机构、特殊群体及其人员的教育管理，将提高群众的防害意识纳入工作范围，开展经常性的入户调查走访教育工作，以增强他们防范被害的能力和意识，如通过举办培训班等形式，组织出租车运营管理部门、驾驶员协会等加强对高危职业的司机的安全教育；老年协会、老年之家等应根据老年人的特征，加强其容易被抢、被骗、被盗的防范教育；家长平时应注意学习、了解被害预防方面的知识与技巧，并随时传授给孩子，不断增强孩子预防被害的观念；学校在对学生进行法制教育时，应强化被害预防教育，使学生懂得如何规范自己的言行，怎样远离危险的环境，对什么人应提高警惕。其次，应针对被害人的"被害性"加强教育。在很多案件中，被害人被害与自身存在的被害性有着密切的关系。具体来讲，被害性中既有被害人的年龄、性别等生理特性，也掺杂着被害人的一些不良心理特征和行为特征，如单纯、疏忽、招摇、暴躁、轻信、轻浮、贪利、霸道，等等。如果人们不存在这些被害性特征，就会大大减少被害的可能性，加害行为也就难以发生。实践证明，妇女更容易成为性侵害的对象；青少年男性更容易受到暴力犯罪的伤害；疏忽和轻浮比谨慎更易于被害；贪图便宜往往为诈骗犯罪提供便利条件。西方犯罪学有句名言："4%的被害人聚集了40%的侵害，"[1] 这说明相当一部分犯罪是具有选择性的，不借助于一定的条件（被害人的被害性），犯罪便难以得逞。所以，应针对行为人的被害性的特征，通过深入浅出的形式，教育、引导其克服自身存在的缺陷和不足，减少被害。

（3）警示。警示是针对犯罪多发场所、地点的情境特点所采取的各种有

---

① 王大伟：《中小学生被害人研究》，中国人民公安大学出版社2003年版，第66页。

针对性的提醒措施。警示的作用在于，适时提醒和促使人们在忙于各种事务的同时不放松警觉性，使犯罪分子无处下手，达到即时预防被害的效果。如在偏僻的地段设置"警惕抢劫"的警示标志，在老年人经常晨练的地方设置"警惕被抢"的标牌，在人员拥挤的公共场所张贴"警惕扒窃"的提示，等等。这样既能让公众提高警惕性，也可使犯罪人有所忌惮，不敢轻举妄动。

（二）建立被害人补偿制度

犯罪被害人是伴随着犯罪而存在的、规模十分庞大的社会松散群体，他们分布于社会的各个阶层和行业。特别是进入现代社会以来，随着犯罪问题的日趋严重，犯罪被害人问题遂成为一个十分严重的社会问题。被害人权益的缺失性、被害人的有害性以及被害人与犯罪人的相互转化性，都要求我们必须从制度层面关注被害人问题，即以立法的方式建立被害人补偿制度，对补偿的对象和范围、补偿的数额和原则等加以明确规定，使对犯罪被害人保护切实落到实处，以防止被害人角色的正向转换和其有害性的进一步扩散，从而达到从法律制度方面帮助被害人，实现被害预防的目标。

（三）建立被害人过错责任机制

建立被害人过错责任机制，即是通过立法的形式对被害人的责任问题加以规定，在被害人有责任的情况下，相应减轻犯罪人刑罚责任的一种制度。追问被害人的责任，不是对弱者落井下石，而是通过一定的规制，让被害人承担起属于自己的那份责任。这对于我们建立以被害人为中心的被害预防体系具有十分重要的意义。在现实生活中，有的人对自己的安全漠不关心，甚至不止一次地反复受害于同一种犯罪或同一个犯罪人；有的人无事生非，挑衅、引诱、攻击他人，或成为加害的原因，或成为加害人攻击的借口；还有的被害本身亦可能是其"同意"的结果。其中之原因，既有个体防害意识的问题，也有法律保障的因素，同时还有法律制约状况的影响。通常人们对有责任的被害人只是给予否定性的道义评价，如"活该"、"罪有应得"等；被害人对自身的过错也大多只停留在面上，难以有深刻的反省和认识。被害人忽视或者不加反思自己受害的过错，对被害预防持可有可无的态度等，都直接影响到以被害人为中心的被害预防体系的建立。因此有必要以法律的形式对被害责任加以规定，通过法律规制让被害人承担一定的责任来促使其增强责任感。

关于被害人责任的承担，可分别在刑法和未来的犯罪被害人补偿法中加以规定。

首先，在刑法中，应参考犯罪被害人学关于犯罪被害人的有关分类，将犯罪被害人的责任分为以下四个等级：（1）责任小于加害人的被害人。这类被害人虽然对自己的被害负有一定的责任，但其责任大大小于加害人，如被"大义灭亲"的被害人。这类被害人虽有过错甚至有严重的过错，但其行为的性质主要属于无知、一般违法或者道德范畴。而加害人则触犯了刑律，属于犯罪。二者的责任性质完全不同。（2）责任相当于加害人的被害人。这类被害人对犯罪行为的发生负有不可推卸的责任，其责任程度与犯罪人相当。（3）责任大于加害人的被害人。即犯罪行为的发生主要是由被害人的违法犯罪行为引起的。在这种场合，该行为人往往首先实施了违法犯罪行为，而后来由于种种原因转化为被害人，包括诱发性被害人和"双向推动"模式的被害人，如殴斗、群殴行为的被害人。（4）具有最大或全部过错的被害人，如防卫过当的被害人就是这类被害人的典型代表。这类被害人之所以"被害"，主要或完全是因为自己的违法犯罪行为受到反击使然。在上述分类的基础上，将被害人的责任与犯罪人的刑事责任挂钩，把被害人责任的大小作为对犯罪人处罚轻重的法定条件。如果被害人有重大或较大过错责任，那么就应减轻对犯罪人的刑罚。

其次，在犯罪被害人补偿法中，将对犯罪被害人的经济补偿与其责任挂钩，根据被害人过错的大小和责任程度来决定是否对其补偿和补偿的多少。通过这种外在的法律规制与看得见的否定性评价，对犯罪被害人产生内心触动，引起被害人对自身不良行为的约束，使其从中吸取教训，进一步加深对自身被害角色的认识，防止再次被害，从而保障被害预防发挥其应有的作用。

思考题

1. 犯罪被害人的概念及其"被害性"的含义是什么？
2. 犯罪被害人研究有什么意义？
3. 犯罪被害人主要有哪些类型？
4. 犯罪被害人补偿的概念及其价值是什么？
5. 犯罪被害预防的内容有哪些？

阅读书目

1. ［德］汉斯·约阿希姆·施奈德：《国际范围内的被害人》，许章润译，中国人民公安大学出版社1992年版。

2. 郭建安：《犯罪被害人学》，北京大学出版社1997年版。

3. 赵国玲：《中国犯罪被害人研究综述》，中国检察出版社2009年版。

4. 董士昙：《犯罪被害人权利保护的理论与实践》，载《法学论坛》2005 年第 2 期。

5. 董士昙：《犯罪被害人补偿制度及其建构》，载《东岳论丛》2005 年第 4 期。

6. 张宝义：《暴力犯罪中犯罪人与被害人的关系特征及过错责任分析》，载《河南高等公安专科学校学报》1999 年第 2 期。

7. 董士昙：《刑事和解模式及其中国式构建》，载《求索》2007 年第 9 期。

8. 董士昙：《对我国犯罪被害人刑事诉讼地位的反思》，载《江苏警官学院学报》2007 年第 3 期。

9. 张永明：《不可忽视被害人心理》，载《人民检察》1999 年第 5 期。

10. 董士昙：《被害教育初探》，载《山东行政学院学报》2006 年第 5 期。

11. 霍建中、韩文成：《论犯罪人与被害人的互动关系》，载《河北法学》1999 年第 5 期。

12. 刘军：《事实与规范之间的被害人过错》，载《法学论坛》2008 年第 5 期。

13. 齐文远、魏汉涛：《论被害人过错影响定罪量刑的根据》，载《西南政法大学学报》2008 年第 1 期。

第七章 犯罪原因的基本理论

犯罪原因是犯罪学研究的核心内容，犯罪学的主要任务之一就是要揭示犯罪产生的原因，并在此基础上提出犯罪预防的对策。一个社会为什么存在犯罪现象，一个人为什么实施犯罪行为，古今中外的许多政治家、思想家、社会学者、心理学者、教育学者和犯罪学者等对此都进行了不懈的探索。由于犯罪原因的复杂性，犯罪原因不论是现在还是将来都是需要加强研究的一个重要问题。

第一节　犯罪原因的涵义及研究意义

一、犯罪原因的涵义

（一）犯罪原因的概念

关于犯罪原因的概念，学者们的表述各不相同，归纳起来不外有狭义和广义两种。狭义犯罪原因是指处于犯罪原因系统中、具有较大的致罪力量、能够相对独立地引起犯罪结果发生和犯罪现象变化的现象及其过程。狭义犯罪原因也被称为犯罪的直接原因或直接动因。广义犯罪原因是指引起犯罪发生的各种因素相互作用而形成的罪因系统。也就是说，凡是"能引起、促成和影响犯罪的诸现象及其过程，均为犯罪因素；各犯罪因素按其作用层次和作用机制构成的系统便是犯罪原因"。[①] 该概念表明，犯罪原因不是一个简单的哲学范畴，而是一个极其复杂的包含了引起犯罪结果发生的原因、条件及相关因素的多层次的罪因系统；单一的犯罪因素不能造成犯罪结果，只有各种致罪因素有机结合，相互作用，并在一定的条件下，才会导致犯罪结果的发生。所以，犯罪学上通常所说的犯罪原因一般指广义的犯罪原因。凡是能够引起犯罪发生的各种因素及其过程、结构和作用机制都属于犯罪原因的研究范畴。这是在经过长期的理论探索后目前学界所普遍认同的犯罪综合动因论。该理论的确立，使犯罪学从昔日的单因论、静止的多因论发展到"层次系统"论，表明了人类对犯罪的认识又向前迈进了一大步。

（二）犯罪原因的特征

1. 综合性

将犯罪现象视为一种社会综合症状，是人类对犯罪认识的一大进步。在犯罪学研究的早期，人们往往把犯罪看成是单一原因引起的，如个性特征、生物特点、经济状况等。但随着社会的发展和科学的进步，人们对社会、对自身的认识不断深化，逐步认识到，同其他社会现象和社会行为一样，犯罪现象和犯罪行为决非单一因素造成的，犯罪原因是一个多元、多层次、多变量的动态系统。其中既有政治、经济、文化、思想、道德、法制等因素，又有生理、心理、行为等因素；既有客观因素，又有主观因素；既有直接因素，又有间接因素；既有消极、腐朽的因素，又有积极和健康的因素在其发展过程中不可避免地伴生的副作用，而且这些众多的因素不是孤立地起作用，而是在相互作用的过程中按其作用的大小和性质的不同共同对犯罪结果产生影响。

2. 复杂性

犯罪原因的复杂性是指犯罪原因系统中各种因素及其作用的机制是错综复杂的。这种复杂性首先表现在犯罪原因是分层次的，犯罪既是一种"社会现象"，又是一种特定的"个体行为"。所以，研究犯罪原因，必须区分"犯罪现象"和"个体犯罪行为"这两个层面的原因。整体"犯罪现象的原因"是

---

① 康树华：《犯罪学通论》，北京大学出版社 1992 年版，第 357 页。

指一个国家或某一社会形态在一定历史阶段犯罪的原因，它存在于社会结构内部的矛盾运动之中；而"个体犯罪行为的原因"是指个体犯罪的原因，即某一具体犯罪行为的原因，它主要存在于个体的生理、心理、思想意识等主体自身之中，当然它离不开与外界客观环境的作用。上述两种犯罪现象的原因既有联系又有区别。其次，犯罪原因的复杂性还表现为犯罪类型的多样性。按照不同的标准，可以把犯罪分为多种不同的类型，而各种类型的犯罪原因是有区别的，从而突显出犯罪原因的复杂性——不同类型的犯罪各有其自身的规律、特点和内在规定性。最后，犯罪原因的复杂性还表现为犯罪原因与犯罪结果之间关系的复杂性。犯罪原因与犯罪结果之间不仅存在着因果依存关系，而且还存在着条件关系和状态关系。因果关系反映事物运动、变化和发展的动力与源泉；条件关系保证了动因发挥作用；状态关系反映事物的运动、变化和发展的结果。这种纵横交错的关系表征着犯罪原因和结果之间的复杂联系。

3. 系统性

系统性是指犯罪原因结构内部的各因素不是杂乱无章的，而是相互联系、按层次有机排列组合的一个整体系统。系统内部任何一个单项因素都不能独立地引发犯罪，各因素只有有机结合在一起才能导致犯罪的发生。犯罪原因系统性的主要表现是：若干犯罪因素可能组成具有一定功能的有机整体，从而构成一个罪因系统，而该系统可能又是它们从属的更大犯罪系统的有机组成部分，从而构成了一个更大的犯罪原因系统。这说明在犯罪原因系统中，各种因素所处的地位和对犯罪所起的作用是不同的，即它们所处的层次或等级是不同的。我国学者对犯罪原因系统层次的划分虽不完全一致，但都注意到了按照作用程度进行层次组合，如有的将犯罪原因分为犯罪根源、犯罪原因（狭义）、犯罪条件、犯罪相关因素；有的将犯罪原因划分为犯罪的基本原因和直接因素。犯罪原因的系统性和层次性既是犯罪原因复杂性的体现，又是分析犯罪原因体系的必然要求，它不仅使犯罪原因理论更加科学、严密，而且在司法实践中也有重要价值。

4. 动态性

犯罪原因的动态性是指引起犯罪原因的各种因素不是一成不变的，它始终处于动态的变化过程之中，随着社会的变化而变化。犯罪原因的动态性包含以下三层含义：第一，从宏观方面讲，犯罪作为一种社会现象，引起它产生的各种社会现象（即犯罪社会原因）必定随着社会的发展变化而变化，不存在永恒不变的犯罪社会原因。第二，从微观方面讲，犯罪作为个体行为，促使个体犯罪的外在原因内化为个体犯罪的动机有一个过程，而犯罪动机转变为犯罪行为又有催化过程。① 第三，促使犯罪发生的各种条件及其相关因素也是不断变化的。因此说，犯罪原因是各种社会因素、个体因素、犯罪条件以及各种相关因素相互作用的结果，是一种动态的社会现象。我们必须用运动、发展的观点看待各种犯罪因素之间的相互联系和相互作用，把握社会发展变化的脉搏，将犯罪置于当代社会大变革的背景下，才能深刻揭示犯罪的原因，变革阻碍社会发展的落后生产方式，铲除滋生犯罪的社会土壤。

5. 开放性

开放性是指犯罪原因系统不是封闭的而是一个开放性的系统。犯罪学是一个"博采众长的科学"，② 被视为集犯罪人类学、犯罪生物学、犯罪心理学、犯罪社会学、犯罪经济学、犯罪教育学等之大成的学科。探讨犯罪的原因同样离不开借鉴多学科的理论和方法，犯罪学对犯罪原因的研究从来没有自己一贯的世袭领地，它向一切学科开放，吸取多学科的营养。事实上，犯罪学就是在博采众家之长，充分吸收其他相关学科研究成果的基础上，不断丰富和完善自身的。同其他学科相比，犯罪原因的研究方法也不独特，它所采用的实证方法、社会调查方法、数理统计方法、心理测量方法、实验法等，也无一不是在研究方法上对外开放的结果。但这并不等于说，犯罪学罪因研究是大杂烩式的各种学科知识和方法的机械拼凑，而是集其他学科知识及其方法并加以改造从而成为本学科的知识体系和研究方法的一个不断进行系统内外能量交换的过程。

二、犯罪原因研究的意义

犯罪学自创立以来，就是一门以研究犯罪现象和犯罪原因为己任的学科。早期的犯罪学常常被称为"犯罪原因学"，从中也可以看出犯罪原因研究在犯罪学中所具有的特殊地位。这不仅是因为犯罪原因研究是构筑犯罪学学科体系的基石，同时也是犯罪学研究的价值所在。归纳起来讲，犯罪原因研究的意义主要表现在以下几个方面：

（一）有助于深刻认识和把握犯罪规律

犯罪是一种十分复杂的物质运动形态，它有其自身固有的内在规定性。这种规定性即是支配犯罪现象发生与发展变化的内部相对稳定的态势和倾向，也就是犯罪规律。可见，犯罪规律寓于犯罪原因和犯罪的过程之中。所以，要想认识和掌握犯罪规律，运用犯罪规律为预防犯罪的社会实践服务，提高控制犯

---

① 储槐植：《犯罪学》，法律出版社 1997 年版，第 157 页。

② 曹立群、任昕：《犯罪学》，中国人民公安大学出版社 2008 年版，第 10 页。

罪的能力，就必须研究犯罪原因，深刻揭示影响、制约犯罪的各种社会因素与个体因素的内在的、本质的、必然的联系性。因此说，研究犯罪原因是认识犯罪现象、把握犯罪现象变化规律不可缺少的重要途径。

（二）是搞好犯罪防控的基础

犯罪学研究的目的就是防治犯罪，而要有效地防治犯罪，就必须研究犯罪产生的原因，弄清犯罪的因果关系，只有如此，才能对症下药，制定出切实可行的犯罪对策。犯罪原因研究告诉我们，犯罪是极其复杂的社会现象，犯罪原因中所包含的因素也是多种多样、异常复杂的，既有宏观的，也有微观的；既有主体内的，也有主体外的；既有社会的，也有个人的；既有生理的，也有心理的；既有消极的，也有积极的……要弄清这些因素与犯罪的关系，最大限度地清除这些致罪因素，达到预防与控制犯罪的目的，就必须对这些因素进行科学的分析，充分地认识犯罪的因果联系，这是搞好犯罪预防与控制的基础。

（三）可为制定刑事政策和矫治犯罪人提供理论依据

如前所述，犯罪原因有整体犯罪现象的原因和个体犯罪行为的原因之分。整体犯罪现象的原因应从社会中去查明，通过这一层次的犯罪原因的研究，可为制定科学的刑事政策提供理论依据。一是可以使国家刑事立法更科学，更能体现正义性与公平性，使刑罚体系更有利于打击犯罪、预防犯罪，避免恶法横生或者出现法律纵容犯罪的漏洞。二是有利于社会性法律的建构。如社会保障法、失业救济法、未成年人保护法、被害人补偿法等社会性法律制度的制定，对保护青少年和社会弱势群体免遭不法侵害以及减少犯罪都具有十分重要的意义。只有通过从行为人所处的家庭、学校、社区环境和行为主体方面查明"个体犯罪行为的原因"，才能对个体犯罪的具体原因作出全面、正确的判断，才能洞察犯罪人的心理变化状态，从而有针对性地落实教育、感化、挽救、改造的方针，实施有效的改造与矫治措施。如果不对犯罪人犯罪的具体原因和制约具体原因的犯罪现象的总体原因进行研究，实施改造和矫治的具体措施就是盲目的，就难以达到犯罪改造的效果。

（四）能够促进犯罪学学科的发展

犯罪原因研究是整个犯罪学研究的基础。犯罪学学科的成就与地位，在很大程度上取决于它对犯罪原因研究所达到的科学水平。从犯罪学诞生与发展的历史看，在很长的一段时间内，犯罪学即是"犯罪原因学"；从理论上看，"各种犯罪学说的区分点，往往是以怎样回答犯罪原因为主要标志的；各种犯罪学科所建立的理论体系和理论结构，也往往是以犯罪原因论作为依据的"；迄今最为著名的犯罪学学说都是关于犯罪原因的理论。犯罪原因的理论研究，是犯罪学研究的重要支撑，其研究水平所达到的高度，直接反映出犯罪学的学科水平及其方法论的正确性，影响到犯罪学的生命力。也正因为如此，现代犯罪学期待着犯罪原因理论的更大突破，预防犯罪的社会实践也更需要犯罪原因理论的科学指导。

（五）能够推动社会变革与进步

犯罪是一种"社会综合症"，是社会变动的晴雨表和各种社会问题的集中反映。通过分析犯罪的成因，不仅能够查明社会结构与犯罪发生作用的机制和过程，为制定刑事政策和防控犯罪提供科学依据，而且还可以清楚地发现社会结构中存在的各种问题和弊端，从而为变革社会生产方式提供理论支持，它因此也就推动了社会的进步。如古典犯罪学派对犯罪原因的解释，推动了欧洲和北美的刑法变革；英国政府采纳有关学者犯罪原因研究的结论，推行情景预防实践，取得了良好的犯罪防控效果；我国学者对近年来群体性事件和食品安全问题及其原因的研究，极大地推动了我国社会治理方式的转变，给我国以牺牲生态环境和人民的生命健康为代价的经济发展模式敲响了警钟……总之，犯罪原因研究涉及社会生活的各个领域，对该领域中政治、经济、文化、法制、教育以及家庭、学校、社区等因素与犯罪因果关系的研究，揭示其中存在的各种问题并加以变革，如加强民主法治建设、缩小贫富差距、加强社会主导价值观的引导，改善家庭、社区等微观社会环境等，不仅可以大大减少犯罪，而且也有力地推动了社会的发展与进步。

第二节　犯罪原因系统

一、犯罪原因系统的涵义

钱学森认为，系统是"由相互依赖的若干组成部分结合成的具有特定功能的有机整体。"[1] 犯罪原因系统也即是由相互作用的若干致罪因素所构成的具有引发、促成犯罪产生、存在和发展变化的有机联系的体系。

犯罪原因系统目前仍然属于"黑箱系统"，它是学者们为了研究的方便，把实际上是一个整体的罪因结构，依照一定的标准划分为不同的种类，并按照各自的构想将各种致罪因素排列组合在一起而形成的各种不同罪因结构假说。

---

① 钱学森：《组织管理的技术——系统工程》，载《文汇报》1979 年 9 月 27 日。

因此，任何罪因系统的结构，都是研究者根据自己对犯罪原因的认识，对真实的罪因体系内部结构的模拟。

犯罪原因既然是一个系统，那么它就应该符合系统的要求，不然，它就不能成为具有致罪功能的罪因结构体系。具体讲，犯罪原因系统应具有以下几个基本特征：

首先，它必须包含若干组成部分或要素，并由这些部分或要素相互作用而形成，如果只有某个单一因素，而没有其他因素所形成的合力，是不能引起犯罪发生的。

其次，这些因素并非简单的、孤立的集合体，它们各自以不同的方式、不同的程度在犯罪原因系统中发生作用：有的从根本上发生作用，有的从外在条件上发生作用；有的直接产生作用，有的起到"相关"作用；有的表现为外因，有的表现为内因，它们总是按照一定的结构、层次在系统内部有序地运动。

再次，这些处于不同层次的"要素"，按照一定的规则有序地结合在一起，构成一个有机整体，并以一种新的功能形式决定着整体的状态。

最后，由于任何系统都是由它自己及其他系统所构成的更大系统的组成部分，这个更大的系统就成了它的环境，它要与这个外界环境进行物质和能量的交换，并随着这个外界环境的变化而变化，以保持与这个更大的系统相适应。

二、犯罪原因系统的结构

犯罪原因系统的结构是指构成罪因体系的各个犯罪因素在一定条件下的有机联系与相互作用的方式或秩序。要正确认识犯罪原因系统中各因素错综复杂的结构关系，就需要依据犯罪原因的内在规定性，从多层次、多角度对犯罪原因结构进行分类解析，这对科学建构犯罪原因系统、准确界定犯罪原因概念、把握犯罪原因的发展变化规律和指导犯罪预防实践等都具有重要的价值。

根据犯罪原因系统各组成部分的分类搭配和排列的不同，按照不同的标准，可将犯罪原因结构作如下分解：

（一）犯罪根源、犯罪现象的原因、类型犯罪原因和犯罪行为的原因

依据犯罪原因系统内部各要素由高到低的层次，在纵向上可将犯罪原因依次划分为：

1. 犯罪根源。犯罪根源又称犯罪本源，是对犯罪的产生起根本作用或最主要作用的原因，它处于犯罪原因的最高层次。

2. 犯罪现象的原因。犯罪现象的原因是指在犯罪诸因素中，能够引起犯罪现象发生的直接动因。它对犯罪现象的发生及其趋势往往起着决定性作用。

研究犯罪现象的原因应注重分析一国或某一地区生产力和生产方式的矛盾运动，分析社会结构的变化对犯罪的影响，揭示在社会变迁过程中政治、经济、文化、法制等社会领域中出现的病态现象。

3. 类型犯罪原因。类型犯罪原因是指引发、促成某一类型犯罪的原因，是不同类型犯罪的特殊原因。如财产犯罪、性犯罪、暴力犯罪、职务犯罪、有组织犯罪等，其犯罪原因是有区别的。研究类型犯罪原因既要注意同一般犯罪现象原因的联系，又要特别重视把握其类型特点，对不同犯罪类型的特殊性作出恰当的区分。

4. 犯罪行为的原因。犯罪行为的原因或称为个体犯罪原因，是指个体走向犯罪道路的具体原因。探讨犯罪行为的原因，应根据个案的特点，从犯罪主体的生理、心理及其所处的微观社会环境方面加以分析，进行犯罪生涯研究。

（二）犯罪的一般原因、犯罪条件和犯罪相关因素

依据犯罪原因系统内部各要素所起作用的不同，在横向上可把各致罪因素划分为以下三类：

1. 犯罪的一般原因。这里所说的犯罪的一般原因就是前文所述的狭义犯罪原因——犯罪现象的原因，它应当包括犯罪现象生成的原因和个体犯罪行为生成的原因两个部分。[①] 犯罪的一般原因主要是从宏观层面上分析犯罪现象生成的原因，它探讨的主要是社会不良现象与犯罪的互动关系，以此与从微观层面上分析个体犯罪行为的原因相区别。

2. 犯罪条件。犯罪条件是指犯罪动机外化为犯罪行为所借以利用或必须利用的外界环境因素。犯罪条件制约着犯罪原因和犯罪结果之间的联系，是犯罪原因达至犯罪结果的桥梁。

3. 犯罪的相关因素。犯罪的相关因素是指对犯罪结果的产生具有一定直接作用的因素，它为犯罪结果的发生提供了方便条件。

（三）社会原因、自然原因、生物原因和心理原因

依据犯罪原因的内容可将犯罪原因划分为：

1. 社会原因

犯罪的社会原因是指引起犯罪产生和变化的社会诸因素及其过程，它是犯罪现象产生与存在的最主要原因，决定着犯罪现象发展变化的趋势。从宏观上说，它包括犯罪的政治因素、经济因素、文化因素、教育因素、法制（法治）因素、道德因素、媒体因素等；从微观上说，它包括家庭、学校、社区、社会

---

① 参见张绍彦：《犯罪学》，社会科学文献出版社 2004 年版，第 186 页。

组织等因素。

2. 自然原因

犯罪的自然原因即是与犯罪相关联并对犯罪的产生有一定影响作用的自然环境因素。它包括地理环境、季节、气候、昼夜、时空以及自然灾害等。自然环境因素虽不是犯罪产生的决定性原因，但任何犯罪都离不开一定的时空环境条件，它对犯罪的发生不可避免地产生制约和影响作用。

3. 生物原因

所谓犯罪的生物原因，是指犯罪人在犯罪过程中所表现出来的生物性特征。社会性虽然是人的本质属性，但人类的一切行为包括犯罪行为都有其生物学基础。因此说，生物因素与犯罪有着密切的联系，甚至是必然性联系。如人的年龄、性别、体型、种族、气质、性格、智力、疾病、神经类型等都对犯罪产生一定的影响。

4. 心理原因

任何犯罪行为都是在一定的心理支配下发生的，犯罪的心理原因是内外部因素作用于犯罪个体的综合反映。犯罪的心理原因包括犯罪个体的意识因素、需要因素和动机因素等。这些因素与犯罪原因有着必然的因果联系性。

（四）主观原因和客观原因、内因和外因、普遍原因和特殊原因

依据哲学的观点和方法，可将犯罪原因划分为：

1. 犯罪的主观原因与犯罪的客观原因

犯罪的主观原因是指犯罪主体自身的不良人格和犯罪动机体系等因素，主要包括犯罪的生理因素和心理因素。犯罪的客观原因是指犯罪主体以外客观存在的社会因素。

2. 犯罪的内因与犯罪的外因

犯罪的内因是指犯罪主体的内部矛盾因素及其相互作用的过程。犯罪的外因是指犯罪主体之外的各种矛盾、因素及其相互作用的过程。在研究犯罪原因的内因与外因时，应正确运用哲学上关于内外因辩证关系的原理。

3. 犯罪的普遍原因与犯罪的特殊原因

犯罪的普遍原因是指能够引起整体犯罪现象产生与变化的原因。犯罪的特殊原因是指只能引起某个地区、某种类型或者某一个体犯罪的原因。在研究犯罪原因时要注意正确把握矛盾的普遍性与特殊性的辩证关系原理，防止以偏概全，只见树木不见森林，犯形而上学的错误。

（五）宏观因素和微观因素

依据犯罪原因所起作用范围大小之标准，可将犯罪原因划分为：

1. 犯罪的宏观因素

犯罪的宏观因素是指在较大范围内对犯罪现象的产生和发展有重要影响作用的社会因素。在国际层面，如恶化的国际政治环境、全球性金融危机、战争等都对各国的犯罪现象产生或多或少的影响；在国内层面，一国的政治（动乱、腐败、阶级和阶层矛盾尖锐化等）、经济（经济失调、物价飞涨等）、文化（价值观混乱、信念缺失、道德沦丧等）、教育（缺乏投入、不公平等）、法制（治）（不健全、司法腐败等）的状况以及社会管理水平等都在很大程度上影响着犯罪现象的性质、规模和态势。社会宏观因素是分析整体犯罪现象和类型犯罪原因不可缺少的内容。

2. 犯罪的微观因素

犯罪的微观因素是指对个体犯罪行为的发生有直接影响作用或与个体犯罪行为的发生有着密切互动关系的社会因素，如家庭、学校、社区、朋友群体、单位或社会组织等。不良的微观社会因素是青少年犯罪的重要原因，研究和改善微观社会环境对预防青少年犯罪具有重要意义。

三、犯罪原因系统各要素分析

由上述分析可知，构成犯罪原因系统的这些众多"要素"，在系统中所处的层次和所起的作用是不同的，在此我们难以面面俱到地全部予以关照，仅择要加以论述。

（一）犯罪根源

1. 犯罪根源的涵义与特征

犯罪根源又称犯罪本源、犯罪的社会历史根源。犯罪根源是犯罪的最后原因，它不是犯罪因果链条上的中间环节，而是处于犯罪因果链条的最终端，从根本上决定着一个社会的犯罪状况，是引起犯罪最深层次的终极原因，或称为"原因的原因"，我们再也"不能追溯到"比它"更远的地方"了，在它的背后，再也"没有什么要认识的了"。基于这种认识，犯罪根源应当具备以下三个特征：一是普适性。犯罪根源在古今中外各种犯罪中都发挥着根本性的作用，而没有例外。二是终极性。在犯罪的因果链条序列中，犯罪根源处于最末端。三是相对性。犯罪根源的这种所谓的"终极"原因也是相对的，而不是绝对的。处于普遍联系的世界上没有最初的所谓第一推动力，没有绝对的终极原因，"原因和结果这两个概念，只有运用于个别场合时才有其本来意义；可是只要我们把这种个别场合放在它和世界整体的总联系中考察，这两个概念就汇合在一起，融化在普遍相互作用的概念之中。"① 所以任何事物的原因，包括犯罪的"根源"，只存在于"个别场合"，即只存在于一定的认识范围之内。

可以看出，我们是从宏观的哲学层次上来把握犯罪根源的，这样犯罪根源似乎离具体犯罪行为较远，但由于它是一切犯罪原因的"原因"，就像一只看不见的无形的手，在最深层次上推动与决定着犯罪这种社会现象的消长。所以自从犯罪学问世以来，作为犯罪学理论的逻辑起点的犯罪根源，就成为犯罪学无法回避的重大基础性理论问题。

2. 国内学者关于犯罪根源的几种观点

一百多年来，人们在探讨犯罪根源时，由于认识不同，理论分歧较大，便产生了众多的犯罪学学派。但是，这些学派都没有科学地阐释犯罪根源这一难题。我国等一些社会主义国家的学者长期以来对犯罪根源缺乏冷静、科学的研究，如在"文革"以前长期停留在阶级斗争思维定式之中，阶级斗争根源论是当时唯一的罪因理论，或将私有制看作是唯一的犯罪根源。直到20世纪末仍有人坚持这一观点，如认为"一定的生产力状况及与之相适应的私有制，是犯罪产生的社会历史根源"。② 近年来，我国学者在经过长期的探讨后，对犯罪根源的认识有了较大的进步，但这一问题仍然没有得到完全解决，目前不论是在国内还是在国外，犯罪根源依然是一个探讨性的问题。在国内，比较有代表性的理论观点主要有："本能异化论"、"生产方式根源论"和"文化功能缺陷论"。

（1）本能异化论。"本能异化论"是我国学者皮艺军提出的从人与环境互动关系的角度阐述犯罪本源的一种理论。该理论认为，犯罪的本源取决于人类依从本能的行为与社会规范的历史性冲突，即犯罪根源于人的生物本能与社会理性的冲突之中。他进一步指出，考察人类种系发展史可以发现，严重越轨行为在人类诞生之初的"似人非人"的时期就已存在，各种规范的出现正是为了调节人的动物本能与社会需要之间的矛盾；同样，回溯到个体成长史的幼儿时期也可看到，人不会自觉地学好，而很可能自发地学坏，人的犯罪本源就在人之初，在人性本身。各种规范的出现正是为了调节人的动物本能与社会需要之间的矛盾，离开了规范，人就只有动物性了。所谓社会化就是社会通过教化的形式规范个人的过程。在规范出现疏漏时（而疏漏是必然的），犯罪便会出现。他因此得出结论：犯罪产生于人的动物本能与社会需要的矛盾，个体欲求的期望值与社会所提供的满足度之间的矛盾，产生于不同个体的身心差异

---

① 《马克思恩格斯全集》（第20卷），人民出版社1971年版，第25页。

② 康树华：《犯罪学——历史·现状·未来》，群众出版社1988年版，第90页。

之中。①

（2）生产方式根源论。"生产方式根源论"是把社会的生产方式——生产力与生产关系的矛盾运动看作是一切社会形态下犯罪普适的终极原因。这是目前我国相当一部分学者所持的观点。该理论认为，马克思主义观察一切社会现象及历史进程的基本观点和方法，是从物质生活的生产方式和社会的经济结构——生产力与生产关系及其二者的矛盾运动入手来研究的，当然这种方法也是我们观察包括犯罪在内的一切社会历史现象的唯一正确的方法。马克思主义的基本原理告诉我们，人类的生产方式是整个社会结构最"隐蔽的基础"和变化的根本原因。"物质生活的生产方式制约着整个社会生活、政治生活和精神生活的过程"，② 它体现着生产力与生产关系的互动过程。一部人类社会发展史证明了在不同社会形态下，生产力与生产关系的矛盾都是社会的最基本的矛盾。社会就是在二者的矛盾运动中向前发展的，一切生产关系的根本变革（如私有制的生成或被消灭），都是二者矛盾运动的结果。那么犯罪作为一种社会现象也不例外，其根源或终极原因，就是社会生产方式中的生产力与生产关系的矛盾运动，这是一切社会形态下犯罪的根源。但是，在不同社会制度下，犯罪根源相同但犯罪原因各不相同。有学者据此提出了犯罪生成的模式：生产力与生产关系的互动（最深层的原因）→生成种种不同形态的社会矛盾（犯罪的社会原因。不同的社会制度下有不同性质、不同内容和不同的表现形式）→与特定个人相互作用，产生破坏、反抗现行统治的意识与动机→一定的外界条件下外化为与社会规范为代表的社会秩序的冲突，③ 其中，"蔑视社会秩序的最明显、最极端的表现就是犯罪。

（3）文化功能缺陷论。"文化功能缺陷论"认为，犯罪根源于人类社会主体性需要与社会文化的矛盾冲突，正是这种冲突导致了人的社会化失败，并进而形成各种超越社会文化的满足能力的主体需求和违背社会文化准则的极端利己主义的主体需求，即形成现实犯罪的动因和动力。从广义上讲，人类文化本身，一方面培育了人的各种社会需求，另一方面又制约着人的需求的满足。但文化在培育人类形成超越自身能力的社会需求方面并不是从来就有的，而是人类进入文明社会以后才开始出现的。由于社会生产力的发展，人类社会出现了剩余产品，由此导致私有制的产生，并推动人类的需求迅速膨胀，大大超过了人类对自身需求的满足能力。发展社会生产力是为了满足人的要求，但由于在

①　参见皮艺军：《本能异化论——犯罪本源理论的新思考》，载《青少年研究》1999 年第 2 期。
②　《马克思恩格斯选集》（第 2 卷），人民出版社 1971 年版，第 62 页。
③　参见莫洪宪等：《犯罪学概论》，中国检察出版社 2003 年版，第 199 页。

满足人的需求过程中导致私有制的产生，使人的社会需求非但没有得到满足，反而越来越难以满足，于是人类文化开始创造出一套规范制度来对人类的需求进行约束，从而形成了人类主体需求与社会文化之间尖锐的矛盾冲突。因此，在狭义上，我们把犯罪的社会根源只能归结到私有制身上。社会生产力的发展是形成私有制的根源，而不是犯罪的社会根源。"生产力的发展—私有制—犯罪"，这是三个前后相衔接的纵向链条，没有私有制，生产力的发展当然不会导致人类的犯罪。[①]

3. 犯罪根源研究应注意的问题

第一，对犯罪根源的层次划分与界定只是一种理论假说。这种划分只是出于深化理论研究的需要，将本来是相互联系、相互作用的整体罪因系统人为地、形而上学地划分为孤立的几个组成部分。实际上，犯罪根源从来都不会孤立地起作用，它只有在一定条件下，与犯罪原因（狭义）、犯罪的相关因素以及被害因素等有机地结合在一起时才会导致犯罪现象的发生。所以，我们在犯罪原因系统论中对犯罪根源等因素所作的区分，只是一种理论概括和抽象，这是建立科学犯罪学体系不可或缺的；不然就无法在理论上和逻辑上科学、合理地阐明犯罪的原因。[②]

第二，犯罪根源的研究结论只有理论分析意义而没有多少实践价值。如前所述，犯罪同生命有机体都会生病一样，它是人类社会发展不可避免的产物，要从根本上消灭犯罪，就要消除犯罪的根源，这无异于消灭人类社会自身。所以，我们没有必要过分地研究犯罪原因的最远起因——犯罪根源。因为我们即使真正找到了犯罪的根源，要把犯罪连根一起拔掉，不仅是不现实的，而且也是难以做到的。犯罪现象的存在是必然的、不可避免的，人类社会将与犯罪长期并存，所以从犯罪根源入手来控制和减少犯罪，无异于水中捞月。但是，通过对犯罪产生起主要影响作用的基本原因和条件等因素的研究，在此基础上制定正确的有针对性的刑事政策和社会政策，加强对犯罪的治理，将犯罪控制在社会所能承受的限度之内，是完全能够做到的。我们应坚持马克思主义的犯罪观，尊重犯罪规律，千万不能因为难以消除犯罪根源而丧失对犯罪治理的信心。

第三，研究犯罪根源要适度。对犯罪原因的研究，既不要过分地研究其最远的起因——犯罪根源，也不要过分地研究其最近的起因。在犯罪现象的最远起因上，我们往往连犯罪行为与非犯罪行为、消极行为与积极行为都难以区

---

① 吴鹏森：《犯罪社会学》，中国审计出版社、中国社会出版社 2001 年版，第 128—129 页。

② 魏平雄等：《犯罪学教科书》，中国政法大学出版社 2008 年版，第 205 页。

别，而且我们所看到的犯罪根源，可能还会有其他原因，或是其他社会现象的根源，甚至是积极社会现象的根源；在犯罪原因的最近起因上，我们往往一叶障目不见泰山，看不到事物的联系和发展变化，甚至看不到犯罪人的自然属性和偶然性因素的作用。所以，在研究犯罪原因时，必须运用哲学思维方法，辩证地思考问题，在理论上和逻辑上弄清犯罪根源之后，把精力和重点放在犯罪一般原因的研究与犯罪预防上。

（二）犯罪原因（狭义）

如上所述，犯罪根源并不等于犯罪发生的原因，犯罪原因在犯罪原因系统中处于核心地位，任何犯罪的发生都离不开具体的犯罪原因，没有具体的犯罪原因，犯罪就不会发生。犯罪原因是犯罪发生的根据，它既同犯罪根源密切联系着，又同其所需要的犯罪条件、相关因素以直接或间接的方式联系着，它是犯罪根源同犯罪条件以及犯罪的相关因素联系的纽带。所以说，在犯罪原因系统研究中，最有实践价值的是对犯罪原因的研究。犯罪原因将犯罪根源的抽象理论具体化，当它同犯罪条件和相关因素有机结合而形成一定的罪因结构时，便可能导致某种犯罪的发生。

犯罪原因包含犯罪产生的社会原因和犯罪产生的个体原因。

1. 犯罪产生的社会原因

犯罪产生的社会原因是指与犯罪产生有关的各种社会因素，它包括诱发犯罪的政治、经济、文化、教育、法制（法治）、人口、社会管理和人文自然环境因素等。如：政治生活中的官僚主义和腐败现象，阶级、阶层矛盾尖锐化，社会动乱；社会制度不完善，贫富悬殊拉大，失业增多；工业化过程中的人口无序流动，离婚率上升；文化环境的恶化；教育制度的弊端；社会管理混乱，等等，都对犯罪的发生产生重要的影响。除以上宏观方面的致罪因素外，家庭、学校、社区、朋友群体等微观环境的不良因素既是个体犯罪行为产生的原因，也与犯罪现象的形成密不可分。加强微观犯罪原因的研究，对于减少犯罪更具针对性和直接性。

2. 犯罪产生的个体原因

犯罪产生的个体原因是指犯罪人本身存在的足以引起、促成和影响犯罪结果出现的各种因素，它包括犯罪人的意识因素、生理因素和心理因素等。个体犯罪的原因与犯罪现象的原因有着重大的区别，前者是对"人的行为"的研究，后者是对社会现象的研究。人是一种高级的社会性动物，具有社会性与生物性的双重特征，尽管社会性是人的本质属性，但从犯罪行为发生的机制上看，人的行为包括犯罪行为都是在人的生理、心理特征的基础上，在其意识因素的支配下能动选择的结果。但这种犯罪意识因素的形成离不开客观环境因素，在个体与不良环境因素的相互作用下，逐渐内化为个体的不良意识，并进一步发展为不良的人格。这种不良人格的形成往往有一个相对较长的过程，主要与儿童时期、青少年时期个体发育的特点和社会化程度有关。少年儿童时期的一个鲜明特点是，人格发育尚未成熟，最容易受外部环境的影响，具有很大的可塑性。因此，要有效地减少犯罪，必须从个体的生理、心理特点出发，做好少年儿童期的社会化工作，使青少年从小就养成良好的个性心理品质，树立起正确的人生观、价值观，为将来成为社会合格的公民奠定良好的基础。

（三）犯罪条件

所谓犯罪条件是指犯罪动机外化为犯罪行为所借以利用或必须利用的外界环境因素，如社区居住环境的恶化，机关企事业单位管理混乱、制度不健全、疏于防范，严重官僚主义，公民缺乏社会责任感，社会风气不正等。辩证唯物主义认为，一定的原因必然引起一定的结果，而条件只能促使结果的发生，保证原因发生作用。因此，犯罪条件与犯罪原因的区别，就在于它不是直接引发犯罪的因素。之所以将其纳入犯罪原因系统，是因为犯罪动机、犯罪意识产生之后，没有一定的外部条件，犯罪原因只能停留在动因状态，无法转化为犯罪行为，成为犯罪事实。而有了犯罪条件，犯罪原因便会借助它造成犯罪事实，铸成犯罪性结果。可见，犯罪条件对犯罪的发生起着促进、加强、保证和便利等作用，是犯罪原因体系中不可缺少的因素。但犯罪原因与犯罪条件的这种功能区分不是绝对的，从某种意义上说，原因是产生结果的必要条件，而且一种原因在一定关系中是条件，而一种条件在另一种关系中也可能成为原因，即原因和条件在具体的环境中可以互换位置。因此，在没有对犯罪现象的各种特点进行分析之前，在产生犯罪现象的诸因素中，切忌断然确定哪个是原因，哪个是条件。另外，犯罪学重视犯罪条件的研究，并将犯罪条件纳入犯罪原因系统，还出于犯罪控制的功利需要。因为控制犯罪条件远比控制犯罪原因要容易得多。20世纪70年代后，西方学者倡导条件预防模式，就是针对特定类型或特定区域犯罪发生的情景，通过改变现有的有利于犯罪发生的管理、控制方式和环境，减少犯罪机会的一种犯罪预防理论。这一理念将犯罪原因研究的视角由犯罪人转移到犯罪行为发生的情景；将犯罪预防的重点由正式或非正式的社会控制转移到对具体犯罪行为的控制，使犯罪预防措施具有了可操作性和现实性，极大地降低了犯罪预防成本，实现了犯罪预防的公众化、社会化。条件预防之所以受到西方国家政府的重视和推广，并在这些国家取得了显著的预防效果，是因为它与传统的预防模式——刑罚预防、生物预防、心理预防、社会预防相比，有其独到之处。

（四）犯罪的相关因素

犯罪的相关因素是指对犯罪结果的产生具有一定的直接作用的因素。犯罪的相关因素是造成犯罪的一种可能性，它只有在同犯罪根源、犯罪原因、犯罪条件相互结合起来的情况下，才能使犯罪现象和犯罪行为联系起来。换言之，它在犯罪原因系统中所起的作用，既不是必然的，也不是必要的。有它，犯罪发生更便利；无它，犯罪也会照样发生。这里需要注意的是，犯罪相关因素与犯罪条件有时是很难区分的，二者都与犯罪结果相联系，都是犯罪的外界环境因素。但一般将那些与犯罪行为具有更加直接联系的因素看作是犯罪的相关因素，如与犯罪结果相关的时空因素，地理环境因素，季节、气候的变换因素，白天、黑夜以及犯罪现场的气氛因素等。这些因素虽然不可能直接引发犯罪，但却有助于犯罪的实施。"月黑杀人夜，风高放火天"，讲的正是这个道理。调查表明，夏季强奸犯罪较多，冬季盗窃犯罪较多……大部分犯罪都有其多发的季节、时日和时辰，呈现出一定的分布规律性。这说明有些因素对一些种类的犯罪有着某种相关性。因此，研究犯罪的相关因素与研究犯罪的条件一样，对控制和预防犯罪都具有重要意义。

第三节　西方犯罪学的主要罪因理论

犯罪学在西方诞生以来，经过一百多年的发展取得了辉煌的成就，形成了从不同角度、用不同方法解释犯罪原因的许多流派和学说。下面分类加以介绍：

一、犯罪生物学理论

犯罪生物学理论，这里特指 20 世纪初期一些学者用生理学或生物学的理论和方法，从人的生理结构特征或生理机能方面来研究与解释犯罪原因的理论。它主要包括体质生物学理论和遗传生物学理论两大部分内容。

（一）体质生物学理论

体质生物学理论主要是从犯罪人的身体素质方面来探讨人的生理、生物因素与犯罪的关系。该理论盛行于 20 世纪初期。

1. 体型理论

体型理论也叫体型决定论，该理论通过对人类体型的分类，并根据每一类体型的特殊性论证了体型与犯罪及犯罪类型的密切关系。其代表人物主要有德国精神病学家克雷奇默（E. Kretscher，1888—1964）、美国的威廉·谢尔登（William Sheldon）、格卢克夫妇（Mr and Mrs Glueck）和胡顿（A. Hooton，1887—1954）等。他们认为，犯罪行为是由人的生理结构决定的并且取决于结构的类型，生理结构的差别往往能引起与犯罪行为相联系的诸因素的外化，并决定着环境作用的不同的相应反应。

克雷奇默在他1955年出版的《体质犯罪》（第21版和第22版）中，根据对4414个个案材料的统计学分析，专门写了"体质与犯罪"一章，将人的体型分类增加到四种：肥胖型、瘦长型（无力型）、斗士型（健壮型）和发育异型。并把体型与犯罪联系起来，指出从总体来看，犯罪人呈现出与一般人同样的体型与分布，即大约20%的人是肥胖型，40%—50%的人是瘦长型和健壮型，5%—10%的人是发育异常型，不到30%的人是混合型。但是犯罪人中具有肥胖型体型的人，略少于一般人口中肥胖型体型的人所占的比例，并认为，肥胖型的人比较容易适应社会，他们的犯罪行为开始得较晚，累犯倾向也比其他体型的犯罪人要小。瘦长型体型的犯罪人的犯罪生活曲线在很早的时候就达到了顶点。比较而言，肥胖型体型的犯罪人的犯罪生活曲线在很晚（一般在40—50岁）时才到犯罪的顶点，而在这个年龄阶段，瘦长型体型的犯罪人实施犯罪的数量早已大大下降。健壮型体型的犯罪人在55岁之前，一直保持着比较稳定的犯罪数量。瘦长型体型的人实施较多的犯罪是盗窃和欺诈；健壮型体型的人实施较多的是侵犯他人人身的犯罪及性犯罪等；肥胖型体型的人容易实施诈骗犯罪；发育异常型体型的人容易实施性犯罪。克雷奇默同时还指出，即使不同体型的人实施了同一种类型的犯罪，但由于他们的生物（身体）和气质特征的差别，这种犯罪的特征或意义也是完全不同的。

美国心理学家威廉·谢尔登在克雷奇默开创性研究的启发下，对体型与犯罪的关系进行了更加精细的研究。他将人的体型分为三种基本类型：内胚叶型（相当于克雷奇默的肥胖型）、中胚叶型（相当于克雷奇默的健壮型）和外胚叶型（相当于克雷奇默的瘦长型），并通过对200名少年犯罪样本和200名非犯罪少样本的调查与比较，发现了犯罪青少年与特定体型——中胚叶型的高度相关性，进一步证实了体型、气质与行为之间存在着一定的对应关系。谢尔登的研究对犯罪学的主要贡献在于，他发展了一种精确的体型描述分类法，特别是谢尔登仔细收集的每个调查对象的标准化照片，是犯罪学等学科研究中十分有用的资料。但谢尔登的体型理论不能解释为什么与犯罪体型有关的一部分人并没有变成犯罪人，而没有这些体型的人却变成了犯罪人的问题。因此，他被看成体质决定论者，并受到很多人的批评。

在威廉·谢尔登研究体型与犯罪关系的同时，美国犯罪学家格卢克夫妇，对 500 名少年犯罪人和 500 名非犯罪少年进行了比较研究，结果发现，少年犯罪人与非犯罪少年在体型方面有显著的差异。其研究结果与威廉·谢尔登的研究结果大致相似：在少年犯罪人中，中胚叶体型的人相当多，外胚叶体型的人和极端内胚叶体型的人相当少。他们还发现，某些人格特质和社会文化因素与中胚叶体型有较高的相关性。

西班牙出生的美国临床心理学家胡安·鲍蒂斯达·科蒂斯（Juan Bao pedicle Sida Curtis）为了克服威廉·谢尔登和格卢克夫妇在体型与犯罪研究中存在的方法论缺陷，在 20 世纪 60 年代进行了长达 10 年的生物—心理—社会研究。他不但探讨了体型与犯罪的关系问题，而且还探讨了成就需要、权力需要与体型的关系。他认为，在分析犯罪原因时，既要考虑环境因素，也要考虑体质因素，二者不可偏废。

2. 内分泌论

内分泌又称激素分泌，指人体内脑下垂体、松果腺、副肾上皮质、甲状腺、性腺等物质向人体器官和组织流动的生命活动。20 世纪 20 年代，美国和南美的一些精神病医生，用人的腺体的内分泌异常来解释犯罪行为的产生，把内分泌异常看成是犯罪的重要因素。1938 年，美国纽约市的一所监狱曾对 250 名犯罪人进行过一次内分泌系统的检查，结果发现，犯罪人中内分泌失调的比例是非犯罪人对照组的 2—3 倍。但也有人对该结论进行了批评。施拉普（Slap）和爱德华·史密斯（Edward Smith）在其 1928 年合著出版的《新犯罪学》一书中指出，内分泌失调通过大脑和中枢神经系统影响人的脾气，尤其影响人的情感，并且由此引起犯罪行为。也就是说，犯罪是由于激素失调导致的情绪障碍引起的。1953 年，美国学者默顿、H. 艾迪生（H. Addison）、R. 艾迪生（R. Addison）和沙利文（Sullivan）等人在对纽约西菲尔德州立农场的女性犯罪人的调查结果表明，在这些女性犯罪人所实施的非预谋性暴力犯罪中，62% 的犯罪是在月经前的一个星期中实施的，17% 的犯罪是在月经期间实施的。他们认为，妇女在月经前及月经期间犯罪多，与月经分泌造成的月经前及月经期间的身体不适、疼痛、情绪不稳有关。还有一些学者研究了睾丸酮（雄激素）与犯罪的关系，认为睾丸酮的分泌情况与人的敌意、攻击行为和暴力犯罪有密切的关系。

3. 脑组织损伤说

塞克（Seck）、伦普（Rump）、格尔尼茨（Geernici）等人认为，在婴儿期，如在出生时呼吸停顿、患脑膜炎、脑炎等疾病都可能造成大脑损伤。在此情况下，到了性成熟的青春发育期，就会成为一种具有重要犯罪倾向的原因，并且由于适应成人社会时会遇到种种困难，更加剧了违法犯罪行为的产生。如伦普认为，大脑组织受伤的儿童，通常情绪反复无常，易于激动，缺乏自制力。由于过分受本能冲动的支配，因而常常对社会的"不公正"采取对抗的反应形式。

需要指出的是，以上企图用内分泌的病理现象来说明犯罪原因的理论，至今仍是一种停留在实验阶段的神秘莫测的假说。

（二）遗传生物学理论

现代犯罪遗传生物学研究认为，犯罪与其人格等个人素质密切相关，而犯罪人的人格等个人素质又深受遗传因素的影响。反社会人格与犯罪行为是这种遗传因素所造成的不良结果。遗传生物学理论主要有：染色体异常说、双生子论、血族性精神障碍和犯罪家庭研究等。

1. 染色体异常说

在正常情况下，人体内都有 46 条染色体，即：男性 22 对 + XY，女性 22 对 + XX。其中 44 条为男女相同的常染色体，另外两条是男女互异的性染色体（男为 XY，女为 XX）。通常，人的染色体组是稳定的，具有内在的平衡性。染色体中的每一条都具有其不可替代的作用，对于人的各种基因遗传起着决定性的作用。20 世纪 60 年代以来，人们通过研究性染色体异常的行为，了解遗传与犯罪的关系，其主要代表人物是英国的雅科布斯（P. A. Jalobs）、桑德伯格（A. A. Sand burg）和汤尼斯（P. L. Townes）。他们三人于 1965 年在苏格兰国立医院对一些罪犯进行实证研究后得出结论：染色体是生物遗传的重要物质基础。染色体异常表现为 XYY 组成的性染色体，亦称超男性染色体，具有这种染色体的男子往往具有超常的侵犯性和暴力倾向，容易实施暴力犯罪或性犯罪。但大多数学者不承认染色体异常与犯罪行为之间存在因果联系，认为染色体异常在临床医学上是一种较为少见的现象，带有异常染色体的犯罪人在所有犯罪人中的比例也是很低的。

该理论在西方产生了一定的影响，一些律师曾据此（因染色体的组合形式是由遗传因素决定的）为被告作无罪或罪轻的辩护。

2. 双生子论

一些西方学者通过对双生子的研究发现，同卵双生子的犯罪率比异卵双生子的犯罪率要高，因而得出犯罪与遗传有密切关系的结论。因为从遗传的角度分析，单卵双生子比双卵双生子具有更加接近的遗传共同因素。最早将这一研究引入犯罪学领域的是德国精神病医生朗格（Longe），他在 1929 年发表的《作为命运的犯罪》一书中认为，单卵双生子属于完全等同素质遗传，双卵双生子则属于非完全等同素质遗传现象。当单卵双生子的一方犯罪时，调查发现另一方的犯罪率或犯罪的可能性极高。单卵双生子在犯罪次数、犯罪方式及犯罪所造成的危害等方面呈高度一致的状态。与之相比，双卵双生子的这类一致性显然较低。调查显示，双卵双生子的双方犯罪的概率为10%。据此，朗格明确指出，遗传素质与环境影响一样，都是犯罪的重要原因。此后，继续从事双生子犯罪问题研究的有奥地利的伦兹、荷兰的勒格拉、美国的罗萨诺夫、德国的施通普夫和克兰茨以及日本的吉益修夫等人。他们的研究结果同朗格的结论非常相似。但有学者对该项研究的结论提出了异议，特别是丹麦哥本哈根大学犯罪学研究所的教授卡尔·克利斯蒂安森研究发现，遗传因素对于人的行为的影响并非是绝对的，在遗传因素和遗传环境几乎是完全相同的单卵双生子中，双方犯罪率也只有35%。可见，后天社会环境的影响依然是犯罪的主要原因，但犯罪同遗传也绝非毫无关系。克利斯蒂安森认定，男性单卵双生子的双方犯罪率为35.2%，双卵双生子的双方犯罪率则为12.5%；女性单卵双生子的双方犯罪率为21.4%，双卵双生子的双方犯罪率则为0.74%。可见，遗传因素对人的行为具有重要影响。这是迄今为止关于双生子犯罪问题研究比较可信的结论。

3. 血族性精神障碍

当代精神医学证实，精神障碍（包括精神病、神经病症、心因性精神薄弱、精神病质以及难以适应正常社会生活的非正常精神状态）具有明显的血族性（即血统上的直接继承性，如父母同子女之间的血统健康关系），那么通过对精神障碍与犯罪行为之间相互关系的研究，能否进一步发现犯罪同遗传因素之间的关系呢？朗格继对双生子犯罪问题进行研究之后，遂对这一问题产生了兴趣。他认为，精神障碍具有两种类型：一是非血族性的精神障碍，主要形成于后天的压力；二是血族性精神障碍，主要是通过遗传而获得。所以，精神障碍与犯罪行为之间的关系同样具有明显的两重性。也就是说，在一部分犯罪人中，犯罪行为由精神障碍引起的特征表现得十分明显。前者属于非肯定的血族关联性，后者可称为肯定的血族关联性。朗格等人因此认为，犯罪既然与精神障碍有关，精神障碍又同遗传有关，那么犯罪同遗传之间就不可能没有任何的联系。犯罪的遗传性可以从多种血族性精神障碍症状中得以反映，比如，偏执狂精神障碍病人实施暴力犯罪的可能性极大，而偏执狂这一精神病的血族性遗传趋势又非常明显；再如，性倒错和性欲亢奋等精神障碍常常直接引起各种性犯罪，某些特定的性倒错类型遗传的概率很大。①

---

① 张筱薇：《比较外国犯罪学》，百家出版社1996年版，第222页。

4. 犯罪家庭研究

罗宾斯（Robyn）通过对"犯罪家庭"的研究认为，父亲的犯罪行为对子女的犯罪行为是一种影响因素。有人调查了这种关系，他们以非犯罪父母的违法子女为对象建立了两个组：第一组是子女有犯罪的祖父母；第二组是子女没有犯罪的祖父母。结果发现，第一组成员的违法犯罪率比第二组高出一倍。他们由此推定，两组在违法方面的区别是由遗传决定的，因为两组成员都在非犯罪父母的家庭里长大。

二、犯罪心理学理论

现代犯罪心理学理论是一个范围十分广泛的概念，它泛指 19 世纪末期特别是 20 世纪初期以来的一切有关犯罪与心理关系的研究和学说，主要有精神分析理论、挫折攻击理论、人格障碍理论、发展理论等。

（一）精神分析理论

犯罪心理学中的精神分析理论，是在奥地利著名精神病医生、精神分析学的创始人西格蒙德·弗洛伊德（Sigmund Freud，1856—1939）创立的精神分析理论的基础上发展起来的犯罪心理学理论。在现代犯罪学的历史上，精神分析理论一度成为占主导地位的犯罪心理学理论，直到现在仍然有人进行这方面的研究。弗洛伊德的精神分析理论主要包括以下内容：

1. 意识和潜意识

弗洛伊德在长期的研究过程中创立了无意识或潜意识的概念。该概念是弗洛伊德精神分析学说的核心和其他所有理论观点的基础。弗洛伊德认为，意识（Consciousnss）是人直接感知到的心理部分；无意识（Unconsciousness）是人无法感知到的心理部分，它包括个人的原始冲动和本能欲望以及出生后产生的与本能有关的欲望。由于这些冲动和欲望是社会风俗、习惯、道德、法律等所不允许的，因此被压抑或排挤到意识阈之下，使个人通常无法感知到它们的存在。尽管无意识部分是个人平时意识不到的，但是它并没有消失，而是潜伏在人的内心深处，并且随时寻找机会，不自觉地追求满足。

2. 压抑和抗拒

弗洛伊德认为，心理中的潜意识部分由于不符合社会的要求，因而被压抑在内心深处，精神分析的重要任务就是用自由联想等方法，将被压抑的潜意识找出来，从而达到治愈精神疾病的目的。但他发现，在患者回忆潜意识内容时，会遇到强烈的抗拒，这种抗拒来自稽查作用，即人的心理所具有的压抑与社会标准不符合的经验，具有不使其被个人回忆起来的功能。虽然潜意识的内容受到压抑、抗拒，但是它并不因此而屈服，而会通过神经症、精神病症状、梦、过失等形式表现出来。因此，压抑是神经症、精神病产生的重要原因。分析和解释人的梦境，是了解潜意识内容的重要手段。许多过失是潜意识造成的，是个人潜意识内容的表现。

3. 泛性论

弗洛伊德认为，人的性本能似乎是一切活动的动力源泉，性本能不但表现为生殖活动，而且还可以引起其他许多活动，凡是能产生快感的活动都直接或间接地与性有关。由此可见，性本能后面有一种潜力，这种潜力被弗洛伊德称为"里比多"（拉丁文 libido）。一般而言，里比多就是性本能或性欲。弗洛伊德因此被看作是泛性论者。

4. 人格结构（或心理结构）

弗洛伊德在后期的研究中把人格结构分为"本我"（id）、"自我"（ego）和"超我"（superego）三部分。"本我"是潜在的我，它是人格中最原始、最深层的部分；"自我"是现实化了的本能，它能帮助"本能"满足欲望；"超我"是道德化了的自我。"自我"受唯实原则支配，而"超我"受唯善原则支配。"超我"的职责在于指导"自我"、限制"本我"的心理冲动。上面三部分只有保持平衡，人格才能得到健康发展，否则，就可能导致精神疾病或产生犯罪。

弗洛伊德对犯罪学的最大贡献在于，他首次应用精神分析学的观点解释犯罪问题，为犯罪学中的精神理论流派的形成奠定了基础。他的上述观点和对犯罪原因分析的方法被后来的学者们广泛地加以发展。

（二）挫折—攻击论

挫折—攻击理论的基本观点认为，挫折容易引起攻击欲望和攻击行为，从而导致大量犯罪特别是暴力性犯罪行为的产生。

最早提出挫折—攻击观点的是美国心理学家索尔·罗森茨韦克（Saul Rosenzweig，1907—2004）。他认为在遭受挫折的情况下，由于引起挫折的障碍因素的不同，个人会有三种不同的反应：（1）内罚性反应。即把挫折引起的愤怒情绪向自己发泄，对自己进行谴责。在极端的情况下，个人会产生抑郁状态，甚至会产生自杀念头。（2）外罚性反应。即把挫折引起的愤怒情绪向外界发泄，对外界的人或物进行言语或身体的攻击。在这种情况下，个人从外界寻求引起挫折的原因，有时在极端的情况下也会产生被害妄想。外罚性反应引起的攻击行为往往构成暴力性犯罪。（3）无罚反应。即在产生挫折后没有惩罚性反应，只是将挫折局限于最小限度或完全忽视了它。在这种情况下，个人不想从任何其他人身上寻找引起挫折的原因，即不把攻击行为指向外界；同时，也不从自己身上寻找引起挫折的原因，不把攻击行为指向自己，而是客观地判定他人和自己应承担的责任，并巧妙地加以掩饰，或逃避攻击。后来，美国耶鲁大学人类关系研究所的心理学家约翰·多拉德（John Dollard）等人对挫折—攻击理论作了进一步研究。他们认为，挫折是否引起攻击行为，取决于下列因素：一是受挫折产生的驱力的强弱；二是受挫折时引起的驱力的范围；三是以前所遭受挫折时的频率；四是随着攻击反应的产生而可能受到的惩罚的程度。可以看出，虽然挫折在许多情况下都可能引起攻击行为，不过挫折与攻击之间并没有必然的因果关系，攻击只是个人受挫折时的表现形式之一，而并非唯一的表现形式。

（三）人格障碍理论

长期以来，精神病学家、犯罪心理学家们对人格障碍与犯罪的关系进行了广泛的探讨，不少人认为人格障碍与犯罪活动有着密切的关系。德国精神病学家库尔特·施奈德（Kurt Schneider，1887—1967）在 1923 年出版的《病态人格》（第 1 版）一书中，将病态人格分为 10 种类型。之后，犯罪学家们对犯罪人中存在的病态人格的情况进行了大量调查。库尔特·施奈德的分类及其他犯罪学家们的调查结果如下：[①]

（1）情感增盛型（"发扬型"）。其显著特征是心理爽快活泼，缺乏安定，乐观而富于活动性，好争吵，喜欢诉讼，轻佻，不值得信赖，在欺诈、侮辱、盗窃等财产犯罪中多见。德国犯罪学家弗里德里希·施道通普夫（Friedrich Application of Daotong puffer）曾报告说，犯罪中有 30% 左右的人属于这种类型。

（2）抑郁型。其特征与情感增盛型相反，表现为心情沉闷，生活态度悲观，厌世多疑，与犯罪关系不大。

（3）缺乏自信型。其特征为感觉过敏，对自己缺乏信心，不安、不完整等感觉特别强烈，与犯罪关系较小。

（4）狂信型。表现为容易沉溺于一定的思想和信仰并受其支配，具有很高的热情，固执己见，不惜为其主张或信仰而做出牺牲。这种人格在凶恶的犯罪人及政治犯中多见。

（5）自我显示型。有非常强的自我显示欲和虚荣心，爱表现自己，喜欢用行动抬高自己，为了能引起别人的注意，不惜夸大或隐瞒事实真相或做虚假的陈述。

（6）情绪易变型。情绪极不稳定，常常突然地发生变化，所以容易实施冲动性的放火、伤害、盗窃等犯罪。

---

① 吴宗宪：《西方犯罪学史》，警官教育出版社 1997 年版，第 539—540 页。

（7）爆发型。对刺激的反应极不均衡，在轻微刺激的作用下呈现出病态的兴奋、激动状态而失去自制力。这种人格者容易实施诸如伤害、侮辱、破坏、妨害公务等冲动性的暴力犯罪行为。

（8）无情型。表现为缺乏同情、怜悯、良心、悔悟、名誉等情感。这种人格者感情迟钝，缺乏爱心，冷酷而残忍。这是一种最具社会危险性的人格类型，在暴力犯、风俗狂、原始性或狡猾的财产犯罪人中较为常见，难以矫正的职业犯及习惯犯罪人也多属这种类型。施道通普夫通过对 195 名罪犯的调查发现，无情型人格者占 49%，而在一次性犯罪人中，这种人格者仅占 2.4%。

（9）意志欠缺型。表现为意志薄弱，做事缺乏恒心和耐心，易受环境影响和他人诱惑，常常沉溺于赌博或饮酒之中不能自拔。在狱中可成为模范犯人，但出狱后很快又会犯罪，这类人格者在一般犯罪少年中表现得极为普遍。

（10）无力型。这类人有习惯性神经质、神经衰弱等现象，敏感，心情纤弱无力，与犯罪关系不大。

（四）　发展理论

发展理论是用人的心理与社会方面的发展和成熟程度（水平）的差别来解释犯罪产生原因的一种理论学说。其基本观点认为，个人之所以犯罪，是由于其心理与社会方面的发展还没有达到成熟程度的缘故；犯罪人的发展程度和成熟水平低于非犯罪人。发展理论主要包括道德发展理论、人际成熟水平理论和人格成熟理论。

1. 道德发展理论

道德发展理论认为，个人之所以犯罪，是由其道德发展水平低造成的。由于道德发展水平低，对社会道德规范的理解有偏差，对个人行为的道德控制力较差，因而会实施违反道德准则和法律的违法犯罪行为。而对于较高道德水平的人来说，良好的道德品质可以使他们避免进行犯罪行为。因此，培养良好的道德情操是预防犯罪的主要手段。该理论的代表人物主要是美国心理学家劳伦斯·称尔伯格（Laurence called Wahlberg）。他把人们成长过程中所经历的道德发展分为 3 种水平（前习俗水平或前道德水平，习俗水平，后习俗水平）和 6 个阶段，[①] 并认为，大部分犯罪人的道德水平发展处于低级阶段（第 1 阶段或第 2 阶段），而大部分非犯罪人的道德发展水平则处于较高阶段（第 3 阶段或第 4 阶段）。

2. 人际成熟水平理论

人际成熟水平理论是用人际关系方面的成熟水平来解释犯罪（特别是少

---

① 参见吴宗宪：《西方犯罪学史》，警官教育出版社 1997 年版，第 549—550 页。

年犯罪）产生的原因，并根据不同人际成熟水平来对犯罪人进行分类和矫治的一种理论。其基本观点认为，犯罪行为之所以产生，是由人际关系方面的成熟水平低造成的，所以需要根据犯罪人的人际成熟水平对他们进行有针对性的矫治。这一理论是由美国精神分析理论家沙利文（Harry Stack Sullivan，1892—1949）、M. Q. 格兰特和 J. D. 格兰特于 1957 年提出来的，20 世纪 60 年代初被广泛应用于美国加利福尼亚州和美国国立精神健康研究所联合发起的社区矫治计划中，并在应用过程中形成了一套完整的人际成熟分类体系。

3. 人格成熟理论

人格成熟理论认为，犯罪是由于不成熟的人格引起的，具有不成熟人格的人容易实施违法犯罪行为。因为人格不成熟者在情绪、社会性等方面都有问题，难以适应社会，因此他们很容易在社会生活中与别人发生冲突，从而有可能导致大量的违法犯罪行为。同时，人格不成熟还预示着个人有犯罪的危险性，人格不成熟可以作为预测个人社会危险性的一项重要指标。该理论的代表人物主要有美国学者哈里·科泽尔（Harry Keizer）等人。

三、犯罪社会心理学理论

犯罪社会心理学理论是用社会心理学的理论和方法研究犯罪问题的理论或学说。其主要特征是，强调个人与社会的相互作用，重视社会对个人心理与行为的影响，而不主张环境决定论；认为犯罪是通过后天的学习获得的，而不是生来就会的本能遗传；它所研究的是正常的、有意识的心理现象和行为，而不是异常的、无意识的心理现象和行为。犯罪社会心理学理论主要有：不同接触论、社会学习理论、中和技术理论等。

（一）不同接触论

不同接触论又称不同交往论，是美国著名犯罪学家埃德温·萨瑟兰（Edwin Sutherland）在 1939 年出版的代表作《犯罪学原理》一书中提出来的。"不同接触"是指人们在与不同类型的人的接触中，彼此相互影响，犯罪就是在这种影响中传播的。这一理论的主要观点可以概括为以下几个方面：（1）犯罪行为是学习得来的，而不是通过遗传获得的；（2）犯罪行为是在与别人交往的过程中相互影响学会的；（3）犯罪行为的学习主要发生在个人关系密切的群体中；（4）犯罪行为的学习不仅包括学习犯罪技巧，还包括学习动机、冲动、合理化和态度的特殊倾向等；（5）动机、冲动的定向是通过对法律规范赞同或不赞同的确定性而习得的；（6）如果助长犯罪的解释压倒抵制犯罪的行为模式，个人就会犯罪，这是因为他们与犯罪的行为模式相接触，而与抑制犯罪的行为模式相隔绝；（7）不同接触的效果因频率、持续时间、先后顺序和强度的不同而有所差异；（8）学习犯罪行为的过程包括了在任何一种学习过程中都起作用的全体机制，而不是简单的模仿过程；（9）不能用一般化的需要和价值来解释犯罪行为，因为非犯罪行为也同样表现为对这种需要和价值的实现，即动机本身不能成为犯罪的原因，犯罪行为只有在行为人通过与有犯罪观念的人的交往过程中习得犯罪观念后才会发生。

萨瑟兰的学生唐纳德·克雷西（Donald Cressey）对不同接触论进行了补充和完善。他认为，人们只有与犯罪行为接触过剩时，才能导致犯罪行为的发生。除此之外，从那些非犯罪人的身上也可以习得犯罪行为。还认为，要预防犯罪，必须根本改变家庭、学校、职业和业余活动群体中的教育方式，使人们（特别是犯罪分子）适应强调守法行为的群体，而疏远遵循犯罪观念的群体。

（二）中和技术理论

中和技术理论又叫"中立化技术理论"、"中立化理论"、"抵消论"，它实际上是论述犯罪人如何将其犯罪行为合理化的一种理论。该理论是由美国犯罪学家格雷沙姆·赛克斯（Gresham Sykes）和戴维·马茨阿（David Matza）提出来的。他们认为，大多数犯罪人，特别是青少年犯罪人，并不完全信奉犯罪的价值观，也不把自己看成是犯罪人，他们大多具有传统的价值观，并遵守规范性文化的价值和标准。因此，当他们准备进行犯罪时，就与这种传统的价值观念和态度发生矛盾。为了顺利实施犯罪行为，他们学会了一些抵消或中和其行为的性质并将其非法行为合理化的技巧，通过使用这种技巧消除心理上的罪恶感，继而进行犯罪行为。这些中和技术主要包括：（1）否认责任；（2）否认损害；（3）否认被害人，即把实施的非法行为看成是一种正当的或正义的行动，把行为的原因归咎于被害人；（4）谴责那些谴责他们的人；（5）高度效忠群体，即青少年的违法犯罪行为，常常是遵从帮规、效忠帮伙群体而牺牲社会规范和法律规定的结果。

（三）社会学习理论

社会学习理论亦称"模型模仿理论"或"榜样理论"，创立于 20 世纪 60 年代初，其代表人物是美国的新行为主义心理学家阿伯特·班都拉（Albert Bandura）。他 1977 年出版的《社会学习理论》一书在犯罪学界产生了重大影响。该理论认为，犯罪行为是人们在自己的生活经历中学习获得的，人们是否实施犯罪行为，深受社会环境中有关因素的制约。班都拉认为：（1）人们并不是生来就知道攻击行为的全部技能，而必须学习这些技能。一些简单的攻击行为一学就会，但大多数攻击行为则需要复杂的技能，这些技能只有通过广泛学习才会掌握。（2）人们可以通过观察学习和直接体验学习获得违法犯罪行为的方式或模式。但是，已获得的这种行为方式或模式是怎样得到体现的呢？或者说已获得的违法行为是怎样被激起的呢？班都拉认为，具体的违法犯罪行为是由环境因素激起的。（3）当通过观察学习实施了初次的违法犯罪行为之后，这种行为方式或行为倾向怎样才能保持下来呢？班都拉认为，违法犯罪行为得以保持下来，是由于外部强化、替代性强化（或成熟性强化）和自我强化的结果。正是这些强化，行为人才可能继续实施新的违法犯罪行为。（4）攻击行为不仅受直接观察或体验到的外部结果的调节，而且受自我诱因的调节。在这种自我调节的过程中，人们通过接受教诲和示范来获得一定的行为标准，并对自己的行为进行自我奖赏和自我惩罚，从而实现对行为的自我调节。

班都拉等人宣称，不论是犯罪行为，还是高尚行为，都是通过同样的机制获得、发生、保持和调节的。因此这一理论被看成是一种解释犯罪行为心理机制的理论，它尤其适合解释暴力犯罪。

四、犯罪社会学理论

自从 19 世纪末 20 世纪初意大利犯罪学家菲利、德国刑法学家李斯特等人创立犯罪社会学派以来，犯罪社会学理论得到了迅速发展。一方面，犯罪学研究的重心逐渐从意大利等欧洲国家转移到美国——"美国犯罪学在世界上一枝独秀，影响了世界各国人民对犯罪的理解和对犯罪问题的处理"；[①] 另一方面，犯罪社会学理论逐渐取代其他犯罪学理论，成为在犯罪学领域中占据主导地位的理论。这些理论主要有：

（一）文化冲突论

文化冲突论是影响较大的犯罪社会学理论之一，它是由美国社会学家索斯坦·塞林（Thorsten Sellin）首先提出来的。该理论观点集中体现在他 1939 年出版的《文化冲突与犯罪》一书之中。塞林认为，在任何一个社会里都存在相互矛盾、相互排斥的各种文化，上层统治阶级以刑法的形式把本阶层的文化规范、道德标准规定下来，要求全社会服从，不适应统治阶级文化及其行为规

[①] 犯罪社会学派创立后，荷兰犯罪学家邦格（Willian Aarian Bonger，1878—1940）、法国社会学家迪尔凯姆（Emile Dukheim，1858—1917）以及美国犯罪学家默顿等都对犯罪社会学理论的发展做出了重要贡献。20 世纪 20 年代后，美国芝加哥大学的一批社会学者就犯罪问题进行了大规模的社会调查，广泛系统运用社会学的理论和方法研究和解释犯罪问题，对犯罪社会学的发展产生了深远的影响。一般认为，芝加哥学派的诞生是犯罪学由意大利等欧洲国家转向美国的标志。参见曹立群、任昕：《犯罪学》，中国人民公安大学出版社 2008 年版，第 9 页。

范的人就会陷入犯罪。塞林把文化冲突区分为基本文化冲突和从属文化冲突、外部的文化冲突和内心的文化冲突。

所谓基本文化冲突就是两种不同文化之间发生的冲突，它通常会在以下三种情况下发生：（1）具有不同文化的地区相互比邻接壤；（2）当某种文化群体的文化法律规范被扩展到另一个文化集团的领域时；（3）当某个文化集团的成员移民到另一个不同文化集团区域时。上述三种情况中，第一种是指在两种文化地区的接壤或边界地区发生的文化冲突；第二种情况是指在殖民地发生的文化冲突；第三种情况是指在新的移民中发生的文化冲突。

所谓从属文化冲突，是某一种单一的文化发展成几种不同的亚文化，每种亚文化都有自己的行为规范时产生的文化冲突。这是因为，这些亚文化中既含有主流文化（中产阶级的文化）的成分，也含有与主流文化不同甚至冲突的成分，而法律只能保护符合主流文化的行为。因此，当人们按照不同于主流文化的亚文化行动时，就会因为从属文化冲突而导致犯罪。塞林认为，从属文化冲突是社会分化的结果。当社会结构由简单趋向复杂化、分层化，当文化规范由单一状况发展为多元化，各群体、各阶层都有自己对社会关系的理解，也会对其群体的价值观产生忽视或误解，从而引起冲突。

所谓外部的文化冲突，实际上就是从属文化冲突，它是在社会分化过程中，某种同质的文化和价值体系向异质性转化时产生的副产品。当某种同质的文化价值体系变为不同质的若干种文化和价值体系时，就不可避免地产生文化冲突，引起犯罪行为。

所谓内心的文化冲突，是指个人从具有相互冲突的规范的不同群体中获取自己的行为规范的现象。在这种情况下，文化冲突被人格化，深入到人的人格中，变成了一种心理现象。这种文化冲突是引起犯罪的主要原因，具有最强烈的犯因性作用。内心的文化冲突主要表现为：（1）传统文化规范与新文化中的行为规范之间的冲突；（2）农村的行为规范与大城市的行为规范之间的冲突；（3）组织良好、由同一种族组成的群体的行为规范与组织松散、由不同种族组成的群体的行为规范之间的冲突。

塞林着重研究了移民问题，认为，这种内心的文化冲突在外国移民身上表现得十分普遍，是造成大量移民犯罪的基本原因。

（二）亚文化理论

亚文化理论或亚文化群理论，是说明人的犯罪行为同其价值体系之间存在着相互联系的一种犯罪社会学理论。社会学家和犯罪学家多用这一理论来解释青少年犯罪和中下层社会成员犯罪的成因。亚文化理论的代表人物是美国的犯罪学家艾伯特·科恩（Albert Cohen）、理查德·克罗沃德（Richard Cloward）

和劳埃德·奥林（Lloyd Ohlin）等人。该理论认为，在西方下层社会成员中存在着许多不同的亚文化群。亚文化群成员由于没有社会地位，被以中等阶层为代表的西方社会所排斥。于是，持有相同思想和价值观念而又处境相同的亚文化群成员便聚集在一起，力图相互支持、相互保护和相互满足其各种需要，以寻求一种与社会正统价值观念不同但却能够使自己感到有价值的生活方式，这种生活方式包括参加犯罪团伙和从事犯罪行为。亚文化理论主要有科恩的少年犯罪亚文化理论、肖和麦凯的少年犯罪区理论、思雷舍的帮伙亚文化理论等。

1. 少年犯罪亚文化理论

少年犯罪亚文化理论是美国犯罪学家艾伯特·科恩在其《少年犯罪人：帮伙亚文化》（1955）一书中提出来的。该理论又称"帮伙亚文化理论"、"地位挫折理论"。其基本观点认为，下层阶级贫民区中存在着一种少年犯罪亚文化和少年犯罪亚文化群（帮伙），它们是社会下层少年为克服社会适应困难或地位挫折感而产生的群体性反应的结果；这些亚文化与中产阶级的文化相矛盾，遵从这种帮伙亚文化必然导致越轨与犯罪行为。

2. 少年犯罪区理论

少年犯罪区理论是由美国学者克利福德·肖和享利·麦凯提出来的。肖和麦凯将帕克的社会生态学理论①和伯吉斯的犯罪同心圆理论②应用于少年犯罪研究，取得了引人注目的成就。他们认为，城市中的少年犯罪往往发生在特定的区域，这些区域的少年犯罪是由犯罪亚文化造成的。随着城市的扩大，使新开发区原有的共生关系遭到破坏，也使原有的文化、行为规范及价值观念解体，而新的行为规范、道德准则等又没有形成，加之双职工的增加，邻里对青少年的控制力减弱，这一切都为生活在该区域的青少年帮伙形成亚文化提供了便利条件。这种亚文化形成以后，他们便根据这种亚文化所确立的价值观念和行为规范行事，从而导致违法犯罪。

---

① 社会生态理论是运用生态学和社会学的观点研究犯罪与环境之间关系的一种理论，由20世纪20年代末美国芝加哥大学的一批社会学者（帕克、伯吉斯、肖和麦凯等）所创立。20世纪20年代之后，美国的城市化进程加速，城市犯罪问题日益突出，这种状况导致城市的经济、政治、文化、人口、种族关系、社会心理、居住方式、交通、通讯等方面发生了巨大的变化。社会成员如不适应城市环境的这种变化，就有可能导致失范、越轨和犯罪行为的发生。

② 伯吉斯等人通过对芝加哥城市的调查发现，犯罪率在城市中心的周围地区最高，随后向郊区逐渐下降，愈远离市中心周围的地区，犯罪率愈低。他因此得出结论：这种生态现象是城市化过程的自然产物。他们将芝加哥市划分为围绕同一圆心而形成的5个区域：中心商业区、中间地带（工厂区）、工厂住宅区、中上层住宅区、郊区和卫星城。犯罪多数发生在中间地带的工厂区。因为相对于自然社区，中间地带人口流动量大，混杂的流动人口造成了有利于犯罪实施的环境。

3. 帮伙亚文化理论

思雷舍（Drederick Thrasher）是第一个进行系统研究少年帮伙的美国社会学家和犯罪学家，他在 19 世纪 20 年代中期对芝加哥的 1313 个帮伙进行了深入系统的研究，结果发现，帮伙是"一种最初自发形成、然后通过冲突成为一体的边缘群体。"帮伙的典型特征是：（1）自发形成；（2）具有亲密的人际关系；（3）对成员有巨大的影响力；（4）暂时性、不稳定性和开放性；（5）表现性行为（帮伙中最基本的集体行为就是其成员之间的相互刺激和反应）；（6）帮伙的冲突行为；（7）传统和群体意识的形成；（8）单一性别化。思雷舍发现，绝大部分帮伙都是男性帮伙，女孩子组成帮伙的情况极其罕见。[①]

思雷舍在分析了帮伙的特征后，又将帮伙分为 5 种类型：（1）散漫型帮伙。处于初期或孕育期的帮伙形态。（2）凝固型帮伙。经过较长时间的孕育、冲突和发展后形成的帮伙，其成员之间较为信赖和团结，可与敌对的帮伙相对抗。（3）传统型帮伙。主要是指一些青少年运动、兴趣群体，它也是青少年帮伙的最主要形式之一。这些群体如果不能接受社会正确的监督与引导而逐渐变成健康向上的群体的话，就有可能逐渐丧失其吸引力而演变成不良帮伙。（4）犯罪型帮伙。（5）秘密型帮伙。犯罪帮伙继续发展的结果，就有可能变成具有仪式、暗语和固定人员的黑恶势力组织。

思雷舍研究发现，少年帮伙有自己的传统和价值观，这些传统和价值观与主流社会的传统和价值观有明显的不同。在下层社会中的成年人身上也经常会看到少年帮伙的价值观和行为模式。思雷舍的这些研究结论以及对少年帮伙特征的论述，构成了少年犯罪亚文化理论的基础，唤起了社会学家和犯罪学家对帮伙的注意，极大地推动了帮伙研究的开展。

（三）紧张理论

紧张理论亦叫社会异常论，是 20 世纪 30、40 年代美国犯罪学家罗伯特·默顿（Robert Merton）提出的犯罪原因理论。该理论认为，犯罪是行为人不能通过合法手段取得社会地位和物质财富而产生的沮丧和气愤的产物。在社会中，大多数人最初都持有基本相同的价值观念和生活目标，但取得这一目标的能力对每一个人来说并不相同，而是依每个人的社会地位和经济条件的不同而有所区别。在社会中，中、上层成员能够受到良好的教育，可以轻而易举地获得体面和高薪职业，没有生活压力，因而不存在紧张状态。但下层社会成员，由于

---

① 吴宗宪：《西方犯罪学史》，警官教育出版社 1997 年版，第 633—634 页。

社会地位低下和缺乏经济条件，几乎难以取得成功，因此感到沮丧和紧张，其中一些人便求助于违法犯罪等手段去实现自己的目标。

默顿认为，犯罪就是这种异常的文化结构与社会结构之间不一致造成的。所谓的文化结构是指社会通行的规范性价值标准，它规范着各阶层社会成员的生活目标；而社会结构是指由不同角色、身份和地位的人所形成的社会关系。默顿进一步指出，美国社会大肆宣扬竞争，鼓励个人奋斗和出人头地，把社会地位、物质财富作为实现价值目标的主要标志，鼓励社会成员通过一定的社会结构去实现文化结构为自己规定的目标，而美国社会结构的现实是，社会财富和经济命脉主要掌握在少数人手里，并没有为下层社会成员提供实现这一目标的规范手段，这就决定了他们难以实现财富上的成功。这种社会结构的矛盾状态给他们造成一种压力，使他们产生一种紧张的心理体验。要缓解这种紧张状态，通常有以下几种方式可供选择：要么采取放弃通行的价值目标的适应方式，安于现状，则不会犯罪；要么采取退却的适应方式，许多人将变成精神紊乱者、隐士和流浪汉，而另一部分人则会变成吸毒者、酒精中毒者；如果采取变革的适应方式——用非法手段争取社会目标的实现，则会实施违法犯罪行为；如果采取造反的适应方式，试图变革社会制度，推翻现存政府，通常则会发生政治犯罪。可见，并不是所有不能通过合法手段取得成功的下层人员都会借助于犯罪手段去实现自己的价值目标，最终是否犯罪，则取决于个体适应社会压力的不同态度或反应方式。

紧张理论为科学研究犯罪原因做出了重要贡献，在一定程度上揭示了美国下层社会成员违法犯罪的原因，但它的局限性在于没能说明中上层人员犯罪的原因。

（四）社会解组论

社会解组论又叫社会分化论或社会失控论。该理论源于美国芝加哥学派的犯罪同心圆理论和法国社会学家迪尔凯姆的学说。后经美国犯罪学家默顿的进一步发展，成为解释犯罪成因的社会化过程的重要理论。该理论的主要观点是，社会控制主要是通过人们之间的彼此交流和影响来实现的。社会一旦缺乏这种交流和影响，就会导致社会规范内化机制的失效，进而出现社会解组，引起犯罪的发生。因为，人们彼此之间的交流和影响，主要发生在人们相互接触和联系的非正规的社会关系之中。这种非正规的社会关系，对集体发挥着非常重要的非正式社会监督作用。社会解组导致这种非正规社会关系的剧烈分化和解体，削弱和瓦解了非正式社会监督的功能，从而使传统的集体习俗和理想逐渐消失；同时，工业化、城市化引起的大规模人口流动，在促使文化的多样性的同时，也加剧了人们之间的竞争，削弱了传统社区的凝聚力，破坏了家庭关系的纽带；加之人们活动的匿名性增多和交往的减少，又大大降低了集体抵御和控制犯罪的能力，这势必导致犯罪的大量增加。该理论还认为，工业化、都市化程度与社会解组程度和犯罪率成正比，而社会解组是以价值观念的崩溃为前提的。

社会解组论对于解释工业化、城市化过程中出现的大量犯罪问题有重要的意义。

（五）　标签论

标签论是 20 世纪 60 年代产生于美国的一种社会化过程理论。该理论主要依据形象互动论原理，把社会反应与行为人视为互动的双方，认为犯罪行为是社会反应与行为人形成自我意识之间相互作用的结果。其主要代表人物有美国犯罪学家莱默特（E. M. Lemert）、坦南鲍姆（Frank Trannenbaum）和贝克（H. S. Becker）等人。

该理论认为，人的行为并不取决于事物的内在性质，而取决于社会的解释方式。任何行为本身都不是有罪的，而是社会把某些行为确定为犯罪行为，并给其贴上了犯罪的标签（打上烙印）。一个人变成了罪犯，最初是因为他们的父母、学校教师、警察机关、法院以及犯罪矫治机构在处理违法行为时，给他们贴上坏的标签的结果，如"坏孩子"、"坏人"、"犯罪者"等。一个人一旦被打上罪犯的烙印，就会终身留下了一个难以抹灭的污点，使行为人处处受到这个污点的影响：在家庭让父母或其他成员讨厌；在学校会受到老师和同学们的歧视；在社会上难以找到理想的职业。长期下去，被贴标签者便会认可这种标签，进而破罐破摔，实施更为严重的违法犯罪行为。因此，标签化是违法犯罪的催化剂，它强化了违法犯罪行为。在美国，由于种族歧视和民族歧视，社会往往把黑人、少数民族及生活在贫民窟的某些人特别是青少年，看成是行为不轨的人。这种社会的偏见，促成了上述人员的标签化倾向。

有些标签论者还用"初级越轨"向"次级越轨"的转化来说明标签化对犯罪形成过程的影响。"初级越轨"的特点是：行为人已实施了一定的不良行为，但还未被固定地作为越轨者来看待，行为人也未形成越轨者的自我概念。"次级越轨"的特点是：行为人已实施了一系列违法犯罪行为，并已被他人固定地当作越轨者来看待，行为人也形成了越轨者的自我概念。从"初级越轨"向"次级越轨"的转向，不是突然实现的，而是逐渐地、交替进行的。在标签论者看来，这一转化是贴标签的结果。[①]

---

① 参见魏平雄等：《犯罪学教科书》（第 2 版），中国政法大学出版社 2008 年版，第 54 页。

标签论的价值蕴含不仅表现为以上所言，它还为我们研究犯罪原因问题提供了另一个全新的视角，即把法定犯罪定义产生的原因纳入犯罪原因研究的范畴，这就启发人们对刑法关于犯罪定义价值观进行思考。刑法关于犯罪的定义是否是保护大多数人根本利益的？人们为什么会冒犯它？这种对社会统治者及其法律制度正当性的拷问，为我们留下了深刻的印象，给人以启迪，促人思考。

（六）社会控制论

社会控制论认为，社会中每个人都有犯罪的可能性，现代社会也为人们提供了许多犯罪的机会。因此，对于犯罪学来讲，研究人为什么没有犯罪比研究人为什么犯罪更有意义。这一理论的主要代表人物是当代美国犯罪学家特拉维斯·赫希（Travis Hirschi）。

赫希在 1969 年出版的代表作《少年犯罪的原因》一书中，将犯罪行为的发生与各种社会控制的减弱联系在一起，指出社会中的每个人都有犯罪的可能性，都是潜在的犯罪者。由于犯罪行为会给自己与朋友、家庭、邻居、学校和工作单位的关系造成不可弥补的损失，一般人都会因为这种担心而不得不遵守法律。如果一个人不顾忌这种社会约束，又不关心他人的利益和期待，便会去犯罪。赫希认为，人们能否遵守规则主要取决于四个要件：依恋（attachment）、奉献（commitment）、参与（involvement）和信念（belief）。

（1）依恋。依恋反映一个人对他人的观点的敏感度。一个人能否接受社会准则和社会道德主要取决于其对他人的依恋（如父母、朋友、学校等），其中对父母的依恋最重要，这是阻止犯罪发生的一道重要屏障。

（2）奉献。奉献产生于遵守规则过程中的时间、精力与名声的投入。如果一个人对生命、财产和名誉投入的各种奉献较多，他就不可能选择损害其奉献的行为而犯罪。

（3）参与。参与源于对传统常规活动的专注程度。对常规社会活动的参与会减少行为人可能用于从事非法行为的时间，从而有利于阻止个人接受非法行为的潜在诱惑。

（4）信念。信念是指个人对于社会准则的认可和接受，它从一个人对他或她应遵守社会规则的确信中反映出来。如果这种信念丧失或遭到削弱，他就可能从事犯罪等反社会行为。

赫希进一步指出，上述四种控制因素之间的相互作用影响到个人犯罪与否的抉择。如果一个人对父母和朋友都感到亲切，往往会重视他们的期望，从而更有可能选择并努力去实现一些合法的目标；反之，如果一个人无视上述各种社会关系，就可能缺乏对常规目标的奉献，而从事犯罪行为。①

除上述犯罪社会学理论外，还有一些影响较大的犯罪社会学理论，如社会冲突论（激进派犯罪学）②、整合理论③、社会环境论④和相对剥夺论等。

思考题

1. 犯罪原因的概念是什么？
2. 试述犯罪原因系统的特征及其结构。
3. 西方犯罪学影响较大的犯罪原因理论有哪些？其主要观点是什么？
4. 运用犯罪社会学理论对我国目前突出的犯罪现象进行分析。

阅读书目

1. 王安顺：《中国犯罪原因研究》，人民法院出版社 1998 年版。

2. 汪明亮：《论犯罪生成模式与犯罪饱和性生成模式》，载《法学杂志》2004 年第 3 期。

3. 邱国梁：《论基因与犯罪》，载《山东公安专科学校学报》2003 年第 2 期。

4. 周良沱：《犯罪根源论》，载《江西社会科学》1996 年第 3 期。

5. 何家弘：《人性本恶亦本善》，载《人民检察》2010 年第 1 期。

6. 于真：《机制论的罪因观——双因双化统一论》，载《中南民族学院学报（社科版）》1995 年第 6 期。

7. 皮艺军：《本能异化论——犯罪本源理论的新思考》，载《青少年研究》1999 年第 2 期。

8. 王志华：《犯罪综合动因论》，载《黑龙江政法管理干部学院学报》2004 年第 3 期。

9. 王牧：《犯罪原因论概述——兼论犯罪学的基本范畴》，载《吉林大学社会科学学报》1991 年第 4 期。

10. 宋海云：《犯罪的内因和外因问题释疑及其他——与许章润教授商榷》，载《前沿》2012 年第 10 期。

11. 贺晓荣、段立义：《犯罪根源论的历史考察与现实启示》，载《法律科学（西北政法学院学报）》1990 年第 2 期。

---

① 曹子丹：《中国犯罪原因研究综述》，中国政法大学出版社 1993 年版，第 632 页。

② 参见张绍彦：《犯罪学》，社会科学文献出版社 2004 年版，第 44—45 页。

③ 参见魏平雄等：《犯罪学教科书》（第 2 版），中国政法大学出版社 2008 年版，第 54—55 页。

④ 参见宋浩波：《犯罪学新编》（第 3 版），中国人民公安大学出版社 2012 年版，第 148—149 页。

第八章　犯罪的社会因素

学习目标

- 了解家庭教育、学校教育、经济发展、市场经济、文化、阶级斗争、政治动乱等对犯罪的影响。
- 掌握政治腐败、贫富悬殊、失业、文化冲突、法制问题与犯罪的关系。
- 重点掌握使用基尼系数、变异全距、分位法分析中国贫富悬殊问题的方法。
- 能够运用所学理论，从政治、经济、文化、教育、法制等角度分析当前中国的犯罪问题。

　　犯罪是社会的产物，就宏观而言，犯罪根源于一定社会的政治、经济、文化、道德、法律等社会因素之中。研究这些因素与犯罪的关系具有重要的价值。社会因素虽然不能说明某个具体的人是否犯罪，但它却影响到整个社会犯罪的规模、结构和发展趋势。

第一节　政治因素与犯罪

　　政治是经济的集中体现，它是人类围绕公共权力而展开的角逐、运用与相互制约的社会活动。所谓角逐，就是指各社会政治主体，包括政治家、政治集团、政党等围绕如何夺取与掌握国家执政权而展开的各种活动。所谓运用，是指掌握国家权力的政治主体运用国家权力对社会资源进行分配的过程。所谓制约，就是指其他各种政治势力对执政的政治主体在社会资源分配过程中的活动施加影响和制衡的过程。① 政治属于上层建筑的范畴，在社会生活中居于较高的层次，它与犯罪的关系是非常密切的。

一、政治腐败与犯罪

政治腐败是指政治系统中政治阶层的部分成员所奉行的价值和行为，背离了系统的功能目标。其主要表现为：权力主体利用公共权力牟取私利，既包括合法权利的非法扩张与滥用，又包括对超出政策法规界限的物质利益的非法攫取和侵犯，其实质是将公共权力异化为私有权力。这种被异化的权力成为犯罪滋生的温床。我国目前的腐败现象主要表现为：（1）奢侈浪费，生活糜烂。一些权力主体慷国家之慨，大肆挥霍公款、公物，追求排场阔气，公款吃喝，公款旅游，公款送礼，挥霍无度，在社会上造成极其恶劣的影响。（2）以权力干预经济，牟取非法利益。一些人利用权力资源经商，大发横财，有的甚至凭借一纸批文、一张发票，就能转眼成为百万、千万富翁。目前已出现了所谓的"官僚倒卖集团"。（3）以权谋私，花样不断翻新。一些人利用手中掌握的权力购买高级轿车，违章超标建造楼堂馆所，或利用公款装修私房，在子女、亲属的升学、招干、升迁、调动、出国、调资、进城等问题上谋求特殊照顾；有的假公济私，私款公报，巧立名目，吃拿卡要，巧取豪夺。（4）贪污受贿，权钱交易。改革开放以来，政府官员贪污受贿的腐败现象日趋严重，有些人利用权力贪污、索贿受贿，大肆敛财；有些人甚至与黑社会组织勾结，以权钱交易编织关系网。特别严重的是，近年来高级干部的腐败问题非常突出。据报道，2003 年中国有 13 位中央和地方的党政领导人受到查处，其中有省委书记、省长、部长和银行行长。他们所犯的罪行几乎都是受贿罪，有的被判死刑，有的被判处 10 年以上有期徒刑。如：2004 年 1 月，中国四大国有商业银行之一的中国银行原行长收受了北京某广告公司 115 万元人民币的贿赂款，被判处 12 年有期徒刑；2013 年，原铁道部部长刘志军因受贿和贪污巨款被判无期徒刑。

除了高级干部的贪污受贿问题外，还存在占用农民耕地、教育领域乱收费、医疗行业收红包和公路"三乱"等问题，真是不胜枚举。由此可见，腐败问题存在于社会的各个角落。据不完全统计，1997 年 10 月至 2002 年 9 月的 5 年间，检察机关立案的腐败案件多达 86 万起，有 85 万人受到查处，其中有 14 万人被开除党籍。近几年来，这种状况不但没有得到丝毫好转，反而愈加

---

① 吴鹏森：《犯罪社会学》，中国审计出版社 2001 年版，第 87 页。

严重。这种腐败的趋势如若得不到有效的遏制，必然导致整个社会价值体系、行为规范的紊乱，从而诱发大量的犯罪行为。

（一）政治腐败毒化了社会风气，制造了犯罪产生的条件

由于政治系统处于社会系统的中心地位，因而该系统的状况对社会风气具有最为直接、最为明显的影响。而在政治体系中掌握重要领导、管理职责的政府官员，其思想作风、行为方式、人格优劣对社会风气具有重要的导向作用。古人曾说："上之化下，犹风靡草"，又说："上梁不正下梁歪，中梁不正倒下来。"党政干部腐化堕落之风，不但在领导干部上下级之间、同级之间相互交叉感染，而且必然会渗透蔓延到整个社会，败坏全社会风气。如果官场上没有贪污、受贿的腐败行为，那么在社会上就形不成请客送礼、行贿办事的不良风气；没有索贿受贿的行为，行贿者就不会得逞。而且，官场的腐败导致了整个社会心理的严重失衡。"和尚动得，我也动得"。于是上行下效，违法犯罪行为层出不穷，"靠山吃山，靠水吃水"，制假贩假，坑蒙拐骗，无所不用其及。当这种腐败之风经年日久，得不到有效的扭转时，它便逐渐形成一种腐败文化。在这种腐败的文化氛围中，很少有人能洁身自好，违法犯罪便四处蔓延。

（二）政治腐败，严重损害了政府的威望，削弱了犯罪控制力

关于腐败的严重危害，前人多有论述，孟德斯鸠在《论法的精神》一书中说："当罗马腐化了的时候，不管司法权力转移到哪一个团体……给两个团体也好，同时给三个团体也好……事情总是弄不好。"孙中山先生也说过："代议士都变成了猪仔议员。有钱就买身份贪赃利，为全国人民所不齿。"可见腐败对国家职能的影响。我国目前正处于社会转型期，各种社会矛盾增多，问题处理的难度增大，在这种情势下，我们的党必须端正党风，提高其执政能力，在人民群众中树立起崇高的威信，才能受到广大人民群众的理解和拥护，才有希望带领全国人民把我国逐步建设成民主、富强的国家。否则，官僚主义严重，搞特权，谋私利；脱离群众，不关心群众疾苦；独断专行，压制民主，专横跋扈；工作不负责任，互相扯皮等，不仅在社会管理中会造成大量的漏洞和薄弱环节，削弱了犯罪控制的能力，给犯罪分子以可乘之机，而且更为严重的是，政治腐败，严重败坏了党和政府的形象与权威，造成了党和政府与人民群众的隔阂与矛盾，严重削弱了党和政府在人民群众中的号召力和凝聚力，危及整个社会的稳定。苏联的解体，东欧的剧变，原因虽然十分复杂，但它与政治腐败有着密切的关系。无数事实证明，凡是腐败严重的地方，必定是正不压邪、违法犯罪行为大量滋长的地方。

（三）权力腐败为各种亚文化组织的滋生提供了温床

权力腐败挫伤了民众对正式组织和主流价值的信心，在失去精神归属的情况下，民众会重新寻找自己的价值依托，这就为各种亚群体、亚组织的滋生提供了温床。如现实中那些对社会稳定产生恶劣影响的黑恶势力组织、邪教组织以及其他秘密会社的产生，都与腐败和社会管理、控制功能低下有着密切的关系。

二、政治动乱与犯罪

政治动乱是指由各种原因所导致的社会政治秩序处于一种混乱状态。政治动乱既可能是由政治决策失误造成的，也可能是由社会政治力量失衡造成的，还可能是由外部因素介入造成的。政治动乱常常导致社会动乱，降低政府对犯罪的控制能力，并对犯罪产生重大影响。

首先，政治动乱往往造成国家对社会的失控，使社会治安处于无人负责的状态，从而导致犯罪的大量增多。国家对社会的控制，主要是通过政权的力量来实施的。国家通过建立各种社会制度，制定各种法律制度，并通过各种社会组织机构对社会实施有效的管理，以此确立社会的基本秩序。这是国家控制犯罪的重要基础。没有这个基础，只靠司法部门单枪匹马地打击与控制犯罪是难以保证良好的社会治安秩序的。因为社会政治动乱一旦发生，首先就会冲击国家的基本政治机构，导致国家政权机关的瘫痪，使其难以发挥正常的职能。特别是司法部门的瘫痪，其严重后果是失去对社会治安秩序的控制能力，直接导致大量违法犯罪行为的产生。我国长达 10 年之久的"文化大革命"，实质上是一场政治动乱。在这场政治大动乱中，公、检、法机关被砸烂，打、砸、抢成风，武斗盛行，民主和法制遭到肆意践踏，全国社会秩序一片混乱。在这一时期，社会治安形势相当严峻，出现了我国建国后的第三次犯罪高峰。

其次，政治动乱影响社会经济的发展，从而破坏了预防犯罪的基础和"免疫系统"，导致犯罪的增长。社会政治动乱，必然影响到社会经济的发展，而社会经济状况对社会的影响又带有全局的性质。社会经济的动荡，常常引起社会的科学、文化、教育和其他社会生活的停顿和混乱。伴随着工厂的停工、学生的停课、商店的停业、交通的瘫痪，整个社会生活便完全处于一种失序状态。如果这种状态长期持续下去，必将导致整个国民经济的崩溃，致使物资供应短缺、物价上涨、人们生活发生困难。一方面，为解决温饱问题而犯罪的现象便会大量增多；另一方面，这种状况继续下去的结果又会反过来加速社会的进一步动乱，导致整个社会的"犯罪免疫系统"功能的彻底失调，犯罪便像瘟疫一样在社会中流行开来。

最后，政治动乱破坏了政治社会化机制，影响到社会主流价值观的功能发挥，从而催化了各种反社会倾向。政治社会化是一个社会向其社会成员传递政治并使社会成员获得政治态度、政治信仰、政治知识和政治感情，从而形成一个民族的政治人格，成为特定民族文化背景下的政治人的过程。在这个过程中，政治体系将其占主导地位的政治文化向全体社会成员传播，劝导社会成员接受其特定的政治文化。而政治动乱导致了这种正常的社会化功能中断，削弱了社会主导政治意识的权威，破坏了各种政治社会化机构，各种亚文化、甚至反文化便乘虚而入，从而导致整个社会政治功能的紊乱。在这种背景下，各种反社会的政治行为不仅会大量增多，而且一些潜在的犯罪分子也可能被激活，社会将陷入严重失序状态。

三、阶级斗争与犯罪

(一) 阶级斗争与犯罪的联系

在阶级社会里，政治首先表现为阶级对阶级的斗争。阶级斗争是政治斗争的重要表现形式。取得政权的统治阶级为了维护自身的利益，必然会根据阶级斗争的需要，通过立法的形式把反抗统治阶级现行秩序的行为规定为犯罪。所以，犯罪与阶级斗争有着天然的联系。

首先，私有制的产生与阶级的出现使社会危害行为具有了阶级的属性，犯罪因此也具有了阶级斗争的性质。马克思主义经典作家对犯罪的本质作过精辟的论述，指出："犯罪是孤立的个人反对统治关系的斗争"，是"蔑视社会秩序的最明显、最极端的表现。"[①] 随着阶级的产生，两大对立的阶级，由于其各自利益的根本对立而在经济上和政治上展开全面的对抗，被压迫、被剥削阶级的成员由于无法忍受残酷的剥削与压迫，被迫进行反抗和斗争。这种反抗或斗争，不管形式如何，在总体上威胁、危害的都是统治阶级的现行统治关系，动摇的都是统治阶级的地位，所以统治阶级要维护本阶级的利益，总是通过立法的形式把这种反抗行为规定为犯罪。这是犯罪具有阶级斗争性质的一种情况。同时，在剥削制度下，由于社会的不平等，法律的偏袒，被压迫阶级的成员为了能够在被压迫、被剥削的环境中生存下去，不得不冒险从事各种违法犯罪活动，如偷盗、抢劫、卖淫、诈骗等。所以，剥削制度下犯罪的大量存在，是尖锐的阶级对立和阶级斗争的一种重要表现形式。

---

① 《马克思恩格斯全集》（第 2 卷），人民出版社 1960 年版，第 416 页。

其次，犯罪受阶级斗争总形势的影响和制约。犯罪与阶级斗争的联系，还突出地表现为一个社会阶级斗争的总形势对犯罪状况有着直接的影响。事实表明，当阶级斗争形势尖锐化时，社会秩序混乱，社会规范的约束力大大下降，犯罪便大幅度增长；反之，当阶级斗争形势趋于缓和，社会处于正常运转状态时，社会则安定，犯罪便大量减少。同时，当阶级斗争尖锐化、犯罪猖獗、社会秩序混乱时，统治阶级为了加强统治，常常采取修改法律、加大打击力度的刑事政策，甚至不惜采取暴力进行镇压，以稳定社会局势；相反，当阶级斗争形势平缓，社会治安秩序较好时，统治者往往会实行"轻刑化"的刑事政策。所以，从某种意义上讲，犯罪状况能在一定程度上反映出阶级斗争的总形势。

（二）阶级斗争与犯罪的区别

犯罪与阶级斗争虽然有着非常密切的关系，但它们二者之间的区别也是显而易见的。

首先，犯罪只是阶级斗争的一种特殊形式，而且是一种最原始、最没有效果的反抗形式。以孤立的个人反抗强大的统治关系，尽管也可能给现行的统治秩序造成一定的损害，但这种损害只是暂时的、表面的，其效果也是极其有限的。这种反抗形式，不仅动摇不了剥削阶级的统治根基，达不到解放自身的目的，反而会损害社会公众的利益，引起社会的公愤，并招致强大的统治阶级以国家的名义进行镇压与惩处。

其次，并不是所有的犯罪都具有阶级斗争的性质。由阶级矛盾和阶级冲突所引发的犯罪并不都具有阶级斗争的性质，有很大一部分犯罪并不属于阶级斗争的范畴，即使在剥削制度下，被压迫阶级中的个人的犯罪行为并不与其阶级的要求相一致，并不代表本阶级的利益，其犯罪行为也并不是由阶级压迫与剥削引起的。相反，一些犯罪行为与阶级剥削、阶级压迫毫无关系，纯粹是个人之间的矛盾冲突引起的。事实上，犯罪者中不仅有被压迫阶级的成员，还有大量的统治阶级的成员；犯罪所侵害的对象，不仅有统治阶级的成员，而被统治、被压迫阶级的成员由于缺少保护，更容易受到犯罪的侵害。

最后，犯罪与阶级斗争是两个不同的范畴。犯罪是一个犯罪学概念，主要是一种社会法律现象；而阶级斗争是一个政治概念，是一种社会政治现象。尽管我国刑法规定了单位犯罪，但单位犯罪的目的主要带有经济性，即为追求经济利益而犯罪，同社会政治集团的行为存在着本质的区别。法律对单位犯罪实行"双罚制"，即对单位实行经济制裁，对直接责任人进行刑事制裁。

目前我国的社会结构已发生了重大变化，剥削阶级作为一个阶级已经被消灭，剥削制度也不复存在。但阶级斗争并没有消失，它还将在一定范围内长期存在，在某些条件下还可能激化。随着社会的深刻变革与发展，我国目前的社会结构已发生了巨大变化。我国原来的无产阶级（农民阶级、工人阶级）、资产阶级以及知识分子阶层三大阶级、阶层关系都发生了深刻的变化，即出现了由阶级关系向阶层关系的转化。我国的阶级关系已越来越简化，而阶层关系却越来越复杂。这一变化昭示着我国现阶段的阶级斗争，已经不是两个完整意义上的阶级在经济上和政治上的冲突，而是一种不对称的阶级斗争，它是通过一些反社会的犯罪分子所实施的犯罪行为所表现出来的社会利益的严重冲突。正如邓小平同志所说："社会主义社会，仍然有反革命分子，有敌特分子，有各种破坏社会主义秩序的刑事犯罪分子和其他坏分子，有贪污、盗窃、投机倒把的剥削分子，并且这种现象在长时期内不可能完全消灭，同他们的斗争不同于过去历史上的阶级对阶级的斗争（他们不可能形成一个公开的完整的阶级），但仍然是一种特殊形式的阶级斗争，或者说是历史上的阶级斗争在社会主义条件下的特殊形式的遗留。"[①]

目前我国社会犯罪的主体已转变为工人、农民、知识分子、公职人员及其子女中的不法分子，直接与阶级斗争相关的案件已经很少。这说明，我国目前的犯罪主要不是由阶级矛盾引起的，而更多的是由一般社会矛盾引起的，这是目前我国社会的基本国情，充分认识这一国情，对正确判断我国社会的犯罪性质是十分必要的。对此，我们既不能将我国一切形式的犯罪都看作是阶级斗争的反映，进而在实践中因认识的偏颇导致在实践上的偏差乃至造成严重的恶果，但也决不能完全抹杀我国一些刑事犯罪仍然具有某些阶级斗争的性质。在我国社会主义初级阶段，刑事犯罪的规律与阶级斗争的发展规律具有相似性和同步性。国际大气候和国内的小气候可能会互相结合，在我国掀起种种政治风波，造成社会的动荡不安，并引发各种犯罪活动。建国至今，境外的一些敌对势力，一天也没有停止过对我国的颠覆、渗透和破坏活动，有些敌对分子妄图以暴力犯罪等手段达到其反政府的目的；有些民族分离分子为了达到分裂祖国的目的，有组织、有计划地实施暴力恐怖活动，残害无辜，报复社会；有些普通刑事犯罪分子，受到刑事处罚后，思想意识恶化，大肆进行犯罪活动，疯狂报复社会；也有一些普通犯罪分子为了逃避法律制裁，转而与境外敌对分子相勾结，进行反政府的活动。所以，我们应清醒地认识到阶级斗争在特定历史条件下的特殊表现形式，正确地把握其实质。

---

① 《邓小平文选》（1975—1982），人民出版社 1983 年版，第 155 页。

第二节　经济因素与犯罪

马克思主义在观察人类社会的发展过程时，对一定社会的物质生活和生产方式予以特别的关注，认为物质生活的生产方式制约着社会生活，一切社会现象都可以从与之相适应、相联系的社会经济生活中找到根据。马克思在分析资本主义社会的违法犯罪原因时指出："违法行为通常是由不以立法者意志为转移的经济因素造成的。"① 这说明，在任何社会，经济因素都是决定犯罪现象产生的最重要并占主导作用的社会因素。无论是经济发展，还是经济危机；无论是经济形态的变更，还是经济制度的改革等任何经济的变动，都会深刻地影响社会生活，直接或间接地影响到犯罪。但是，我们也不能因此夸大经济因素的作用，将经济因素的作用绝对化，将经济因素说成是决定犯罪的唯一因素。正如恩格斯所说："历史过程中的决定性因素归根到底是现实生活中的生产和再生产。无论马克思或我都从来没有肯定过比这更多的东西。如果有人在这里加以歪曲，说经济因素是唯一决定性的因素，那么他就是把这个命题变成了毫无内容的、抽象的、荒诞无稽的空话。"②

一、经济条件（水平）与犯罪

几乎所有的犯罪学者都不否认经济条件与犯罪的关系。关于这个问题，我国自古就有朴素唯物主义的观点。孔子认为，贫穷是导致犯罪的直接原因。他说："贫而无怨难，富而无骄易。"（《宪问》）"君子固穷，小人穷斯滥矣。"（《卫灵公》）一个本来道德就不高尚的人到了衣不蔽体、食不裹腹、穷困潦倒之际难免会铤而走险。这种观点与"饥寒起盗心"、"穷山恶水出刁民"有异曲同工之处。孟子也说："民之为道也，有恒产者有恒心，无恒产者无恒心。""苟无恒心，放僻邪侈，无不为已。"（《孟子·滕文公上》）即是说老百姓没有生存依靠，解决不了衣食生计问题，"仰不足以事父母，俯不足以畜妻子"（《梁惠王上》），便会因生计所迫以身试法。荀子在《富国》篇中也论述了经济因素对犯罪的重要影响。他说"欲多而物寡，寡则必争矣。"占有欲太强而财物匮乏，从而互相争夺盗贼蜂起，这又为犯罪敞开一扇大门。于是荀子发出了

---

① 《马克思恩格斯全集》（第13卷），人民出版社1960年版，第552页。
② 《马克思恩格斯全集》（第13卷），人民出版社1960年版，第552页。

"穷者患也，争者祸也"的感慨。汉代董仲舒也曾说："大富则骄，大贫则忧。忧则为盗，骄则为暴，此众人之情也。"（《春秋繁露·度制》）东汉思想家王充、王符也指出："夫饥寒并至，而能无为非者寡……让生于有余、争生于不足"（《论衡·问孔》）；"饥寒并至则安能不为非？为非则奸宄，奸宄繁多，则吏安能无严酷？严酷数加，则下安能无愁怨？愁怨者多，则咎徵并臻，下民无聊，而上天降灾，则国危矣。"（《潜夫论·浮侈》）唐朝诗人白居易也有类似的看法。他说："财产不均，贫富相并，虽尧舜为主，不能息忿争而省刑狱也。食不充，冻馁并至，虽皋陶为士，不能止奸宄而去盗贼也。"（《白居易集·策林四》）这说明，当人们饥寒交迫、难以生存下去之时，不论统治者是谁，都禁止不住铤而走险、违法犯罪行为的发生。

在国外，19世纪末期，荷兰犯罪学家蓬球通过研究认为，富饶地区的犯罪率通常比贫穷地区的犯罪率要低。他因此得出结论：贫穷是犯罪的先导，它促成犯罪动机的产生。因为贫穷足以引起饮酒，而饮酒是犯强暴罪的起因；贫穷又驱使着找不到工作的人变成游荡乞丐，而游荡乞丐又是制造犯罪的预备学校。贫穷的人不能以正当的方法实现其需要，就促成他们去偷窃。法国社会学家塔德则认为：经济条件不是犯罪的主要原因，更不是唯一的原因。他举证说，法国最勤劳的农民，在人口总数中所占的犯罪比例最少，而城市犯罪的比率最大。其原因不是由于城市商业繁荣和发展，而是由于城市中骄奢淫欲和财富分配不均以及生产活动没有效率等。塔德强调，犯罪的社会原因最为重要，只有当一种新的发明出现后，使劳工阶级因此不能维持他们的需要，经济状况发生变化，财富分配不均，才激起贫富双方的贪欲，从而导致犯罪的发生。美国近代社会学家阿尔伯特·科恩认为，犯罪不是因为贫穷，而是因为相对贫穷（即"相对贫穷论"）。这种观点产生于美国工业革命时期。美国工业革命后，城市化进程加快，城市向它的居民展示出不断增加的物质财富，从而刺激了他们的金钱欲；同时，工业化社会环境使许多人看到自己的生活水平低于其他人而产生一种被剥夺的感觉。在这种情况下，人们就企图用非法手段使自己所感受到的剥夺得到补偿，从而走上犯罪的道路。

其实，经济条件与犯罪之间纠结着十分复杂的关系，在不同的经济形态和社会结构中呈现出不同的特性。

一般地说，优越的经济条件有利于个体的社会化，是个体社会化顺利进行的经济基础，它能对犯罪起到良好的制约作用。生长在富足家庭的孩子，处于优裕的生活环境之中，有条件从小接受良好的社会化教育，这对其良好的人格和思想品德的形成无疑起着十分积极的作用，从而减少了实施犯罪的可能性，这在少年儿童时期显得尤为突出。而生长在贫困、恶劣环境中的少年儿童，由于从小得不到良好的教育，容易形成不良的人格，因而也容易导致犯罪。2004年3月先后被公安部通缉的特大杀人犯马加爵和黄俊亮即是典型的例证。马加爵曾是云南大学的学生，尽管学习不错，如愿以偿考取了名牌大学，但由于家境贫寒，从小就有着强烈的自卑感，这种自卑感使其形成扭曲的偏执型人格，最后蜕变为杀人恶魔。黄俊亮的犯罪与马加爵有很多相似之处。黄俊亮是黑龙江省巴彦县召集镇荣玉村的村民，因家穷倒插门到妻子陈丽娟家，由于忍受不了岳父一家人的歧视而心理发生了扭曲变形，经过一段时间的预谋、准备，终于将他岳父、岳母、妻子、妻子与前夫的孩子以及小姨子一家五口杀死，焚尸后逃亡，5天后被抓获。

当然，也不可否认，过分富足的家庭，有时也会成为犯罪的温床。纨绔子弟骄奢淫欲，有恃无恐，无法无天，欲望极高，当家庭不能满足其要求时，可能会铤而走险。对此，我们认为，出现这种情况主要不是因为家庭经济条件优越，而是缺乏正确的家庭教育和学校教育。追求优裕的生活条件是人类和社会个体奋斗的目的之一，也是人类个体自由发展不可缺少的必要条件。问题是，我们如何将这种有利的条件作为实现人类理想的手段而不是将它成为束缚我们的枷锁。

因此说，单纯的经济条件不足以说明犯罪产生的原因。因为犯罪是一种极其复杂的社会现象，它是由各种因素相互作用的结果。一般地说，当人们处于绝对贫困条件下时，其吃、穿、住等最基本的维持个体生存的需要都得不到满足时，铤而走险的犯罪便会大量出现。这种因绝对贫困引起的犯罪在经济比较落后的国家和一定历史时期内大量存在。但在经济发达或相对发达的国家和地区，犯罪则变得十分复杂。目前，我国城乡绝大部分人民的温饱问题已经基本得到解决，因温饱问题从事财产犯罪的情况已不多见；因追求现代生活方式和满足其贪欲而犯罪的现象大量增多。发达资本主义国家财产犯罪率高的原因是由其资本主义制度及其生产方式的性质所决定的。实际情况是，就个体而言，在发达资本主义国家，社会地位较高、经济条件较好的上层人员的经济犯罪越来越严重，以致于"白领犯罪"的概念被创立出来；就国际犯罪的比较看，经济发达国家的财产犯罪所占的比重大于经济落后的国家，而侵犯人身的犯罪，经济发达国家要少于经济落后国家。

由此看来，社会经济条件作为一种社会存在，其对个体作用的机制是十分复杂的。应当承认，任何个体都不可避免地要受到经济条件的影响与制约，但个体在经济条件面前也不是完全被动的，而是能动的，个体经过努力能够改变经济状况，并且在与经济条件的相互作用过程中，除受到各种社会条件的影响外，还要受到精神动力因素的制约，从而表现出十分复杂的关系。个体犯罪与否难以用一个标准来衡量，必须放在特定的社会环境下具体分析。如我国三年自然灾害时期，尽管饿死了很多人，犯罪率（特别 1960 年）有较大幅度的增长，但社会秩序基本上是稳定的，没有像封建社会那样，一遇灾荒大批农民揭竿而起，盗贼丛生，社会秩序混乱不堪。当时，全国人民之所以表现出极大的克制性与忍耐性，就是因为有中国共产党的强有力的领导，全国人民有坚强的共产主义信念，这种信念是克服暂时经济困难、度过难关的强大精神支柱。另外，一国的民族特点、风俗习惯、文化道德对犯罪也有深刻的影响，它能够有效地制约犯罪行为的发生。

需要说明的是，经济条件对不同形态的犯罪的影响也是不同的。经济条件与财产犯罪联系较为密切、直接，而与其他犯罪的关系就表现得不那么直接，甚至关系不大。

二、经济变动与犯罪

如前所述，单纯的贫富不足以说明犯罪问题，但诸如物价的波动、通货膨胀、贫富悬殊、经济发展等社会经济的变动，则极大地影响着人们的经济条件，对犯罪会产生程度不同的影响。

（一）失业与犯罪

失业是指能够工作并且愿意接受工作的适龄劳动人口失去工作岗位的现象，它是社会劳动力过剩的一种表现。在不同的社会里，失业现象有着不同的表现形式。在以小农经济为基础的农业社会里，失业根本不会表现出来；在计划经济时代，无论城市还是农村失业都是以隐性的形式存在的；在市场经济条件下，失业成为社会劳动力过剩的一种典型表现形式。

失业现象最早产生于西方资本主义国家，20 世纪 30 年代，资本主义世界空前的经济危机，导致了 4000 多万人失业，给资本主义制度造成了巨大的打击。在我国，失业问题出现于"文革"结束后（当时被称为待业），伴随着 1700 万上山下乡知识青年的陆续返城，城市一下子根本拿不出这么多的就业岗位，大部分知青只能在家"待业"。到 1979 年，全国需要安排就业的人数仍达 1500 多万，待业率为 5.4%。直到 20 世纪末期，我国才正式承认失业问题。目前，失业已成为我国社会中的一个非常突出的社会问题。2000 年前，国家统计局公布的城镇失业率基本保持在 2.5%—3.0%，2000 年为 3.1%，2001 年为 3.6%。与国际比较看，这些数字实属正常水平。但是这种统计方法显然不符合国际标准，它忽视了未登记的城镇待业、失业人口；另外，也没有涉及隐性失业，即未包括由机关、企事业单位的冗员构成的隐性失业人口和农村的闲置劳动力。随着改革的不断深入，传统体制掩盖下的城镇隐性失业主要以下岗的形式表现出来。据统计，1996 年城镇企业下岗职工达 892 万，1997 年为 1151 万；农村剩余劳动力在 20 世纪 80 年代中期达到 2.5 亿。2000 年中国城乡就业人数为 4.99 亿，而按世界平均农业生产力大致推算，中国种植业最多需要 4000—5000 万人。[①] 1994 年中国总就业量 61470 万人，而农村与城市隐性失业分别达到 13845 万人和 3161 万人，总隐性失业率为 27.7%。[②] 考虑到隐性失业，中国综合失业人数估计在 1.8—2.6 亿左右。[③] 权威机构的研究和计算结果表明，在 20 世纪 90 年代中国历年的失业人口在 1.5 亿以上，实际失业率在 20% 左右。[④]

今后一段时间中国仍会保持高失业率状态。国家统计局张苏平、杨宜勇等人测算，21 世纪前几年，即使 GDP 增长率平均保持在 9%，平均失业人口仍在 1.5 亿，实际失业率还在 20% 左右或更高一些。[⑤] 2010 年 11 月，国务院发展研究中心原高级研究员陈淮估计，今后 10 年会有 1.5 亿农民到城市找工作。这些失业移民的规模比美国工人的总人数还要多。[⑥] 另外，每年还有大量不能就业的大学毕业生。

失业是市场经济的必然现象，适度的失业对社会经济的发展有某些正面作用，但严重的失业无疑给社会构成重大威胁。高失业率的危害是多方面的，不仅严重阻碍了国民经济的发展速度，而且还会由此带来一系列的社会问题。中国全面、系统的社会保障体系尚未建立，住房制度、公费医疗制度等改革措施在相当程度上加大了公民个人的消费支出，这给失业人员造成了巨大的经济压力。奥肯定律指出，失业率增加 1%，实际国民收入将减少 2.5%。一部分因失业而失去生活来源、陷入人生困境的人，极可能为了生存而铤而走险。从失业者心理角度看，失业意味着人生的某种失败，容易扭曲人们平时建立起来的信念，失去生活的热情和激情，导致精神萎靡不振，无所事事，甚至自暴自弃，进而产生对社会、对他人的不满、怨恨甚至报复情绪。更为严重的是，随着失业人数的增加和失业时间的不断延长，失业者极可能由一般的不满、抱怨、失望、沮丧发展到与社会和政府的严重对立，并由此衍生出失业者的集体行为，造成严重的社会动荡。研究认为，失业率为 7%—8% 时，社会就要承

---

① 张宝玉：《经济发展与人力资源配置》，立新会计出版社 2000 年版。
② 张宝玉：《经济发展与人力资源配置》，立新会计出版社 2000 年版。
③ 华伟：《世纪交锋——国家竞争力报告》，东方出版社 1990 年版。
④ 孙通强：《中国经济安全报告》，中国经济出版社 2000 年版。
⑤ 孙通强：《中国经济安全报告》，中国经济出版社 2000 年版。
⑥ 《中国就业问题滑向"最危险阶段"》，载《参考消息》2010 年 11 月 24 日。

受很大的压力；失业率若超过 10%，就会导致社会的严重不稳定，引发各种反社会行为。

失业与犯罪的高度相关性早已为各国犯罪学家所公认。一些犯罪学者在 1915 年对英国 20 个大城市所作的犯罪与失业关系的调查发现，1914 年当失业达到最高峰时，夜间盗窃罪亦同时增加，比 1912 年增加了 30%，游荡罪增加了 51%，强盗罪增加了 64%，乞丐增加了 105%，离婚与自杀也同样增加了不少。1924—1932 年间，德国失业率大大增加，盗窃、强盗、堕胎等犯罪也随之增加；1933 年后失业人口暂时减少，而上述犯罪亦相应有所减少。① 我国的一些犯罪调查也表明，待业青年犯罪数最多。在某市违法犯罪青年中，待业青年犯罪人数 1979 年占 64.9%，1980 年占 47%，1981 年占 53%，而待业青年人数只占全市青年人数的 7.9%。在该市被劳动教养的 256 名 25 岁以下的青年中，无业青年占 92.5%。目前的情况也基本相同，失业下岗者走上犯罪道路的人数越来越多。据上海、天津、南京三市公安部门的统计，1993 年 7 月至 1994 年 6 月，这些地区发生的抢劫、强奸、流氓殴斗等各类案件中，平均有 56.4% 以上系城镇失业青年和新闲散在家的失业下岗人员所为。这充分印证了塔德所说的一句话："工作本身就是犯罪的仇敌。"因此，最大限度地增加就业岗位，减少失业人口，尽快地建立起社会保障体系，解决贫困问题，是有效减少犯罪、增强社会稳定不可缺少的条件。

（二）经济发展与犯罪

经济发展与犯罪的关系，是犯罪学家们长期以来注重研究的热点与难点问题之一。在我国社会经济结构发生深刻变化和经济高速增长的今天，加强对该问题的探讨显得更有意义。

经济发展的速度或水平对犯罪的影响涉及两个既有联系又有区别的方面：一是经济发展与犯罪的数量和比例的增减变化；二是经济发展对犯罪结构的影响。由于经济发展引起犯罪结构的变化（经济犯罪数量、种类的增加和犯罪人构成的变化）具有必然性，因此无须对这一问题多费笔墨，这里仅就经济发展的速度（水平）与犯罪的关系加以论证。

关于经济发展与犯罪数量的关系问题，理论界有较大的争论，但归纳起来主要有两种观点：一种是"正相关论"，一种是"负相关论"。

"正相关论"认为，经济增长与犯罪增长之间存在着密切的关系。即伴随着经济的发展，犯罪数量也会相应增加。"正相关论"又包括以下理论：

---

① 刘灿璞：《犯罪学》，江西省心理学会法制心理专业委员会 1984 年编印，第 202 页。

　　一是"同步增长论"。该理论认为，犯罪与经济发展是不可避免的伴侣，是现代社会永恒的象征，"犯罪率甚至在某种程度上标志着现代化的程度。"19世纪意大利学者波莱蒂就认为，福利、工业、商业的增加等所有物质繁荣的进步都会带来犯罪数量成比例的增长，因为前者增加时，必然对后者产生刺激，因此，犯罪的增长只是物质繁荣的一种表面现象。① 我国不少学者认为，"在一定历史时期内的一定生产力的发展阶段，经济发展必然伴随着犯罪现象和犯罪率的增长。"② 即社会经济与犯罪之间存在着同步增长的必然趋势。

　　二是相对增长论。该理论认为，"在经济发展过程中，由于缺乏管理经验和管理制度上的不完善，在一定时间、范围和条件下，某些犯罪可能会相对增加，但这种增加只是暂时的、局部的，随着经济的发展，人们管理经验的不断积累，犯罪不但不会再增加，反而会因发达的经济和人们的认识水平、认知能力及生活水平的提高而减少并得到有效的控制。"③

　　三是"代价论"。该理论认为，犯罪的增长是现代化进程中经济发展和社会进步所必须支付的代价，但同时又强调："代价并不是无条件的，不是不附加任何前提的"，"经济对犯罪升降的影响不是直接感应式的，而是通过诸多中介环节，通过它的发展所引起的社会结构性、连锁性变化而间接地对犯罪产生影响。这种影响可能是消极的，也可能是积极的。"④ 事实上，目前我国犯罪的激增，毫无疑问是这种经济发展所导致的结果。反过来说，不付出这种代价，经济可能无法发展。⑤

　　四是"正负效应论"。该理论认为，经济发展和社会变革对社会治安的近期效应而言，正、负效应兼而有之，但整体上呈现负效应突出的态势；而从远期效应上看，则呈现正效应突出的态势。⑥ 有学者还进一步论述道，中国目前的社会改革给社会治安状况带来的负效应是可以逐步减弱的，是非本质的方面；而现代化带来的正效应则会逐步增强，这才是本质的方面。⑦

　　"负相关论"认为，经济发展不仅不会导致犯罪率上升，相反还会为遏止犯罪的增长提供有利的条件。

　　①　［意］加罗法洛：《犯罪学》，耿伟等译，中国大百科全书出版社1996年版，第167页。
　　②　肖剑鸣：《经济趋同态势下的犯罪裂变——评"同步增长论"》，载《公安研究》1988年第2期。
　　③　中国法学会研究部：《社会治安综合治理理论研讨会综述》，载《法学研究动态》第97期。
　　④　曹子丹：《中国犯罪原因研究综述》，中国政法大学出版社1996年版，第167页。
　　⑤　郝宏奎：《也谈代价论》，载《青少年犯罪研究》1991年第4、5（合）期。
　　⑥　王智明、董京平：《经济发展与犯罪变化》，中国人民公安大学出版社1992年版，第16页。
　　⑦　周路：《远近正负效应论》，载《青少年研究》1991年第2期。

　　加罗法洛是最早否认经济发展与犯罪同步增长的代表人物之一。他在对法国 1826—1878 年和意大利 1863—1879 年间经济快速增长与犯罪波动的对比研究后认为，犯罪的增长与社会活力的增加不成比例，并且由于掌握知识者和经济活动的增加以及普遍的社会完善必定会增加犯罪的阻力。[①] 他还说："经济秩序惯常发生的波动可能会带来一种犯罪形式的增长，但是这种增长会被另一种犯罪形式的减少所补偿。因此，这些波动是特定犯罪的可能性原因。"[②] 即是说，在经济发展的同时，尽管经济犯罪会增加，但这种增加又会在一定程度上被其他犯罪的消退所抵消，从而使犯罪现象在总体上遵循着"饱和法则"——就像一定数量的水在一定温度下就会溶解为一定数量的化学物质一样，在一定的自然和社会环境中，总会发现一定数量的犯罪。[③]

　　我国的一些学者认为，在社会主义制度下，犯罪伴随着社会主义现代化的不断发展会呈现出不断减少的趋势。他们在总结我国苏南、绍兴地区社会稳定发展的成功经验后认为，在我国社会主义商品经济发展的过程中，由于市场经济还未发育成熟，某些犯罪，特别是经济犯罪案件可能会在一定时期内有明显的增加，但只要全社会都来关心社会治安综合治理，不断提高专门机关的工作效率，犯罪案件逐步减少、逮捕人数额降低的局面一定会到来，"经济发展，社会治安稳定"的目标是完全能够实现的。[④]

　　从我国的历史发展看，中华人民共和国成立后，面对严峻的治安形势，除了开展大规模的镇压反革命活动外，通过致力于国民经济的整顿和恢复，到 1952 年，国民经济得到了好转，基本上解决了 6 亿人口的吃饭问题。在生产力得到发展的形势下，刑事案件从 1950 年的 51 万起下降到 1952 年的 24 万起，发案率由 9.25‰下降到 4.81‰。随着社会主义改造的完成和国民经济的进一步发展，到 1956 年，全国居民平均消费指数比 1952 年提高了 12.3%，刑事案件的数量也下降到 18 万起，发案率为 3.4‰。但在 1958 年极左思想指导下，进行了"大跃进"和人民公社化运动，给国民经济造成了很大破坏。1959 年至 1961 年我国经济遇到了严重的困难。在这种背景下，出现了建国以来的第二次犯罪高峰，发案数达到 42 万起。但从 1961 年起，我国国民经济实行"调整、巩固、充实、提高"的方针，经济形势逐步好转，1965 年国民生产总值达到 2695 亿元，国民收入达到 1387 亿元。1961 年至 1965 年间，城乡

①　[意]加罗法洛：《犯罪学》，耿新、王新译，中国大百科全书出版社 1996 年版，第 167 页。
②　[意]加罗法洛：《犯罪学》，耿新、王新译，中国大百科全书出版社 1996 年版，第 152 页。
③　[意]恩里科·菲利：《犯罪社会学》，郭建安译，中国人民公安大学出版社 1990 年版，第 56 页。
④　肖建国：《苏南农村经济发展与犯罪趋势》，载《法学天地》（南京）1998 年第 1 期。

居民实际消费水平提高了 25.7%。随着经济形势的好转，刑事犯罪数量亦随之连年下降。1962 年到 1966 年，成为我国建国以后发案数和发案率最低和治安形势最好的时期。但从 70 年代末期开始（即改革开放后），我国经济高速发展，一直保持着近两位数的增长势头，然而社会治安的调查评估结果表明，我国在这一时期刑事犯罪的增长速度也是十分惊人的（详见第四章第五个大问题）。1988 年刑事案件立案数为 1971091 起，立案率为 18.15‰。1991 年达到 2365709 起，立案率为 20.97‰；2000 年达到 3639307 起，立案率为 29.69‰。发案率 2000 年比 1988 年增长 63.58%。2001 年至 2010 年的 10 年间，发案数仍在增长，且严重犯罪所占比例居高不下。这一时期，犯罪率不仅没有像改革开放前那样随着经济的增长而随之下降，反而还有较大的上升。

从西方发达国家的历史看，经济发展与犯罪也表现出某种"同步性"：经济发展较快的时期，犯罪率也以较快的速度增长，经济发展较慢的时期，犯罪率的增长速度也有所减缓。据统计，1960 年至 1975 年间除强奸犯罪外（西德的强奸犯罪仍然在增长），西德、英国和美国的犯罪率都有巨大的增长。[①] 美国是世界上最发达的资本主义国家，同时也是世界上最著名的"犯罪王国"。据美国联邦调查局对 7 种刑事案件（谋杀、强奸、暴行、抢劫、爆炸、放火、盗窃）的统计，在 20 世纪 60 年代，平均每年发案 300 多万起；70 年代以后，平均每年达到 800 万起，增加了 2.6 倍；进入 80 年代以后，刑事案件年均突破千万起大关，平均不到 3 分钟，就会发生一起严重刑事案件。[②] 另外，经济较为发达的国家，侵犯财产的犯罪率也大大高于经济落后的国家。

但是，在资本主义发达国家也有一些例外情况。日本在 1960 年到 1975 年 15 年间，经济发展速度比其他发达的资本主义国家都要快，但日本却能避免某些主要的犯罪方面的后果，它有效地控制了所有主要的财产犯罪（偷窃、诈骗、贪污、买卖赃物）以及杀人抢劫和强奸等暴力犯罪。[③] 它的低犯罪率受到国际犯罪学界的高度重视。

如何解释一国不同时期和同一种社会制度下，经济增长与犯罪现象既呈"负相关"又呈"正相关"的现象？回答这一令人困惑的问题，显然不能仅仅局限于经济发展本身，而应在立足于经济发展的具体历史背景的同时，将各种影响与制约犯罪现象的因素综合起来加以考察，才能得出正确的结论。我国改革开放前的两次犯罪低发期有其当时特殊的社会环境条件，即在当时经济发展

---

① ［美］路易丝·谢利：《犯罪与现代化》，何秉松译，群众出版社 1986 年版，第 88 页。
② 公丕祥：《犯罪社会学》，中央广播电视大学出版社 1990 年版，第 81 页。
③ ［美］路易丝·谢利：《犯罪与现代化》，何秉松译，群众出版社 1986 年版，第 88 页。

的同时，政治非常严明，社会控制超常有力，人民政权及社会组织的管理职能得到了充分的发挥；社会结构单一稳定，人们的思想观念高度统一，社会的犯罪因素被有效地抑制；同时由于当时的经济起点较低，经济的发展很大程度上只限于解决人民群众的基本生活条件，当经济增长基本满足了人民群众的温饱问题时，社会便呈现出安居乐业的景象。相反，一遇政治风波，或在经济受阻、出现自然灾害时，盗窃、宰杀集体耕牛、哄抢国家物资等财产性犯罪便大量增加。1961年我国出现的第二次犯罪高潮即是明显的例证。正是在这种特定的社会条件下，经济因素成为制约社会治安的最突出因素，从而在经济发展与犯罪增长之间才出现十分明显的直接"感应式"[①]的"正相关"关系。

我国改革开放后的经济高速发展是在整个社会结构经历了全方位深刻变革的历史条件下发生的。这种转型时期的经济增长，极大地增强了社会抵御风险的整体实力和抗冲击的承受力，从根本上为预防和控制犯罪创造了物质条件。因为经济发展能够提高人民的收入水平和生活水平，并能大大减少社会的贫困人口，因而可以减少那些为了生存而被迫犯罪的现象；经济发展会带来教育的普及和社会各方面的进步，并能提高人们的整体素质，从而减少了许多潜在的犯罪者；经济发展会促进社会的就业状况，从而避免了因失业而走向犯罪的悲剧。总之，经济发展可以最大限度地为预防和减少犯罪奠定物质基础。

但是，如果经济发展只是局限于生产和消费的增加以及物质条件的改善，那么可以说必然会引起犯罪数量的增加，特别是无计划地盲目发展和计划不周的发展状态尤为如此。在我国社会急剧转型的过程中，诱发犯罪的各种因素的确大大增加了，如形成于计划经济体制下的社会组织和管理模式难以适应社会主义初级阶段的市场经济的发展要求，不可避免地出现一些失范、失控的社会反常状态；国民收入水平的提高反而导致人们更高的消费欲望；教育的普及在正功能得以实现的同时，其负功能（自我价值的欲望膨胀）也暴露无遗。当社会无法满足一些人自我价值极度膨胀的欲望时，便导致其对社会的不满；伴随科技进步而来的是犯罪分子反侦查能力的提高和犯罪手段的智能化；市场经济的负效应与缺乏有效制约的公共权力运作系统的畸形结合，严重地败坏了党风和社会风气，导致了国家政治权威的极度弱化；商品经济的发展亦为犯罪活动提供了可乘之机；社会的进一步开放，各种文化在中国这片古老的大地上交汇、融合，文化冲突在所难免，而文化冲突的结果常常引发各种犯罪行为。正是在这样的特殊背景下才出现了犯罪率与经济发展同步增长的现象。然而，透过这种增长的表象，可以发现比历史上要复杂得多的一系列致罪因素。在这些

---

① 张远煌：《犯罪学原理》，法律出版社2001年版，第167页。

众多的致罪因素中，经济因素只是其中的因素之一，它对犯罪态势的影响只能是"迂回曲折式"的间接影响，也即是这种影响在更大程度上需借助于经济发展所引起的其他领域的次变化的方向、性质、速度和范围来影响犯罪现象，而不能像过去那样对犯罪的数量和比例具有直接"感应式"的功效，并且带有明显的社会主义初级阶段的发展中国家的一些典型特点。这就是为什么在现代社会中单纯从经济因素的角度难以看清经济增长与犯罪现象消长趋势的原因所在。

　　总之，经济发展与犯罪之间的关系不是简单的同步增长关系，也不是毫不相干或"负相关"关系，而是交织着多种复杂的社会因素。我们只有对这些因素作深入细致的研究，才能充分理解经济发展对社会进步和抑制犯罪的积极作用，克服经济发展对犯罪的消极影响。

三、贫富悬殊与犯罪

　　我国改革的成就已经充分说明不打破平均主义的大锅饭，没有个人收入的适当拉开，就不可能有全体人民收入水平的绝对提高。换言之，共同富裕不等于同步富裕，只有让一部分人先富起来，形成一浪推一浪的趋势，才能改变中国贫穷落后的面貌，从而使中国走上共同富裕的道路。但是分配过于悬殊和不公，这之中可能潜流着社会不稳定的祸水，从而对犯罪产生致命的影响。从国际上衡量贫富差距（收入差距）的方法来看，主要有基尼系数、变异全距、分位法。

（一）基尼系数

　　基尼系数是 0—1 之间的数值。基尼系数在 0.2 以下为收入绝对平均，0.2—0.3 之间为比较平均，0.3—0.4 之间为基本合理（中等程度的不平均），0.4—0.5 之间为差距较大，0.5 以上为差距悬殊。改革开放之前，我国居民的基尼系数基本处于绝对平均状态；之后，我国农村居民、城镇居民以及城乡居民收入的基尼系数均呈增长之势。从基尼系数的具体数值来看，1987 年以前，还基本保持在 0.2—0.3 之间；1988—1991 年，基尼系数基本不超过 0.3；到 1992 年（根据李强教授等所作的调查），基尼系数已突破 0.4（收入差距较大，已超过国际公认的警戒线），达到 0.482（农村居民个人收入的基尼系数），与 1990 年美国家庭收入的基尼系数 0.482 持平，并继续逐年递增（见表 8 - 1）。中国社科院发布的《2008 年社会蓝皮书》显示，近年来劳动报酬收入比重逐年下降，基尼系数从 1982 年的 0.249 逐年飙升至 2008 年的 0.47，已突破社会所容忍的"红线"（为 0.4）。如果将暴富群体中一些人极尽隐瞒的非法收入和非正常收入包括在内，全国基尼系数已超过 0.5（根据南开大学经济研究所的调查），① 收入差距已达到悬殊。可以看出，我国在贫富差距方面，已由一个平均主义盛行的国度，一跃而成为排在世界前列的国家，甚至超过了美国。

表 8 – 1　衡量贫富差距（收入差距）的基尼系数波动情况

年份	农村居民个人收入的基尼系数①	农村居民个人收入的基尼系数②	农村居民个人收入的基尼系数③	农村居民个人收入的基尼系数④	城镇居民个人收入的基尼系数⑤	北京市居民个人收入的基尼系数⑥	城乡居民个人收入的基尼系数⑦
1978	0.2124			0.2124		0.3051	
1979	0.2245			0.2245			0.31
1980	0.2366			0.2366			
1981	0.2388			0.2388			
1982	0.2318	0.22		0.2318			
1983	0.2459	0.25		0.2459			
1984	0.2577	0.27		0.2577		0.3720	
1985	0.2635	0.30		0.2635			
1986	0.2750	0.31		0.2884	0.19		
1987	0.2850			0.2916	0.20		
1988		0.34		0.3014			0.328
1989				0.3100			
1990				0.2940	0.23		
1992			0.428	0.3135		0.4867	
1993				0.33		0.5457	
1994		0.411	0.4300 I	0.32	0.370 II	0.5396	0.434III
1996		0.43227			0.4003		0.4577

说明：1. 资料来源：①陈宗胜、武洁，1990 年；②⑤⑦李强、洪大用、宋时歌，1996 年；③郑杭生等，1996 年；④国家统计局农调总队数据；⑥李强，2000 年。

　　2. 计算基尼系数有不同的方法，包括：按人分配、按户分配等。若按家庭户收入分组计算则 I 为 0.466；II 为 0.377；III 为 0.445。按人分配的基尼系数一般比按户分配的基尼系数小 0.13—0.16。

---

① 《21 世纪中国重大经济问题（三）》，载中国宏观经济信息网 2000 年 10 月 12 日。

（二）变异全距

　　资料表明，我国不论是不同地区的农村居民间，还是不同地区的城镇居民间的收入差距都在日益扩大。首先，从农村居民看，1980 年人均纯收入最高的地区（上海）与最低的地区（陕西）的收入极值比为 2.79∶1，1995 年这一数值增加到 4.82∶1；而就人均纯收入最高地区与最低地区收入的绝对差额而言，1995 年的数值（3365.27）是 1980 年（254.86）的 13.2 倍（见表 8 - 2）。其次，从城镇居民看，1991 年人均生活费收入最高地区（广东）与最低地区（江西）的收入极值比为 2.15∶1，4 年后的 1995 年这一数值增加到 2.65∶1；人均生活费收入最高地区与最低地区的绝对差额，1991 年为 1358 元，1995 年为 4263.6 元，4 年增加了 2.14 倍（见表 8 - 3）。最后，城乡居民人均可支配收入差距也日益明显。1981 年，城乡居民人均可支配收入比为 2.64∶1，绝对差为 728.89，1994 年相应的数值分别为 3.36∶1 和 2279.03，1995 年以后的收入差距更大。据财政部最近给出的关于城市居民财产性收入的统计数字显示，10％ 的富裕家庭占城市居民全部财产的 45％，而最低收入的 10％ 的家庭，其财产总额仅占全部居民财产的 1.4％。[①]

表 8 - 2　地区间农村居民收入差距：人均纯收入[②]最高省（直辖市）与最低省之间的差距

年份	最高收入		最低收入		极值比	绝对差额（元）
	地区	元	地区	元		
1980	上海	397.35	陕西	142.49	2.79∶1	254.86
1985	上海	805.92	甘肃	225.32	3.16∶1	550.60
1989	上海	1380.00	甘肃	376.00	3.67∶1	1004.00
1991	上海	1907.32	甘肃	430.98	4.43∶1	1476.34
1993	上海	2726.98	甘肃	550.83	4.95∶1	2176.15
1994	上海	3436.61	甘肃	723.73	4.75∶1	2712.88
1995	上海	4245.61	甘肃	880.34	4.82∶1	3365.27

资料来源：有关年份《中国统计年鉴》（国家统计局，1978—1999）

---

　　① 刘桂萍：《透视中国社会的贫富差距》，载中新网 2009 年 12 月 21 日。
　　② 农村居民人均纯收入，指常住居民家庭总收入中，扣除从事生产和非生产经营费支出、缴纳税款和上交集体任务后，可直接用于进行生产性、非生产性建设投资、生活消费和积蓄的那一部分收入的家庭人均值。

表 8 - 3　地区间城镇居民收入差距：人均生活费收入最高省与最低省之间的差距

年份	最高收入		最低收入		极值比	绝对差额（元）
	地区	元	地区	元		
1991	广东	2535	江西	1177	2.15:1	1358.00
1993	广东	4275	内蒙古	1710	2.50:1	25650.00
1995	广东	6849.65	内蒙古	2587.02	2.65:1	4263.63

资料来源：有关年份《中国统计年鉴》（国家统计局，1978—1999）

（三）分位法

按五等①份法测量的各人口层占有收入的差距逐年扩大，并已超过了国际上中等不平等程度的国家。1988 年，中国城乡家庭，20% 的最高收入家庭收入占全部收入的 32.0%，而 20% 的最低收入家庭收入仅占全部收入的 8.8%，前者与后者之差为 23.2。时隔 6 年（1994），相应的数据（20% 的高收入家庭收入占全部收入的百分比）扩大至 50.13%，或缩小至 4.27%（20% 的最低收入家庭收入占全部收入的百分比），两者之差为 45.86。这一数值不仅超过了 1990 年美国的数据（20% 的最高收入家庭收入占全部收入的 44.4%，20% 的最低收入家庭收入占全部收入的 4.6%，两者之差为 39.8），而且 6 年间差距拉大了近 1 倍（由 1988 年的 23.2 到 1994 年的 45.86）。

综上所述，基尼系数、变异全距、分位法对贫富差距的测量均表明，目前我国社会并非一个中间阶层发达的橄榄型结构的社会，而是一个近似金字塔形的社会，贫富差距已经拉大，趋近两极化或已经呈两极分化，并且有加剧的趋势。这是我国社会分层的结构性重大缺陷与隐忧，也是社会不稳定性的重要根源。西德、英国、美国等发达国家同我国（发展中国家）一样在工业化、城市化过程中都伴随着犯罪率的巨大增长，而日本却成为例外，其中一个重要的原因就是，在第二次世界大战后的经济发展过程中，日本没有出现战前那种贫富悬殊的现象，而是使经济高度发展前一直处于底层的许多人部分地改善了他们的地位，达到了所谓"百分之九十中间层"的一亿人全体感到满足的状态。

除了贫富差距必须保持一个合理的度——基尼系数不能超过 0.4 的预警线外，富者的致富方式还应该是合法的。通过合法的劳动致富，可以给其他社会成员以积极的示范效应，鼓励、引导更多的人去学习和模仿，从而带动人们走上共同富裕的道路；相反，非法致富，败坏了社会风气，污染了社会环境，其

---

①　五等，即是按收入由低到高分为最低的 20%、次低的 20%、中间的 20%、次高的 20%、最高的 20% 五个等级。

消极的示范效应会引导人们走上非法致富的道路。身为社会中的人，总是拿自己与别人进行比较，群众痛恨腐败，小腐败妒嫉大腐败，有权者觊觎财富，富裕者追逐权力，无权力、无财富者抱怨社会不公，由此引起整个社会的心理失衡，导致对社会的极度不满。社会不满是一种背离社会的情绪，当这种情绪因为没有合法有效的社会途径予以化解时，社会行为的失范在所难免。正如美国学者谢利所言："贫困不会产生犯罪，但是因贫困而不满却会而且奇怪地足以产生犯罪，在富裕国家的相对剥夺的人们中间比在贫困国家的真正被剥夺的人们中间更有可能因贫困而不满。"① 不仅如此，社会不满情绪及其诱发的违法犯罪行为有着极大的传染性，可使社会趋向普遍的失落状态。迪尔凯姆说："当社会在道德上无所适从的时候，它所处的不稳定的状态便引起对这些不道德行为的纵容；每当谈起这些行为来，这种纵容便会无意地流露出来，并且使得这些行为显得不那么明显的不道德。""当一种规范不再受人们尊重的时候，它的威严也就会荡然无存……当个人人格不再受外界因素控制，不再接受习俗的神圣地位后，个人的僭权行为最终会被承认是正当的"。这时，公众似乎已将失范这种违法行为当作常态来看待，违法犯罪便渐成一种社会风气。特别是在现代化背景下，如果还有一部分人长期摆脱不了贫困状态，不能同其他人一样分享现代文明的成果，甚至被排斥在现代化进程之外，将会产生与社会对立的情绪，其不满、怨恨、躁动的心理积累的结果，可能会形成所谓的"绝望群体"。他们遇到适当的机会，久积不满的情绪必然予以释放，这是目前我国社会局部地区不稳定的根源，也是个体实施极端暴力犯罪的重要原因。② 对此，党和政府应引起足够的重视，下大气力通过深化改革、加大反腐力度有效地解决贫富悬殊问题，避免出现"马太效应"。③ 两极分化不是社会主义，共同富裕才是社会主义的本质和我们的奋斗目标。

四、市场经济与犯罪

市场经济是相对于计划经济而言的一种经济形态，它是在商品经济高度发展阶段，在以社会大生产为基础的商品经济中，运用市场机制推动生产要素流动和促进资源优化配置的一种经济体制。由此可见，市场是与商品生产和社会

---

① ［美］路易斯·谢利：《犯罪与现代化》，何秉松译，群众出版社1986年版，第101页。

② 2010年上半年，在不到50天的时间里，一些极端暴力犯罪分子采取"自杀式"恐怖袭击手段，接连制造了6起骇人听闻的校园恶性暴力事件，共造成82名师生死亡（绝大多数是儿童），在社会上造成了极其恶劣的影响。

③ "马太效应"意指越是有钱的，钱积累的速度越快，"强者恒强"；越是钱少的，钱积累的速度越慢，"弱者恒弱"。

分工紧密相联的，凡是有商品生产的地方，就必然有市场，市场是商品交换的场所。因此说市场既是商品经济的范畴，又是一个历史范畴。市场经济并不是伴随着人类社会的产生而出现的，而是商品经济高度社会化和市场化的产物，是人类社会共有的一种文明成果。迄今为止，人类社会经历了自然经济和商品经济两个历史阶段。在自然经济阶段，没有社会分工，人们进行生产是为了满足自己的需要，使用价值是交换的目的，市场的作用极其有限。在自然经济活动方式下，生产劳动简单，职业结构也不复杂，人口同质组合，社会缺乏流动性，人的社会化成功率很高，社会静态控制，因此在一般情况下，社会犯罪率大都保持在一个较低的水平上。而市场经济活动方式与自然经济活动方式恰好相反，在市场经济活动方式下，人们进行生产的目的不是为了满足自己的直接需要，生产者为了满足自己的需要必须通过市场，彼此交换自己的劳动产品。这种商品经济虽然早已存在，但真正意义上的商品经济只有到了资本主义社会，随着分工越来越细、越来越复杂才迅速发展起来，并逐渐成为普遍压倒一切的生产方式和交换方式。

我国建国后的前 30 年，实行的是商品经济下的计划经济管理模式。实践证明，高度集中的指令性计划经济虽然也曾经起过一定的积极作用，但是随着我国社会经济规模的不断扩大，经济联系的日益复杂，它已不适应现代化建设的要求，主要表现为，它抑制了经济活力，阻碍了经济效益的提高。因此，进行经济体制改革，建立社会主义市场经济体制是历史发展的必然，是社会主义经济发展的内在要求。这次经济形态的巨大变革所引发的社会转型，是研究 20 世纪 80 年代以来中国社会矛盾和犯罪问题不可脱离的社会背景。实践充分证明，通过引入市场经济体制，我国生产力获得了极大的发展，社会财富迅速增加，人民的生活水平大大提高，社会经济充满了生机与活力，这一切都为我国预防和减少犯罪、维护社会稳定提供了良好的物质条件。这是其主流，任何时候都不容怀疑。但市场经济也有其本身固有的弱点，这些弱点必然会在犯罪状况的变化上体现出来。

首先，在市场经济条件下，人们的经济活动遵循等价交换的原则，受价值规律的调节，这在客观上易于将商品交换的原则渗透到人际关系之中，从而将"人的关系"异化为"物的关系"。这种关系体现在意识上，便出现了商品拜物教，其表现形式就是商品及其利润成为支配人的行为的"神灵"。正如马克思 100 多年前就曾指出的："像自然惧怕真空一样，资本最惧怕没有利润或利润过于微小。一旦有适当的利润，资本就胆壮起来；如果有 10% 的利润，它就保证到处使用；有 20% 的利润，它就活跃起来；有 50% 的利润，它就铤而走险；为了 100% 的利润，它敢践踏一切人间法律；有 300% 的利润，它就敢犯任何罪行甚至冒绞首的危险。"① 这一论述的正确性不仅在资本主义制度下，而且在我国社会主义市场经济条件下也同样得到了恰如其分的证明。一些人为了追逐金钱，利欲熏心，不惜冒着杀头的危险，疯狂地实施各类财产犯罪和经济犯罪，现阶段已达到了骇人听闻的程度。

其次，市场经济的另一个特征是它的竞争性。竞争是市场经济中实现社会资源合理配置的基本方式，是实现价值规律的基本形式，是市场经济得以运行的基本机制。这种竞争既有促进经济发展的积极作用，同时又有其客观无情性——适者生存、优胜劣汰。无论是自然界还是人类社会，只要有竞争，就必然有成功者和失败者。一些企业、公司为了在激烈的市场竞争中不被淘汰和兼并，往往会实施不正当的行为，如制假，售假，坑害顾客；滥用行政权力，赚取非法利益；窃取权利人的商业秘密，利用广告或采取其他手段，做虚假宣传，误导、坑害消费者；采用贿赂手段销售或买卖商品；采取不正当竞争手段，捏造、散布虚假事实，损害竞争对手的商业信誉，扰乱社会经济秩序；更有甚者，一些法人单位、个体私营者，不能正确地面对竞争失败的严酷现实，产生报复、泄愤的心理，做出严重的违法犯罪行为。在市场竞争过程中，一些弱小企业或者经营不善的企业，总是面临着关、停、并转的危险，那些因此而失业的人员在谋生无望的情况下，也可能实施极端的财产犯罪行为。

再次，市场经济的发展必然加速工业化、城市化的进程，致使愈来愈多的人口同农业相分离。工业对劳动力的需求上升与农业剩余劳动力的突显，必然使劳动力这个最重要的生产资源重新组合，资金与商品也受制于市场，人、财、物大流动是市场经济的必然结果。一方面，它使社会资源得到合理配置，促进了经济的发展；另一方面，大量农村人口进入城市，城市原有的稳定性结构和农村人口原有的稳定的生活方式皆遭到不同程度的破坏，引发了"城市病"，造成了城市犯罪率的上升。

同时，随着市场经济的发展，社会逐步分化，出现了越来越多的社会阶层。中国社会科学院所作的重大课题——《当代中国社会阶层研究报告》（2001）将中国社会划分为十大阶层：国家和社会管理者阶层，经理人员阶层，私营业主阶层，专业技术人员阶层，办事人员阶层，个体工商户阶层，商业服务人员阶层，产业工人阶层，农业劳动者阶层，城乡无业、失业、半失业阶层。由于社会各阶层占有权力资源与经济资源的不同，使得社会的利益分配格局变得非常复杂，从而造成了社会结构性的不平等。这种结构性的不平等使得社会资源不均衡地向少数社会上层成员过分集中，并对下层社会成员形成巨

---

① 马克思：《资本论》（第 8 卷），人民出版社 1956 年版，第 961 页。

大的结构性压力：一方面，下层社会成员为了生存所迫，可能铤而走险；另一方面，如果社会阶层关系协调不好，无论是贫困阶层，还是富裕阶层，其对功利性社会资源的过高的占有欲望便常常难以满足。"富者的贪欲与野心，贫者的厌恶劳动，贪图眼前安乐的性情，都足以激发他们侵害他人财产的情绪。并且这种情绪在作用上远为牢固，在影响上远为普遍。"① 事实也表明，在当代中国社会的转型时期，犯罪人的阶层构成不再以社会底层群体为主，而是呈现出多元化的格局，即各阶层的人都有可能成为犯罪人。上层的所谓"白领犯罪"正成为一个普遍的社会问题，西方发达国家的情况如此，中国的情况也是一样。

最后，社会主义市场经济是一种法制经济，它必须在法律的轨道上运行。因此，没有与之相适应的法律和制度，就不可能形成正常的市场秩序，也就不可能有真正的市场关系和商品关系。但由于我国还不是法治国家，法制不健全，执法不严、违法不究、执法犯法等现象还大量存在，人们还普遍缺乏法治意识和法治精神；同时完善社会主义市场经济的法规体系、规范经济秩序也需要一个过程，在这一过程中，往往会出现政策与法律的真空，从而滋生活跃了与主流经济并行的地下经济，加剧了社会经济的无序状态。如在社会转型中出现的双轨制、多轨制，管理体制中的政企不分、行业垄断等，都给握有稀有资源的权力阶层寻租提供了机会，使他们迅速获得巨额非法利润。资金的非法转移、非法外汇交易盛行、黑社会性质组织大规模洗钱以及在毒品、赌博、淫业等传统活动领域都出现了相当规模的地下经济现象。地下黑色经济的活跃与犯罪密不可分，这是经济形态变革过程中尤其需要重视的一个问题。

第三节　文化因素与犯罪

文化是人类社会特有的现象，它在塑造人的许多方面起着重要的作用。这种作用的机理在于，每个人都生活成长于特定的文化环境之中，这种先于个体而存在的文化前提，对人的影响与作用不但潜移默化、无孔不入，而且不时地内化为人本身所不可缺少的因子，如人格、素质、个性、角色、历史轨迹和命运等。一个人是成为社会有用的人才，还是最终成为罪犯，文化的作用不可低估。我国老一辈犯罪学家严景耀先生曾指出："犯罪与文化的关系深刻而又密

---

① ［英］亚当·斯密：《国民财富的性质和原因研究》（下），商务印书馆 1994 年版，第 272 页。

切，其密切程度是大多数初学犯罪学者所估计不到的。"① 的确，如果我们把犯罪作为一种社会文化现象加以分析就会发现，文化不论对人的思想还是对人的行为都有着特殊的影响力。

一、文化的涵义

"文化"一词有广义和狭义之分。最广义的理解，把文化说成是人类创造的一切物质文明和精神文明的总和。这一定义简直可以包括一切，凡是人类活动的结果，都代表着一种文化。最狭义的理解，则认为文化就是文艺，指人类所创造的科学、艺术、道德、法律、宗教等精神财富。另外，有人还提出了"中义文化"的概念，主张把饮食文化、服饰文化、建筑文化、日用品文化、医疗卫生文化、体育文化、游乐文化等人际间伦理关系中的文化划入"中义文化"的范畴。

由此看来，"文化"是一个十分笼统的概念，人类生活的各个方面都是一种文化的表现，具有一定的模糊性，较难把握。因此，现在的学者们不再罗列和描述文化现象，而是致力于文化结构层次的探索，将文化划分为不同的层次。就目前学术界而言，常见的有二层次说、三层次说、四层次说，其中主张三层次说的较多。三层次说的观点认为，文化结构的最外层是物的层次，也就是我们所说的物质文化；中层是制度文化以及自然科学、社会科学和人文科学；最里层是核心层次，也就是文化的深层结构，主要指文化心理方面的价值观念、思维方式、审美趣味、道德情操、宗教情绪、民族性格等。这种文化心理方面的精神要素，是人们在历史传统中积淀下来的判断事物的标准，其标准一旦被社会普遍认同，便具有极大的社会遗传性和社会强制性。只要在这种文化背景下生长的人，就具有这种文化"基因"，其行为就会情不自禁地接受这种文化的支配。如果个别人企图摆脱这种文化的支配与制约，他就必须承受各种巨大的压力，甚至付出一定的代价。价值观是看不见的、内在的文化精髓，它规定着人类的思维与活动方式，构成了一切实践活动的"大舞台"。它的外在化、具体化表现形式便是各种社会规范，包括风俗、习惯、道德、法律等。制度是各种规范的有机体系，作为文化的社会规范，实际上也是社会对人们行为的一种期待，它希望人们按照社会的规范与要求去行事。但是，文化对人们行为的规范与影响同政治、经济相比具有明显的特殊性。

首先，文化作为"社会有机体"中的软件，对犯罪的影响具有超越一定

---

① 严景耀：《中国的犯罪问题与社会变迁的关系》，北京大学出版社 1986 年版，第 202 页。

时空范围的效力，具有弥漫性与潜移默化性。它更像空气一样弥漫于人们周围并不知不觉地渗透到人的精神世界，决定着人们的思维定势，对人们的行为具有强大的浸染力、吞噬力和解构力。

其次，文化也不像其他社会现象那样，是一种暂时的、历史的现象。文化是一个不断积累的过程，具有明显的相对独立性和持久性。即使社会的经济形势或当政者的政策发生了变化，文化仍然在相当长的时期内一如既往地规定着犯罪的原因、动机和手段。这也是在现代社会条件下仍然存在着"传统型犯罪"与"现代型犯罪"的重要原因。只要现在仍然存在着与犯罪相适应的文化土壤，该种犯罪类型和犯罪手段就不会消失，这就是文化对犯罪的特殊影响所在。

二、文化对犯罪的影响

人是文化的产物，每个人都生活在特定的文化背景之中，这种先于个人而存在的文化前提，对他起着一种模塑作用，使他逐渐社会化。本尼迪克特（Ruth Benedict）在其代表作《文化模式》一书中说："个体生活的历史首先是适应由他的社区代代相传下来的生活模式和标准。从他出生之日起，他生于其中的风俗就在塑造着他的经验与行为，到他能说话时，他就成了自己文化的小小创造物，而当他长大成人并能参与这种文化的活动时，其文化的习惯就是他的习惯，其文化的信仰就是他的信仰，其文化的不可能性亦就是他的不可能性。"这说明，文化规定了人类的思维方式和活动方式。犯罪是社会文化的一个侧面，是一定文化的产物。文化对犯罪的影响主要表现为：

1. 文化通过决定社会主导型价值观影响着犯罪的总体水平

任何社会的价值观都是多元的，转型时期的社会更是如此。然而，其中必然有主导型的价值观念。社会的动乱与稳定，犯罪的增多与减少，在某种程度上取决于社会成员是否拥有大致相同的价值观念。因为个体如何对待自己与他人、自己与社会的关系，体现了其价值观念是否与社会主文化一致以及对犯罪诱惑的抵御能力。因此，任何社会都十分重视与推行相同的价值观念。从某种意义上讲，控制了人的价值观，就是最佳的社会控制。在选择和形成主导型价值观念的过程中，文化起着十分重要的作用。这里，文化中的伦理、宗教、道德、习俗氛围等起着特殊的作用。由于现实和传统等原因，有的国家选择和强调社会公平、社会互助、社会和谐等主导型价值观。这种价值观关注分配的公正性，反对贫富过于悬殊，一般地说有利于减少犯罪。相反，有的国家选择和形成了等级分明、弱肉强食、种族歧视的价值观。这种价值观视贫富悬殊、人类的不平等为天经地义，易于激化矛盾，导致犯罪的增多。

2. 一定的文化背景条件规定着不同类型的犯罪在整个犯罪结构中的比重

在中西两种文明中，由于人与社会的等级和依附关系基础的不同，[①] 社会法律所保护的侧重点也就不同。中国注重对封建人伦关系的保护，严禁侵犯封建社会的"三纲五常"等社会伦理原则，将触犯社会伦理规范的行为视为十恶不赦的罪行；而西方社会则注重对私有财产的保护，把侵犯财产视为万恶之首，从而形成了两种不同的刑罚和犯罪的社会文化体系。所以，从史料上看，欧洲中世纪的犯罪中抢劫罪所占比重较大。中国农业文明的一个重要特点是宗族观念、尊卑观念根深蒂固，因而中国古籍中有大量的不孝、亲属杀伤罪等记载。这些所谓的犯罪，大量的是对封建伦理道德的背离。从犯罪主体上看，西方社会的财产犯罪主要是没有固定收入、得不到庄园主庇护并游离于庄园制度以外的人所为，这些人往往是由以抢劫为职业的"强盗帮会"组成的；而中国往往是在人伦尊卑关系中处于晚辈或妻子地位的人的专利，长辈、家族首领即使真正犯了杀人罪也往往能逍遥法外或被从轻发落。

受中国传统文化的影响，中国文化中等级尊卑观念至今仍流淌于民族的血液里。在"官本位"文化的熏染下，权力的社会功能被异化，权力的价值被极端化，以权谋私、徇私舞弊以及贪污受贿等腐败型犯罪表现得极为突出。而西方在商业文化背景下，社会心理倾向于"轻官重利"，经济类犯罪所占比重相应增大。例如，西方文化奉行个人主义，以个人为本位；东方文化奉行集体主义，以集体为本位。从行为角度讲，西方文化强调合理化，而东方文化强调情感性。这些文化上的差异，对犯罪类型和作案手段必然会产生一定的影响。在受中国文化影响的一些东方国家，杀人多是出于情感因素，没有深仇大恨，一般不会犯杀人罪；而在受西方文化影响的国家中，行为人在"杀人"决意之前，一般要考虑"杀人"是否有利可图，而不只是从恨与爱出发。这就是"情感"杀人与"理性"杀人的差别。在现代社会，一国之内，很少有什么单一的传统文化，因此，一个国家中也不会有单纯的理性杀人或情感杀人行为。但每个国家，其传统的文化因素对犯罪及其类型仍产生着重大影响。

3. 文化从整体上制约着犯罪活动的方式和手段

随着文化的发展，社会的技术操作系统不断得到改善，个体的素质和活动技能日益提高，活动的能量也相应增大。犯罪的手段与技能作为整个社会技术系统的组成部分，也随着文化的演进而发生变化。特别是现代社会，借助大众传播媒介的广泛影响力，科学技术日益渗透到社会生活的各个领域，犯罪主体的文化素质也相应得到提高，不仅犯罪思维趋于严密，技术含量增大，而且犯

---

① 中华文明是以家族和家法关系为基础，而西方文明则是以对土地占有的多寡来划分社会等级。

罪手法不断翻新，并且，由于受外来文化的影响，犯罪手段甚至有可能在局部超越了现实文化条件的制约。就盗窃这一古老的犯罪而言，其手法的演变，就经历了"传统—技巧型"到"现代—技术型"的变迁。这种变迁基本上是与社会文化的发展同步的。概略地讲，传统型盗窃犯罪的实施，主要依赖于行为人的体能和在犯罪过程中逐步学习和总结的一些技巧和经验，所用的工具多为日常生活中的常见之物。这些传统的作案手段与传统文化条件是相适应的，特别在封闭、半封闭的传统农业社会条件下更是如此。为什么旧时的职业小偷对挂着洋锁的衣柜会无能为力？因为当时的中国，文化尚不能给盗贼们提供开启"洋锁"和保险柜的知识与技能。正如严景耀先生所说的："中国的大盗，偷不了美国的保险箱，除非他得到了美国的教育和现代化工具及技巧"。① 犯罪手段总是随着社会文化的进步而发生变化，并被打上时代文化的烙印。盗窃犯罪的传统手段尽管仍在被沿用，但现代型的盗窃犯罪，特别是一些难度要求较高的盗窃犯罪，犯罪人在行窃过程中，不仅要借助现代作案工具、考虑到作案的成功率和犯罪的收益以及作案后如何逃避打击等，而且还要注意把握大众特别是防范主体的心态，分析国家的一些政策和法律，研究并提高反侦查和克服各种障碍的能力。现代犯罪的危害已今非昔比。

4. 文化对国家刑事政策也有重大影响

对于犯罪，不同的文化有着不同的惩罚观和预防观。其惩罚方式大体可概括为两大类：一类是报复性的。它一般采用对等性甚至超量性的惩罚手段。也就是说，犯罪给社会或他人造成多大危害，社会就要给犯罪人施以相应程度的刑罚，甚至实施比其所造成的危害更大的惩罚，认为只有这样才能达到威慑和预防犯罪的效果。在中国的封建社会、欧洲的中世纪，在封建专制文化和神权的禁锢之下，犯罪行为被视为是对"皇权"、"王权"或"神权"的一种侵犯，其犯罪对策体系自然建立在严刑峻法基础之上。另一类是挽救性的。即社会对犯罪人的惩罚只是一种手段，其目的是通过惩罚这种手段教育、挽救犯罪人，以期预防犯罪，而不是简单地采取"以眼还眼、以牙还牙"的报复主义态度。台湾著名学者韦通把这两种惩罚方式概括为报应主义和目的主义。他指出：报应主义认为犯罪乃违反正义之行为，对犯罪者施以刑罚是基于正义的要求，对犯罪之恶行加以报复是刑罚的目的，即所谓恶有恶报。目的主义则不同，它不以刑罚作为目的，刑罚的目的不在于对犯罪者的报复，而在于对未来犯罪的预防，刑罚不过是保护社会利益的手段。东方传统文化中，以孔子为代表的儒家文化即主张目的主义。孔子原则上并不反对刑罚，但他极力主张先教

① 严景耀：《中国的犯罪问题与社会变迁的关系》，北京大学出版社 1986 年版，第 188 页。

后罚，认为"不教而杀谓之虐"。孔子还反对死刑，认为庶民有罪，是当政者未尽教化之责。在欧洲中世纪，宗教神学桎梏着人类文明，刑罚非常严酷。直到18世纪，意大利的贝卡利亚才第一次表示彻底反对极刑。目前，在现代西方国家，刑罚的传统功能日趋弱化，出现了轻刑化倾向，对犯罪的治理转而求助于各种刑罚的替代性措施、治疗方法和福利手段。目前对全部犯罪废止死刑的有阿根廷等20个国家，对杀人罪废止死刑的有英国等9个国家。我国坚持"惩办与宽大相结合"的刑事政策，注重发挥刑罚在犯罪控制方面的积极作用，对犯罪实行打击与预防相结合的综合治理措施。

一国对罪犯采取什么样的惩罚方式，取决于它的文化背景、社会发展水平、特定的社会环境以及历史传统，因此不能简单地用一种文化价值观来衡量别国的情况。但从根本上讲，犯罪源于社会，是社会的产物，社会出现了犯罪，犯罪人理应遭到社会的责罚，但社会也有责任。因此，社会应比犯罪人更高明，对犯罪的惩罚也应该越来越文明，这是目前人类社会治理犯罪的一种趋势。

三、文化冲突与犯罪

文化冲突是指在文化传播过程中，两种或两种以上的不同文化观念冲击、碰撞而产生的对抗现象。文化具有一定的历史继承性，因此文化在其传递过程中，能够代代相传、不断延续下去，并逐渐演化为具体的社会行为规范，渗透到每个人的个性行为之中，从而影响着人们的观念、心理、思维方式和行为方式。文化冲突是由社会的变迁、人口流动、新旧文化和异质文化的接触与碰撞引起的现象。在同质的、封闭的静态社会中，群体与群体之间、群体内部的习俗、道德、宗教、法律以及基本的价值观念差别不大，人们有统一的、基本一致的行为规范准则，文化冲突不那么明显；而在异质、开放的动态社会中，不同社会群体和成员之间，其价值观念、行为规范、宗教信仰等差异性较大，因而文化冲突的程度也就较为明显。归纳起来主要有传统文化与现代文化的冲突、本土文化与外来文化的冲突、不同地域或民族之间的文化冲突等。

1. 传统文化与现代文化的冲突

中国传统文化源远流长、博大精深。这种几千年一脉相承的文化传统在国人的思想深处和行为方式等方面都打下了深深的烙印，然而，随着我国对外开放和商品经济的深入发展，我国的社会生活同以往相比发生了深刻的变化，这种变化对人们的思想意识、价值观念、心理状态、思维方式以及行为规范等都发生了深刻影响。实践已充分证明：新旧体制的更迭，必然要伴随着新旧观念的交锋，人们在选择自己的行为时就会发生困难，文化冲突在所难免。

（1）在经济方面的冲突主要表现为："重义轻利"、"正其义不谋其利"的传统抑商思想与以等价交换为原则的现代商品经济观念的冲突；"不患寡而患不均"的严重平均主义的传统思想与"多劳多得、按劳取酬"的社会主义多种分配制度的冲突；单纯地运用行政手段进行管理、忽视经济杠杆和市场调节机制的经营管理思维方式与现代经营管理理念的对立与冲突等。

（2）在政治观念方面的冲突主要表现为：官僚主义、封建家长制作风、特权等级思想与现代平等、民主观念的冲突；任人唯亲的血缘、姻缘、地缘等封建宗法观念与现代社会任人唯贤、公平竞争观念的冲突等。

（3）在法制观念方面的冲突主要表现为：权大于法、以权代法、以言代法等人治观念与"法律面前人人平等"、以法治国等现代法治观念的冲突；轻诉讼、重调解，"屈死不告状"、遇事不求公法求私法的传统思维定势与思法、求法、用法等现代法制观念的冲突。

（4）在伦理道德观念方面的冲突主要表现为："三纲（君为臣纲，夫为妻纲、父为子纲）、六纪（惠君、忠臣、慈父、孝子、友兄、悌弟）、妇听、幼顺等尊卑秩序观念与社会主义社会人与人之间民主、平等的新型人际关系之间的冲突。

（5）在对待主体价值观念方面的冲突主要表现为：社会片面评价、要求个人"无条件牺牲、服从"的传统意识与现代人强调在社会历史活动中的主体性、能动性和独立性，注重主体对自身行为的自我评价、自我控制等思想意识的冲突等。

（6）在对待婚姻观念方面的冲突主要表现在："父母之命、媒妁之言"，嫁鸡随鸡、嫁狗随狗，从一而终，男女授受不亲等封建婚姻观念、性禁锢意识与现代社会的婚姻自主、恋爱自由、离婚自由观念的冲突；当代社会的性自由、性解放思潮与社会主义性伦理、性道德观念的冲突等。

以上列举的只是众多文化冲突现象的一小部分，实际上，目前我国传统文化与现代文化的冲突是十分普遍的现象，它涉及社会生活的方方面面。这种冲突对犯罪行为的发生产生很大影响：一方面，它可以直接引发越轨犯罪行为；另一方面，它又可以引起其他一些社会问题，从而间接地引起犯罪行为的发生。例如，为"教育"自己的孩子将孩子致死、致残的事件不时见诸报端，至于因打骂孩子致使孩子离家出走，因此荒废了学业甚至加入违法犯罪团伙的事例更是比比皆是。可以说这些都是新旧家庭伦理道德观念的冲突造成的。社会上（特别是前几年）流行的"吃大户"、敲诈、哄抢事件等，可以说是传统的平均主义思想与现代多劳多得分配原则相冲突的结果。而农村中因恋爱关系破裂、夫妻不和或第三者插足引起的大量杀人案件，即是新旧婚姻观念冲突造成的。

　　传统文化与现代文化的冲突在当代中国表现的如此突出，具有其深刻的历史渊源。众所周知，我国今天的社会主义社会，是从昨天的半殖民地、半封建社会脱胎而来的；昨天的半殖民地、半封建社会，又是从前天的封建社会脱胎而来的。在我国有文字可考的历史中，封建社会的历史最为漫长。这就是说，我国是拖着长长的封建主义的脐带、跨越资本主义径直进入社会主义社会的。诚然，封建社会曾为中华民族创造了辉煌灿烂的宝贵文化遗产，但也给中华民族留下了愚昧落后的沉重负担。尽管以孙中山为领袖的资产阶级领导的旧民主主义革命推翻了清朝末代皇帝，结束了统治中国两千多年的封建专制制度，并对封建主义意识形态进行过冲击。但是，由于中国资本主义经济基础薄弱，政治上先天不足的资产阶级没有勇气彻底割断同封建主义的联系，再加上他们理论的贫乏，无力对封建意识形态进行全面、彻底的清理，因而同封建主义意识形态没有较量几个回合，便偃旗息鼓、宣告退却了。这一艰巨的使命，历史地留给了以中国共产党人为代表的无产阶级。

　　中国共产党领导全国人民浴血奋战，在历时 28 年的新民主主义革命中，消灭了封建主义赖以存在的经济基础和为之服务的政治制度。但是，由于工人阶级一登上历史舞台，就忙于夺取政权和巩固政权的武装斗争，在戎马倥偬的岁月里来不及对封建主义意识形态进行全面、系统、彻底的批判，更无瑕引导在农村包围城市过程中吸收的大批农民和其他小生产者开展自我教育，及时消除残存在自身的封建主义思想意识。这些穿上军装的农民与农村有着天然的联系，而广大农村又是封建意识形态盘根错节的地方。这样，便使封建主义意识形态成为一种传统力量，悄然无声地涌进了社会主义时代。中华人民共和国成立后，作为执政的中国共产党，通过在新解放区开展土地改革和在全国城乡贯彻婚姻法等运动，虽然对封建主义意识形态进行了坚决、有力地批判，但没有持久地坚持下去，特别是对其残余在政治、经济、思想、文化等领域的腐蚀作用缺乏足够的警惕，没有及时地把清理封建残余作为经常性的任务提到应有的议事日程上来。1952 年以后，由于对形势分析和对国情认识的失误，片面强调了无产阶级和资产阶级、社会主义和资本主义的矛盾斗争，过分夸大了资本主义复辟和党内产生修正主义的危险性，从而忽略了封建主义残余的危害性，遂使封建主义残余至今仍是社会主义的隐患，在现阶段改革开放的新时期便表现为剧烈的文化观念的冲突。这些冲突反映在人们身上，往往表现为"新伦理、旧道德"的失范状态。

　　2. 本土文化与外来文化的冲突

　　本土文化包括传统文化和现代文化两部分。本土文化和外来文化的冲突主要是由于文化交流和扩张造成的。在一个相对封闭的文化圈内，不会发生本土文化与外来文化相互接触的机会，自然也无冲突可言。但是，在全球化时代，任何一种文化的完全封闭是不可能的。本土文化有一种向外传播和扩张的冲动，而域外文化也有向内渗透和传播的要求。在一定条件下，本土文化和外来文化的相互碰撞与冲突在所难免。特别是我国长期闭关自守的大门打开后，西方资本主义世界的物质观念、文化教育思想以及价值观念等，对有着数千年古老文明的中国的冲击是十分剧烈的。习惯受到摇撼，传统出现断裂，习以为常的和谐、平衡不断遭到撕扯，从最初的喇叭裤、牛仔裤、新潮的迪斯科，到基督教文化和消费观、审美观、享乐观、价值观等，这一切都导致了两种文化心理的冲突，即开放性文化心理与封闭性文化心理的冲突。这种冲突一方面导致传统文化开始解体；另一方面则是与社会主义商品经济相适应的现代文化体系正在东西方文化、传统文化与现代文化的冲突、交融中形成，但一时还难以完全建立起来。我国目前仍处于这样一种"失范"的状态之中，对此应当认真加以研究。首先我们对西方文化要抱着欢迎的态度，要敢于面对。马克思曾经指出，世界上每个民族都在某些方面优越于其他民族。因此，各民族文化的相互影响、相互促进是世界文化发展的客观规律。任何一个民族要想自立于世界民族之林，都必须勇于面对现实，对本民族文化进行深刻的反思，清除民族文化的积垢，医治民族文化的痼疾，弘扬民族文化的精华，培养兼容并蓄的品格，大胆吸收世界上一切民族的优秀文化成果，促进中华民族的伟大复兴。但同时我们也应清醒地看到，西方文化中也存在着大量腐朽、极端的观念，对此必须加以认真地鉴别与批判，将极端利己主义的人生观、价值观，各种黄色、犯罪文化以及性自由、性解放思潮等加以有效地限制和排除，最大限度地净化社会文化环境，减少对我国的不良影响。

3. 不同地区、民族群体之间的文化冲突

从广义上讲，一切文化都是群体文化。不同的区域、不同的民族在长期的历史发展过程中逐渐形成了具有本地区、本民族特色的群体文化，并形成本地区、本民族内部所特有的价值观念和行为规范。这种独特的群体文化带有强烈的排他性。当一种文化群体根据其群体的行为准则制定的法律规范扩展、使用于另一种文化区域时，或一种文化群体成员迁移到另一种文化区域并成为其中的一员时，便容易发生文化冲突。这种冲突在我国现阶段突出地表现为民族矛盾复杂化，民族分离主义势力十分猖獗；行政区域的结合部矛盾纠纷加剧；城市化进程中进城农民犯罪突出……另外，随着中国社会的迅速发展，社会结构也发生了很大的变化，出现了同质文化向异质文化的转变。如前所述，我国目前已由工人阶级、农民阶级和知识分子为主体的比较简单的社会结构在短短的十几年的时间里迅速分化为十几个社会阶层的复杂的社会结构形态。处于不同社会阶层的人们，由于其社会政治、经济地位的不同，占有社会财富的多寡和享受社会福利权利的不同，不同阶层的人们往往都有自己对各种行为规范和对社会关系的理解，从而形成了不同的群体文化，或者称之为亚文化。这些亚文化既包含主流文化的成分，也包含与主流文化不同甚至冲突的成分。当人们按照不同于主流文化的亚文化行动时，就会发生文化冲突，从而导致犯罪。

从国际层面看，在当代世界诸种矛盾和问题中，种族问题、民族问题是最为引人注目的"热点"问题之一。其原因不仅在于种族问题普遍存在于国家内部和国际层面的政治、经济、文化以及社会生活的各个领域，而且还在于这些反映在不同领域中的种族、民族问题如果处置不当、解决不力往往会引起形式不一、程度不同的冲突。其冲突的激烈形式通常表现为民间性的骚乱、械斗、仇杀等暴力活动，同时也会表现为族际之间、国家之间的战争。在这些暴力冲突和战争纠纷中，恐怖主义手段被频繁使用。

在文化冲突导致的形形色色的犯罪形态中，恐怕没有任何一种犯罪比恐怖犯罪更加令人头疼。特别是"9·11"事件后，恐怖主义引起了全世界的关注与警觉。据作者所知，目前关于恐怖犯罪的理论解释不下 10 余种，但从文化角度解释的主要有"亚文化理论"、"文明冲突论"等。这里主要介绍一下"文明冲突论"。

文明冲突论的代表人物是美国学者塞缪尔·亨廷顿（Samuelp Hunting-ton）。该理论认为：冷战结束后，"全球政治是文明的政治"，"国家日益根据文明来确定自己的利益"，对国家的重要分类是以文明为划线的，即世界是由西方文明、伊斯兰文明、中国文明、日本文明、东正教文明、印度文明、拉丁美洲文明以及可能存在的非洲文明等七八个主要文明构成的。人类冲突的根本原因不再源自意识形态或经济因素，文明的差异正成为人类冲突的主要因素，"文明间的断层线正在成为全球政治冲突的中心界线"。在微观或地区层面上，文明的冲突表现在不同文明的邻国或一个国家内部的不同文明集团之间的冲突，其中最主要的表现为伊斯兰文明与非伊斯兰文明之间的冲突；在宏观或全球层面上，文明的冲突表现为不同文明的核心国家之间的冲突，其中最主要表现为"西方和非西方之间"的冲突，特别是在西方文明与伊斯兰文明、儒教文明之间"存在着最为严重的冲突"。简言之，决定世界格局的将是文明的区分与冲突，"文明是终极的人类部落，文明的冲突则是世界范围内的部落冲突"，"文明的冲突是对世界和平的最大威胁。"①

---

① 胡联合：《当代世界恐怖主义与对策》，东方出版社 2001 年版，第 167—168 页。

在文明冲突论的分析框架中，恐怖主义（不论是国内的还是国际的）不但是文明间冲突的产物与外在表现，而且也是文明间的冲突的一种常用手段，是"弱者对付强者的原子弹"，当然它并不否认文明内的冲突也是恐怖主义的一个来源。

文明冲突论具有明显的缺陷。根据马克思主义的观点，"一切历史冲突都根源于生产力和交往形式之间的矛盾"，[①] 而文明的冲突只是上层建筑的范畴。暴力还是由经济状况来决定的，经济状况供给暴力以配备和保持暴力工具的手段。"暴力仅仅是手段，相反地，经济利益是目的。目的比用来达到目的的手段要具有大得多的'基础性'，同样在历史上，关系的经济方面比政治方面具有大得多的基础性。""总之，在任何地方和任何时候，都是经济条件和经济上的权力手段帮助'暴力'取得胜利，没有它们，暴力就不成其为暴力。"[②]文明冲突论的合理性在于它在反恐怖斗争中为我们提供了一个从文化角度加以分析的视角，其可能的参考意义在于，应该重视加强不同文明之间的交流与沟通，增进相互了解与彼此信任，努力消除或减少不同文明之间的隔阂与敌意，做到不同文明的友好与和平共处，促进各民族文化的共同发展与融合。

第四节　教育因素与犯罪

教育是指培养新生一代准备从事社会生活的整个过程。它包括学校、家庭以及其他社会机构或部门对公民进行有目的培养的活动。教育的目的就是赋予被教育者以知识、技术、思想、道德和行为方式等，从而使其获取改造自然、改造社会和改造人类自身的能力。因此说教育是培养、造就合格社会成员不可缺少的重要手段。

教育与犯罪之间存在着无可争辩的关系。研究认为，如果一个人从小受到良好的社会化教育，那么他就能够产生较高的社会责任感，从而形成良好的品质与习惯，具备适应社会的能力；相反，没有受过良好教育的人，得不到知识教育和符合社会规范的教育，就更容易接受不良环境的污染和刺激，走上违法犯罪的道路。

在我国的教育体系中，家庭与学校是两块最重要的教育阵地，而家庭与学

① 《马克思恩格斯选集》（第 1 卷），人民出版社 1975 年版，第 81 页。
② 《马克思恩格斯选集》（第 3 卷），人民出版社 1973 年版，第 503 页、第 510 页、第 515 页。

校教育中出现的问题也就成为影响犯罪产生的重要因素。

一、家庭教育与犯罪

现代家庭仍然是一个具有重要教育功能的单位，家庭的影响和教育对青少年的成长至关重要。家庭环境的熏陶是青少年人格形成的重要渊源，家长的政治倾向、行为习惯、生活态度、养育方式、性格特征以及业余爱好等，都在潜移默化地影响着子女。好的家庭教育能对孩子起到良好的启蒙作用，培养孩子的智慧和能力，塑造他们美好的心灵，为造就合格的社会成员和优秀的人才奠定良好的基础；反之，不良的家庭教育和家庭环境，会埋下青少年违法犯罪的种子。

（一）父母的教养态度

家庭对个体的影响仅仅是个体社会化因素的一部分，家庭特别是父母对未成年人的影响要大于其他人的影响。父母的言行是孩子学习的榜样，对孩子的行为起着潜移默化的作用。父母的教育方式和教育态度对子女人格的影响尤为重要。鲍尔特温把父母对子女的教养态度分为四种类型：

（1）专制型。父母不理解孩子的需要，常常用命令和指责来强迫孩子服从。这种教养态度容易导致儿童逆反心理的发展和人格的异常。

（2）溺爱型。父母用过分的感情来满足孩子的要求，对孩子百依百顺。这种教养态度不易及时纠正孩子的不良习惯。有些青少年就是因为童年时期受过父母过分的溺爱而走上犯罪道路的。

（3）放任型。父母在强迫命令的同时，常常会感到力不从心或讨厌孩子而放任自流。这种教养方式对孩子的影响比前两种态度更为有害。因为这容易使孩子变得自暴自弃、放荡不羁。放任，是父母对社会、对子女的严重失职。古训言："养不教，父之过"。

（4）民主型。父母能充分理解孩子的兴趣和要求，经常向他们提供足够的信息，并引导孩子自己作出选择和决定。这是一种对孩子既爱护又保持冷静的态度。拉克特的研究表明，家庭限制很少的孩子与家庭约束很多的孩子相比，竞争意识弱，但注重友情；在较宽容的家庭环境中长大的孩子和受严厉管教的孩子相比，更能体贴别人，并对外来的批评非常敏感；在对待孩子的教养方面，若父母平均分担责任，则这样的孩子往往适合做"领导"工作；与兄弟姐妹关系较和谐的孩子（包括父母关系比较和谐），其情绪比较稳定；民主家庭的孩子比专制家庭的孩子更富同情心，其人际关系也较为和谐，情绪也比较安定。

（二）我国家庭教育存在的问题

1. 期望值过高，脱离实际

我国目前的青少年多为独生子女，独生子女教育也就成为备受关注的问题。独生子女因其"独"在无形中放大了自身的价值，自然抬高了在家庭中的地位，因而强化了为人父母者"望子成龙，盼女成凤"的心态。几乎所有的父母都梦想自己的孩子能成为"出乎其类，拔乎其萃"的佼佼者。在"高期望"的背后，也隐含着微妙的补偿心理和攀比心理：一方面，做父母的将自己没有实现的理想寄托在自己的独子或独女身上；另一方面，家长总是倾向于认为自家的孩子最优秀。可是，家长们必须明白，只有良好的、适度的期望才能对孩子的成长起到积极的促进作用，也只有合理、现实的期望才可能实现，孩子只有在真诚、和谐、现实的期望氛围中身心才会得到健康发展。而任何脱离实际的、违背少年儿童成长规律的期望都必然只是一种幻想，甚至事与愿违，酿成苦果。因为，不论父母的期望是多么的瑰丽和实在，最终只能通过孩子的努力去实现。但是，期望既可能给孩子带来前进的动力，也可能给孩子带来不堪忍受的心理压力。因此，家长们应放弃那种不考虑孩子潜能与兴趣、基本上是一种想当然的并带有相当浪漫色彩的单向度设计（如希望孩子成为艺术家、科学家、明星之类的不切实际的想法）。因为过高的期望对孩子来说是一种实实在在的压力与痛苦。但慑于父母的权威，孩子们又不得不含着眼泪捧起书本、提起画笔、走进琴房。这种"口服心不服"的心理冲突日积月累势必会扭曲孩子的个性，甚至使其产生报复心理，其结果是可想而知的。

理智的父母应当明白一个简单的事实：人世间大多是普通的劳动者，自己的孩子与许许多多家庭的孩子一样，是平平凡凡的一个。事实上，只要扬长避短，即使是普通的孩子，也完全有值得骄傲的方面并能取得令人敬佩的成绩。显而易见，只有当父母的期望转化为孩子心灵深处的对自己的期望时，才能成为孩子成才的有效合力。期望的辩证法是：无所期望，才能有所期望。人生的期望是由每个生命阶段的具体期望完成的。父母的期望不能只从社会的价值取向和个人的愿望偏好出发，而应当在充分认识自己孩子的特点、兴趣和潜能的基础上有所期望。这样的期望或许才是合理的，合乎人性的。通达、理智的父母不会强迫孩子接受父母单方面的期望，在代际期望发生冲突时，会以孩子的期望为中心来修正自己的期望；并且，期望值不能太高，否则会形成对孩子的心理高压，给孩子的心理造成巨大的伤害。个性强的孩子还可能因此产生逆反心理，甚至从反感发展到反抗（公开或暗地），结果，父母高期望值所导致的效果往往是"事倍功半"、"欲速则不达"，甚至是"悔不当初"。而只有当父母的期望通过孩子适当的努力能够达到时，这样的期望才是有效的。因此说，期望的本质就是让孩子自觉地建立起对自己的期望，使之生发出一种内在的力量。这种期望的内核是自信、自爱、自尊、自强、自立。具备如此素质的孩子才能积极向上、乐观豁达、勇于开拓、热爱生活，从而最终可能实现一个个具体的期望。

2. 溺爱和过分管制交织

为人父母疼爱自己的孩子是非常自然的事情。鲁迅先生说过，"怜子如何不丈夫"！但如果把疼爱仅仅体现在对孩子百依百顺、满足孩子的一切欲望上，那就是十分错误甚至有害了。在现实生活中，一方面，独生子女家庭"望子成龙"的心态十分普遍，其心之切，天日可鉴；另一方面，司空见惯的做法是"含在嘴里怕化了，抱在怀里怕摔了"，溺爱之风令人担忧。这样，在期盼独生子女成为超级儿童的心理支配下，许多家庭陷入了过分溺爱和过分管制相交织的教育误区。许多研究表明，独生子女的智力及身体素质一般较好，但其性格特征、行为习惯等非智力因素低于非独生子女。例如，在过分溺爱的环境中成长起来的孩子往往具有任性、骄傲、自私、偏激和脆弱等性格特征；相反，过分管制和约束下成长的孩子，往往具有消极、顺从、怯懦、自卑、不诚实或者固执、冷漠和刚愎自用等性格特征。这样的孩子走向社会后将很难确立协同意识，适应群体生活，他们不是成为生活的失败者就是成为社会的反叛者，到时留给父母的只能是某些遗憾了。如今，相当一部分青少年社会责任感淡漠，已成为令人担忧的社会现象，这是导致青少年犯罪低龄化的一个重要原因。

3. 教育方法简单粗暴

简单粗暴的教育方法，往往导致教育效果适得其反。望子成龙是我国许多家长的传统观念，而早期教育理论的广泛传播、新技术革命和社会改革形势对人才的要求，更使许多家长在教育子女问题上产生了紧迫感。在这种心理支配下，家长的情感往往处于失调状态。他们先是尽量满足子女的一切物质需要，以此"激励"子女在学业上有所长进。但是，当发现子女的成绩达不到自己所期望的目标时不免大失所望。出于"恨铁不成钢"的心理，进而从一个极端走到另一个极端，对子女训斥、责骂、不让吃饭、不准睡觉、甚至拳脚相加。孩子因在家中得不到温暖，便同父母产生严重的对抗情绪，有的采取逃避的态度，到"哥们儿"中寻找所谓的温暖，从而加入"亚文化团体"，向违法犯罪的道路上迈出了实质性的一步。

4. 无力管教

有些家长文化水平不高，对子女的道德、文化教育力不从心；有的双职工家庭，家长们整天忙于工作和操持家务，无暇教育孩子，孩子在外面干了什么坏事也一无所知；特别是在目前我国的城市化过程中，农村出现了大量的留守儿童，对留守儿童的监护教育已成为一个十分紧迫的社会问题。这些失缺家庭教育的孩子，由于其不良习惯和错误做法得不到父母的及时纠正和正确引导，日积月累，由小到大，最后发展到难以救药的地步。

5. 包庇纵容

一般来说，孩子在进行违法活动时，总是瞒着家长，事后，出于内心的恐惧，往往在行为上有反常举止，有的会将作案经过告诉家长，有的将赃物带回家中藏匿。这时，作为家长，应该深明大义，严厉批评子女改正错误，或敦促子女投案自首，可有些糊涂家长却千方百计地予以包庇、袒护，或者找关系、托人情、代为开脱，使子女免受法律制裁，结果使一些子女有恃无恐，在违法的道路上越去越远。另外，有的家长本身就有劣迹，他们的违法犯罪行为直接影响了子女。有的家长甚至还教唆子女参与犯罪活动。

总之，不良的家庭教育是青少年社会化的最大障碍，是青少年养成恶习、形成不良品德和不良心理以致走上犯罪道路的一个重要原因。

（三）家庭教育与青少年人格的培养

现代家庭教育有两个层面：一个是内在的层面，一个是外在的层面。外在的层面与知识、信息及专业有关，在此，我们可专指科学知识。在专业教育中我们学习了成为专业人所必备的东西。

外在教育的发展，特别是科学技术教育，为人类带来了极大的福利，给世界带来了极大的变化。然而，仅仅是科学技术上的进步，不能带领我们走向创建善良社会之路。一些科学技术先进的社会正面临着许多道德与社会的危机，物质繁荣的国家往往在道德解体的困境中挣扎，年轻人尤其痛苦。显然，科学教育与专业教育并不能完全提供给人们所需要的道德与人格的指导。

现代社会，人们所面临的道德危机相当严重，譬如说，今天许多青少年拒绝接受传统的道德价值观，而且，在许多国家里都可以看到青年人陷入吸毒、犯罪以及性乱之中。因此，除了外在教育，我们还需要有良好的内在教育体系，也就是说需要良好的人格教育体系。该体系由三个阶段的教育理论所构成。

1. 心情教育

所谓的"心情"是指每个人对付出爱与接受爱的根本渴求。心情教育处于人格教育体系的第一阶段，也是最为基础的教育，它基本上是在家庭中进行的。家庭是每个人最初也是最重要的学校，父母是每个人最初也是最重要的导师。特别是在家庭里，与我们的第一任老师——父母相处的经验，深深地塑造着我们的人格。这种塑造甚至在我们学习走路或讲话之前就已经开始了。

心情教育关注的是我们对人生最为根本的心态，这是比获取知识或开发智力更为深一层面的教育，也是比任何天资、技术或才能的开发更为重要的一环。心情教育是形成最基本人生态度的教育。一个心情开发成熟的人，有着关心及爱护他人的心态，因而是一位良好人格者。如果一个人受到高等的外在教育，而欠缺心情教育，这个人很可能会把他的知识与专业技能应用在自私的目的上。从另一方面来说，一个心情开发成熟的人，无论从事的是何种专业都能表现出良好的人格。

当一个孩子从父亲与母亲身上接受爱的时候，他正在学习的是宇宙中非常深奥的本质。这孩子感受到的这个世界是以爱为特征的、是美好的、是可以被信赖的。当孩子从父母身上获得无条件的爱后，这孩子也能开发出爱的心情。当孩子体验到父母的爱是不止息的且不会改变的时候，这孩子才有信心认为世界是美好的，人们是善良的。最终，这孩子也学会了去爱别人。

2. 规范教育

继心情开发之后，教育最重要的焦点在于德行的养成以及培养与他人建立起伦理关系的能力。这就是规范教育的作用。规范教育与心情教育一样，基本上也是在家庭中进行的。家庭是每个人生命中的第一所学校，是学习行为规范、建立良好人际关系的重要场所。当一个孩子培养出对父母的孝心时，这种孝顺的心态就成为孩子的人格。而孝顺父母的心态不仅仅止于对自己的父母，他也会以同样的心态对待社会当中的年长者，特别是老师、长辈和领导。这样，我们可以明白一个孩子与父母相处关系的品质，会成为在这个孩子一生中与所有父辈人士相处的基础。

此外，家庭中孩子们还可以学习如何与兄弟姐妹相处。每个孩子都是以自我为中心的，然而在有了与兄弟姐妹的相处经验后，就可以学习到如何去顾及兄弟姐妹的需要和愿望。孩子通过爱心学习以及体验到与兄弟姐妹间无私合作关系的喜悦后，就为在未来的社会中与他人建立和谐的伦理关系做好了准备。当一个孩子学习体会到不能伤害、虐待或欺压兄弟姐妹时，就能学习领悟到如何对待其他的人。这就是家庭规范教育的内容。但由于我国独生子女政策的实施，现实中独生子女家庭占大部分，家庭规范教育的功能受到程度不同的削弱，这部分教育内容不得不让位于学校。学校应当与时俱进，适时调整教育方式和内容，弥补家庭规范教育的不足，与家庭教育密切配合，共同担当起教育少年儿童的重要社会责任。

3. 主管教育

继心情教育与规范教育之后的第三阶段的教育是主管教育，它包括智育、技育和体育。一般说来，这一层面的教育集中在外在能力的训练上，以便使学生将来能够自立于社会并对社会和国家做出更大的贡献。这要求人们培养智力并学习必要的知识与技术，以便将来能在特定的专业领域发挥作用。同时也要求人们锻炼出强健的体质，以保持健康。通过这一教育过程，人们能够成为理想的公民，拥有出色的技术及能力。

然而，知识与技术的学习必须以心情教育及规范教育为基础，否则人们对万物的主管可能会以腐败的、自私的或不公正的方式进行。

宗教领袖和道德导师们历来十分重视这一点。许多历史性人物，比如孔子强调孝道与人伦；苏格拉底强调良知与理性；释迦摩尼强调正确的心态；亚里士多德强调培养良好的习惯；耶稣强调自我牺牲之爱；默罕穆德强调通过服从神的旨意来建立和平。这些伟人都认识到内在人格教育比外在的专业教育更为重要。为此，我们必须理解当今世界范围内家庭解体问题的严重性。家庭确实是社会的基石，一旦家庭失去稳定性，马上就会影响到社会。犯罪率上升、吸毒、艾滋病、道德滑坡、求学和工作表现不佳以及不快乐等都与家庭问题直接相关。

因此，我们必须竭尽全力重建原有的家庭理想，也就是重建以真爱为中心的家庭。通过重建家庭，教育青少年有关家庭的真正价值与重要性，可为我们预防与控制犯罪带来新的希望。

二、学校教育与犯罪

学校是个体社会化的重要场所，学校教育是青少年从家庭走向社会的桥梁，所以，学校教育的状况对青少年的一生都有着重要的影响。

（一）学校教育在抑制青少年犯罪中的地位和作用

1. 学校教育可以弥补家庭教育的不足，抵制不良社会风气的影响

学校是有计划、有组织、有目的地实施系统教育的专门机构，是青少年从家庭走向社会、顺利实现社会化过程的重要环节。学校通过各种教育活动使青少年形成正确的世界观、人生观，掌握做人的行为规范，获得改造自然、改造社会和改造人类自身的知识和能力。因此，良好的学校教育，即可以对不良的家庭教育起到矫正和弥补作用，又可以帮助青少年抑制和消除社会上的一些不良因素的影响；反之，学校中存在的一些不良倾向和失误，则可能导致青少年的行为偏离正确的方向，甚至在其他因素的作用下，走上违法犯罪的道路。

2. 学校教育是现代社会个体通往社会的必经之路

爱因斯坦曾经说过："由于经济生活现代化的发展，作为传统教育的家庭已经削弱了。因此，比起以前来，人类社会的延续和健康，要在更高程度上依

靠学校。"同样，一个没有接受过现代学校教育的人，是难以自立于社会的，也是难以适应社会的。如果他不甘心被社会排斥于圈外，就只能采取其他非法的手段了。

3. 学校教育是引导个体从家庭一分子变成社会一分子的中转站

一个人进入学校，标志着他开始逐渐脱离家庭的完全监护，开始走向社会。在学校，青少年与老师是纵向人际关系，与同学是横向人际关系。在学校他可以学到在家庭无法学到的东西，可以逐渐地体验到自己的社会地位及进行客观的自我评价，这对其人格的形成将会产生重大影响。

4. 学校教育在人的继续社会化过程中的作用越来越大

随着新技术革命的到来，知识更新和社会变迁频率的加速，学校教育不仅是对少年儿童进行社会化教育的主要途径，同时它对中青年人以及老年人的继续社会化的作用也越来越大。今日世界正在向终身教育的方向发展，我们应当大力发展对中老年人的教育与研究，使他们能够更健康地工作和生活，顺利地走好人生之路。

总之，学校的教育目标是把青少年培养成德才兼备的社会主义建设人才，这在根本上同预防青少年犯罪的目标是一致的。"多办一所学校，少办一所监狱"。学校教育应充分发挥预防青少年犯罪的基础作用。

（二）学校教育的偏差对犯罪的影响

我国目前的学校教育还存在不少问题，其中最受人诟病的是应试教育。

1. 学校教育指导思想有失偏颇

在社会大环境的影响下，我国教育普遍存在着重分数轻素质的不良倾向。这种教育倾向的实质是脱离社会和人的发展需要、违背党的教育方针、片面追求升学率的"应试教育"行为。这种教育体制忽视人的身心发展的共性和个性，主张分数至上的人才观，将学生作为知识的容器，把单一的分数作为评价学生好坏和教育质量高低的唯一标准，其显著特征便是片面追求升学率。在应试教育思想指导下，多数学校只注重智力教育，轻视德育教育；评价教师教学水平的高低，也往往只看学生的考试分数，学生考分高，说明教师教学水平高，于是评优晋级优先，反之就不是好教师。在这种评价机制下，教师评价好学生的标准便是"高分是好学生，低分则是差学生。"与之相同步，学校从小学开始就分三六九等，校内又分（或变相分）快慢班。"好教师"、"好学生"集中在重点班。这种做法导致了严重的后果：一是忽视了部分教育内容。对所谓的"好学生"，关心有加，"一俊遮百丑"，"只教书不育人"，忽略了对他们的人格教育、法制教育、青春期教育等重要的教育内容。一部分"好学生"因此产生了优越感，放松了对自己的要求，有的甚至我行我素，为所欲为。二是忽视了部分教育对象。教师们在分数的压力下，只能把大部分精力用在对"好学生"的培养上，对"差生"已没有多少精力加以管理，使一些本来还想通过努力、争取上进的学生也失去了信心。特别是一些被分在慢班的学生，自觉低人一等，他们如果得不到及时的帮助与引导，在不良班风、校风的影响下，很容易产生抵触情绪，其中一些学生甚至破罐破摔，或加入亚文化群体，或滑向违法犯罪的泥坑。据统计，中小学生犯罪成员多是一些"末流"学校的学生，或是管理不善的一些职中、技校以及升学率较低的学校的"末流生"。

2. 重视智力教育，忽视健全人格的培养

学校是教育人、培养人的地方，每一个受教育者通过在学校接受"德、智、体、美、劳"等全方位的教育，身心得到全面的发展。但是，如果学校过分重视智力教育，忽视健全人格的培养，就会带来与教育目的相背离的不良后果。

改革开放以来，科技进步带来了经济的飞速发展，"尊重知识，尊重人才"成为人们的共识，学校教育也朝着"多出人才，快出人才"的方向发展，智力教育因此被放在了极其重要的地位。但与此同时却出现了片面追求升学率的偏向，即在发展学生智力因素的同时，忽略了对学生非智力因素的培养和健全人格的关注，将考试成绩作为衡量学生优劣的唯一标准。一方面是成绩不好的学生被贴上了差生的标签，成了"包袱"，常常受到老师和同学们的忽视甚至是讽刺、挖苦，其自尊心受到极大挫伤，从而失去了进取心和自信心。其中一些学生因此对学习失去兴趣而离开学校。他们过早地流失到社会上，由于身心发展不成熟，往往形成不良交往，染上恶习，成为违法犯罪的"后备军"。另一方面，对"优等生"过度爱护的结果，不仅可能使他们产生高人一等的自大心理，同时也有可能使他们背上"优等生"的沉重包袱。如果放松了对他们非智力因素的培养，在人格上、品德上他们也因此可能成为低下者。他们因为学习成绩优异，在家受捧，在校受宠，在社会上似乎也是上等公民，这样就势必使这些学生自恃特殊，漠视品德修养，从而形成唯我独尊、以自我为中心的不良心理。他们中有的幼稚天真、承受挫折的能力差，遇到逆境时往往产生偏激行为。近年来大学生犯罪有所增加，在一定程度上讲是"重视智力教育、忽视健全人格培养"的结果，对此应当引起社会各界的高度重视。

3. 歧视学习成绩差的学生

有些学校的领导和老师在其错误教育思想的指导下，对成绩优秀的学生关怀备至，对学习较差的学生则采取歧视、厌恶的态度，动辄加以教训、讽刺，甚至实行体罚或者给予经济、劳动处罚，极大地伤害了这些学生的自尊心。据某报报道，有位老师让一名学习差的学生在地上蹲着学习了半年之久，直到有关部门调查采访此事时，那位同学还没有回到自己的座位上。2000 年 3 月 18 日，中央电视台《焦点访谈》节目报道了河北省某县一中学，学校竟然让各班级选举最差的学生。还有一些学校对一些因厌学而弃学的中小学生不加制止，听之任之，特别是对个别犯错误的学生，为了"减少不安定因素"，不负责任地将他们推出校门了事。这些中途辍学和被开除的学生，小小年龄就流入社会是非常危险的。他们往往同病相连，结成亚文化团伙，成为一支社会上不稳定的力量。

4. 法制教育存在的误区

现在各级各类学校普遍开设了法制教育课程，在普及法律常识方面取得了一定的成绩，但与此同时也存在不少问题。一是一些学校的领导和教师没有充分地认识到普及法制在整个国家政治生活、经济生活、社会生活和文化生活中的地位和作用，没有认识到人人知法守法的必要性和重要性。法制课被作为副课，课时因此常常被占用、挤用，课堂教学效果也不理想。二是法制教育开展较好的一些学校，也仅仅停留在法律知识的传授上，没有让学生学到法律的真谛——将法律规范内化为学生生活的一部分，形成良好的守法意识和习惯。这种单纯的法制教育不但不能对青少年犯罪起到预防作用，而且还可能导致一些人知法犯法、钻法律的空子。有一个实例很能说明这个问题。一个 13 岁的少年杀人后非常坦然地对母亲说：你不用担心，我不会坐牢的。我国法律规定，未满 14 周岁的未成年人杀人不负刑事责任。由此看来，法制教育只停留在法律知识的传授层面是远远不够的，法制教育应当在青少年守法意识方面下功夫。

5. 缺乏对中学生进行性知识、性道德的教育

研究表明，现在的青少年比 20 世纪 60 年代的青少年性成熟提前了 2—3 年。青少年一般在 13、14 岁时第二性征开始出现，随着青春期的来临，他们失却了儿童期的那种"平静的内心平衡"，身体中出现了一种性的冲击力，处于一种"感情空白"和"感情饥饿"状态。他们在这一时期因而比为他们而苦恼的老师和家长更苦恼。正如一个中学生所说的："有人管吃，有人管穿，有人管功课，就是没有人管我们的感情。"青少年这种渴望了解性知识的强烈探究欲望，如果从正当途径无法取得，就必然使他们想方设法从非正当的途径去获取，并良莠不分地全部接受。

可是，他们这时的生理发育与心理发育是不平衡的，性成熟与人格成熟不一致的矛盾十分突出：一方面他们的性生理发育已接近成人，而另一方面，他们的心理水平的提高却相对缓慢，自身缺乏调节、支配行动的能力，在没有外界正确引导的情况下，很容易对性产生错误的认识，形成歪曲的性观念，从而

导致性罪错。充分认识青少年的这一生理、心理特点，抓紧在这一时期对青少年进行性道德、性知识教育，并把这一工作做在青少年性觉醒之际或之前是十分必要的。然而遗憾的是，目前青少年要在学校接受系统的性知识、性道德教育仍有很大的难度。由于受中国传统性观念的影响，面对中学生，教师在课堂教学时，对"性"这一问题仍讳莫如深，甚至将《生理卫生》课中有关生殖系统的章节也列入自学的范围，有个别学校虽然开设了有关性教育课的讲座，但也仅仅是蜻蜓点水，浅尝辄止，效果极不理想。

6. 重成功教育，轻失败教育

我国传统教育以成功教育为主，青少年在学校中接受的是理想化教育，对于失败和挫折缺乏必要的心理准备。青少年学生一旦遇到挫折往往会变得不知所措，丧失应有的辨别是非的能力，常常因一时的失败而放弃努力，甚至会放纵自己的行为，甘愿堕落、沉沦。目前青少年犯罪出现团伙化、智能化的特点也从另一个侧面说明了这个问题。由于传统教育的教师是教育主体，学生处于被动的接受教育的地位，是教育的客体。因此，学生的个性弱点难以暴露出来，直至发展到违法犯罪的严重程度时方被发现，但此时悔之已晚。

7. 学校课余生活单调乏味

青少年处于活泼好动的时期，在紧张的学习之余渴望丰富多彩的文体生活。但现在许多学校的课外活动内容相当贫乏，把本来就很紧张的人力、物力和财力大都放在了抓升学率上，而把学生的课外活动看成是无关紧要、可有可无的事情。课外活动的场地、设施、用品等远远满足不了学生的需求，致使一些学生对学校生活感到厌倦，而另外一些学生在精力过剩、无法释放的情况下，或沉迷于网络世界不能自拔，或到社会上盲目寻找乐趣，这就难免惹事生非，甚至做出有悖于社会道德规范和国家法律的事情。

（三）学校预防犯罪的基本对策

1. 全面推进应试教育向素质教育的转变，给青少年提供一个良好的教育环境

应试教育和素质教育反映了两种不同的教育理念。素质教育以遵循学生身心发展规律为前提，倡导全面和谐发展，主张人才结构的多层次、多规格；把学生当作主动发展的对象，尊重和鼓励学生的创造精神；以素质的全面发展为标准，综合全面地衡量学生的学习成绩和学校的办学质量，具有发展性、整体性、基础性和主体性等特征。其内容主要包括思想道德素质教育、科学文化素质教育、身体素质教育、审美素质教育、劳动素质教育等。而应试教育是一种以应付考试为目的的行为或教育模式，它在教育思想和观念、教育内容和方法、考试和评价制度等方面都存在诸多弊端。由应试教育向素质教育转轨是实

现基础教育改革的必由之路。况且，实施素质教育符合世界教育改革的大趋势，有利于落实我国"提高民族素质，多出人才，出好人才"的教育目标，有利于贯彻全面发展的教育方针，有利于克服教育理论研究的某些片面性，是从根本上预防青少年犯罪的重要基础性措施。实现应试教育向素质教育的转变，最根本的问题是要转变传统的教育思想和观念，这个转变不到位，其他转变都无法实现，素质教育也只能是一句空话。因此，我们要看到这场转变的艰难性和复杂性，正确对待这场转变。为此，应着重在以下几个方面下功夫：一是从本质上认识应试教育对基础教育造成的危害，并明确这场转变是一个继承—扬弃—创新的过程，肯定一切和否定一切都是错误的；二是要相信所有的学生都是能够教育好的，学生成绩的好坏不仅与智力因素有关，而且与非智力因素有着非常密切的关系；三是不以分数作为衡量学生优秀与否和教育是否成功的唯一标准；四是要重视学生健康人格的培养，培养其良好的心理素质，并克服重智育轻德育的不良倾向，把德育放在首要位置；五是要承认学生是学习的主体，学生之间是有差别的；六是要以面向现代化、面向世界、面向未来作为素质教育的出发点和立足点；七是要培养学生的创新精神和实践能力。此外，教育思想的转变要和教育教学改革的实践相结合、相配套，全面推进教育体制由应试教育向素质教育的转变。只有如此，才能从根本上为预防犯罪奠定良好的基础。

2. 加强师资建设，提高教师队伍的整体素质

教师是社会教育理念的载体，是素质教育的组织者、实施者，在对学生思想品德教育和政治思想倾向引导方面具有重要的导向作用，在培养学生的创新精神和实践能力方面的作用更是不可替代的。但教师的积极作用取决于教师自身的素质，教师自身素质的缺陷和教师的片面教育，往往成为青少年违法犯罪的诱因之一。为了确保全面提高教师的素质，充分发挥其预防青少年犯罪的作用，首先要改善教师的知识结构，促使教师以渊博的知识、满腔的热情、科学的态度、正确的方法教育青少年。在实施教育的过程中，特别是在对待"双差生"的问题上，教师一定要诚心诚意地帮助学生、教育学生，做好耐心细致的思想工作，尤其是要注意对学生进行非智力因素的培养。学校应将"双差生"的转变率作为衡量教师工作的一个重要标准，把"不让一个学生掉队"作为学校育人的目标。其次，要加强教师的法制教育，使其知法、懂法、用法。对教师的法制教育主要涉及三部分内容：一是《中华人民共和国教师法》。要让教师了解他们不仅担负着传播知识的重任，更有培养学生良好品德修养的责任，要通过言传身教，为学生树立榜样。二是《中华人民共和国未成年人保护法》。要让教师懂得，应在哪些方面给未成年人以合法的保护，他

们有哪些受法律保护的权利。三是《中华人民共和国义务教育法》。教师尤其学校领导在教育教学过程中应严格依法办事，依法执教。可结合青少年犯罪案例，从学校教育角度分析学校及教师应承担的责任，使教师们从中受到启发，从而增强依法执教的自觉性。

总之，一个学校能不能为社会主义建设培养合格的人才，造就德、智、体全面发展和有社会主义觉悟、有文化的劳动者，关键在于教师。要培养高素质的学生，必须提高教师的素质，建设高素质的教师队伍。保证了教师队伍的高素质，也就在一定程度上保证了青少年学生的素质，降低了青少年学生的违法犯罪率。

3. 建立以学校为中心的家庭—学校—社区共同教育管理体系

青少年犯罪是一个综合性的社会问题。社会问题必须依靠全社会来解决，所以要在社会这个大框架内，立足学校，组织动员家庭和社区的力量，采取各种预防措施，减少青少年犯罪的发生。所谓立足学校就是要以学校教育为主体，重视学校教育。学校是青少年教育的中心，对青少年世界观和道德品质的形成起着决定性作用。因此，学校教育不仅要让学生学到丰富的知识和技能，更要对其品行、性格、素质和学习方法及能力进行培养，从重智育、轻德育转向切实重视品德教育、全面提高青少年素质，要教会他们如何做人。同时学校要密切联系家庭，担负起组织家庭共同教育青少年的重任。家庭环境和父母的言行对子女品格修养的形成、世界观和人生观的建立有很大的影响。完善家庭教育是防范青少年犯罪的基础。因此，学校要建立规范的家长学校，提高家长的文化、教育素质；学校要与家长建立畅通的联系渠道，当孩子在人际交往、学习态度、生活规律等方面出现不良征兆时，家长和教师要及时沟通，共同解决教育问题；父母不仅要关心子女的衣食住行，更要关心其思想道德和生理、心理的成长，并加以正确引导；父母在子女面前要以身作则，努力履行"三大主体角色"，做好真父母、真教师、真主人。另外，学校还要延伸工作手臂，密切联系社区，促进社会环境的净化工作。青少年是生活在现实社会中的，社区环境对青少年的成长有着重要影响。因此，学校要与社区在净化社会环境、整顿社会风气上达成共识，共同加强对社区文化市场的监督与管理，坚决取缔封建迷信活动和黄色录像厅、电子游戏赌博厅等不良设施，同时有计划地建设一些有益于陶冶青少年情操和身心健康的文化娱乐活动场所。

第五节　法制因素与犯罪

犯罪因法而产生和存在，因法而得到规范与治理。法治不是良好社会的完美原则，但无法治则无良好的社会。毕竟法治的进程是朝着人的情绪和不良行为愈益得到控制、社会愈益稳定和谐的方向前进的。

一、法制因素与犯罪的关系

仅从犯罪行为的社会反应来看，某一行为是否被标定为犯罪行为，主要取决于立法反应。"法无明文规定不为罪，法无明文规定不处罚"是现代法治的一项基本原则。犯罪行为的成立，首先应有立法层次上的社会反应，即由立法者以社会的名义，通过立法程序将某些在统治阶级看来危害较大的行为从一般越轨行为中分离出来，纳入刑事法律的调控范围之内，在法律上正式赋予"犯罪行为"的称谓，[①] 并以刑罚方法对这种行为作出反应，以此划清犯罪行为与一般越轨行为的界限。

立法反应不仅仅决定着犯罪行为的生成形式和范围，在某些情况下，这种反应本身也可能成为犯罪行为的直接诱因或者直接制造犯罪。正如为了制止战争各国又加大军费投入，为了销毁核武器而又发展核力量一样，为了控制犯罪而又不断地、大量地进行立法。但在某些场合，立法者立法的本意反而诱发了行为人的犯罪意念和动机。正如贝卡利亚所说的那样："走私罪也是法律自身的产物。因为关税越高，渔利也就越多。随着警戒范围的扩大，随着违禁商品体积的缩小，人们更热衷于品尝走私，实施这种犯罪也更便利。"[②] 同样，有关禁止毒品、赌博、卖淫、色情等方面的法律，客观上具有诱使人们去实施这些犯罪的功能。因为禁止这类服务或产品，一方面增加了从事交易的风险，但另一方面也增加了进行这类活动的利润和快感。也就是说，禁止的越多，禁止的力度越大，在风险增大的同时预期的暴利或益处也将越多，实施这类行为的范围或类型也就越广，违法的欲望和动机也就越强烈。正如古训所言："法令愈新，盗贼生焉"。除了刑事立法外，其他法律部门同样存在这种情形，如不

---

① 张远煌：《犯罪学原理》，法律出版社 2001 年版，第 264 页。
② ［意］切萨雷·贝卡利亚：《论犯罪与刑罚》，黄风译，中国大百科全书出版社 1993 年版，第80 页。

恰当地将继承法和保险法金额规定得过高的人寿保险合同，常常成为导致谋杀和欺诈犯罪的重要诱因。

不仅如此，由于犯罪行为本身的相对性，立法上的犯罪命名不仅决定着犯罪生成的形式要件，而且它自身也成为犯罪生成的一个具体原因，从而直接创造了犯罪。在这里，立法上禁令的设立与犯罪行为有着质的内在联系。犯罪的具体形式和犯罪的类型完全随着立法规定的罪名的变化而变化，由此决定了在不同时空范围内犯罪本质的相对性。据此我们可以得出结论：对犯罪的控制，不仅要着眼于对社会环境的治理，而且在立法反应上也应有理智的态度。

二、法制在控制犯罪中的实现方式

古希腊哲学家亚里士多德在其名著《政治学》一节中明确指出："我们应该注意到邦国虽有良法，要是人民不能全部遵循，仍然不能实行法治。法治应该包括两重意义：已成立的法律获得普遍的服从，而大家所服从的法律又应该本身是制订得良好的法律。"① 他又指出："公民们都应遵守一邦所制定的生活规则，让各人的行为有所约束，法律不应该被看作奴役，法律毋宁是拯救。"② 至此以后，亚氏的法律思想被各个时代的人们所接受，并获得了理论的支配地位。其对法治内涵的解说也为我们理解法制与犯罪的关系提供了一把钥匙。

（一）提高立法质量是防范犯罪的前提

立法质量一般说来是指立法产品（法律法规）的优劣程度。关注立法质量，强调"良法之治"一直是人类孜孜以求的目标。那么，什么是良法呢？判断良法的依据和标准又是什么呢？在著名立法家周旺生教授看来，所谓良法是指立法的数量和质量的较好统一。他强调，立法质量问题不仅存在于立法运作技术和立法形式方面，而且存在于立法观念、立法制度以及与立法紧密关联的诸多方面，并提出把提高立法质量同立法的科学性、现代化联系起来。③ 亚里士多德认为，符合正义的法律就是良好的法律。

法律作为一种普遍有效的社会规范，不仅要有善的内容，同时也要有善的形式，只有内容和形式的有机统一，才能充分发挥其社会关系调节器的作用，才可能获得人们普遍的服从。内容科学表现为：法律应当体现并反映公平、正义等最基本的社会价值规范。在我国，这样的法律应当是党的正确主张和人民共同意志的统一，在根本上能够反映社会发展规律和时代潮流，要有利于改

---

① ［古希腊］亚里士多德：《政治学》，吴寿彭译，商务印书馆1997年版，第199页。
② ［古希腊］亚里士多德：《政治学》，吴寿彭译，商务印书馆1997年版，第276页。
③ 周旺生：《试论提高立法质量》，载《法学杂志》1998年第5期。

革、发展、稳定，有利于减少犯罪，有利于解放发展社会生产力和维护广大人民群众的根本利益。形式合理表现为：法律体系是一个和谐统一的整体，要避免法律规范相互之间、行政法规和规章与法律规范之间、地方性法规和规章与法律规范之间、法律解释与法律规范之间的矛盾；法律体系是一个科学、严谨的规范体系，法律体系中各部门法应当分工配套、功能协调并尽可能对社会关系作出全面调整；法律规范具有易知、明确、肯定、具体和可操作性。

反观我国的现状，十一届三中全会以来，我国立法工作逐步驶入了快车道，各级立法机关、政府颁布了一大批法律、法规、规章。这些规范性文件的颁行，一方面标志着无法可依时代的结束，同时也意味着有中国特色的社会主义法律体系初具模型。但另一方面立法质量问题也日益凸显在我们面前：在已经产生的法律、法规、规章中，有相当数量存在着质量不过关而难以实施或无法实施的问题，并"在观念上每天都在潜移默化地、强有力地侵蚀着我们的立法和整个法治的尊严和权威，在制度和实际运作层面上每天都在使我们陷入矛盾、紊乱、低效以及其他种种尴尬的境地。"① 惊人的立法速度背后却留下了法律不被信仰的隐患，公众面对铺天盖地的立法产品，既无从了解和通晓，更无从掌握和运用，甚至连法学专家也难以全面了解和知晓，越来越多的法律没有成为公众的必需品而是成为了奢侈品。可以说，如果立法中存在的问题解决不了，整个法制系统的协调运行就无从谈起，惩罚犯罪、预防犯罪的效果也会大打折扣。近几年法律、法规的大量增多，不仅没能减少犯罪，作奸犯科的反而越来越多，这从一个侧面说明了立法质量所带来的问题。

（二）切实执法是有效减少犯罪的关键

一个社会法律不健全时必须首先制定并完善法律，当法律制定之后，则关键在于切实执法。公开、公平、公正司法和行政机构严格遵守、切实执行法律，才能使民众对法律产生信任感。否则，执法不严，执法犯法，司法腐败，将会导致严重的恶果。人类社会中最大的腐败莫过于司法腐败，正如伟大的思想家培根所说的："一次不公正的裁判，其恶果甚至超过十次犯罪。因为犯罪是无视法律——好比污染了水流，而不公正的审判则毁坏法律——好比污染了水源。"因此说，对执法者的执法——正源比对犯罪的制裁——清流更难，也更重要。在现实生活中，如果真正做到了"有法可依、有法必依、执法必严、违法必究"，必然会为全民法律意识的提高创造良好的执法环境。良好的执法环境既能提高人们的法律意识，也能纠正人们不重视法律的错误态度，更能消

---

① 周旺生：《试论提高立法质量》，载《法学杂志》1998 年第 5 期。

除一些违法犯罪人的侥幸心理。贝卡利亚曾说过："对于犯罪最强有力的约束力量不是刑罚的严酷性，而是刑罚的必定性。"① 严格、公正执法是刑罚必定性的前提。要切实做到这点，应将"法律至上作为现代法治的最基本原则"，"要求法官制定裁决（决定）时，只能依据现有的原则或法律而不得受随意性的干扰和阻碍"。② 在观念上，它意味着法律的权威、地位高于一切，是神圣不可侵犯的；在实践上，它表明法律在最高的、终极的意义上具有规制和裁决人们行为的力量。法律既是公民行为的最终导向，也是司法活动的唯一准绳，不论是私人还是政府，都必须首先和主要受法律的约束，服从和遵守法律，任何人包括政府都没有超越法律的特权，在法律面前人人平等。法治与人治相反，它是以尊重和维护权利为基点的。法治社会从一定程度上说就是权利社会，保证权利的实现是法治的职责和使命。但这种权利是与平等联系在一起的，离开了平等，权利就演化为特权或权利的滥用，法治意义上的权利就会消失。因而，权利平等是法律至上原则的必然结果和要求。法律至上还意味着，对于国家、政府来说，"法未授予的权力，属于非法权力，不能享有和行使"；对于公民而言，"法授权即自由"，"法不禁止即自由"。法律至上构成了法治的观念基础。

（三）法治观念的培育是遵纪守法不可或缺的环节

从我国社会法律实践的现状看，法治观念的培育是中国法治化的难点之一。何清涟在《经济学与人类关怀》一书中指出："发达国家制定新法规的难度相当大，需要经过反复争论才能出台，而一旦出台，执行起来就毫不含糊；而所有的发展中国家则都有这样一种通病，出台法规容易，而执行起来却严重走样。"如我国改革开放以来，时间不长就出台一部法规，但整个社会却陷入有法不依、执法犯法的一种非常令人担忧的局面。究其原因其实并不复杂，正如法国的比较法学家勒内·达维德所指出的："法律制度、法律规范及法律操作，能够在短时间内彻底更新，而凝聚着长期历史积淀的法律心态、法律认同、法律行为却不会轻易改变。""立法者大笔一挥，取消某种制度，但不可能在短时期内改变人们千百年来形成的同宗教信仰相联的习惯和看法。"③ 法律规范、法律条文规定的法律制度毕竟是一种字面上的东西，它只代表了一个社会法律文化结构的一个方面。法律规范、法律条文、法律制度能否在社会中

---

① ［意］切萨雷·贝卡利亚：《论犯罪与刑罚》，黄风译，中国大百科全书出版社 1993 年版，第 59 页。

② 《布莱克法律辞典》（英文版第 5 版），第 1196 页。

③ ［法］勒内·达维德：《当代主要法律体系》，上海译文出版社 1984 年版，第 467 页。

得到贯彻实施，变为一种现实的社会关系，还需要一系列政治的、经济的、文化的条件尤其是观念性法律文化的配合。"中国固然制定了不少的法律，但人们实际上的价值观念与现行法律是有差距的，而且情况往往是，制度是现代化或近于现代化的，意识则是传统的或更近于传统的。"① 一种较为现代的制度性法律文化如果缺少与之相协调的观念性法律文化的配合，其法律制度便常常不能得到正常运转，或常常遭到破坏。因此，法律制度的高效运行，违法犯罪行为的减少有赖于全体公民形成普遍的守法精神，而守法精神的形成必须以公民对现代法治的普遍的心理认同为基础。亚里士多德指出："即使是完善的法制，而且为全体公民所赞同，要是公民们的情操尚未经习俗和教化陶冶而符合于政体的精神——要是城邦制订了寡头法制而公民缺乏寡头情绪——这终究是不行的……应该培养公民的言行，使他们在其中生活的政体，无论是平民政体或者寡头政体，都能因为这类言行的普及于全邦而收到长治久安的效果。"② 无独有偶，美国著名的法哲学家和法律史学家伯尔曼也指出："正如心理学研究现在已经证明的那样，确保遵从规则的因素如信任、公正、可靠性的归属感，远较强制力更为重要。法律只有受到信任，并且因而并不要求强力制裁的时候，才是有效的，依法统治者无须处处都仰赖警察……总之，真正能阻止犯罪的乃是守法的传统，这种传统又植根于一种深刻而热烈的信念之中，那就是，法律不仅是带给政策的工具，而且还是生活的终极目的和意义上的一部分。"③ 因此，如果没有现代法治观念，没有公民对法律的普遍信仰，公民的守法精神和良好的法治氛围就不能形成，社会主义法治就不能高效实现，依法治国、实现社会治安秩序的根本好转就会成为一句空话。

总之，在社会主义市场经济条件下，中国法律文化现代化建设的战略选择，应在不断完善以法律制度为核心的制度性法律文化的同时，高度重视公民的法律文化心理和法律价值观的培养和教育，使其由传统形态向现代形态转变，使观念性法律文化与制度性法律文化相协调，实现文化整合。只有在高度文化整合的前提下，法律文化的功能才能发挥更大的效益，字面上的东西才能变为现实的东西，才能加快中国法制现代化的步伐，为实现法治和最大限度地减少犯罪创造条件。

---

① 梁治平：《新波斯人信札》，贵州人民出版社 1988 年版，第 101 页。
② ［古希腊］亚里士多德：《政治学》，吴寿彭译，商务印书馆 1997 年版，第 275 页。
③ ［美］伯尔曼：《法律与宗教》，梁治平译，三联书店 1991 年版，第 43 页。

思考题

1. 政治腐败对犯罪有何影响？
2. 经济因素与犯罪的关系是什么？
3. 文化怎样影响着犯罪的态势？
4. 文化冲突主要表现在哪些方面？
5. 家庭与学校在预防犯罪中的作用。
6. 怎样理解法制在控制犯罪中的实现方式？

阅读书目

1. 宋浩波：《犯罪经济学》，中国人民公安大学出版社 2002 年版。

2. ［美］路易斯·谢利：《犯罪与现代化——工业化与城市化对犯罪的影响》，何秉松译，群众出版社 1986 年版。

3. ［日］间庭充幸：《文化与犯罪》，群众出版社 1987 年版。

4. ［日］伊藤兹：《城市与犯罪》，夏金池、郑光林译，群众出版社 1988 年版。

5. 许发民：《论犯罪的社会文化分析》，载《河南大学学报（哲学社会科学版）》2004 年第 1 期。

6. 董士昙：《当代犯罪的文化解读》，载《山东警察学院学报》2005 年第 5 期。

7. 张旭、单勇：《论犯罪与文化的关系——以文化的规范性为视角》，载《法学论坛》2008 年第 1 期。

8. 刘晓梅：《关于社会转型期犯罪问题的若干思考》，载《天津社会科学》2004 年第 3 期。

9. 郭东：《犯罪的宏观经济原因分析》，载《刑事法评论》2007 年第 2 期。

10. 陈兴良：《刑罚存在论》，载《政治与法律》1995 年第 4 期。

11. 吴华清：《论刑罚的有限性》，载《国家检察官学院学报》2004 年第 3 期。

第九章　犯罪的个体因素

学习目标

● 了解犯罪主观因素与犯罪客观因素的关系，不同年龄、性别的犯罪人的犯罪数量、在犯罪类型中的分布以及犯罪方式的差别。

● 掌握犯罪心理的构成要素——个体的不良意识、需要、动机等对犯罪的影响，个体的人格因素包括气质、性格、智力等与犯罪的关系。

● 重点掌握偏执型人格、情感型人格、意志薄弱型人格、冲动型人格、无情型人格、分裂型变态人格、怪癖型变态人格和性变态等变态人格对犯罪的影响，精神分裂症、躁郁症、反应性精神病、偏执性精神病、短暂性意识障碍、癫痫等精神障碍对犯罪的影响。

● 根据所学理论，分析当前我国多发性个体极端暴力犯罪的心理成因。

　　犯罪既是一种社会现象，受到各种社会因素的制约，同时又是一种个人行为，由特定的个人来实施。各种消极的社会现象只有具体作用于个人，才能最终对犯罪产生影响和发生作用，离开对犯罪个体原因的研究，就无法揭示各种不良社会因素如何作用于个人并使之成为罪犯的一般规律，也就不可能深刻地了解犯罪现象的本质，从而也就无法全面揭示和说明犯罪产生的原因。因此，研究犯罪人的个体因素是犯罪原因理论研究不可忽视的一个重要组成部分，它对于深刻认识犯罪现象、犯罪产生的原因以及对于犯罪预测和犯罪的特殊预防都具有十分重要的意义。

第一节 犯罪行为生成的机制

犯罪是人的一种行为，受人的主观意识的支配，任何犯罪行为都是在犯罪人主观意识的支配下进行的，但要回答犯罪的主观因素是从哪里来的这一问题，就必须在更深的层次上揭示犯罪生成的主观因素及其与犯罪的客观因素的关系。

一、犯罪的主观因素

犯罪的主观因素是指引起和影响犯罪行为发生的犯罪个人方面的因素，主要包括犯罪的生理因素和心理因素。其中犯罪的生理因素包括性别、年龄等因素；犯罪的心理因素包括心理因素中的多种致罪因素。现代心理学研究表明，心理现象包括心理过程与个性（人格）。前者指感觉、知觉、记忆、想象、思维、情感、意志等心理过程，是心理现象的动态表现形式；后者是在心理过程中表现出来的具有个人特点的稳定的心理倾向与心理特征，如需要、兴趣、动机、态度、观点、信念、性格、气质、能力等，是心理现象的静态表现形式。以上这些现象或因素，如需要、动机、性格等与犯罪的关系较为密切，在一定条件下可成为人的主观上的东西。其特征主要有两个：一是具有一定的自然属性。犯罪主观（个体）因素毫无疑问也具有社会属性，因为人是社会的人，社会性是人的本质属性。但个体来源于动物界这一事实表明，犯罪个体难免还具有一定的自然属性。例如，性别、年龄等生理特征是社会中的一切人包括犯罪人不可避免的属性；犯罪心理因素中的诸多内容是人脑对外部物质世界的一种客观反映，但这种"客观反映"从根本上讲又是人脑的机能。所以，人脑对客观世界的反映机能很大一部分是生物性的现象，具有相当多的自然属性。二是对犯罪的直接性和决定性。犯罪的主观（个体）因素是整个犯罪原因系统中的内因，对犯罪的发生起着直接和决定性的影响。从犯罪产生的机理看，决定犯罪人实施犯罪的因素，是犯罪个体的犯罪意识、犯罪动机、犯罪需要等个性之类的东西。因为意识支配行为，犯罪个体做出犯罪行为是由犯罪人的主观意志决定的。如果行为人主观上不作这样的选择，他就不会犯罪。

二、犯罪主客观因素的关系

要弄清犯罪生成的机制，必须揭示犯罪主观（个体）因素与犯罪客观（社会）因素的关系。很显然，认为犯罪根源于个人的生理、心理因素，与认为犯罪根源于社会有着本质的不同。前者属于唯心论，后者属于唯物论。但是，如果把犯罪的主观因素与犯罪的客观因素等量齐观，不分主次、不分决定与被决定的关系，即是机械唯物论者，而不是辩证唯物论者。因此要理清犯罪主观因素与犯罪客观因素的关系，就必须坚持马克思主义辩证唯物论的基本观点，用它指导我们的研究工作。

马克思主义认为："物质生活的生产方式制约着整个社会生活、政治生活和精神生活过程。不是人们的意识决定人们的存在，相反，是人们的社会存在决定人们的意识。"[①] 人的主观意识、意志、个性等心理特征是对客观现实的反映，在人的主观心理支配下所实施的各种行为，归根到底是由客观物质生活条件决定的。这种客观环境因素存在于犯罪人的意识之外，是客观的不以人的主观意志为转移的，它对人的主观心理因素具有根本的决定性作用。人的各种行为，包括犯罪行为都是人的意识、意志和个性心理特征的外化，不存在什么绝对的"自由意志"。从根本上说，人的意志是不自由的，它最终受制于物质世界的因果制约性。没有犯罪客观（社会）因素的存在，就不可能形成犯罪的主观（个体）因素，犯罪行为也就不会发生。

人的主观意识、意志和个性心理是客观存在的反映。但是，这种反映不是机械的"模写"和"复制"。在主观反映客观的认识和实践活动中，个体方面的因素不是完全被动地、机械地形成的，在个体原因形成的过程中体现了主观能动性。社会客观环境因素的影响需要通过个体方面的消极因素来实现，并转化为主观方面的消极因素，形成一个人的消极个性或人格，而消极人格一旦形成后，又具有相对的独立性，并给人的行为打上一定的印迹。每一个体的这种个性特征的差异性，使得对同一外在因素的反映也表现出很大的差异性。对同一事物，个人的心理状态、心理品质的不同，反映的角度、方式也会体现出很大的差别。人就是这样在复杂的外在客观因素的影响下，在主观和客观的相互作用的过程中，在有倾向性的能动反映活动中，形成并巩固着自己的个性品质。这种个性特征的差别，使人对外部刺激、外来力量作用的反映也各不相同。因此，一个人是否犯罪，除其他各种原因外，个性方面的特征也不可忽

---

① 《马克思恩格斯全集》第2卷，人民出版社1957年版，第82—83页。

视。因为一定的社会物质生活条件，决定了必然有一定的人要进行犯罪，而具体到是谁可能犯罪，是特定的个体主观选择决定的结果。正是这种相对的自由意志，使一部分人走上了犯罪道路，同时也成为犯罪人承担刑事责任的根据与基础。

综上所述，社会的客观环境因素是犯罪产生的基本的决定性因素。但是，如果只有引起犯罪的客观因素，而没有引起犯罪的主观因素，犯罪仍然不能产生。犯罪的生成是各种主要致罪因素（包括客观因素和主观因素）相互作用和转化的必然结果。

第二节　个体犯罪的生理因素

人既是社会实体，又是生物实体。人的生理特性是其心理活动和行为产生的基础。从这个意义上讲，个体的生理因素对违法犯罪行为有一定的影响。犯罪个体的生理因素主要包括犯罪个体的年龄、性别等内容，这些内容与犯罪行为有一定的关系，是影响犯罪行为的生理条件。

一、年龄与犯罪

年龄是社会个体生理、心理成熟程度的标志之一，而人的行为又是人的生理、心理的外在表现形式，所以人的年龄与行为之间存在着某种必然联系。犯罪行为作为人类的一种特殊行为，同样与犯罪人的年龄密不可分，年龄直接或间接地对犯罪发生作用。

年龄与犯罪的关系主要体现在一定年龄段的人口在社会（社区）总人口中所占的比例与其在犯罪总人口中所占的比例及犯罪种类的不同。

首先，从犯罪者的年龄层分布来看，年龄与犯罪的关系十分明显。根据各国的统计，犯罪率的最高年龄层一般为18—25岁的青少年。如英国犯罪最多的年龄层在14—17岁；美国为不满20岁；意大利犯罪的最高年龄层在18—21岁。[①] 我国官方所作的统计也呈现出与上述统计大致相似的年龄特征。但从我国一些学者对天津市1990—2002年的犯罪情况调查看，犯罪人的高发年龄层出现了后移的状况（见表9-1）。[②]

---

① 张甘妹：《犯罪学原论》，汉林出版社1985年版，第118—119页。
② 周路：《当代实证犯罪学新编》，人民法院出版社2004年版，第114页。

表 9 - 1　犯罪人年龄分布情况

单位:%

年度	青少年 14—25 岁	中年 26—50 岁	老年 51 岁以上	合计
1990	63.1	34.7	2.1	100
1993	56.6	41.5	2.0	100
1996	50.0	48.2	1.7	100
1999	41.3	56.4	2.3	100
2002	36.2	61.5	2.3	100

上述分析只具有相对意义，并不能确切地说明犯罪的高峰年龄层，因为只有将各年龄层的犯罪人与其在社会总人口中所占的比重进行对比，才能得出正确的结论（见表 9 - 2）。[①]

表 9 - 2　1990 年犯罪人年龄分布情况

单位:%

年龄层	14—17 岁	18—25 岁	26—50 岁	50 岁以上
在社会总人口中的比重	10.77	23.95	44.38	20.90
在犯罪总人口中的比重	19.07	54.98	24.75	1.20

由上表可以看出，18—25 岁年龄层在犯罪总人口中的比重高出其在社会人口中所占比重的 2.30 倍，而 14—17 岁年龄层也高出 1.77 倍，其他两个年龄层的犯罪人分布比重都大大低于正常人口的分布比。这说明，我国犯罪的第一高发年龄层是 18—25 岁，其次是 14—17 岁。所以从统计上看，可以说青少年（犯罪学上一般将 14—25 岁统称为青少年）是我国犯罪的高发年龄。但如果我们只相信这种定量的统计分析恐怕会忽视这样一个事实，即中老年人犯罪的隐蔽性相对较强，犯罪黑数可能更大一些。所以，对犯罪高峰年龄的研究必须采取多种综合手段予以分析，才能得出比较符合实际的结论。

其次，从犯罪性质上看，不同年龄层在犯罪种类上也有一定的差异性。从各国的统计情况来看，杀人、伤害、抢劫等暴力犯罪，其高峰集中于体力旺盛、行为冲动的青少年层；贪污、诈骗、伪造文书等智能性犯罪，则移向较高

---

① 中国青少年研究中心：《中国青少年社会发展的现状与对策》，天津人民出版社 1995 年版，第 163 页。

年龄的中年层;强奸猥亵等性方面的犯罪则集中在青少年层。① 我国一些学者在 20 世纪 90 年代中期的有关调查表明,在青少年犯罪中,种类最多的前 3 位是盗窃、抢劫、强奸;老年犯罪种类最多的前 3 位是强奸、盗窃和流氓淫乱。但从一些学者近期的调查看,与前几年的情况有所不同（详见表 9-3）。② 这种动向值得注意。

表 9-3 2002 年老中青年犯罪人主要罪名排序

单位:%

	第一位	第二位	第三位	合计
青少年	抢劫罪 32.3	盗窃罪 26.6	聚众斗殴 8.6	67.5
中 年	盗窃罪 29.4	抢劫罪 11.2	伤害罪 8.0	48.6
老 年	强奸罪 17.0	诈骗罪 12.8	盗窃罪 10.6	40.4

年龄对犯罪的影响不仅仅表现在生理上,它实质上所反映的是社会因素的内在作用。因为年龄不是单纯的生理发展,它记录的是人的社会生活的历程,在某种程度上可以说是一个人社会能力和水平提高的标志。同时,年龄的变化和差异也导致了不同年龄段的人在生理、心理上以及在社会中的地位等众多不同的变化。正是这些生理因素以及与此相适应的种种社会因素的变化及其相互作用,使得犯罪人的年龄与犯罪率、犯罪手段、犯罪种类等有了某种内在联系性。研究和认识这些联系性有助于我们增强犯罪预防的针对性和制定相应的刑事政策。

二、性别与犯罪

世界由男女两性构成,其数量大约各占一半,然而女性违法犯罪的比率却远远小于男性。因此,人们对犯罪问题的研究基本上局限于男性犯罪,有关女性犯罪的研究甚少。自 20 世纪 20 年代以来,工业及经济的发展以及女权运动的兴起,妇女获得了更多的权益与自由,并在社会生活的各个方面发挥着越来越重要的作用。与之同时,女性犯罪日趋严重,不仅在数量上,而且在结构上都发生了很大的变化,犯罪的性别构成逐渐成为犯罪学研究的一个重要范畴。男女性别差异对犯罪的影响主要表现在以下几个方面:

---

① 张甘妹:《犯罪学原理》,汉林出版社 1985 年版,第 122 页。
② 周路:《当代实证犯罪学新编》,人民法院出版社 2004 年版,第 118 页。

（一）性别差异与犯罪数量

现代社会中，女性犯罪尽管比过去突出，但从总体上看，女性犯罪者在犯罪总人数中所占的比例明显低于男性。20 世纪 90 年代，西方主要发达国家的女性犯罪大约占男性犯罪的 15%—25%，其中，女性犯罪比例最高的是德国和美国，1990 年分别占 24.5% 和 22.6%；法国女性犯罪所占的比例相对较低，并且较为稳定，1990 年为 15.1%，1992 年为 14.48%，1993 年为 14.3%。[1] 从现有的统计资料看，我国的女性犯罪人数在犯罪总人数中所占的比例要低于西方国家，20 世纪 50—60 年代，大约占 6%，80 年代以后虽然有所上升，但也只占 10% 左右。[2] 有关学者对天津市 1990—2002 年男女犯罪人的统计资料表明（见表 9－4），[3] 长期以来，犯罪主体在性别构成方面的突出特点仍然是男性犯罪占绝大多数，女性在犯罪人群中所占比重很低，但女性犯罪所占比重有日益增多的趋势。

表 9－4　犯罪人性别分布情况

单位:%

年度	男	女	合计
1990	97.9	2.1	100
1993	97.5	2.5	100
1996	97.3	2.7	100
1999	96.3	3.7	100
2002	93.9	6.1	100

对此，一些犯罪学家认为，女性犯罪率与工业化程度有密切的关系。因为在工业化不断发展的国家里，妇女的社会活动范围将不断扩大；与之同时，诱发其犯罪的因素和犯罪的机遇也在增多。

（二）性别差异与犯罪种类

从犯罪种类上看，性别上所表现出来的特殊性往往因各国国情、社会背景的不同而有所差异。以 1993 年法国警方的犯罪统计为例，男性最为突出的犯罪是：（1）危害国家基本利益罪：98.95%；（2）爆炸：98.33%；（3）盗窃机动车：98.07%；　（4）猥亵：97.45%；　（5）非法携带武器：96.94%；

---

[1]　张远煌：《犯罪学原理》，法律出版社 2001 年版，第 172 页。

[2]　宋浩波：《犯罪学原理》，中国人民公安大学出版社 2001 年版，第 198 页。

[3]　周路：《当代实证犯罪学新编》，人民法院出版社 2004 年版，第 103 页。

（6）工地上盗窃：96.70％；（7）违反驱逐令或禁止入境令：96.64％；（8）盗窃货车上的货物：96.38％；（9）强奸：96.63％。而女性最为突出的犯罪是：（1）有关违反青少年监护方面的犯罪：64.37％；（2）残害婴儿：57.41％；（3）签发空头支票：35.94％；（4）其他违反支票管理规定的犯罪：35.35％；（5）违反禁止在银行从业规定的犯罪：33.90％；（6）盗窃高级陈列品：31.39％；（7）侵犯人身的犯罪：17.69％。

我国在这方面未见详尽的统计资料。根据周路研究员对天津市所作的统计加以对比分析可以看出，无论是男性犯罪人还是女性犯罪人，其共同特点都是以谋财为主要犯罪目的。但男性盗窃犯罪在1993年和2002年都占第1位；女性抢劫犯罪由1993年的第4位上升至2002年的第2位，并且带有明显的经济交易性。女性占第一位的盗窃犯罪（1993）在2002年被组织、强迫、引诱、容留、介绍卖淫罪所代替，这表明女性犯罪开始向高额回报的特殊行为方面发展（见表9－5、表9－6）。①

表 9－5　1993 年男女犯罪人主要罪名排序

单位:%

	第一位	第二位	第三位	第四位	第五位	合计
男	盗窃 52.1	抢劫 11.6	强奸 9.6	流氓群殴 4.6	伤害 4.4	82.3
女	盗窃 56.8	诈骗私人财物 10.5	杀人 5.3	抢劫 4.2	流氓淫乱 3.2	80.0

表 9－6　2002 年男女犯罪人主要罪名排序

单位:%

	第一位	第二位	第三位	第四位	第五位	合计
男	盗窃 28.9	抢劫 18.9	伤害 7.6	聚众斗殴 5.6	强奸 5.1	66.1
女	组织、强迫、引诱、容留、介绍卖淫 14.5	抢劫 13.7	盗窃 12.9	走私、贩卖、运输、制造毒品 12.5	诈骗 9.7	63.3

（三）性别差异与犯罪方式

由于男女两性的生理结构和心理机制存在着明显的差异，与男性暴力犯罪

---

① 周路：《当代实证犯罪学新编》，人民法院出版社 2004 年版，第 105 页。

突出的特征相比，女性作案手段的非暴力性非常明显，这也与女性内心情绪体验较强、行为谨慎的人格特点相适应，女性实施冲动性犯罪较男性要少，即她们在犯罪之前大多精心准备、反复策划，有一个较男性更为复杂的动机斗争。

（四）女性犯罪的特点

我国不少犯罪学者研究认为，女性犯罪年龄的均值和中值较高。周路研究员在对 2002 年天津市入狱罪犯的调查中发现，"男性犯罪人平均年龄为 29.03 岁，女性犯罪人平均年龄为 30.75 岁，女性平均年龄高于男性 1.72"。此外，"女性犯罪年龄的中值为 32.32 岁，男性为 27.96 岁。"[1] 这说明，女性犯罪时的年龄普遍高于男性。

另外，女性为了报复（超过男性 8 个百分点）和为朋友（超过男性 4.5 个百分点）而犯罪所占的比例较大（见表 9-7），[2] 并且以单独作案为主，有较为明显的恶逆变倾向性。她们遭致逮捕和起诉的比例要低于男性。

表 9-7　男女犯罪人犯罪目的比较

单位:%

	为了报复	为了钱财	为了性满足	为了朋友	合计
男	7.7	70.3	5.8	10.0	93.8
女	19.8	57.7	—	14.5	92

第三节　个体犯罪的心理因素

个体犯罪的心理因素是内外因素在犯罪个体身上的综合反映。由于内容较多，这里只分析与犯罪行为有直接联系的主要心理因素（如犯罪个体的意识因素、犯罪的需要与动机因素等），而将犯罪人的人格特征、精神障碍与犯罪的关系作为专门问题单独研究。

一、个体的不良意识与犯罪

个体的不良意识是指支配个体不良行为的思想、观念等反社会心理状态。

---

[1]　周路：《当代实证犯罪学新编》，人民法院出版社 2004 年版，第 103 页。
[2]　周路：《当代实证犯罪学新编》，人民法院出版社 2004 年版，第 106 页。

意识是人脑的机能，是人脑对客观现实存在的能动反映。从意识与行为的关系看，意识对人的行为起支配作用。犯罪行为也是人的行为，它也不可避免地受到意识的支配，只不过，它主要地是受不良意识的支配与影响。所以，一般地说，没有违法犯罪意识，就不会有犯罪行为，犯罪个体的意识因素是犯罪行为形成的直接起因。我们研究社会中的个体为什么会犯罪，就不能不研究犯罪个体的意识状态。

诚然，社会中的犯罪行为是多种多样、十分复杂的，但不论严重的犯罪行为，还是轻微的违法行为或不良作为，也不论其犯罪类型如何，支配犯罪人的犯罪意识的特征则大同小异，主要表现为：

（一）极端个人主义的人生观

人生观是人们对于人生的价值、目的、意义、生活准则等的总的看法和根本态度，包括人的价值观、幸福观、苦乐观、荣辱观、婚恋观、生活观等。人们对人生各种基本问题的不同看法和态度，会形成不同的人生观。个人的价值观是在一定的思想体系的影响下形成的。一个人的价值观是个体意识的核心，并对其全部意识活动起支配、调节作用。它不但决定个性的一般倾向性，而且对于人们的道德品质、生活方向和行为都具有极大的导向作用。一个人如果在社会化过程中形成了正确的人生观，那么一般情况下就不可能去实施违法犯罪行为；相反，一个人如果形成了错误的人生观，那么它就会在错误人生观的支配下实施违法犯罪行为。违法犯罪者大都以自我为中心，以金钱、地位、荣誉、个人利益为价值取向，信奉"人不为己、天诛地灭"，"人生在世、吃喝二字"，"人为财死、鸟为食亡"等腐朽、反动的信条，当这种错误的价值观发展到一定程度时，他们就会见利忘义，损公肥私，损人利己，不顾社会道德规范和法律规范的约束，大肆进行违法犯罪活动。可见，极端个人主义的人生观是违法犯罪的思想基础。

（二）亡命称霸的英雄观

青少年阶段，其人生观、世界观还没有完全形成，在外界不良因素的影响下，往往是非不清，真假难辨，常常将打架斗殴、行凶杀人的亡命之徒看成是"英雄"，将为朋友两肋插刀的"哥们义气"看成是真诚的友爱、友谊。在这种错误意识和世界观的支配下，他们目无法纪，把个人利益凌驾于国家和人民利益之上，其行为一旦受阻，便很容易产生逆反心理和报复心理，动辄大打出手，行凶伤人，不计后果。青少年中大量的违法犯罪行为大都是在亡命称霸的英雄观的支配下实施的。

（三）　不劳而获的享乐观

追求美好的生活和享乐是人类奋斗的动力，无可厚非。但享乐主义与之不同，持有享乐主义人生观的人，胸无大志，没有理想追求，思想颓废，精神空虚，以攫取金钱为人生的首要目标，追求醉生梦死的腐朽生活方式。一旦有了金钱，便花天酒地，及时行乐。说什么要"吃遍山珍海味，玩尽天下美人"，"宁在花中死，做鬼也风流"。然而，天上不会掉馅饼，况且个人对享乐的追求也是无止境的，个人欲望永远无法得到满足。在享乐主义的驱使下，个人一旦不能用正当手段满足其欲壑时，难免会铤而走险，以身试法。事实也充分证明，目前我国的绝大部分犯罪，已不再是为了满足温饱问题，而是为了满足其不断增长的各种欲求和贪欲。在一个个高官落马的背后，我们也确实看到了这些人疯狂地追逐金钱、权力、美女等低级、糜烂生活方式的丑恶嘴脸。享乐主义已成为一些人违法犯罪的思想原动力。

（四）　是非不清的道德观

道德是一种对是非、美丑、好坏、善恶的行为准则及其意义的认识，是调整人们相互关系的各种准则中最基本的出发点和指导思想。具有良好道德品质的人，能遵守社会所公认和提倡的道德规范和伦理准则，而违法犯罪者恰恰缺乏这种道德观念，其道德观的基本特征是善恶不辨，是非不清，损人利己，低级，庸俗，卑鄙，无耻。

犯罪人的不良品德主要由以下两种基本心理成分构成：一是道德认识水准低劣。这种人知识贫乏，社会化程度严重不足，不懂做人的基本常识，是非颠倒，真假难辨，自私自利。二是道德情感异常。具有这种道德情感的人，表现为对他人缺乏起码的同情心和应有的尊重，情感体验低级庸俗，认识偏激，对挫折、不幸的体验特别深刻，易感情用事，适应社会困难。这种人在低劣的道德认识和异常的道德情感作用下，必然会产生各种不良的行为习惯和不道德的行为方式，而这些行为方式恰恰是从事违法犯罪行为的基础。

（五）　无法无天的法制观

法制观念是人们对国家法律的态度以及对某些行为是否合法的基本评价。国家法律是维护国家安全和社会秩序，保护公民合法权益，预防和控制违法犯罪的重要工具，是全体公民都必须遵守的行为规范，同时它也是人们行为的最低底线。因此，每个公民都必须知法守法，把自己的行为纳入社会主义的法制轨道。但违法犯罪者缺乏这种守法意识，他们中有的是法盲，不懂行为合法与非法的界限；有的目无法纪，行为放荡不羁；有的执法犯法，恣意践踏法律；有的甚至敌视破坏社会主义制度，公然对抗社会。

总之，犯罪个体有什么样的意识，就有什么样的行为。如果行为人的正确意识占支配地位，就会自觉地按照社会的道德和法律来规范自己的行为；相反，如果行为人的违法犯罪意识占主导地位，就会导致违法犯罪行为的发生。

二、个体的不良需要与犯罪

需要是个体对其所生活的环境条件的需求，它是因个体对某种事物的缺乏状态所引起的。当人们需要某种东西时，便会把缺少的东西视为必需的东西，为了求得心理平衡，人必须进行有关活动以获得所需之物而满足需求。可见，需要是人的一切活动的心理源泉，是人进行活动的基本动力。人的各种行为包括犯罪行为，都是在需要的基础上产生的。需要激发和推动个体朝着一定的方向去行动，以缓解紧张的心理状态，获得自身的满足。需要越强烈、越迫切，由它所引发的活动就越强烈；同时，个体的需要又是不断发展的，在满足需要的过程中，一个需要满足了，又会有新的需要产生。这种周而复始的发展过程，推动人们去从事各式各样的活动，达到一个又一个的目标。

可以说，追求需要的满足，是人类个体和社会发展的根本动力。正因为如此，对人类的社会行为包括犯罪行为的探讨，应该从人类的需要入手。因为从犯罪心理的生成机制看，无论是犯罪动机还是犯罪人格的形成，都与人们追求需要的满足有关，满足需要是犯罪心理生成的基础。

在人的需要问题上，美国人本主义心理学家马斯洛的"需要层次"理论为探讨人类行为的动机提供了有力的手段。马斯洛认为，驱使人类行为的是若干始终不变的、遗传的、本能的需要。这些需要是社会的、心理的，而不仅仅是生理的，它们才是人类真正的内在本质。[①] 他按照人类基本需要力量的强弱由低到高分为五大层次：生理需要，安全需要，归属和爱的需要，尊重的需要，以及认知、审美和自我实现的需要。当低层次的需要得到满足后，高层次的需要就处于欲求不满状态，推动个体去行为以获得高层次需要的满足；当高层次的需要得到满足后，又推动个体去满足更高层次的需要。[②] 这样，个体在追求需要的满足过程中不断充实和完善自己，使自己不断由低级向高级发展。

从中我们可以看出，马斯洛的需要层次理论是有片面性的：他只看到了人的基本需要的递进关系和不同层次之间的矛盾对立统一，而忽视了同一层次不同类型的需要之间的冲突；他只看到了个体自身的需要之间的冲突，而忽视了个体与他人或社会的需要之间的冲突。个人的需要不能不受他所生存的社会生

---

① 转引自张远煌：《犯罪学原理》，法律出版社 2001 年版，第 220 页。
② ［美］马斯洛：《动机与人格》，许金声译，华夏出版社 1987 年版，第 195 页。

活条件的制约。

　　其实，人的需要无非具有生理性的需要和社会性的需要两类。生理性需要是保存、维持生命有机体和延续种族的一些需要，此类需要虽为人和动物所共有，但人类的生理需要与动物的生理需要有着本质的区别，其表现形式和满足的方式要受到人类社会文化和各种社会规范的约束与影响。概言之，人的生理需要的满足离不开社会和他人，必须在社会关系中才能得以实现。人的生理性需要的另一个特点是，"除了短暂的时间外，极少达到完全满足的状态，一个欲望满足后，另一个会迅速出现并取代它的位置，这贯穿人的整个一生。"①正因为人的生理性需要难以得到满足，所以它常常成为诱发犯罪的内在动因。

　　社会性需要是指与人的社会生活相联系的一些需要，主要包括精神和物质需要，如劳动、交往、学习、成就、友谊、爱情等。当个体认识到这些社会需求的必要性时，社会性需要就可能转化为个人的社会性需要。社会性需要是后天习得的，源于人类的社会生活，并随社会条件的不同而有所不同。社会性需要也是个体生活所必要的，如果这类需要得不到满足，就会使个体产生焦虑、痛苦等情绪反应。但社会性需要的满足必须受到社会道德和法律的约束，如果个体不顾及自身的条件和社会现实，不切实际地追求社会性需要（如权力、自尊、成就、信仰等）的满足，其需要同样可能成为犯罪的原因。

　　因此，犯罪心理根源于人的需要及其满足需要的特有方式间的冲突。因为与其他生物相比，人的需要的一个最大特点是永不满足。这种永不满足性，首先表现为，人对同一种需要有"喜新厌旧"和不断丰富、发展其内容的要求；其次还表现为，"当低层次的需要得到满足后，高层次的需要就处于欲求不满状态，推动个体去行为以获得更高层次需要的满足……"在这种"没有最好，只有更好"的永无止境的本性面前，人所面临的一切现实都可能成为限制其更高追求的障碍。这就是人的需要与提供需要满足的社会或个人之间的矛盾冲突性。

　　但是，人的需要与社会或他人之间的矛盾并不是个体犯罪的直接原因。因为人的需要即便没有得到满足也未必就会犯罪，其实在绝大多数情况下，人的需要都处于一种没有得到全部满足的状态。个体犯罪的直接原因是由满足需要的特有方式造成的。如前所述，人无法像动物那样在需要主体自身中得到满足，其需要必须在与国家、社会和他人的关系中得到满足。当这种需要完全超过了社会现实，或者低级的生理需要在需要结构中占据优势地位时，或个人需要与社会需要处于尖锐的对立地位时，一句话，当满足需要的手段和方式超越了社会法律规范的范围并严重侵害了他人或社会的利益时，个体便成为违法犯罪者。

---

　　①　张爱卿：《动机论：迈向 21 世纪的动机心理研究》，华中师范大学出版社 1999 年版，第 49 页。

综上所述，由需要引起的犯罪心理生成的机制是：需要一旦被人意识到，且当其与具体的满足手段或对象相联系时，即产生内驱力推动个体去行动，这时，需要就转化为动机。动机有好坏善恶之分。在不良甚至犯罪动机的驱使下，行为人若不顾社会法律规范的约束，采用非法的手段和方式去满足其需要，其结果就可能构成犯罪。

三、个体的不良动机与犯罪

犯罪动机是引起和推动犯罪个体实施犯罪行为的内在动力和起因，是违法犯罪个体的重要心理因素，其表现形式是采取非正当手段追求需要的满足。

（一）为满足物质需要而引发的犯罪动机

有的人一味地追求物质享受，欲望极高，但采取正当手段又难以满足时，一遇适当时机便会产生贪利性动机，并在这种动机的驱使下，采取犯罪手段来达到贪图享受的目的。如实施盗窃、抢劫、诈骗、走私贩私、贪污受贿、图财害命等活动。另外，也有个别的人因温饱问题和遇到其他生活困难临时起意而萌发了犯罪动机。

（二）为满足性欲需要而引发的犯罪动机

性欲是人的一种自然需要，当人的性机能成熟后，便有了性的冲动，但满足性冲动与性欲望的行为必须符合社会规范的要求。否则，当一个人在性欲冲动的驱使下，丧失理智，视道德法律于不顾，采取非法行为追求性欲的满足，便会导致犯罪。性犯罪动机的形成通常有两种情形：一种是由犯罪人自身因素引起的性犯罪动机；另一种是受被害人的诱发引起的性犯罪动机，这种因诱发而产生的性犯罪行为带有一定的突发性和情境性。

（三）由自尊和权益需要而引发的犯罪动机

自尊和权益是人所具有的正常的心理需要。每个人都希望社会和他人尊重自己，当自己正当的自尊和权益受到损害时，便会产生不满、痛苦、愤怒、仇恨等否定性情绪。这种否定性情绪会使个体的心理处于紧张状态，如果这种紧张状态不能适时得到缓解，发展到一定程度，就可能引发犯罪的动机。一些激情性犯罪、报复性犯罪等，多是由于维护其自尊和权益的动机而引发的。除此之外，攫取权力、追逐名誉、贪图虚荣等不良需要，都会导致产生违法犯罪的动机。

那么，犯罪动机是怎样生成的呢？有关学者将犯罪动机生成的机制和过程分为三个阶段：① 第一阶段："犯罪意图生成阶段。当某种不良需要被犯罪个体意识到后，或被外在诱因激活后，且这种不良的需要与抽象的犯罪手段和侵害目标相联系而形成犯罪意向及想法时，就标志着犯罪意图的形成。犯罪意图是犯罪动机的萌芽状态。第二阶段：犯罪决意生成阶段。当犯罪意图明确后，犯罪个体经过内心的激烈斗争，有些犯罪意图即转化为犯罪决意。犯罪决意实质上已包含了犯罪动机的内容。此时，犯罪决意不仅有犯罪意识，而且有犯罪的意志因素，通常还会形成犯罪目的。而犯罪目的一旦形成，犯罪动机的作用和功能就会促使犯罪决意以达到犯罪目的。第三阶段：动机冲突与犯罪动机外化阶段。犯罪决意形成后，行为人在犯罪目的指引下，一般会为犯罪做准备，并对实施犯罪的主客观条件进行比较和权衡，然后决定是中止、放弃犯罪，还是实施犯罪。总之，犯罪动机的形成过程主要受三方面因素的影响，即内在原因（需要或欲求）、外在诱因（如满足需要的对象或者手段、方式等）和自我意识的调节作用。自我意识的调节作用是联结、协调行为动机的内在起因和外在诱因的桥梁，二者通过它发挥作用。②

第四节　人格特征与犯罪

人格特征是指个体先天固有的生理类型和后天的各种外界因素长期共同作用所形成的稳定而独特的心理特征，如气质、性格、能力等。发展心理学研究表明，需要是心理活动的源泉，也是人格形成的基础。人们在追求需要满足的过程中，必然与周围环境和客观事物发生联系，对客观事物（包括他人）有选择地发生相互作用，久而久之，就形成了自己的兴趣和爱好，并在此基础上形成对事物的态度、信念、价值观等个性倾向性；在满足需要的过程中，经常反复出现的行为特征，就形成习惯；当行为习惯与个人的个性倾向性结合时，就表现出一个人特有的人格特征。这种人格特征一旦形成，就会左右和影响到个体的行为包括犯罪行为。犯罪行为的性质、类型、特点、倾向性等都可以通过犯罪人的人格特征表现出来，所以，分析人格特征对探讨犯罪行为的个体原因是十分必要的。

---

① 梅传强：《犯罪心理研究的核心问题——刑事责任的心理基础》，载《现代法学》2003 年第 2 期。

② 张爱卿：《动机论：迈向 21 世纪的动机心理研究》，华中师范大学出版社 1999 年版，第 254 页。

一、气质与犯罪

气质是指人的心理活动在能量释放过程中的范围和强度，它也是人格倾向的一种表现。这种倾向性贯穿着一种稳定的情绪性，包括个体对情绪刺激的感受性，情感反应的强度、速度，思维的灵活性，意志力的程度，以及心境起伏等一系列特点。这些心理现象大多与遗传有关，较之个性的其他方面（如需要、动机、观念），气质受后天的影响较小，变化也缓慢得多。

不同的人具有不同的气质类型。所谓气质类型是指表现心理特性的神经系统基本特性的典型结合。构成气质类型的各种心理特征，在多数场合下是一种神经特性的表现，有的也可能是两种（或以上）神经特性的结合。人的气质特征具体表现为以下六个方面：一是感受性，即人对外界影响的感觉能力，它是神经过程强度特性的表现。二是耐受性，即对外界刺激作用时间和强度的耐力。三是反应的敏捷性，即对各种反应的速度与灵活性。四是可塑性，即适应外界环境变化的可能性。五是情绪的兴奋性，即情绪的兴奋强度和抑制力。六是外倾性和内倾性。外倾性是指人的活动常随外界刺激而变化，其心理活动和言行表露于外；内倾性是人的活动常随自己的心理状态而转移，这种人比较隐蔽和含蓄。以上诸特征的不同结合，就构成了人的不同气质类型。根据得到普遍承认的巴甫洛夫关于高级神经活动类型的学说，气质可分为四种类型，并且每种气质类型都有与之相对应的心理特征。

（1）多血质（活泼型）：兴奋与抑制过程平衡且灵活性高，活泼，好动，精力充沛，善交际，兴趣广泛，富有朝气，容易适应环境的变化。但兴趣和情感易变换，耐性和毅力较差，具有外倾性。

（2）胆汁质（不可遏止型）：神经活动过程中情绪兴奋性高而抑制性弱，情感外露而炽热，坦率热情，精力旺盛，行动敏捷，但情绪易于激动、急躁、冲动，自制力差，具有"冷热病"。

（3）粘液质（安静型）：神经过程平衡但灵活性低，情绪体验深刻而不外露，沉默寡言，善于耐忍，反应缓慢，惰性较强，较固执和因循守旧，具有内倾性。

（4）抑郁质（抑制型）：兴奋与抑制过程较弱，孤僻、脆弱和怯懦，对外界反应迟缓，善于觉察他人不易觉察的细节，情绪体验深刻，具有内倾性。

以上四种气质类型，在一般人的身上表现得并不十分典型，多数人只是接近某一种类型或介于两种类型之间。

气质类型对人的某些活动和效率具有一定的影响，但它并不影响一个人行为的方向和内容。因此，气质类型没有好坏之分，每一种气质类型都有积极与消极的二重性。如多血质的人活泼、亲切，但可能轻浮、散漫；胆汁质的人精力充沛，但可能急躁、任性；粘液质的人沉着、稳重，但却固执冷漠，缺乏生气；抑郁质的人比较敏感富有同情心，但却狭隘、多疑、小心眼。另外，气质不能决定一个人能力的高低、成就的大小和品德的好坏。气质与个性心理特征中其他内容相比与遗传关系较为密切，但它并非不能改变，在后天的教育影响下，每一种气质类型的人都能够扬长避短。

从以上分析可以看出，气质类型对人的行为有一定的影响，但人的心理和行为不是由气质决定的，而是直接由根源于社会生活条件的个性品质决定的，气质与犯罪之间不存在因果必然性。作为人的主观因素之一的气质，只有在其消极方面恣意发展，得不到有效的抑制，在其他不良因素的作用下得到不断巩固和强化时，才有可能导致个体行为偏离社会正常的轨道。气质对犯罪的影响，主要表现为不同气质类型的人所实施的犯罪的种类和方式的不同。胆汁质的犯罪人一般难以实施工于心计和需要耐心的犯罪行为，而粘液质的犯罪人则很少实施激情性犯罪。比如，同样是报复人，由于犯罪人的气质类型不同，杀人动机的形成过程、采取的手段会打上各自气质类型的烙印。胆汁质犯罪人可能因为瞬间的情景而顿生杀意，事后往往后悔莫及，所以，该类型的人实施暴力犯罪的居多；而粘液质犯罪人的杀人动机往往是因积怨而成，犯罪决意往往要经过反复的思想斗争，作案前精心计划，作案后极力掩盖，逃避打击，罪行败露后也较少后悔。再如，女性犯罪人中，多血质的居多。因为该类型的人情感发生的速度快、不稳定、易转移，平时表现轻浮浅薄，交友不慎重，容易被花言巧语所迷惑而上当受骗；该类型的人控制力较差，难以克制原始的性欲冲动，一旦堕落，由于意志薄弱，难以悔改。抑郁质的人感情细腻、深刻、敏感，微弱的刺激往往就能引起强烈的心理体验。一旦遭到挫折，便悲观失望，难以解脱。他们当中实施报复性攻击行为的居多。

调查结果表明，任何一种气质类型的人都有犯罪的可能性，但相对来说，胆汁质气质类型的人犯罪较多（特别是暴力犯罪），其他气质类型的犯罪人相对较少（也可能与该类型犯罪的黑数较多有关）。据湖北省某劳改单位的抽样调查，在 72 名杀人女犯中，胆汁质的占 70% 以上，采用刀斧、棍棒、电击、推下悬崖等暴力杀人手段的占 69.4%，投毒杀人的占 30.6%。[①] 另据上海市某劳教中队的调查，劳教人员中，胆汁质的占 47%；多血质的占 35%；粘液质的占 7%；抑郁质的占 11%。[②] 胆汁质气质类型的人犯罪较多的原因，一是其

---

① 转引自张远煌：《犯罪学原理》，法律出版社 2001 年版，第 231—214 页。

② 转引自张远煌：《犯罪学原理》，法律出版社 2001 年版，第 214 页。

大脑神经细胞兴奋性强而抑制力较弱，兴奋点不易集中，兴奋与抑制处于不平衡的破坏状态，从而使其较之其他气质类型的人更容易犯罪。二是胆汁质气质类型的犯罪所表现出来的特征决定了其犯罪黑数较少，而其他气质类型的人犯罪相对而言因其隐蔽性较强，不易被人发现，犯罪黑数较大。所以，对胆汁质气质类型犯罪人统计的准确性和研究的方法有值得怀疑的地方，但这需要作进一步的实证研究。

二、性格与犯罪

性格是一个人较稳定的对现实的态度和与之相适应的习惯化的行为方式。

性格是人多种特点所构成的有机的整体，是一个人本质属性的独特的结合，是人与人相互区别的集中表现，并在人的个性中起着核心作用。在人的个性心理诸因素中，能力反映活动的水平，兴趣反映活动的倾向，气质反映活动的方式，而性格则可以决定活动的方向。人们对待社会上的所有事物，总有自己的态度，有的是一时性的，有的则是经常性的，性格不是指那些表现为一时性的态度或偶然性行为中的心理特征，而是指表现为经常性的、比较稳定的态度和各种行为习惯中的心理特征。按照巴甫洛夫的说法，性格的生理机制是在先天神经类型与外界环境影响下，后天获得的暂时神经联系系统的"合金"，其中后天获得的暂时神经联系系统，对构成性格的生理机制起着决定性的作用。这说明性格的形成离不开社会生活，它不仅突出地表现为与自身的世界观、人生观以及思想作风紧紧联系在一起，而且与社会宏观环境和家庭、学校等微观社会环境密不可分。

性格既是一个复杂的心理构成"物"，又是一个独特的有机整体。心理学家通常把它划分为若干类型：（1）按理智、意志和情绪三者哪个占优势，把性格分为理智型、意志型和情绪型；（2）按个体心理活动倾向于外部或内部，把性格分为外向型和内向型；（3）按个性独立的程度，把性格划分为顺从型和独立型。以上各种类型的划分都是以一定的性格特征作为标准的，而性格特征又是通过对集体、对他人、对自己、对工作、对钱物等客观现实的态度等多个方面表现出来的，其中每个方面都同时存在积极和消极两个侧面。积极方面的性格特征有：自尊、谦虚、严于律己、自我克制等；消极方面的性格特征有：无耻、放肆、缺乏理智、自大、自卑、吝啬、唯我独尊等。

由于人的性格特征的两重性，人的性格也就是矛盾的，它既有积极的一面，又有消极的一面。如果人们在社会生活中不能自觉地接受教育而发展性格中的积极因素，那么消极因素就会不断发展，由量变到质变，形成消极的性格，最后形成反社会人格，从而导致犯罪行为的发生。与非犯罪人相比，犯罪人的性格特征表现为，"就总体而言，一方面在相当一部分犯罪人身上不乏实施行为的坚定性、积极性和顽强性。但与正常群体相区别的是，这些心理特征是用来实现和满足反社会的需求与利益的。另一方面，犯罪人又往往表现出意志素质减弱的特点，缺乏遵守社会主导行为规范和与反社会行为决裂的意志力。因此，一遇有外界带否定性因素的引诱和便利实施犯罪的条件就无力抗拒诱惑。"[1] 从各种类型的犯罪人中，也能找到与之相关的不良性格特征。性格特征与犯罪种类之间也有一定的联系，如好吃懒做、贪图安逸、讲排场、爱虚荣的人，往往实施盗窃、贪污、抢劫等犯罪行为；性格粗暴、任性的人常常因一时冲动，失去控制，实施杀人、伤害等犯罪行为。

另外，在研究性格与犯罪的关系时，应注意把握以下两对概念的联系与区别：一是性格与气质；二是性格与人格。

性格与气质关系表现为：气质是性格形成的基础，气质影响着性格的发展；性格也可反过来帮助改造气质。性格与气质的区别在于，气质类型没有好坏之分，因为在决定气质类型的因素中，生理特征占很大比例，而性格能通过某种道德观念评价出好坏优劣；性格与气质的基本特征不同，气质偏重于受神经系统类型的生物学因素的影响，各种性格则以神经系统类型为基础，强调社会环境的作用；性格与气质虽然都具有稳定性，但相对而言性格比气质容易变化和改进。[2]

性格与人格的关系表现为：性格是人格体系的重要组成部分，在人格体系中起着核心作用，但它并不完全等同于人格。同样，犯罪人的性格和犯罪人的人格也是有区别的，犯罪人的性格只是一种指向性或倾向性，即具有某种犯罪性格特征的人更容易实施犯罪行为，但并不一定注定要犯罪；而犯罪人格是指"犯罪人群的特有的稳定而独特的反社会心理特征的总称，其本质是一种反社会人格。"所以，从某种意义上讲，犯罪人格一旦形成，行为人便会千方百计寻找机会去实施犯罪行为，只要犯罪条件具备，或犯罪机会出现，行为人就会实施犯罪。因此，为了科学地探讨犯罪人格体系，应当严格区分犯罪人性格与犯罪人格二者的不同性质，充分意识到犯罪人性格只是犯罪人格构成的一个方面，用犯罪人性格在不同程度上取代犯罪人格，对全面深刻地研究犯罪人的心理机制是十分有害的。

---

① 　张远煌：《犯罪学原理》，法律出版社 2001 年版，第 211 页。
② 　莫洪宪：《犯罪学概论》，中国检察出版社 2003 年版，第 261 页。

三、智力与犯罪

智力主要是指人们在获得知识以及运用知识分析问题、解决问题的实际能力。智力与知识、文化水平有关，但又不完全等同。一个人智力的发展是个体先天素质、所受教育和环境影响以及个人努力、实践活动等因素相互作用的结果。对一个人智力的了解，一般是采用智力测验的方法。最早将智力运用于犯罪研究的是美国的戈达德。他在对新泽西州的少年收容机构的违法少年作了智力测验后发现，少则28%、多则89%是智力低下者。在其后的1912年，戈达德又对一些监狱的罪犯进行了测试，结果发现，罪犯中50%—64%有智力落后的现象。他因此得出了"智力缺陷是犯罪的主要原因"的结论。其后，以美国为代表的西方各国犯罪学家和日本的一些学者对智力与犯罪的关系进行了大量的统计研究，但由于学者们所采用的智力测量手段和统计范围等方面的差异，各种统计数字相差悬殊，有的甚至相互矛盾，从而难以得出二者之间的确切关系。

智力与犯罪的关系是非常复杂的，我们在研究时必须采取审慎的态度。智力作为一种个性心理特征，它的高低并不能直接决定犯罪与否，低智力（智能）的人并不一定必然犯罪。但智力制约、影响着人的行为活动，当然也制约、影响着犯罪活动，因此智力与犯罪自然存在着一定的联系。一般而言，智力低下的人，注意力分散，思维难以集中，感知不符合实际，记忆力弱，联想机制差，对事物缺乏兴趣，同智力良好的人相比，更容易产生缺乏理智的行为。其具体表现是：一有欲求不管后果如何便立即采取冲动性的犯罪行为加以满足，难以抑制感情冲动，不能较好地抑制和调整自己的行为，比较容易走上犯罪道路。特别是智力障碍者，[①] 由于大脑发育及发展差，缺乏一般的认知能力，易兴奋且不能控制，有强烈的自卑感，行为轻率、盲目，易上当受骗。智力障碍者犯罪所侵害的对象多为老年妇女和幼女，单独犯罪者多，纵火者多，强奸犯罪者多，犯罪未遂者多。

不可否认，智力优异者同样存在实施犯罪的可能性。与低智力犯罪者相反，高智力犯罪者，能够较好地抑制情感冲动，犯罪预谋性强，常常借助现代高新技术及其工具犯罪，并且往往有超过常人的社会适应能力。因此，高智力者犯罪的潜能大、成功率高，逃避惩罚的能力也大大强于低智力者。这提示我

---

① 智力障碍根据其程度大致可分为三级：（1）愚鲁——思维能力差，判断力低，容易被人教坏、诱骗和玩弄；（2）痴愚——思维迟缓，情感幼稚，意志行动受直观和本能的影响，不能领会理论性的知识，只能参加简单劳动；（3）白痴——智商在25以下，生活不能自理，情感反应极为原始。

们，在犯罪与智力关系的研究中，应当充分认识到智力高低与犯罪暴露程度的反比关系，否则，就可能轻易得出智力水平低、犯罪率高的结论。

第五节　变态人格与犯罪

变态人格又称人格异常、病态人格或人格障碍，是在先天素质与社会环境影响下造成的人格结构明显偏离正常的人格畸形，主要表现为情感和意志行为方面的缺陷，不能适应正常的社会生活，难以与人交往，其行为常常危害社会和损害自己。这种人对自己的行为有一定的自知力，智力上无缺陷，没有幻觉、妄想，也没有定向与意识障碍，思维属于正常范围，不属于精神病，只是心理适应能力较差，一旦与外界发生矛盾和冲突，容易情绪激动，导致与现实状况不协调的情绪爆发，乃至违反社会道德和法律，因此被形象地比喻为"一种正常人的疯病"（法国人莫伊比乌斯语）。

变态人格者，特别是男性，在幼年即可被觉察出某些异常，但大多数人在青春期才明显暴露出来。其特征表现为：个性有严重的缺陷，情绪极不稳定，与人难以相处，性格的某些方面畸形发展；情感变异严重，极不稳定，易走极端，对人情感淡薄或冷酷无情，心理不协调，变化无常；行动的目的和动机短浅，只顾满足眼前欲望，不计后果，易受偶然动机或本能支配，自制力差，易冲动和发生不正常的意向活动；对自己的个性缺陷缺乏自知力，不能正确吸取生活中的经验教训。变态人格一经形成便很顽固，一般到40、50岁之后才逐步减轻，在躯体有病时又容易加重；在逆境条件下，容易向恶性方向发展；治疗效果较差，难以从根本上矫正。

变态人格的表现形式很多，与犯罪相联系的变态人格类型主要有：

一、偏执型变态人格

偏执型变态人格亦称狂信型或诡辩型变态人格。这种人格类型表现为固执己见，敏感多疑，心胸狭窄，嫉妒心重，狂妄自大，爱空想，遇到挫折和失败怨天尤人，听不进不同意见，自以为是，总认为自己怀才不遇或受打击迫害，为表明自己正确、他人错误，经常上访上告，无理取闹，以至于诉讼成癖，有的甚至不惜以自焚、毁容以示抗议，也有的采取破坏行为报复他人或社会。

二、情感型变态人格

情感型变态人格表现为情绪、情感极不稳定，喜怒无常。情绪高涨时，喜形于色，乐观热情，精神亢奋，充满雄心壮志；情绪低落时，精神抑郁，悲观，多愁善感，缺乏自信心；同时又存有强烈的自卑感，甚至悲观厌世。这类变态人格者，不能正确估计困难，经不起失败与挫折，做事虎头蛇尾，不能善始善终，常有惊人的计划，但多为一时冲动所致；并且情绪易出现极端变化，狂躁时可能爆发暴力性攻击行为和破坏行为，忧郁时又可能出现自残、自杀或其他极端行为。

三、意志薄弱型变态人格

意志薄弱型变态人格又称意志衰落型变态人格。这类变态人格表现为优柔寡断，对任何事物都无法作主，即使偶然作出决定，也不能持久；意志不坚定，工作无计划，做事虎头蛇尾，有始无终，缺乏耐性，对外界事物特别敏感且易受影响，常想变换工作；精神衰弱，多愁善感，总是怀疑自己的能力与水平，不相信自己，工作缺乏主动性。但长期的抑制和过度的紧张也会突然转化为兴奋而出现攻击破坏行为。由于其意志薄弱，缺乏抵抗力，容易受人诱惑，轻信别人，上当受骗，一旦失足难以重返社会。

四、冲动型变态人格

冲动型变态人格常因微小的刺激便陷入强烈的冲突之中，而且完全不能自控，外人劝阻一般也无济于事，具有爆发性特征。这类变态人格者常因微不足道的精神刺激产生冲动性暴力行为，尤其是在醉酒后，更难以控制自己，常常导致毁物、伤人、杀人、强暴等违法犯罪行为。

五、无情型变态人格

无情型变态人格也称冷酷型、悖德型或反社会型人格。这一类型的人格表现为：思想、信念和行为常与社会发生冲突，且固执己见，极端利己，感情麻木，冷酷无情，刻薄残忍，缺乏人性；对人不坦诚、不信任、不合作，极其贪婪，行为常受本能欲望和动机的驱使，极易发生诸如谩骂、无理取闹、行凶伤人、报复杀人等严重危害社会治安的暴力犯罪行为；无羞耻感和悔恨感，往往将自己的过错归咎、嫁祸于他人，或为自己的行为诡辩，使之合理化；很少吸取教训，屡教不改，行为难以矫正。这种人格类型者多发生政治性犯罪、经济犯罪和暴力犯罪。

六、分裂型变态人格

分裂型变态人格表现为言行怪异，冷漠孤僻，缺乏进取心，难以与人和睦相处；爱幻想，甚至别出心裁、想入非非；多疑，待人冷漠，不通人情，因而被视为"怪人"。这种人格者有的走上违法犯罪道路，有的发展成为精神分裂症病患者。

七、怪癖型变态人格

怪癖型变态人格者在反常欲望的驱使下，表现出对某一事物或某一行为的一种病态顽劣的癖好，比较典型和常见的有"偷盗癖"和"纵火癖"。"偷盗癖"也称偷盗狂，其实施盗窃行为并非由于贪利动机，也不是为了追求物质享受，而是由于一种畸形的心理需求，即是为了追求一种心理的满足与快感。"偷盗癖"对偷盗有一种强烈的冲动，只有反复实施盗窃行为，其心理的紧张状态才会得以缓解，失衡的心理才能获得平衡。此类人格者所实施的偷盗行为与一般盗窃行为不同，他缺少明确的目的，无长期的预谋，也无同伙，其行为是原发性的。"纵火癖"也称纵火狂，其动机和目的不是为了破坏和报复，而是通过烧毁他人的财物以获得一种异常的心理满足。这种人格者深知行为的严重后果，但却难以控制自己强烈的放火冲动，所以会不顾坐牢的危险千方百计寻找纵火的机会，纵火后往往躲在旁边观赏，从而获得心理的快感与满足。

八、性变态

性变态也叫性倒错，此种人格者表现为寻求性满足的对象和满足性欲的方式与正常人不同，常常用一些奇特的、违犯社会习俗和社会道德的方式来求得性欲的满足，人格有明显的缺陷。性变态是一种精神性的性欲障碍。性变态者在一定环境条件的约束下可以控制自己的行为，一般也不存在变态人格所具有的一些特征。性变态人格者有的在社会适应方面有发育完整的良知，有的则有反社会性性变态人格，常常伴有偷窃、放火、攻击等行为。性变态人格者，以其歪曲的性冲动付诸行动时，多数情况下将导致违法犯罪。性变态主要有异性癖（异性转换症）、异装癖、恋物癖、施虐（色情）狂、受虐狂、露阴癖、窥阴癖、窥淫癖、强奸癖、恋童癖、口淫癖，等等。

第六节　精神障碍与犯罪

精神障碍是在多种致病因素的影响下，大脑机能活动发生紊乱，导致认知、情感、意志和行为的精神活动（心理活动）不同程度的障碍。精神障碍的主要症状是各种精神异常。在精神异常状态下的患者并不都产生犯罪行为，但下面几种精神障碍者时常有犯罪行为的发生。

一、精神分裂症

精神分裂症是一种最为常见的严重的慢性精神病症，在我国各地区，精神分裂症（终生）患病率为 3%—7%。精神分裂症的症状特点是：精神活动丧失统一性和协调性，思维紊乱，不能辨别善恶是非，不能控制自己的感情变化，行为脱离现实，幻觉也很多见，犯罪心理多由幻觉、妄想产生。精神分裂症患者多实施杀人、伤害、纵火等犯罪行为。从司法精神病鉴定的统计来看，精神分裂症所引起的犯罪行为在所有精神病犯罪者中所占比例最大。

二、躁郁症

躁郁症是躁狂抑郁性精神病的简称，是一种以情绪高涨或低落为主要症状的精神病症，表现为躁狂或抑郁状态呈周期性地反复发作，间歇期精神状态正常。这种精神病患者在狂躁状态时，情绪极度高涨而又乐观，病情严重时则会无端喜悦，突然欣喜若狂，载歌载舞，甚至声嘶力竭叫个不停，常为琐碎小事与人争吵不休，甚至出现攻击、破坏和伤人行为；而在抑郁状态时，则情绪低落，无精打采，郁郁寡欢，回避亲友，忧心忡忡，自卑，自责，自罪感严重。自杀意念和自杀行为是抑郁症患者最危险的症状，有的在自杀时不忍心遗弃亲属，或在自罪观念的支配下，怕自己的"罪行"株连亲属，于是在自杀前先"解脱"自己的亲属，将他们杀死。

三、反应性精神病

反应性精神病是由剧烈或持久的精神创伤引起的精神病态，表现为意识模糊，缺乏辨认和理解外界事物的能力，并伴有幻觉、妄想和恐怖性情绪的产生。这类精神病患者违法侵害行为涉及的范围较广，如诈骗、扰乱社会治安、破坏财物、放火、伤害他人等。

四、偏执性精神病

偏执性精神病又称妄想性精神病，它以嫉妒妄想和被害妄想为最多，其次是罪恶妄想、关系妄想、影响妄想、猜疑妄想以及不可思议的夸大妄想和钟情妄想。偏执性精神病绝大多数是几种妄想同时并存，少数伴有幻觉，以幻听为多。其内容多为不愉快的讽刺、批评、威胁、命令等，也有少数幻视、幻嗅、幻触，其情绪常受幻觉支配，有时在迫害妄想的支配下，闭不出门，表现为莫名其妙的愤怒与恐惧不安，在此情态下有时出现谩骂、报复、伤人、自杀行为。

五、短暂性意识障碍

短暂性意识障碍是一种暂时性的或固定性的较为特殊的精神失常状态。主要症状表现为知觉昏迷状态的各种知觉变态——产生幻觉、错觉。它主要包括病理性激情和病理性半醒状态。

病理性激情是一种病态的精神状态，它产生突然，常由伤感、意外的人格侮辱、难以忍受的委屈等外部原因所引发。在这种激情状态下，患者意识范围急剧缩小，意识活动完全受制于激情，除此之外，其他观念都不复存在。激情过后，患者常常不能回忆经过，或者只能记忆其中的某些片段。其侵犯性行为的特点是：没有预谋和计划，行动表现出很大的盲目性和机械性，患者往往利用顺手、偶然得到的器物突然伤人；有的侵害行为有一定的指向性，被害人往往与患者有一定的利害关系。国外有学者将这种病征称之为"一时精神病"。

病理性半醒状态是一种短暂性意识障碍，它常常发生在下列几种状态下：长期睡眠不足以后的深睡或噩梦之中，或在极度疲劳、激情状态下；在不甚严重的精神失调的人睡眠中断和重新入睡之后；在大量饮酒或不愉快的心情下；异常沉睡以后尚未完全醒来时。因此，在睡眠转向觉醒而又未完全觉醒的状态下，可伴发知觉错乱，对周围事物作出歪曲的感受，并与残余的梦镜以及错觉、幻觉甚至与谵妄的感受相互交错起来，对周围的人作出不自觉的机械的运动性兴奋的侵犯行为。这些行为有时很危险、很荒谬，甚至极为凶残。

六、癫痫

癫痫又称"羊癫疯"，是神经病的一种，但有时伴有精神障碍，属于器质性精神病。癫痫是由阵发性的脑机能障碍和脑机能失调引起的，多数发病突然，自行缓解，反复发作。发作时，意识模糊或完全丧失，甚至还会出现错觉、幻觉、片断妄想等。处于癫痫状态的病人，易发生伤害、纵火、性侵犯等破坏性、攻击性行为。另外，癫痫还可导致患者个性的改变。

以上这些精神疾病与犯罪并没有必然的联系，并不是每个精神病人都会发生犯罪行为。但在司法精神病的鉴定实践中，确实证明有不少精神病人在各种严重的精神异常状态下失去意识控制，在病理性幻觉、妄想以及各种怪诞心理支配下实施了犯罪行为。精神病人在发病状态下实施的犯罪行为完全是由其疾病所致，与其意识无关，因而不是刑法意义上的犯罪。但是，研究精神病对社会危害的影响，对于制定针对精神病人的刑事政策，做好犯罪防范工作，也是不可缺少的一项重要内容。

思考题

1. 人格对犯罪有什么影响？
2. 变态人格主要有哪些表现形式？
3. 人格特征与犯罪的关系。
4. 精神障碍对犯罪有何影响？

阅读书目

1. ［英］罗恩·布莱克本：《犯罪行为心理学——理论、研究和实践》，吴宗宪、刘邦惠译，中国轻工业出版社 2000 年版。

2. 陈兴良：《犯罪存在的个体解释》，载《中外法学》1995 年第 4 期。

3. 李玫瑾：《罪犯心理辨析》，载《中国人民公安大学学报（社科版）》2006 年第 4 期。

4. 张绍彦：《犯罪原因的主体分析》，载《中国刑事法杂志》2000 年第 4 期。

第十章　犯罪的自然因素

学习目标

● 了解犯罪自然因素的概念，犯罪学意义上的自然因素包括哪些内容，犯罪自然因素的特征。
● 了解季节、昼夜、自然周期、社会周期等时间因素对犯罪的影响，了解犯罪在国内外的区域分布情况。
● 掌握城市犯罪高发空间的特征及其在犯罪率、犯罪类型方面的分布情况，城市犯罪与农村犯罪差异性的原因。

任何犯罪行为都是在一定时空中发生的，犯罪一开始就与自然环境有着密切的联系，犯罪学不仅研究犯罪与社会环境的关系，还须研究犯罪与自然环境的关系。犯罪人实施犯罪时，既可能借助自然条件，也可能受制于自然条件，而且犯罪现象往往会因自然条件的变化和更替而出现有规律的起伏，并呈现出与不同的自然条件相适应的特征；同时，自然条件还会影响到犯罪人具体行为方式的选择。所以，系统分析犯罪的自然因素，对我们有效地防控犯罪有着重要的意义。

第一节　犯罪自然因素的涵义

一、犯罪自然因素的概念

"自然"的最初涵义指非人为的本然状态，含有产生、生长、本然性之意。犯罪学意义上的"自然"所涵盖的范围更广，是指与犯罪人实施犯罪行为有关联的外部自然因素的总和。这里所说的外部自然因素主要可分为三大类：一是原始自然因素，包括山川河流、地形地貌、季节气候、昼夜时日、生物节律等天然性因素；二是特定地域因素，这是与一个地区的历史发展过程、风俗习惯、交通状况、经济水平等社会人文内容相联系的先于犯罪人而存在的"自然"状况；三是"人化自然"因素，即具有人类活动痕迹或者具有社会性的自然因素，如城市死角、交通工具、村落结构、楼台亭阁等特殊的人文地理环境因素。以上各种因素都可能成为实施犯罪行为所借助的自然条件，从而构成了犯罪的客观背景。

二、犯罪自然因素的特征

人类既然生活在一定的自然环境之中，人的行为包括犯罪行为就不可避免地与自然环境发生相互作用，受到自然环境的影响与制约，并随着自然环境的变化而变化。自然因素对犯罪人的影响与制约作用虽然非常重要，但它不会单方面地决定一个人的心理内容，左右犯罪人的心理变化，因此它对犯罪行为的产生与实施更多地表现为一种条件作用。犯罪人对自然因素的利用，在具体的犯罪活动中表现得较为典型，而它与整体犯罪现象和犯罪率的关联性却不那么明显。自然因素与犯罪的关联性特征主要表现为：

（一）原生性

季节变化、昼夜更替、月圆月缺等自然现象都是先于犯罪人的客观存在，是不以犯罪人的主观意志为转移的客观事实，具有原生性。犯罪人虽然完全可以有意识地对此加以利用，但他却无法对这些纯自然因素进行随意改变，否则，无视自然因素的存在，犯罪人在实施犯罪时就可能遭受挫折甚至失败。但是，我们对犯罪自然因素的原生性不能作绝对化和机械理解。随着社会的高度发展，人们对自然改造的能力越来越强，我们所说的人化自然，实际上就是人的后天活动对纯自然环境所做的某种程度的改变，只是这种改变是先于犯罪人实施犯罪行为而存在的，是犯罪人无法选择的事实背景；同时，正如人类自身能够不断改变自己的生存空间一样，犯罪人完全能够利用某种自然环境的可改变性特征为实施具体的犯罪创造机会。可见，自然因素一旦与个人能动性因素结合在一起，问题就会变得更加复杂。

相对地，理解犯罪自然因素的原生性特征，对制定犯罪预防对策具有现实意义，它能告诉我们可以选择的防范范围和预防方式。实际上，犯罪主体和预防主体在对待自然因素问题上，始终存在着利用与反利用、制约与反制约的斗争。

（二）　关联性

任何犯罪都是在一定的时间、空间中进行的，必然与先于犯罪人而存在的自然因素发生彼此的联系，即以自然因素为中介，将犯罪人与犯罪行为连接起来。这里，自然因素在犯罪人与犯罪行为之间起到一个桥梁作用，可表示为："犯罪人—自然因素—犯罪行为"。其关联方式主要表现为两种：一是进程性关联。犯罪人在作案时，一些自然因素可能会突然发生改变，打乱犯罪人的作案计划，导致犯罪人改变作案方式或暂时放弃犯罪行为。二是条件性关联。在蓄谋性犯罪中，犯罪人为了实现作案目标，往往会千方百计促使犯罪行为与自然因素有机结合起来，如巧妙地利用现场地形，精确计算作案时间，收集气候变化信息等，从而达到犯罪目的。

（三）　间接性

犯罪原因是多种因素相互作用而形成的罪因结构体系，包含了犯罪的社会因素、个体因素、自然因素等多个方面，并处于一种互动状态，它们不会单独地酿制为犯罪。所谓的"犯罪的自然因素"在犯罪原因诸因素中毕竟只是刺激性、条件性因素，并不具有直接的致罪力量，犯罪得以实施的最关键因素是犯罪行为，而之所以将自然因素纳入犯罪原因的范畴，是因为"自然因素"正好契合了犯罪人的某种反社会倾向，而这一机制的达成是通过若干中项的间接作用才实现的。[①]　因此说，本来不是致罪因子的自然因素，由于特定犯罪活动（致罪因素）的参与，并借助自然因素而形成一股合力，才最终转化为犯罪学上的致罪因素。

需要说明的是，以上关于犯罪自然因素的间接性特征，是从一般意义上所作的分析。其实，原因和条件并不是一成不变的，在某种条件下，它们二者可以互换位置。就具体的犯罪而言，犯罪的个人因素、社会因素、自然因素在犯罪中的作用会因具体案情而异，很难说谁起间接作用，谁起直接作用，有时自然因素还可能成为行为人凭借的主要手段，甚至是犯罪能否得逞的关键性因素。

（四）　具象性

与其他犯罪因素相比，犯罪的自然因素实际上还是一种具象性的存在。自然因素的诸多构成元素多数是具体的，具有可视性和可测性。如前面提到的诸如山川、河流、城市、乡村、街道等，都是一望可知的具体的自然环境；而特定的时空、区域性因素，诸如昼夜交替、季节变化、月圆月缺以及风俗习惯、

---

① 许章润：《论犯罪的自然原因》，载《中国人民公安大学学报》1990年第3期。

交通状况、经济水平等，也都是真真切切可以看到或者可以感知的。认识犯罪"自然因素"的具象特征的意义在于，我们虽然不可能消除这种自然现象的必然出现，如昼夜更替的自然规律等，但是我们在预防犯罪时却可以使这种具象性特征加以改变，如在街区装上路灯，提高可视度，就可以最大限度地遏止犯罪人利用"自然因素"进行犯罪。

第二节 犯罪的时间因素

任何犯罪行为都是在一定的时间内完成的，犯罪人在实施犯罪时，不仅表现为对时间的精心选择，而且还表现为对昼夜、季节等自然周期的利用。此外，季节变化、生物节律以及社会周期的变化等，都会在很大程度上影响到某种类型的犯罪率变化，并呈现出一定的犯罪规律性。

一、季节与犯罪

季节是人们根据气象科学理论与长期的生活经验划分而成的阶段。季节的气候变化不仅对自然界的一切生物产生影响，而且也极大地影响到人类的物质生产和生活方式，从而与人类犯罪行为的数量分布产生一定的关联性。

侵财案件的季节性特征比较显著。各国的研究表明，侵财案件冬秋两季较多，以冬季为最，尤以盗窃、扒窃犯罪最具典型性。因为冬季气候寒冷，人们户外活动较少，家庭一般处于一种隔离状态，借助夜幕的掩护盗窃容易得手；此外，冬季夜长昼短，清晨多雾，客观上也增加了作案的时间长度，势必造成盗窃犯罪多发。冬季扒窃案件的增多，与人们穿着厚重易于携带钱物有关，犯罪人在扒窃他人钱物时，也不易被发现。相反，在夏季，由于人们室外活动时间较长，并习惯于在大街小巷乘凉消暑，客观上妨碍了犯罪人实施盗窃行为。

性犯罪在所有的犯罪类型中的季节性特征最为突出。世界各国的统计皆证实，春夏季节是各种性犯罪的高发期。春季来临，随着气温的回暖，自然界进入了蓬勃生长的时节，人也进入了生理的旺盛期，性欲随之增强。特别是进入夏季后，人们穿戴单薄裸露，衣着色彩纷呈，对人的性心理有较大刺激性，容易引发性冲动；同时，人们往往因贪图凉快，疏于关闭门窗，犯罪人有更多的可乘之机；另外，春夏季节，草木茂盛，性犯罪更加隐蔽且容易实施。

暴力犯罪的季节性特征也比较明显。夏季暴力犯罪明显增多，与人们的生理反应和社会活动方式皆有一定的关系。夏季天气炎热，能够导致人的血管扩张、多汗、热蓄积量增加等一系列的生理反应，从而致使人们心情烦躁不安、精神萎靡不振、自控能力下降，攻击性行为增多；同时，夏季人们户外活动时间长，交往多，容易产生摩擦和纠纷，发生殴斗行为。

比较而言，其他犯罪类型的季节性特征表现得不太明显。

二、昼夜与犯罪

日出而作，日落而息，顺应昼夜交替的自然节律，人类形成了自身活动的生物钟与生活规律。与自然节律不同，绝大部分具有隐秘性的犯罪，犯罪人对作案时间的选择往往与人们的生活习惯相反。

第一，犯罪率的昼夜差异性。白天与黑夜对不同类型的犯罪具有不同的影响，一般而言，犯罪人作案多选择在夜晚，致使夜晚的犯罪率高于白天。这是因为，夜间的社会控制相对薄弱，作案易于隐蔽、得逞和逃脱。就犯罪人而言，夜幕的掩护激发和怂恿了其内在的侵害性冲动与胆量，并在客观上形成了掩护犯罪的外在条件；就被害人而言，其夜间处于休息和疲惫状态，抵抗力减弱，常常陷于疏忽或无法防范的被害情景，给犯罪人提供了乘虚而入的机会；就社会环境而言，此时社会控制力量减弱或处于中止的状态。

第二，犯罪易发时间的差异性。据联邦调查局对犯罪分子作案时间的统计，"入室盗窃、抢劫和偷盗汽车的案件多发生在 22 时左右，而谋害与伤害案件多发生在 20 时至凌晨 2 时。"[1] 根据我国的一些调查，入室盗窃企事业单位的财产、潜入民宅盗窃、室外强奸、抢劫以及谋杀等案件，多发生于入夜之后，而且各种夜间作案的高发时间又有所不同，如入室盗窃通常选择在夜间 24 时至凌晨 3 时之间；拦路抢劫、抢夺和室外强奸的作案时间通常在入夜至午夜时分。

需要说明的是，犯罪人选择作案时间，并不是机械地根据昼夜交替的节律，而是根据人们生活节奏和规律的变化而寻找适于作案的空隙。如一些人选择在白天室内无人时入室作案，反而会降低风险。由于单位夜间普遍重视安保工作，犯罪分子利用中午 12 时至 14 时单位职工下班时间进行盗窃，往往更易得手。

三、自然周期与犯罪

自然周期是指包括季节在内的各种自然规律的时段性概念，它的范围十分

---

① 张绍彦：《犯罪学》，社会科学文献出版社 2004 年版，第 268 页。

广泛，其中气温、日照、湿度、雾、风、雪、雨等自然现象与犯罪皆有一定的关联性。

我国学者研究认为，性犯罪案件与日照呈正相关，可靠度为99%；与雨日数亦呈显著正相关，可靠度为99%，即降雨量越多，性犯罪越多，反之则少。暴力犯罪主要发生在日照充沛的晴天；[①] 此外，伤害、凶杀案件与月降雨量呈显著正相关，可靠度为99%。[②] 月均湿度与性犯罪、伤害、凶杀呈显著正相关，可靠度分别为95%、90%和90%。[③] 有学者对气候与犯罪的关系进行了研究，认为暴雨、浓雾、狂风、大雪等气候条件，影响到人们的视力、听力等，容易使人产生错误的判断和行动，导致过失犯罪。[④] 同时，恶劣的气候条件会被犯罪分子所利用，如"偷雨不偷雪、偷风不偷月"等。

四、自然灾害与犯罪

一个国家或地区在风调雨顺时，社会平稳发展，社会控制机制处于正常运行状态。但当自然灾害突然降临时，这种正常状态被打破，犯罪率会出现较大波动，尤其是哄抢、盗窃等犯罪可能会出现一个短暂的高峰期。

我国幅员辽阔，地质、气候环境十分复杂，在一定时期内出现局部的自然灾害是常有的事情。如近10年来，长江中下游地区出现的特大洪水灾害，我国南方一些省份发生的特大雪灾，汶川、玉树大地震等，都对当地的社会经济秩序造成了极大的冲击，给维护当地的社会治安带来了巨大的压力。有些自然灾害是无法预见的，在重大灾害突然降临时，社会控制机制可能一度出现瘫痪，此时，一些不法分子会利用自然灾害造成的混乱局面，无所顾忌地从事哄抢、盗窃等犯罪行为。有些自然灾害虽然能够预见，但在组织救灾的紧急状态下，社会控制力量遭到程度不同的削弱，犯罪分子此时也会乘虚而入，浑水摸鱼，肆无忌惮地进行犯罪活动；一些公务人员甚至利用手中的权力，大肆贪污、挪用国家救灾物资；一些不法商贩可能利用国家急需救灾物资之机，向灾区提供伪劣食品、药品、器材，或相互勾结，哄抬物价，大发国难财。

五、社会周期与犯罪

社会周期是指人类活动出现的与自然节律相一致的循环往复的活动时段。

---

① 应后俊、张文邦：《试论天象与暴力犯罪》，载《青少年研究》1992年第12期。
② 张小虎：《中国犯罪学基础理论研究综述》，中国检察出版社2009年版，第185页。
③ 曹子丹：《中国犯罪原因研究综述》，中国政法大学出版社1993年版，第220页。
④ 侯国云：《过失犯罪论》，人民出版社1993年版，第29页。

如周日、节假日、上下班时间、旅游高峰期、农民工城乡流动等比较固定的周期性现象，往往影响到人们的行为，与发案率起伏有一定的关联性。

在我国城市社区，实行双休日制度，重要节假日的时间也比过去有所延长。随着生活水平的提高，人们的消费观念开始发生转变，与朋友、家人、同事聚会或休闲购物、进出娱乐场所的机会大大增多，这就无形中增加了人与人之间摩擦、冲突和被盗抢的机会。据有关统计，在节假日，交通肇事、嫖赌行为以及因饮酒纵欲而导致的暴力越轨行为和性侵害行为等都大大多于平时；在商场、公交车上进行扒窃，在街头巷尾实施抢夺以及入室盗窃等犯罪都明显增多。

薪水发放日也是违法犯罪的多发时段。我国一些工矿区、铁路工地等地段，工资发放日往往是酗酒、嫖赌和打架斗殴等违反社会治安事件的多发日子。据有关人员调查，在我国南方一些城镇，发薪之日必然是发廊、洗浴中心之类场所爆满之时，这主要是外地打工者在获得微薄工资后急欲解决性欲这一生理问题所致。① 另外，上下班高峰期也是违法犯罪的高发时段。由于此时公共交通工具中的客流量达到一天中的顶峰，人多拥挤，容易产生摩擦和纠纷，扒窃活动也变得更易得手。

随着人们生活水平的提高、休闲时间的增多以及现代交通的发达，度假旅行已逐渐成为人们生活的一部分，使得旅游区的社会治安问题变得越来越复杂，同时也给一些人伺机作案带来了机会。从我国已有的研究来看，夏季旅游季节是旅游地犯罪的高发期，主要犯罪类型为诈骗、盗窃、"两抢"、强买强卖等财产性犯罪。其中，实施诈骗、强买强卖者主要是当地农民或在本地从事与旅游相关生意之人；"两抢"犯罪者多为外地流窜作案人员；而从事盗窃者的成分比较复杂，既有本地人，也有外地人。

我国改革开放所引发的民工潮是一种独特的人口流动现象。民工在城乡间的有规律性流动，在一定程度上影响到流入地与流出地的发案率。在流入地，由于流动人口的加入，增加了本地区人口的异质性，给当地的治安管理增加了难度，一些地方甚至成为社会控制的盲区，犯罪机会因此增多，流窜犯罪大幅度上升；在流出地，由于大部分青壮年特别是男性青壮年的离乡，人口结构出现失调现象，青壮年男性犯罪数大幅度减少，但大量的农村留守儿童因失缺有效的监护，其违法犯罪和被害状况令人担忧，目前已发展为一个社会问题，引起了全社会的关注。

---

① 许章润：《犯罪学》，法律出版社 2004 年版，第 181—182 页。

第三节 犯罪的地理环境因素

地理环境包括自然地理环境和人文地理环境两大方面，它是社会物质生产、生活的必要条件和自然基础，不仅决定着自然资源的优劣多寡，制约着生产的分布和影响人类的职业，而且与人们的生活方式、民族意识和文化心理都有着密切的关系，从而对犯罪也有着重要的影响。

一、城市与犯罪

现代社会的一个重要特征是，人口越来越集中于城市。城市不仅人口多、密度大，而且生活方式和文化模式也与农村有很大的差别。城市社会日益成为一个以多元化、高流动性为特征的复合体，与此同时也带来了一系列的社会问题，其中之一就是犯罪问题。

（一）城市犯罪的高发空间

所谓城市犯罪的高发空间，是指微观意义上的城市特定地理空间。在城市的不同区域内，犯罪率、犯罪类型的分布状况是有差异的。20世纪20年代，美国芝加哥学派通过调查和研究城市地理环境与犯罪的关系发现，犯罪率在城市中心周围地区最高，随后向郊区逐渐下降，愈是远离市中心周围地区，犯罪率愈低。他们将芝加哥市划分为围绕同一圆心而形成的5个区域：中心商业区、中间地带（工厂区）、工厂住宅区、中上层住宅区、郊区和卫星城，发现犯罪多发于人口混杂和流动大的中间地带。我国正处于城市化高速发展阶段，关于城市不同区域犯罪率的统计数据还不足以得出有规律性的结论，但城市不同区域空间对犯罪的影响是比较明显的。

1. 商业、娱乐区

商业区是城市最繁华的区域，集中了大量的钱、财、物，而且流动性大，对犯罪分子有极大的诱惑性；同时商业区常常与娱乐区连为一体，人员复杂，区内灯红酒绿，纸醉金迷，藏污纳垢，毒品泛滥，吸引了众多不法分子。因此，这一区域是盗窃、诈骗等财产性犯罪和抢劫犯罪以及淫乐性犯罪的高发区域。

2. 流动空间

车站码头、旅馆饭店、公交线路等这些城市特定的区域，人员混杂、拥挤，充斥着大量的流动人口和进行经济交往的商贩，是盗窃、抢劫、诈骗、扒窃、拐卖犯罪的高发地带。犯罪分子多以流窜作案作为犯罪手段，控制难度较大。

3. 开发区

经济开发区、高新技术开发区、金融交易场所是经济诈骗和其他经济犯罪比较集中的区域。如一些皮包公司专门利用经济合同进行诈骗；一些企业、单位钻政策、法律的空子，或利用管理上的漏洞，制假贩假，销售伪劣产品，虚开增值税发票骗税；一些人利用各种投资公司进行非法集资诈骗；在金融市场，一些人利用内幕信息从事非法交易等。

4. 城市死角

城市死角特指都市中具有触引、便利或者隐匿犯罪的有利环境和社会控制力所不及的特殊空间，如立交桥下、地下通道、地下停车场、电梯间、地铁、转角、厕所、窄小的胡同、贫民窟、公园、流动人口聚居地等。① 这些地点所处地理位置特殊，往往成为社会控制的薄弱环节，既有利于犯罪的实施，也有利于犯罪分子的藏匿，因此成为犯罪的多发地段。例如，地下通道、停车场多发生抢劫、伤害案件；电梯间容易发生抢劫、猥亵、杀人等案件，地铁则是吸毒、贩毒、卖淫的理想交易场所。

5. 城乡结合部

城乡结合部处于城乡交流的咽喉，是城乡犯罪互相影响、渗透与交流之地，是窝赃、销赃的理想场所，同时也是一些流窜作案分子以及在逃嫌犯逗留、藏匿的地方，已成为有利于犯罪的空间地带；加之该区域治安管理比较薄弱，一直以来都是犯罪的高发区域。

6. 独居住宅

独居住宅包括单身一人的居所和远离住宅群的独立住户。一方面，独居者身单力薄，抵御犯罪的能力相对较差，容易被犯罪分子选为作案对象。据美国司法统计局 2000 年的统计，在暴力犯罪中，未婚独居者的被害率是已婚者的4 倍多。另一方面，独居者有较多的机会逃避外界的监督和控制，这为独居者实施犯罪行为提供了便利的场所。例如，中国某市对 478 名独居青少年进行调查，其中有 81 名从事过犯罪活动，犯罪率高出非独居青少年 16%。此外，在现代城市中，由于成年男女上班，家中无人看守，或者只有孤身老人在家，此种情况也容易招致犯罪的侵害。

---

① 许章润：《犯罪学》，法律出版社 2004 年版，第 188 页。

7. 网吧

随着网络的日益普及，沉迷于网络的青少年越来越多，网吧已成为青少年犯罪和被害的一个重灾区。有数字显示，90%的青少年犯罪与网络有关，80%的青少年犯罪与网络游戏存在关联，网络游戏已成为他们违法犯罪的直接或间接诱因。由于家长、老师对学生上网进行限制，同时社会对网吧缺乏有力的监管，广大青少年为了逃避家长和老师的监管，纷纷涌向设在大街小巷的网吧。因此，发生在网吧里的伤害、杀人、猝死以及为上网而实施的盗窃、抢劫等青少年犯罪越来越严重。

（二）城市犯罪的人文空间

所谓人文空间，是指具有一定的空间位置，并由人类活动而形成的相对固定的人际关系空间，如单位、学校、社区等。此类空间与人们的学习、工作、生活息息相关，分析其与犯罪的关系，预防在此类空间发生的犯罪，可为人们创造一个良好的工作、生活环境。

1. 单位

单位通常是指机关、团体、法人、企业等非自然人的实体或其下属部门，简言之就是工薪阶层工作的地方。单位是我国特有的一种社会组织形式，它兴起于 20 世纪 50 年代，至 20 世纪 90 年代虽然有所衰落，但目前对我国居民特别是城镇居民仍有深刻影响。单位存在于社会之中，但它又形成了自身独特相对独立的空间，工作在同一单位的人共享其所特有的话语体系，有着相近的行为方式和思维习惯。

单位首先是一个工作空间，但很多时候它又是一种生活空间。共同工作、生活在同一单位的人彼此交往密切、频繁，容易产生一些特有的矛盾和冲突。例如，同事之间由于存在着一些利害关系，容易产生相互的仇视甚至导致人身攻击行为，或者单位内部员工合谋串通，监守自盗，徇私舞弊，进行内幕交易等，或者以奖金、福利等形式集体决策私分国有、集体财产。此外，单位还是一个财富的聚集地，一定程度上容易成为犯罪分子的作案对象，如，外来人员潜入单位的办公区或生活区进行盗窃、破坏等。

2. 学校

学校被认为是继家庭之后对青少年儿童的成长产生持久作用的社会化机构。青少年儿童有相当一部分时间是在学校里度过的，学校环境对他们的行为方式有着举足轻重的影响。目前发生在校园里的犯罪绝大多数是在校青少年针对在校学生和老师的人身及财产的侵犯。首先，校园（尤其是大学校园）里的盗窃案件频发，已成为大学治安方面的一大难题。校园里的自行车，学生的手机、笔记本电脑、饭卡、现金等财物是盗窃犯罪的主要目标。其次，校园暴力问题也日趋严重。针对老师、同学的人身攻击行为在世界各国的中小学校园和大学校园里屡见不鲜，主要表现为：伤害、敲诈勒索、抢夺、抢劫以及损毁教学设施；高年级学生欺负低年级学生，男生欺负女生，等等。目前，随着互联网的迅速发展，网络攻击行为愈来愈严重，已引起了广大教育工作者的高度重视。

3. 社区

社区主要指小型的生活、居住空间，它以同质人口为主体，成员彼此熟悉，互动频密，具有较高的认同感，形成相对独立的特定地域。由于社区是一个特定的生活空间，人口密集，因此是盗窃等财产犯罪的多发区域。另外，社区特定的地理空间布局，有利于抢劫、抢夺案件的发生。例如，美国 1972 年对西雅图夜盗罪的一项研究表明，约占 75% 的夜盗罪发生于住宅区。

由于社区成员、设施相对固定，各项措施便于落实，具有较强的可操作性，在社区内容易形成抵御、制止犯罪的氛围。因此，社区在预防犯罪中的作用日渐受到人们的重视，社区参与预防犯罪和制定以社区为基础的预防计划愈来愈受到各国政府和有关国际组织的鼓励和支持。

（三）城市犯罪严重的原因

从各国的犯罪统计看，城市犯罪不论绝对数还是增长速度、严重程度都高于农村，大城市高于小城市。据美国联邦调查局统计，1991 年全美 7 种指标犯罪的发案率为 589.8‰，而同年纽约的发案率为 923.6‰，洛杉矶为 973.0‰。据日本警视厅统计，1994 年全日本的发案率为 142.7‰，但东京的发案率为 208.8‰，大阪为 214.5‰。[①] 在德国，"大都市、许多中等城市和较小城市都苦于大量的违法和犯罪案件。在英格兰、威尔士，37% 的居民生活在面积不足 5% 的 6 个大城市密集中心区，而全部犯罪案件中的近一半都发生在这里。"[②] 在我国，犯罪的地区分布情况与西方国家相似，特别是改革开放之后，各大城市的犯罪率都有较大幅度的上升。其原因主要有以下方面：

1. 犯罪因素增多，控制力下降

一方面，城市高楼林立，住宅高层化、立体化、单元化，人口集中；另一方面，人们虽然密集于狭小的空间，邻里之间的关系却越来越疏远，难以形成群防群治的合力。城市人口流动性大，交通便利，犯罪分子作案后能够迅速逃窜，逃避制裁，使其犯罪动机和犯罪心理不断得以强化，这反过来又进一步增

---

① 张远煌：《犯罪学》，中国人民大学出版社 2007 年版，第 266 页。
② ［德］汉斯·约阿希姆·施奈德：《犯罪学》，许章润译，中国人民公安大学、国际文化出版公司 1990 年版，第 348 页。

加了公安机关打击犯罪的难度。

2. 城市的巨大诱惑

城市是社会财富的聚集地，各种商业活动十分发达，人财物流动性大，为各类犯罪提供了众多机会；城市广告业发达，娱乐场所密集，足以激起人们的各种不良欲望，从而导致了财产型、性欲型犯罪的增多。

3. 城市竞争压力的引发

现代城市生活节奏加快，压力增大，加剧了人们的竞争意识，致使一些人心理失衡，各类矛盾、冲突凸显，敌视社会的行为以及攻击性暴力犯罪因此增多。

4. 城市异质人口的增加

我国在城市化进程中，大量农民涌入城市，而他们短期内却难以融入城市生活，文化冲突在所难免；同时，他们怀揣致富的梦想，但当他们发现自己的美好愿望与现实相差太远而梦想破灭时，巨大的贫富差距会使他们产生一种被剥夺感，在通过合法手段难以达到目的时，用非法手段去实现自己的梦想以换取应有的"尊严"或许就成为他们的一种选择。

二、农村与犯罪

农村环境与城市环境有很大的差异性，这种差异性尽管在我国城乡一体化进程中出现了逐步缩小的趋势，但各自相对稳定的不同地理、人文因素决定了受其影响与制约的犯罪样态不可能在短期内发生实质性改变。根据对犯罪影响的差异情况，可把农村地区分为城市圈农村环境与边远农村环境，沿海农村环境与内地农村环境，经济发达农村环境与经济欠发达农村环境，以及集镇农村环境等。研究表明，不同的农村环境有着不同的犯罪率和不同的犯罪方式。

（一）农村犯罪的基本概况

从整体上看，农村人口呈正向流动（即流向外地，主要是流向经济发达的城镇），村民之间的联系密切，同质性强；他们的社会活动范围较为狭窄，人际关系确定，犯罪问题远不及城市复杂，犯罪率也比城市低得多。

城市外围即处于城市圈的农村地区，与城市交往密切，兼具农村和城市两方面的一些特点。其经济较为发达，生活相对富裕，村民生活闲散，流动人口数量较大，因此治安状况十分复杂，犯罪率甚至比城市部分区域更高。

集镇，是农村地区的"城市"，具有城市的一些特征，有一定的流动性，社会关系相对复杂，发案率较高。

偏远的农村地区，远离现代城市文明，经济、文化、教育等皆十分落后，但受到现代不良文化的影响也少，人们固守传统，传统性犯罪较多，与经济有关的犯罪相对较少，主要有盗伐滥伐林木、非法狩猎和捕捞水产品等。在传统性犯罪中，与财产有关的犯罪主要集中于盗窃、抢劫等类型，且占有较大比重；暴力性犯罪依然十分突出（包括抢劫），但杀人、伤害等恶性暴力命案与城市有不少差别，多数非图财害命，而是由奸情、家庭矛盾和邻里纠纷引发；强奸案件与经济发达地区的情况恰恰相反，发案率仍保持较高的态势，这可能与该地区男女比例失调有关；拐卖妇女案件占全国同类案件的绝大多数，主要为妇女流出地，而经济发达地区的农村为妇女流入地；有些靠近交通要道和有矿产资源的个别农村地区，车匪路霸现象突出；另外，个别地区群殴、械斗现象时常出现。总之，边远农村地区的犯罪具有传统意义上农村犯罪的主要特征。

（二）城乡犯罪差异性原因

农村犯罪与城市犯罪，不仅表现为质量的差异（农村犯罪量少质劣），而且犯罪类型也多有不同，即使是同种犯罪在城市和农村作案的手段和动机亦有明显差别——有些犯罪分属于农村和城市专有。[①] 造成这种差别的原因，除自然因素外，还主要有：

1. 社会竞争和文明程度的差别

现代都市是人类文明的中心和财富聚集之地，且发展迅速，人口密集、膨胀，生活节奏加快，竞争激烈，一些人遵循适者生存的"丛林法则"，矛盾冲突不断加剧；相反，农村社会变迁相对缓慢，生存竞争的激烈程度不及城市，其表现方式也较为简单，所以犯罪率远远低于城市。由于现代城市的组织程度和市民的文明程度以及文化教育程度相对较高，缺乏理性的暴力犯罪较之农村居民要少。现代城市居民深受商业文化的影响，观念较为"开放"，享受生活的期待值较高，故而城市的性犯罪以及为追求奢侈生活而实施的财产性犯罪和经济性犯罪较之农村要多。

2. 经济类型、贫富悬殊的差异

现代城市工商业发达，物资丰富，交通便利，经济关系、人际关系复杂，容易激化矛盾，诱发犯罪的因素和实施犯罪的机会较多；加之城市贫富差别悬殊，被剥夺感强烈，容易引起人们对社会的敌意和对富裕生活的超常追求，从而导致犯罪。农村人际关系相对简单，贫富悬殊相对较小，人们欲求不满的心理不如城市人那么强烈。一些农村地区目前仍处于自给自足的简单自然经济时

---

① 吴大华等：《犯罪社会学》，四川人民出版社 1991 年版，第 153—155 页。

代，或向农业机械化过渡阶段，欲求容易得到满足，小富即安心态比较普遍，因而财产犯罪相对较少。

3. 社会控制方式不同

农村是以地缘、血缘为纽带而形成的社区，人们世世代代生活在这片熟悉的土地上，很少迁徙，相互之间知根知底，他们往往将名声、操守看得很重，并以此作为处事立身之本，这种内在的社会控制十分有效，即使在缺少外在社会控制的情况下，他们也大都能遵纪守法，不逾矩；同时农村这种紧密的人际关系，邻里守望的传统，为防范外来犯罪筑起了一道坚实的篱笆。而城市是以业缘关系形成的社区，人员来自四面八方，冒险性格的人多，且住所不定，工作变动频繁，人情淡漠，相互之间约束力差；加之现代城市独立单元住宅形式导致了一种缺乏"在一起感"和无久居的家园意识，失缺了群防群治的社会基础，其行为规范不得不主要依赖和局限于外在的正式社会控制，社会控制的效力遭致削弱。

4. 文化传统的差异

农村自古民风淳朴，不仅有"远亲不如近邻"的守望互助传统，更有"拔刀相助"的侠肝义胆；加之农村社会文化单一，较少有文化冲突，他们恪守社会传统道德伦理规范，有着既定的和大家所普遍遵从的舆论、道德标准，形成了对违法犯罪行为谴责和制约的良好氛围，从根本上抑制了犯罪心理的产生。城市社会，人口结构复杂，不同地区、不同性别和年龄的人员汇集在一起，文化冲突在所难免。特别是在商品经济的荡涤之下，人们原始的人情关系被赤裸裸的利益关系所取代，一些人为了追逐权力、地位、名誉和金钱，无所不用其极。同事之间，明哲保身，事不关己，高高挂起；邻里之间，"鸡犬之声相闻，老死不相往来"。表面上看似繁华的城市，实际上却是个冰冷的世界。这种以独立、个人自由为代价的冷漠而稀疏的人际关系无疑弱化了对犯罪的控制力。

第四节　犯罪的区域分布

犯罪的区域分布特点表现为不同地理区域的犯罪率和犯罪类别的差异。分析犯罪的区域分布是重要的，因为它能阐明诸如工业化、城市化以及社会和家庭结构等社会力量对各种不法行为的影响。作为犯罪区域分布测量的基本参数主要有：

一、犯罪在世界范围内的分布

由于各国法律制度、统计方法的不同，对不同国家间的犯罪分布情况进行比较受到了极大制约。但根据 1990 年的统计和一些学者的观点，在犯罪总量上可将世界犯罪的分布分为三个档次：高发区——西欧与北美大陆，发案率为 700‰；中发区——拉丁美洲和非洲大陆，发案率为 100‰—200‰；低发区——澳洲、欧洲的东、北部及亚洲大陆，包括中国、原苏联、东欧、北欧诸国和大部分亚洲国家，发案率为 20‰—200‰。[①] 各类犯罪在世界的分布也呈现高发区与低发区特点。如杀人案的高发区主要在北美、拉美北部与欧洲，20世纪 80 年代中期，发案率在 4‰以上。近 20 年来，世界各国的犯罪率几乎都呈增长的态势；发展中国家的犯罪率低于发达国家的犯罪率，但其发展速度特别是一些处于工业化、城市化过程的国家目前高于发达国家。发展中国家虽然侵财犯罪增长速度较快，但暴力犯罪较之发达国家所占比例仍然较大，侵犯人身的犯罪几乎占犯罪总数的 45%。[②] 一些国际资料表明，几乎所有盗窃犯罪比率高而谋杀犯罪比率低的国家都是发达国家。在发达国家中，财产犯罪占犯罪总数的 82%。[③]

二、犯罪在我国不同地区的分布

国外一些学者的研究认为，气温高的地区比寒冷地区的暴力犯罪多；政治文化中心，尤其是经济活动频繁地区的财产犯罪比暴力犯罪多；流动人口集中的地区侵犯人身的案件多。我国学者所作的区域性研究结果表明：犯罪总量分布集中于人口众多、密度较大的四川、河南、湖南、湖北以及经济发达的广东、江苏、福建、浙江、上海、广西等。上述地区人口占全国的 1/2，土地面积只占全国的 1/5，发案数约占全部案件的 2/3。盗窃、诈骗案件的数量分布态势与全部案件的分布态势基本相同。杀人、强奸、伤害三类暴力犯罪案件，东北、西北及西南等省份的发案率较高；抢劫案件集中在东北、中南、西南地区，近 20 年来，随着东南沿海经济的迅速发展，外地流动人口的增多，"两抢"犯罪呈高发态势；走私案件主要集中在广东、广西、福建、浙江、上海 4 省（区）1 市，占全部走私案件的 70% 以上，其中仅广东一省就占 1/3 以上；贩毒案件多发生在西南、西北地区，云南、甘肃、陕西、四川、贵州等 9 省发

①　公安部政治部编：《犯罪学》，中国人民公安大学出版社 1997 年版，第 72 页。

②　[美] 路易斯·谢利：《犯罪与现代化》，何秉松译，群众出版社 1986 年版，第 53 页。

③　[美] 路易斯·谢利：《犯罪与现代化》，何秉松译，群众出版社 1986 年版，第 53 页。

案数占全部贩毒案件的 90% 以上；枪支、弹药走私多集中于云南、广西与缅甸接壤的"金三角"等边境地区；拐卖人口案件集中在四川、贵州、河南、云南、安徽、山东、陕西、河北、湖南、广西等省区，发案数占全部拐卖人口案件的 90% 以上。另外，从犯罪类型结构看，经济发达地区，侵财犯罪突出，占 90%—95%，智能性犯罪大量发生，然后向经济落后的内地蔓延；经济欠发达地区侵犯人身权利案件占 12%；① 杀人、放火、爆炸等恐怖犯罪主要发生在西部新疆、西藏等地区。

思考题

1. 犯罪学为什么要研究自然因素？
2. 季节与犯罪有什么关系？
3. 分析城市与农村犯罪差异性的原因。

阅读书目

1. ［日］伊藤滋：《城市与犯罪》，夏金池、郑光林译，群众出版社 1998 年版。
2. 王发曾：《国外城市犯罪的地理研究》，载《国外人文地理》1988 年第 2 期。
3. 孙峰华、毛爱华：《犯罪地理学的理论研究》，载《人文地理》2003 年第 5 期。
4. 朱德林：《犯罪季节变动稳定性及其测定》，载《江苏警官学院学报》2006 年第 3 期。
5. 连炳振：《谈时间和地理环境同农民犯罪的关系》，载《河南公安高等专科学校学报》2001 年第 6 期。

---

① 中国犯罪问题研究课题组：《中国现阶段犯罪问题研究》，中国人民公安大学出版社 1992 年版，第 97 页。

第十一章　犯罪预测

学习目标

- 了解犯罪预测的概念、意义和犯罪预测的步骤以及犯罪预测所依据的原理。
- 掌握犯罪预测的内容、主要犯罪类型、对犯罪预测进行预报的种类及验证方法。
- 能够运用德尔菲法和趋势外推法对犯罪进行预测。

　　"凡事预则立，不预则废"。犯罪现象作为一种特定的社会现象，其存在和发展具有一定的规律性。我们要认识和掌握它，实现预防和控制犯罪的目的，就必须对未来犯罪变动的可能性作出估计，这种估计就是预测。犯罪预测是搞好犯罪预防的前提和制定犯罪对策的基本依据，是犯罪预防体系的重要组成部分。没有科学的犯罪预测，犯罪预防就是盲目的预防，难以达到预期的目的。因此，要有效治理犯罪，首先必须进行合乎逻辑的犯罪预测。

第一节　犯罪预测的概念和价值

一、犯罪预测的概念

　　在讨论犯罪预测之前，我们首先了解一下预测的概念。所谓预测是指人们运用一定的科学方法和逻辑推理，根据对事物的过去和现在的一些数据资料，对事物的未来发展趋势所作的预先推算和测定。或者说，预测就是根据过去、现在预计未来，由已知推测未知，依据主观经验和客观资料，通过逻辑推理与判断，去发现事物的未来变化趋势和发展规律。

犯罪预测则是在一定科学理论和方法的指导下，对有关犯罪资料、数据、信息进行科学的分析和处理，从而对未来特定范围内犯罪现象的态势所作的推断与测定。准确理解犯罪预测概念，需要把握以下几个问题：

首先，犯罪预测既不是证实过去，也不是说明现在，而是对未来不确定的犯罪态势的推测和预见。预测的结果能否实现，不仅取决于犯罪现象本身的发展进程、人们对犯罪发展态势的把握程度以及犯罪受偶然因素干扰的状况，同时还取决于人们认识犯罪的能力。预测犯罪的过程就是分析判断的过程，这个过程是客观上未来犯罪的不确定性与主观预测要求的确定性的矛盾统一体。人们能否把握犯罪原因、犯罪条件的内在联系和发展变化规律，是犯罪预测能否接近未来犯罪实际的关键。

其次，犯罪预测是建立在认真分析犯罪产生的客观因素和准确把握其变化规律的基础之上的。过去和现在的犯罪统计资料，虽然只是过去和现在犯罪状况的反映和记录，同时，某种致罪因素也未必能完全规定未来一定会产生何种犯罪，但由于犯罪具有无法割断历史的连续性特征，决定了一定的犯罪主观因素在一定的时空条件下必然发生作用，影响未来的犯罪态势。因此，进行犯罪预测就要把立足点放在对过去和现在犯罪统计资料的研究和分析基础之上。

再次，犯罪预测决不是主观臆断，而是一种科学的方法。它是根据过去和现在的客观信息资料，运用辩证唯物主义的立场、观点和统计学、逻辑学、数学等科学知识与方法，从已知或假设推测未知。因而，正确估量未来的犯罪状况、动态、原因、结构、特点和犯罪发展变化的趋势，就能够为制定正确的犯罪防控对策及措施提供科学的依据。

最后，犯罪预测是对犯罪情态、趋势的一种展望和推估，因而它只能是接近或近似于未来，人们必须充分认识到预测的这种不完全确定性，加之预测结果公布后，有关方面势必采取相应措施进行犯罪防范，这就必然使犯罪预测结果与实际情况存在较大偏差。这种"预测效应"一定要引起我们的足够注意，以便正确地运用和评估预测结果，避免出现失误。

二、犯罪预测的价值

早在科学的犯罪学诞生之前，犯罪预测就被应用于犯罪研究。比利时统计学家凯特勒在1829年发表的对可能出现的犯罪估计，"不仅以惊人的准确性预算出了后来（1830）法国发生的犯罪行为的总数，而且预算出了罪行的种类。"① 1915 年美国的犯罪精神病学家，运用跟踪研究方法，对犯罪者未来的动向进行了预测。1923 年美国犯罪学者沃纳将麻省矫正院的 680 名受刑者分为三组进行比较研究，并发表了预测结论。1928 年美国芝加哥大学社会学教授伯吉斯对刑满释放人员和假释出狱者是否重新犯罪进行了预测。1950 年美国的格卢克夫妇提出了未成年人犯罪前预测，他们所著的《少年违法行为的解释》是最早对违法犯罪行为进行预测的著作。之后，德、苏、日等国也开始对犯罪预测进行广泛而深入的研究。1960 年在联合国召开的犯罪预防大会上正式提出了犯罪预测的议题，并展开了热烈的讨论。目前，世界各国都程度不同地开展了犯罪预测，建立了相应的犯罪预测专门机构，并将先进的科学技术应用于犯罪预测之中，从而使犯罪预测的研究取得了极大的拓展。但从总体上看，目前犯罪预测的理论和方法还不十分完善，仍有很大的发展空间，特别是我国的犯罪预测研究起步较晚，犯罪预测的理论与方法比较落后，需要不断总结，认真探索犯罪预测的新方法、新途径，这对于建立科学的犯罪预防体系将具有十分重要的价值。具体表现为：

（一）犯罪预测是制定犯罪防控对策的前提和基础

预防犯罪和治理犯罪的总体目标不是凭空想象的，它必须建立在对未来犯罪发展趋势、变化规律清醒认识的基础之上，而这种基本的、清醒的认识又源于科学的犯罪预测。没有犯罪预测，犯罪的预防与控制也就无从谈起。过去，预防和控制犯罪只凭经验行事，缺乏科学根据，难免陷入片面性和经验主义的窠臼，极大地影响了治理犯罪的效果。特别是随着社会的发展和社会治安形势的日益复杂化，必须摒弃过去那种习惯于凭经验办事的思维定式，运用各种先进的科学知识和技术手段，对各种犯罪资料进行统计和分析，做好犯罪预测工作，才能稳定日益严峻的社会治安局势。具体讲，应对我国今后滋生和诱发犯罪的原因、条件进行综合性研究；对违法犯罪个体的变化情况及有可能走向违法犯罪道路的个体进行广泛调查；对我国社会控制犯罪的能力进行全面评估；对经济与社会发展及所引起的各种变革、变化与犯罪之间的联系进行综合考察。只有如此，才能未雨绸缪，对复杂的治安形势从容应对。由此可见，犯罪预测既是一项技术性很强的工作，又是一项非常繁重的任务，应当建立专门研究机构，配备专家学者及有研究能力的专职工作人员，进行科学系统的研究。显然，单靠现有的政策性研究机构、手工工作方式以及传统型的工作方法，是

---

① 《马克思恩格斯全集》（第 8 卷），人民出版社 1960 年版，第 579 页。

难以顺利完成犯罪预测任务的。要做到决策的科学化和最优化，就必须进行科学的犯罪预测。犯罪预测是党和政府制定犯罪防控对策的前提和基础。

（二）犯罪预测可以增强控制犯罪的能力

未来学的研究表明，严重的社会问题往往是难以控制的，然而它却是由一些本来易于控制却又不被人们注意的小问题逐渐发展而成的。一般而言，重大犯罪事件容易吸引我们的注意力，这是很自然的，但决不能让它吸引我们的全部注意力。花费一定的时间和精力去对付和控制严重的犯罪问题，无疑是必要的。但是，如果将全部或大部分精力用于对付已发生的犯罪，就会出现重"打"轻"防"的偏差。实践证明，只有以防为主，打防结合，才能取得事半功倍的效果。众所周知，在犯罪问题处于初始阶段时，我们可以从容地拿出对策方案；在犯罪问题尚未恶化之前，我们也可以减轻其危害程度。但要对上述犯罪状态作出正确的判断并采取相应的对策，只能靠科学的预测。犯罪问题愈是处于早期，可控性就愈大。只有通过科学预测，才能敏锐地发现社会犯罪的种种征兆，并及时作出决策，有效地加以防范和制止；反之，如果没有科学预测，就可能丧失机会，使本来可以控制的犯罪积累发展到难以控制的程度。

（三）犯罪预测可以提高社会应对犯罪变化的能力

任何犯罪都是社会的犯罪，它不论怎样变化，都反映着一定社会的政治、经济、文化、教育等综合状况。犯罪是社会变动的晴雨表。随着我国改革开放的不断深入和全球化时代的到来，犯罪也出现了很大变化，呈现出许多新特点。如果我们还拘泥于传统的思维定式，死抱过去已有的经验进行推理和判断，对新时期出现的犯罪问题，就会感到始料不及，难以应付。但科学的犯罪预测可以帮助我们摆脱这种被动局面，使我们看到科学技术为人类控制犯罪所提供的强有力手段，以及为预防犯罪活动所开辟的新的领域。这样，我们就会超前开展高科技条件下的犯罪研究，有针对性地采取犯罪防范措施，从而大大增强社会对付犯罪的应变能力，有效地制约犯罪活动。

俗话讲，有备方能无患。从治安防范工作来看，社会治安问题、犯罪热点问题不是一成不变的，它必然随着社会的变化而变化。因此，我们的防范工作也应该随之而变化，即"敌变我变"。但是，这种变化不是被动的，而是对犯罪问题积极能动的反映，是被动中的主动。要做到这一点，没有对社会治安形势、犯罪问题的预测是不可能的。退一步讲，由于犯罪问题具有广泛性、复杂性和多变性的特征，我们对它的预测要像在自然科学领域里对自然现象的预测那样精确是不可能的，依据预测作出的决策，在实施过程中也不是一成不变的。但是，通过预测研究，对决策实施过程中可能出现的种种变化，事先作好充分的分析与论证，并制定出可供选择的应变对策，这样，一旦发现不正常的情况或出现新的问题，就可以根据事先预测中提出的备选方案，及时采取有效的补救措施，以保证决策的顺利实施，达到预防犯罪的目的。

（四） 犯罪预测是国家制定社会政策和完善刑事立法的依据

犯罪现象是各种消极因素的综合反映，因此在制定社会政策时，需要考虑政策的实施有利于减少各种社会弊端，消除诱发犯罪的各种因素，抑制犯罪的发生。要做到这些，就必须考虑犯罪的未来发展趋势，以犯罪预测的科学结论作为事实依据，并把预测成果纳入国家经济发展、政治体制改革、教育计划的实施等整体规划之中，有计划、有步骤地进行犯罪预防的部署与安排，从而为从根本上解决犯罪问题创造条件。同样，刑事立法的完善亦需要犯罪预测作指导。因为随着社会的迅速发展，社会生活的巨大变化，作为规范人们社会行为的法律不可避免地也要发生变化，以适应社会生活不断发展的要求，否则就会出现疏漏，造成犯罪预防的失控。如果我们立法时进行科学的预测并以犯罪预测的成果作为依据，则可以在相应的时间内对未来犯罪的发展趋势作出估计，在立法的过程中充分考虑到这种趋势，从而极大地促进法律的科学与完备，更好地维护法律的尊严与相对稳定性，完成刑事立法的基本任务，充分利用法律手段规制犯罪。

（五） 犯罪预测促进了犯罪学理论的发展

由于犯罪预测是建立在对犯罪数据的科学统计和犯罪原因研究基础之上的，这就反过来为犯罪学理论研究提供了丰富的数据资料，极大地促进了对犯罪规律的了解和把握。同时，通过对犯罪预测结论的检验，还可以加深对犯罪本质的认识，帮助我们科学地评估可供选择的决策方案，扩展选择的范围，在犯罪预防系统工程中获得优化选择决策方案的自由。

第二节　犯罪预测依据的原理

犯罪预测的基本原理实质上就是因果关系原理。因果关系原理揭示的是普遍联系着的客观事物在发展过程中先后相继、相互制约和后果预知的一般规律。这些规律适用普遍联系着的客观事物的一般发展过程，当然也适用于犯罪研究的全过程。从中可以清楚地看出，因果联系有三个重要特点：一是时间上的先后相继性，它表明原因与结果不是同时发生的，它们在时间上有先后顺序，这为预知事物的结果提供了可能性；二是先后相继的两个事物之间彼此具有制约性，这为我们把握因果关系提供了可靠的科学根据；三是后果的可预知性，它表明我们研究因果关系本身所具有的意义。因果关系的这一原理清楚地说明，只要从实际出发，对客观存在着的犯罪现象的过去、现在、特别是对产生犯罪的原因及其规律进行深入系统的研究，就能够找出并把握其发展变化的规律性，从而较为准确地预测未来犯罪发展变化的状况、趋势和特点。具体讲，犯罪预测的理论依据主要有：

一、犯罪可知性原理

辩证唯物主义认识论认为，世界上的一切事物都是可以认识的，是有规律可循的。犯罪作为一种社会现象，不管它形成的机制多么复杂，也是可以认识的。人们在对犯罪的过去、现在，特别是在对产生犯罪的复杂原因进行深入、系统研究的基础上，通过实践、认识、再实践、再认识这一循环往复的认识过程，就可以不断修正错误，克服主观与客观、认识与实践之间的矛盾，逐渐接近对犯罪的真理性认识，揭示犯罪发展变化的规律，并以此为根据作出科学预测，制定有效的犯罪防控措施。当然，犯罪的可知性，并不是说人类轻而易举地就可以了解并驾驭犯罪现象，而是表明，对犯罪的认识是一个不断发展的过程。对犯罪这种复杂的社会现象，只有经过艰苦卓绝的研究与探索，才能够实现由不知到知，由知之较少到知之较多，逐渐地接近犯罪的实际，把握犯罪的规律，从而增强对犯罪预防的信心。

二、质量互变原理

辩证唯物主义质量互变规律告诉我们，事物的质变不是偶然的，量的变化积累到一定程度，才会引起质的变化。一个正常人堕落为罪犯，一般都有个或长或短的发展过程。犯罪现象同其他社会现象一样，也存在着过去的遗迹、现在的基础和将来的萌芽，由量变到质变的规律性。这是犯罪预测的基础。由于社会环境的变化，犯罪原因和条件的增减起伏，犯罪的数量、类型、手段、特点、危害大小、地区差别等都会发生相应的变化。这种变化与发展主要表现为量变与质变的运动。数量变化或者量变引起质变现象，在犯罪的变化中是极其普遍和明显的。把握了量变、质变的规律性，就可以进行犯罪趋势的预测和个体犯罪行为的心理测试。至于某些突发性犯罪，现代科学的突变理论同样提供了一种从量变到质变的理论解释。根据这种理论就可进行突发性犯罪预测。

三、历史连续性原理

连续性原理是指预测的事物具有合乎规律性的连续状态。一切社会现象都有它的过去、现在和未来的存在形态。现象的未来发展尽管会有变化，但在一定条件下，它所反映的事物的本来面目及其基本发展趋势会在一定范围内延续下去，不可能骤然变得面目全非。犯罪现象同其他社会现象一样也处于一个延续过程之中，未来的犯罪现象不是凭空出现的，它离不开具体历史条件的制约，具有历史的延续性。犯罪现象发展的这种连续性表明，犯罪是按照它本身固有的规律性存在和变化的，只要它赖以存在和受其制约的一定时期的政治、经济、文化等社会关系不变，合乎规律性的犯罪现象就必然重复出现，而且未来的犯罪发展趋势与过去、现在已经发生的变化，不会毫无联系。也就是说，在制约犯罪若干重要的社会关系较为稳定的情况下，犯罪状态与特点的变化是有限度的。这种稳定性愈强，预测就愈具有可靠性、准确性和科学性。况且，一个国家和社会发展的各个历史阶段，一般都表现为相互衔接或连续的状态，隔断历史的情况是不多见的。这一原理为我们进行犯罪预测提供了可靠的保障。

四、统计理论和心理学原理

犯罪学作为一门实证学科，其研究必须借助于一定的科学方法，这是犯罪学能否成为一门独立科学的标志。犯罪预测作为一项技术性很强的工作，其科学含量的多少取决于对客观事实材料占有的多少，即是否真正建立在科学严密的数据统计基础之上。所以说，统计理论是进行犯罪预测的最重要的方法之一。心理学原理如今已广泛运用于各学科和社会各领域，当然也被犯罪学所应用，如进行犯罪预测就需要应用心理学原理进行心理测量，分析犯罪分子的个性心理特征，推测人们的社会心理趋向。因此说，统计理论和心理学原理是进行犯罪预测不可或缺的方法和基本理论。

第三节　犯罪预测的内容和类型

一、犯罪预测的内容

犯罪预测的内容是指在犯罪预测工作中所包含或涉及的一系列有关的项目。根据犯罪防控的目的与要求，犯罪预测的内容主要包括：

（一）犯罪率预测

犯罪率预测是根据社会形势的发展变化对一定区域和未来一定时期内犯罪发生率的升降情况所作的描述，具体包括：犯罪总量的升降和与同期相比犯罪数量相对升降的比率情况，偶犯发生率、累犯发生率、男女犯发生率、未成年人犯罪发生率，犯罪分配率，杀人、盗窃、抢劫、强奸、经济犯罪等类型发案率。犯罪率指标能够在一定程度上反映社会治安状况，因而对犯罪率的预测可以帮助我们了解社会治安形势，并采取相应的犯罪防控对策。但是，由于犯罪率的统计受多种因素的影响，极其复杂，对犯罪率的预测难以做到十分精确，因而在制定犯罪预防对策时只能将其作为参考数据。

（二）犯罪主体预测

犯罪主体预测是对未来一段时期内的一定年龄、性别、职业、文化程度和家庭状况的犯罪实施者犯罪情况的发展变化趋势所作的预测。如对国家公务员犯罪增长趋势、青少年犯罪的低龄化趋势、失业人员和流动人口犯罪增长趋势的预测等，都属于犯罪主体方面的预测。对犯罪主体的预测性研究，对有针对性地制定犯罪预防措施具有重要的指导作用。

（三）犯罪手段预测

犯罪手段预测是指对未来一定时期内犯罪方法演变趋势所作的预测。我们应特别注意对那些新的犯罪方法与手段的预测，以便采用新的侦破技术和防控方法与之相因应。目前，随着科学技术的不断发展及其在日常生活中的广泛应用，高科技犯罪手段不断出现，利用计算机、遥控技术、生化技术以及微型机器人等犯罪已经程度不同地出现，传统的犯罪手段也随着交通、通讯及音像技术的发展而具有更大的隐蔽性与破坏性。对此，我们应当有足够的认识，尽快研究制定出相应的对策措施。

（四）犯罪类型预测

犯罪类型预测是指对未来一定时空范围内犯罪种类及其结构发展变化趋势的可能性描述。它主要包括趋于稳定的犯罪类型、趋于升降的犯罪类型、可能消亡或新产生的犯罪类型，以及犯罪类型的变化对整个社会治安形势有什么影响等。因为社会治安状况的好坏，不仅取决于犯罪率的增加与减少，同时还取决于犯罪类型的对比关系，如一般性财产犯罪、贪污贿赂犯罪在短期内对社会治安的影响不会太大，但暴力犯罪，特别是危害公共安全的严重暴力犯罪的增多，就可能严重破坏社会秩序，给人们的正常生活带来极大的影响。加强犯罪类型预测的研究，对我们抓主要矛盾，集中精力预防和控制严重类型的犯罪大有裨益。

（五）犯罪形态预测

首先需要指出的是，犯罪形态与犯罪类型不同，犯罪类型是主要依据犯罪性质的不同等所作的划分，而犯罪形态是依据犯罪的外部表现而划分的犯罪的具体表现形式。如同一种犯罪，既可以是一人实施的，也可能是两人以上的团伙实施的。同是团伙犯罪，其组织程度也有很大差异，有的表现为松散的一般团伙犯罪形态，有的则表现为组织严密的黑社会犯罪形态或超级恐怖犯罪形态。不同的犯罪形态，对社会的影响和危害程度是不同的。因此，对犯罪形态的预测结果将直接影响到犯罪防控措施的制定。

（六）犯罪时空预测

犯罪时空预测，是对犯罪将在什么时间和空间范围内发生的可能性的描述。犯罪时空的预测较多地运用于个体或个案方面，如某人在什么时间或年龄有可能犯罪，某单位或部门在什么时间可能被盗，某些案件可能在什么地段或区域内发生等。对这些内容的预测，有助于我们防止个案或个体犯罪行为的发生，并可提示人们在某些易发案地段或区域提高警惕，做好必要的防范工作。

（七）犯罪趋势预测

犯罪趋势预测，是指对未来的犯罪将向什么方向发展的可能性描述。它属于宏观预测的范畴，主要是从国家制度和政策规定方面制定犯罪对策或纠偏方案，它对于整合社会力量，从整体上把握犯罪发展趋向是十分有益的。

总之，犯罪预测的内容十分广泛，随着研究的深入和社会治安形势的变化，犯罪预测的内容也会有所变化。我们应当不断加强对犯罪预测内容的研究，以满足犯罪防控的各种需要。

二、犯罪预测的类型

根据不同的研究目的与要求，犯罪预测可划分为多种类型。

（一）宏观犯罪预测和微观犯罪预测

根据预测的范围，犯罪预测可分为宏观犯罪预测和微观犯罪预测。

（1）宏观犯罪预测。又称犯罪社会预测或犯罪整体预测，是指从宏观整体上进行全方位的犯罪态势预测，如全国性的犯罪预测和大区域性的犯罪预测等。这种预测有利于犯罪防控大政方针和基本对策的制定。

（2）微观犯罪预测。又称局部犯罪预测或个体犯罪预测，是对某个相对较小范围的犯罪情态及发展趋势或某个体未来发生犯罪的可能性所作的预测。微观犯罪预测可分为两个层面：如对城市、农村、社区、单位的预测就属于局部犯罪预测的范畴；个体犯罪预测则包括初犯、累犯、重新犯罪人员的预测以及个体犯罪时间、犯罪手段、犯罪地点预测等内容。

（二） 犯罪定性预测和犯罪定量预测

根据犯罪的性质，犯罪预测可分为犯罪定性预测和犯罪定量预测。

（1）犯罪定性预测。这是根据犯罪的性质、特点、过去和现在的延续状态等对未来犯罪进行非量化的趋势分析与推断的过程，其目的主要是判断犯罪处于什么阶段，有哪些趋向。

（2）犯罪定量预测。是指通过建立数学模型和应用电脑技术对犯罪进行量化分析，并据此对犯罪的未来发展趋势进行预测和推断的过程，其目的在于对犯罪态势有一个直观的量的描述。它不是根据主观判断，而是依据客观数据资料计算的结果，因此与定性预测相比更为准确和科学。

当然，任何现象都包含质和量两个方面，都是质与量的统一，单纯地使用定性或定量方法进行预测均存在着一定的缺陷，将二者有机结合起来是其最佳选择。

（三） 长期犯罪预测、中期犯罪预测和短期犯罪预测

依据时间的长短，犯罪预测可分为长期犯罪预测、中期犯罪预测和短期犯罪预测。

（1）长期犯罪预测。这是指对未来 10 年左右或更长时间犯罪态势及其变化规律的预测，它可帮助我们对犯罪趋势有个总体的了解，它是国家制定犯罪预防战略、确立和编制远景规划不可缺少的前提。它是一种预测战略。

（2）中期犯罪预测。这是指对未来 5 年左右的犯罪态势及其变化规律所作的预测，其目的在于制定或调整犯罪防控重心和打击重点。该项预测既从战术出发，有微观安排，又考虑战略需要，有宏观部署，兼顾长期犯罪预测和短期犯罪预测的需要，要求具有相当高的精确度。

（3）短期犯罪预测。这是对未来 2—3 年内犯罪态势及其变化规律的预测，其目的在于依据犯罪预测结论，制定和实施犯罪防控的具体方案和措施。短期犯罪预测由于时间短、变化小、容易把握，因而要求预测迅速，内容详细，针对性强，精确度高，具有实践价值。

（四） 犯罪综合预测、犯罪类型预测和犯罪单项预测

根据整体和部分的关系，犯罪预测可分为犯罪综合预测、犯罪类型预测和犯罪单项预测。

（1）犯罪综合预测。是指对犯罪的多个项目或内容进行多方位、多角度的预测。其综合性包含两层含义：一是预测的项目多；二是预测的内容具有综合性特点，如预测犯罪的形势、特征、结构、组织形态、作案手段、危害程度等，目的是为制定犯罪防范总体规划提供依据。

（2）犯罪类型预测。是指对预期内犯罪种类变化态势及规律的预测，如预测何种犯罪高发，何种犯罪走低，新型犯罪有哪些，严重犯罪情况怎样，等等，以便有针对性地确定打击重点与防控策略。犯罪类型预测是确立不同类型犯罪预防措施的前提。

（3）单项犯罪预测。是指对具体类型犯罪所进行的专项预测，如对走私犯罪、环境犯罪、计算机犯罪、恐怖犯罪的预测等。它是制定犯罪具体防范方案和技术方法以及为总体犯罪预测提供参考数据的依据。

另外，我们还可以按照犯罪预测的内容，将犯罪预测划分为犯罪率预测、犯罪主体预测、犯罪手段预测、犯罪危害预测、犯罪时空预测等。

第四节　犯罪预测的方法

广义的犯罪预测包括犯罪预测的一般步骤和犯罪预测的具体方法。

一、犯罪预测的一般步骤

犯罪预测是一项十分复杂的操作过程，需要遵守严格的程序和步骤。具体阐述如下：

（一）确定预测目标

确定犯罪预测目标是犯罪预测过程的第一步。犯罪预测目标恰当、准确与否，要求是高还是低，直接关系到犯罪预测的其余步骤能否走上正确的轨道，甚至关系到整个犯罪预测的成败。

确定犯罪预测目标，一般应根据实际需要。其需要主要有两种情况：一种是有关部门提出命令、委托或建议；另一种是从事预测研究或其他有关人员基于自己的认识所产生的预测动机。犯罪预测目标的内容包括：确定预测的项目、预测期限和精确度要求，预测的组织方式和预测成果的利用形式等。

（二）进行调查

预测目标确定之后，需要拟定犯罪预测研究大纲，决定预测的具体方法。一般情况下，对数值要求比较精确的最好选用数学模型法，对问题的定性要求较高的宜选用德尔菲法和因素分析法，当然也可几种方法同时使用，然后据此进行各种与犯罪预测有关的实质性调查，收集与犯罪预测有关的一切资料和信息，包括历史资料和现实资料、文字资料和数字资料等。其中，应尽可能地获取第一手资料，更加重视现实资料和数据资料，加强对重点资料和关键资料的收集工作，如某一时期犯罪现象的地域分布、变化走向、人员结构、类型特点、原因规律以及犯罪预防机制的现实状况等信息资料，都是重点收集的对象。收集资料的工作是繁杂而艰苦的，但它却是至关重要的，必须下大功夫。

（三）选择预测方法与模型

为了在犯罪预测决策中便于研究人员和决策者具体分析和判断，在对大量资料、信息进行科学分析的基础上，一般都要建立一些适合于某一时期的犯罪预测方法和预测模型。

选择预测方法应注意两点：一是选择的方法对掌握信息应具有最大的利用率；二是所选方法对满足预测具有可行性，必要时，还应当吸收掌握这些方法和技术的专门人员参加。

犯罪预测模型，就是对某一时期犯罪实际状况的一种类比表示或抽象表示，如"数学公司"、"电子计算机程序"以及各种图表和实物等。犯罪预测模型作为对未来犯罪活动所构想出来的抽象模式，其功能就在于它能促使我们在犯罪预测中进行多元思维，获取处理犯罪预测实际问题所需要的客观指标和各种线索。一个正规化的犯罪预测模型，包括一组随不同环境和情况而定的（假设的）预测活动规则。它在内容和形式上只不过是对未来某一时期现实的犯罪现象的近似描述，如果其犯罪预测模型说明了未来某一时期犯罪现象的主要特征，那么，它就应该算是一个满意的犯罪预测模型。否则，某一犯罪预测模型不能说明未来犯罪现象的动态变化，那么按照这种模型作出的犯罪预防决策必然出现失误。

（四）设计预测方案

在确定了预测方法后，就要根据犯罪预测的任务和内容，设计具体的犯罪预测方案，制定预测计划。即利用各种犯罪预测模型和其他有关资料，比较其成本效益和利弊得失，把各种与犯罪预测有关的计量因素和非计量因素结合起来，加以全面权衡，作出准确判断。预测方案主要包括预测机构的建立、领导成员的组成、各办事机构的分工与协调以及工作原则和运作程序等，以此保证犯罪预测工作有条不紊地展开。

（五）实施预测

犯罪预测工作开始实施后，应注意加强对预测工作的组织领导，以利于问题的尽快解决和保证整个预测工作的顺利进行。如遇到一时不能解决的难题，应根据具体情况考虑动用备选方案，以确保整个预测工作顺利进行。

（六）分析修正误差

进行了初步预测后，接下来就要分析、评价预测的误差和可信度，对预测结果进行检查、修正和具体化。这一过程包括：利用背景材料并根据专家意见对初步预测结果进行判断，对初步预测尚不完善之处予以认定，对预测误差进行修正。这种修正可能涉及预测方法的增减。

（七）确定并公布预测成果

对初步预测的结果进行修正后，就可以确定一项预测的结论了。一旦最终得出了预测结论，就要按照犯罪预测的目标决定预测成果的输出形式。一般说来，犯罪预测的成果，以预测报告书的形式上报有关部门，为相应决策者提供依据；有的也可以以学术论文等形式在媒体上公开发表，以期引起有关人员的注意。总之，应视具体情况而定，以充分发挥其效益为原则。

犯罪预测的以上七个操作步骤，是犯罪预测研究的必要环节。实际上，当一项犯罪预测得出的结论不能令人满意时，只要条件允许，犯罪预测可以进入二次研究过程，重新提出预测目标，再次进行调查，收集资料。如此，犯罪预测研究工作就进入了循环状态，直到取得较为满意的结论为止。

二、犯罪预测的具体方法

犯罪预测的具体方法是指在取得预测所需信息的基础上，运用有关技术和手段，按照一定的程序规则，对预期目标进行测定的系统实践活动过程和途径的总称。犯罪预测的具体方法很多，这里只就德尔菲法、趋势外推法、因素分析法作一介绍。

（一）德尔菲法

所谓德尔菲法即是一种以匿名的方式、通过几轮函询、征求专家们的意见从而得到预测结果的一种方法。它其实是专家预测法的创新与发展。以往征询专家意见往往采取召开专家会议的方式（即最早的专家法），这种方式不利于个人意见的充分表达，而且往往因参加会议的人数少而缺乏代表性。鉴于此种局限，兰德公司对专家法进行了改革，变公开召集会议为匿名函询调查。他们设计出问卷表，针对预测对象向专家提出问题，之后经过整理综合专家们的意见，再次以匿名的方式反馈给大家，大家在此基础上，再次分析判断，提出新的论证。经过这样反复多次，最终求得一个比较一致的预测意见。这就是德尔菲预测法，其工作程序如下：

1. 组织准备

首先成立一个专门的犯罪预测领导机构，然后拟定并确定预测主题，选择与犯罪研究工作有关的专家。专家应包括学者和实际工作者，一般在10—50人之间。人数太少，专业、学派缺乏代表性；人数太多，会增加工作量和组织难度。所以，在确定专家人数问题上，应当坚持具体问题具体分析的原则，根据研究的规模、要求和任务而定，以确保预测结论的准确性和权威性为原则。

2. 确定预测问题

德尔菲法的整个预测过程就是不断给专家发放事先设计好的调查表的过程，所以在确定了具体预测目标后，即要精心设计需要专家应答的调查表。设计调查表，应根据预测的需要，将所列问题进行分类，并对所答问题提出明确要求。

3. 预测过程

预测的过程一般分四轮进行，如果意见不集中，还可以多进行几个轮次。

第一轮：发放的问卷表不带任何框框，只提出预测的任务和要达到的目的，让专家们自由提出自己的主张。该表回收后，经整理汇总作为第二轮调查表发放。

第二轮：专家按第二轮调查表的内容要求进行逐一评价，并说明理由，然后寄回。

第三轮：在第三轮调查表中，专家再次判断推测，甚至修改或纠正上一轮自己作出的判断，并说明理由，然后寄回。另外，组织者还应针对坚持不同意见者，要求其详陈理由，以防止正确意见被忽视。如果意见仍不一致，可增加一轮调查次数。

第四轮：一般情况下，该轮的犯罪预测意见就比较集中了。但根据预测组织者的要求，有的专家可能要重新作出预测根据的论证。

在上述四轮的预测后即可组织专门人员总结整理出犯罪预测的结论。如果专家们的意见仍不统一，还可进行第五轮、第六轮的预测，直到得出一致的意见。

4. 预测结论的处理和阐述

这是犯罪预测的最后阶段，也是最为关键的阶段，对此一定要高度重视。虽然德尔菲法是利用专家的经验和专业知识进行的直观预测，但因其具有匿名性、反馈性、统计性等特点，因而其效度、信度要高于一般的专家预测法。为了确保预测结论的客观性、准确性，对犯罪预测结论的处理，应注意将人工处理和电脑处理两种方法结合起来。对犯罪预测结论的阐述，一定要做到用语贴切、内容全面、数据精确、结论客观。

（二）趋势外推法

趋势外推法也称时间数列预测法或时序分析法，它是根据连续性原理，通过过去和现在已知犯罪构成规律的动态统计数据向未来延伸的方向，预测未来犯罪态势的预测方法。其操作程序是，首先借助统计分析和数学模型，计算出过去到现在的一定时间范围内犯罪状况和结构变化指标，然后将这些变化的速度和结构指标，通过构成绝对数据或指数的动态数据的途径，移用于未来的一段时间。

趋势外推法是假设未来犯罪发展态势不变、从现在推断未来的犯罪动态的一种方法。实际上，犯罪态势不可能在较长时间内保持不变或不发生较大变化，因而趋势外推法不适于进行长期预测，尤其不适于在社会大变革时期进行长期预测。因为，犯罪趋势的相对稳定只存在于社会稳定发展的某个不太长的时期内，在此阶段运用趋势外推法对未来犯罪态势进行中短期预测，可望获取较为准确的结论。

趋势外推法具体还可以分为线性外推、曲线外推等多种方法。

1. 线性外推法

线性外推法是一种最简单的趋势外推法，其具体操作是先将预测对象的变量数据从过去到现在排列成数列，制成纵向坐标轴线；然后按时间顺序制成横向坐标轴线，并找出点值，用线连接起来，反映犯罪数据的数值大体按照相同的幅度，呈现逐年递增或递减规律；最后以最后一个点值为起点，按照相同时间段的递增或递减趋势，延长至预测期。如图 11 - 1 中所延长的虚线，即是预测的外推趋势。

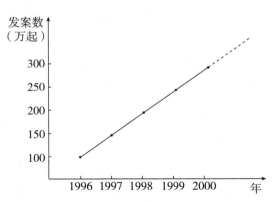

图 11 - 1　犯罪预测的线性外推

2. 曲线外推法

事实上，发案数不可能按照相同的幅度逐年递增或递减，而是呈现出不规则的变化与波动。因此，在坐标图上基本呈现出曲线状，如图 11-2 所示。

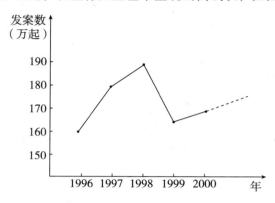

图 11-2 犯罪预测的曲线外推

曲线外推的模式大体可分为以下四种：

（1）水平型。指时间数列各数据是围绕某个稳定值（平均值）上下波动的变动态势。这种数据模式没有大幅度上升、下降的变化倾向，对这种具有水平型模式的预测目标，可选用平均法进行短期预测。

（2）趋势型。指时间数列在一定时期内是持续上升或下降趋势的变动态势。它表现为一种长期趋势。

（3）季节变动型。指以一年为周期，按月、季编制时间数列，呈现出随季节变换、每年反复有规则波动的变动态势。这种变动是由季节的变化引起的。

（4）不规则型。指时间序列所呈现的变化趋势忽升忽降，没有规则的变动态势。犯罪现象不规则变动是由一系列偶然性因素引起的，故它的时间数列较之上述几种模式的预测要困难些。

上述四种曲线外推模式，可用算术平均法、移动平均法和指标平滑法处理统计数据。①

（三）因素分析法

因素分析法是较为常用的一种可靠预测方法。该方法是在承认犯罪现象受诸多复杂因素制约的前提下，从中找出制约犯罪产生、变化和发展的重要相关

---

① 公安部政治部编：《犯罪学》，中国人民公安大学出版社1997年版，第284—285页。

因素，以此作为对未来犯罪预测的预测因子，并通过对这些预测因子和犯罪相关性分析，确定预测因子与犯罪的相关系数，以此测定各预测因子的预测能力，最后根据各项预测因子所起作用的大小及变化，预测犯罪的发展趋势。

这里所说的相关性，是指两种或两种以上的变量彼此相随变动的趋向。可把它划分为正相关、负相关、零相关三种。利用这三种相关关系，即可以从一个已知相关因素的变动方向来判断所要预测的犯罪指标的变动趋势。

相关性是通过相关系数来表达的。相关系数就是用以表示两种事物相关程度与方向的适当数量。

$$r = nb / (na + nb)(nc + nb)$$

上述公式是假设有甲、乙两个变量，甲变量的组成因子为（a + b），乙变量的组成因子为（c + b），其中，a 因子为甲变量独有，c 因子为乙变量独有，b 因子为甲乙两变量共有。因此，以甲变量所含因子总数和乙变量所含因子总数两者的几何平均数除两者所含的共同因子总和，即为两变量的相关系数 r，其中 n 为因子数。相关系数愈高，相关性愈大；反之，相关性愈低。

在求得预测因子与犯罪的相关系数后，便可测知因子的预测能力。通过分析预测因子的变化，我们不仅能推断犯罪未来的发展变化趋势，而且还可以根据对预测因子相关系数的分析，从预测因子中分出长期起作用的因素、暂时起作用的因素、强相关因素、一般相关因素、负相关因素、容易控制的因素、难以控制的因素以及遏制犯罪发生的因素等，从而在犯罪预测过程中抓住重点，为犯罪预防提供科学依据，最大限度减少犯罪的危害性。

第五节 犯罪预测的预报

一、预报的种类

犯罪预测是为犯罪预防服务的，服务的基本方法是预报。犯罪预测的预报基本可以分为以下四种情况：

（一）公开预报

公开预报亦称社会预报，是把犯罪预测得出的结论和有关数据向社会通报。这种预报是为了引起整个社会的注意，敦促社会各方采取防范措施，同时也起到了震慑犯罪的作用。公开预报可以充分使用电视、广播、报纸、杂志、网络等现代化的传媒工具，广泛、迅速地将预测结果公布于众。但采取这种形式，其准确性和可靠性需要达到相当高的水平，以此树立预报的权威。

（二）半公开预报

半公开预报即是把一定范围内特定的犯罪形态，向有关地区和有关人员发布的预报，以此引起有关地区和人员的高度警惕。这种预报不宜采用现代化的大众传媒工具，它经常采用的形式是召开会议、登黑板报和在内部张贴通告等。

（三）秘密预报

秘密预报即是把较严重的犯罪征兆，向专门机关和具有犯罪直接控制义务的行业、部门或单位所作的预报。秘密预报是及时防范犯罪分子实施犯罪的重要手段，它不允许向无关人员扩散。

（四）学术性预报

学术性预报即是向科研部门提供犯罪预测数据的预报，它属于学术探索的领域，是借助内部资料的形式向特定部门、特定人员传送并供内部探索和学术会议使用的一种预报形式。

二、预报的验证

犯罪预测不可能没有误差，这就需要对误差进行真实、全面的测量和验证，并找出造成误差的原因。

一切预报都需要验证，犯罪预报的验证也就是犯罪预测的验证。犯罪预测需要通过验证测量预测（预报）的误差，完善预测方法，获得进行新的预测（预报）的数据。

犯罪预测验证主要表现为犯罪预测趋势验证、犯罪类型验证和犯罪手段验证三个基本方面。犯罪预测趋势验证是通过对实际犯罪数量的增减、总体趋势的变化来测量预测（预报）的误差，掌握犯罪客观实际变化的规律；犯罪类型验证，是从实际犯罪的类型测量预测（预报）的误差，以此掌握犯罪的动因；犯罪手段验证，是以实际犯罪手段测量预测（预报）的误差，掌握犯罪可资利用的条件。验证的项目越详尽，验证的水平也就愈高。

预测与预测验证，再预测与再预测验证，是犯罪预测不间断地由低级到高级的发展过程。没有预测，就没有验证预测的指标；没有预测验证，就没有再预测的数据。预测、验证，再预测、再验证，周而复始，我们所获得的数据会越来越丰富，对犯罪的预测也会越来越接近实际，犯罪的预防工作做的也就越来越好。

思考题

1. 什么是犯罪预测?
2. 犯罪预测的主要内容的是什么?
3. 如何运用德尔菲法进行预测?

阅读书目

1. 韦立华、朱德林:《犯罪预测动态回归方法分析》,载《江苏警官学院学报》2004年第4期。

2. 黄立:《中国大陆有组织犯罪发展的11种趋势》,载《公安学刊(浙江公安高等专科学校学报)》2001年第1期。

3. 曹凤、吴畏:《中国社会犯罪:波峰之后是波峰?》,载《中国市场》1999年第5期。

4. 董士昙:《中国恐怖活动发展趋势分析》,载《山东公安专科学校学报》2004年第5期。

5. 徐志林:《上海经济犯罪现状、趋势分析与对策思考》,载《上海公安专科学校学报》1999年第2期。

6. 赵军:《我国犯罪预测及其研究的现状、问题与发展趋势——对"中国知网"的内容分析》,载《湖南师范大学学报(哲学社会科学版)》2012年第2期。

第十二章　犯罪预防

学习目标

- 了解将犯罪预防分为广义犯罪预防与狭义犯罪预防的理由及对犯罪预防理论与实践的意义，了解犯罪预防各种类型的涵义以及犯罪预防的可能性与局限性，正确认识将保护个人自由确定为犯罪预防的核心价值的意义。
- 掌握犯罪预防的方针和犯罪预防的基本原则，犯罪综合治理的概念、特征、基本内容及领导体制。
- 重点掌握犯罪的社会预防、治安预防、心理预防、情景预防、技术预防的概念、性质、方式方法及其内容。
- 分析社会治安综合治理能否作为我国的犯罪预防模式，比较中外犯罪预防模式的优缺点，谈谈对书中所设计的犯罪预防模式的理解。

犯罪预防是犯罪学理论体系中最为重要的组成部分之一，是犯罪学研究的出发点和归宿，不论是对犯罪现象的研究还是对犯罪原因的探讨，其目的都是为预防犯罪服务的，是犯罪学实践性与应用性的重要体现。因此，准确理解犯罪预防概念的含义，恰当区分犯罪预防的类型，深刻认识犯罪预防的艰巨性与可能性，全面分析和把握犯罪预防的内容，在此基础上建构适合我国国情的犯罪预防模式应当成为本章所探讨的重点。

第一节　犯罪预防的概念及类型

一、犯罪预防的概念

由于犯罪预防概念内涵和外延的模糊性，长期以来，各国学者对它的看法存在着较大的差异性。这种差异性主要体现在对犯罪预防的广义和狭义理解两个方面。

（一）广义的犯罪预防

广义的犯罪预防包括一切防止犯罪、惩治犯罪和预防犯罪的活动的总和。它除含有犯罪发生前的预防外，还包含犯罪发生中和犯罪发生后的打击与改造等措施。广义犯罪预防的观点由来已久，自从犯罪预防思想产生以来，直到20 世纪80 年代，各国犯罪学者几乎都从广义的角度界定犯罪预防概念，把与犯罪作斗争的一切方法和手段均包括在预防之列，使犯罪预防成为"包罗一切"的庞大理论和实践体系。这一理论的奠基人是犯罪社会学派的代表人物菲利。他在《犯罪社会学》一书中，详细地阐述了其刑事政策思想，主张将社会改革为主要内容的各种刑罚替代方法以及预防再犯的个别化措施均纳入犯罪预防体系。这种"预防就是一切"的广义犯罪预防思潮，不但为新社会防卫学派所推崇，而且在不少西方国家的刑事政策中也有所反映，如1989 年在里斯本召开的国际犯罪预防大会上，法国司法部代表团在向大会提交的报告中，除各种旨在阻止犯罪行为发生的事前干预手段外，还将再犯预防及对刑事犯罪受害人的赔偿等列入预防之列。

在东欧各国，广义的犯罪预防概念占绝对统治地位。前苏联学者 J. 茨维尔布利认为："犯罪预防，就是用来消除犯罪原因和条件或者减弱这些原因和条件的作用，从而保证减少并在将来彻底消除犯罪的各种因素的社会体系。"①波兰著名犯罪学家布鲁伦·霍维斯特更加明确地指出："所有能够对消除犯罪原因及条件起作用的（即使起中介作用）的措施，都应包括在犯罪预防的概念里面。"②

我国不论是理论界还是在实践中都奉行广义的预防观念。理论界大体认

---

① ［苏］J. 茨维尔布利：《犯罪学》，曾庆敏译，群众出版社1986 年版，第103 页。

② ［波兰］布鲁伦·霍维斯特：《犯罪学的基本问题》，冯树良译，国际文化出版公司1929 年版，第133 页。

为，犯罪预防是指综合多种社会力量，运用各种手段和措施，通过消除或减少诱发犯罪因素的途径，有效地防止、遏制和减少犯罪及重新犯罪的措施体系。在实践中，发挥各种社会力量，运用多种手段对犯罪进行综合治理，是我国的一项基本刑事政策。

（二）狭义的犯罪预防

狭义的犯罪预防，是指在犯罪发生之前主动采取措施进行防范。虽然广义犯罪预防概念在犯罪学界占据统治地位，但这种更为严格限定预防活动的狭义犯罪预防概念正逐渐受到重视。1982 年，欧洲部长理事会第 837 号建议案，明确把基于刑罚之确定及执行的惩罚性及威慑性预防排除在预防范畴之外，并将犯罪预防只视为实现刑事政策的一种手段，而与刑事政策的其他手段相区别。1984 年，欧洲司法部长第 14 届大会在其决议中再次强调了前述建议案中所界定的犯罪预防范围的重要价值，认为这是对犯罪进行有效预防的前提条件。

受欧洲部长理事会建议案的推动与影响，许多欧洲学者从不同的角度对犯罪预防的概念展开研究，提出了一系列狭义的犯罪预防概念。其中影响较大的是 1986 年比利时学者提出的概念："预防，是指国家、地方组织及社会团体，通过消除或限制致罪因素及其对孕育着有利于犯罪机会的物质及社会环境的恰当管理，以达更好地控制犯罪的目的而采用的一种手段。"[①] 在这一概念中，将犯罪中的阻遏措施（特殊预防）和犯罪发生后的惩罚与改造方法（再犯预防）等排除在犯罪预防概念之外。从狭义角度探讨犯罪预防已引起了我国一些学者的关注。

（三）对犯罪预防概念的评析

应当说，广义的犯罪预防概念反映了犯罪原因的复杂性和多层次性的特征，坚持广义犯罪预防的观念，有利于从宏观上运用多种手段，调动社会上一切可以调动的力量，形成控制犯罪的网络体系，具有一定的合理性，但它却混淆了同预防、治理、矫治等概念的界限与区别。预防作为整个犯罪防控体系中的一种基本手段，应当有自身的界限和范围。因此对预防手段和预防措施应当加以严格限定，以便得出更加符合逻辑的预防概念，只有这样，才能在此基础上构建科学的犯罪预防体系。

首先，从词源学上看，"预"是事先，"防"是防备，"预防"就是事先防备。这是我国所有辞书对"预防"一词公认的解释。在我国古代，犯罪预

---

① 张远煌：《现代犯罪学的基本问题》，中国检察出版社 1998 年版，第 258 页。

防的思想是非常清晰的，如《韩非子·心度篇》说："故治民者禁奸于未萌"，意即防止犯罪于未萌发之前。西汉的贾谊在《治安策》里提出："绝恶于未萌，而起教于微妙，便民日迁远罪而不知也"，不但明确了起教与防患的关系，而且主张通过发现犯罪苗头便抓紧教育来达到防患的结果。我国在立刑之初就提出了"刑期于无刑"的思想，意指不用刑罚达到无刑的目的，其主要精神就是追求理想的"无刑"世界。这种犯罪预防的理想主义境界，至今仍被中外犯罪学家视为犯罪学的一个根本原则。据此可认为，预防的本意在于"防患于未然"。如果犯罪已经发生，再作出反应，就失去了预防的本意，其反应性的措施显然不能再称之为预防。同样，在犯罪预防理论中，犯罪已经发生，在犯罪中或犯罪后再实施阻遏措施，或采用惩罚、改造等手段，显然已不符合犯罪预防的原意，只能被称为"特殊预防"、再犯预防等。犯罪预防应当指事先运用各种干预措施和手段阻止犯罪的活动。

其次，从犯罪预防的实践看，一种包罗万象、缺乏实践内容的纯理论预防概念，不仅无助于建立可操作性的犯罪预防体系，而且在实践中势必导致预防活动方向的模糊性和范围的不确定性，从而难以保证预防活动真正发挥其应有的功能。犯罪预防概念的内涵和外延长期以来难以界定、缺乏严密科学论证的结果，导致其成熟的预防理论难以建立，已有的预防实践也不尽如人意。因此需要提出一个更为符合犯罪学研究本意而又具有可操作性的预防概念，以恢复"犯罪预防概念"的本来面目。具体来讲，犯罪预防应具备以下几个基本特征：

（1）所实施的措施和计划的主要目的应当主要是基于犯罪预防的，而不能是其他社会性的各种措施。人们通常把发展经济和实施一些社会福利性措施也视为预防措施，这是让人难以苟同的。因为这些措施固然能对改善人们的生活条件甚至对减少犯罪产生某种影响，但这样的措施因为从本质上讲是改善人们生活的一般性的社会措施，而不具备犯罪预防的特定性。作为犯罪预防措施，其主要目的在于事先阻止犯罪，而不是一般社会性措施的附属物。

（2）预防犯罪应当是一般性的，而不是个别性的。即是说犯罪预防是针对所有犯罪行为，而不是针对个别犯罪行为的。这就将法律上对累犯、初犯所采取的个别化预防措施排除在犯罪预防之外。对累犯和初犯的个别预防则属于更广义的犯罪预防，可把它归入刑事政策学或刑罚学的范畴。

（3）防止犯罪行为发生的措施或行动应当在行为发生之前介入而不是在其之后。事后性的镇压、追究、惩罚等干预措施则已失去了预防的本意。

（4）先于犯罪行为发生所采取的各种措施和行动本身不具有直接的威慑性。借助威慑力的预防属于广义的预防，它应被排除在犯罪预防论之外，从而只能属于其他专门理论研究的内容。犯罪学中这种区分的努力，对提高预防效果有重大的理论帮助。根据以上区分和标准，犯罪预防的概念可作如下表述：犯罪预防主要是以消除或减少犯罪的原因和条件为目的而采取的各种措施的总和。

二、犯罪预防的类型

关于犯罪预防的类型，学界有多种不同的提法，目前所作的各种划分，都是研究者根据自己的专业倾向性、从不同的角度、按照不同标准对犯罪预防进行的归类与总结。但不论怎样分类，都应坚持以下基本原则：一是同一性原则，即应坚持分类标准的同一性，不能把不同层次的犯罪预防手段作为分类的标准；二是目的性原则，即有助于我国犯罪预防体系的建立；三是实践性原则，即具有可操作性，有助于预防手段的实施，便于采取针对性的措施，遏制高发类型的犯罪；此外，还要考虑到犯罪预防定义所作的限定。

根据以上目的和原则，可将犯罪预防分为多种不同类型。

（一）宏观犯罪预防与微观犯罪预防

依据犯罪预防的规模、范围的不同，可将犯罪预防划分为宏观犯罪预防和微观犯罪预防。

1. 宏观犯罪预防

宏观犯罪预防是指针对影响预防对象的较大因素所采取的整体性犯罪预防活动。它具有战略性、综合性的色彩。从空间形式上看，它包括：全国性的预防，大区域性的预防，一定地区的预防；从内容上看，就是对社会结构的改革与完善，自我克服犯罪的物质基础和精神基础；从体系上看，它包括预防的方针、政策、措施、办法等。宏观犯罪预防的特点主要表现为：一是全局性。它是在较大范围内，动员社会各部门、各阶层的广大成员，运用大量的社会资源，采取多种手段等进行预防。二是长期性。预防的决策和措施着眼于长效性，并且这些决策和措施往往都要经过较长的时间才能落实到位。三是根本性。宏观犯罪预防虽然追求标本兼治的效果，但它更加着眼于社会的长治久安。

2. 微观犯罪预防

微观犯罪预防是指针对影响预防对象的较小因素所采取的行动对策。微观犯罪预防是既与宏观犯罪预防相对应，同时又具有相对性的一种预防方式，主要包括社区预防、家庭预防、学校预防等。由于微观环境是人们生活于其中的社会环境，较之于宏观环境，与人们有着更为密切的互动关系，因而对人的社会化和犯罪有着更为直接的影响。

（二）社会预防、心理预防和治安预防

依据犯罪预防作用领域的不同，可将犯罪预防分为社会预防、心理预防和治安预防。

1. 社会预防

犯罪社会预防是针对犯罪现象产生的原因和条件，通过调整和完善社会结构，消除社会弊端，堵塞防范漏洞，减少犯罪发生的犯罪预防活动。[①] 犯罪社会预防的概念非常宽泛，它涵盖了宏观预防和微观预防的所有内容。其预防的目的，就是通过作为社会组织管理者的国家以及政府的职能机构、社会组织和社会群体的有组织、有目的的建设性活动，创设一个有助于抑制犯罪产生的社会环境，以减少、消除犯罪形成的社会基础。从内容上看，它不仅包括了国民经济与社会发展规划和建设的大部分内容，还包括诸如家庭、学校、社区、工作单位等对犯罪的预防，以及社会帮教、人民调解等措施所组成的群众预防；从主体上看，它主要表现为执政党对全社会的组织领导和政府的社会行政行为，以及群众性的预防行为等。

2. 心理预防

犯罪心理预防，是指通过对人健全人格的社会培养，阻遏犯罪心理形成的社会教育和个体的自我修养过程。[②] 预防的目的是培养人的健全人格，增强人的社会适应能力和自我控制能力，使其能够在特定的社会背景和具体场合下抵御犯罪的诱惑，并作出符合社会法律和道德规范的行为选择；预防的对象主要是未犯罪的正常人，而不是罪犯、变态人格者和精神病患者。同时，它还特别强调人的自我控制与外在控制之间的相对平衡，即正确处理外部环境的塑造和人的自我养成二者的关系，以达到人格的完善。

3. 治安预防

犯罪治安预防是指国家专门性预防机构通过治安管理与惩戒性活动以实现预防违法犯罪目标的社会控制活动及措施。其作用与目的在于及时发现和制止违法犯罪行为，尽可能减少犯罪条件和机会。现阶段，我国治安预防机关主要是公安机关，预防内容主要包括户口管理、复杂场所管理、特种行业管理、特种物品管理等。

（三）一般预防、特殊预防、重点预防、情景预防和被害预防

依据犯罪预防作用对象的不同，可将犯罪预防分为一般预防、特殊预防、

---

① 张绍彦：《犯罪学》，社会科学文献出版社 2004 年版，第 302 页。

② 张绍彦：《犯罪学》，社会科学文献出版社 2004 年版，第 302 页。

重点预防、情景预防和被害预防。

1. 一般预防

犯罪一般预防作用的对象是普通的社会成员，主要是针对有犯罪倾向性的潜在犯罪人。社会中的每个成员都有犯罪的可能性，特别是现代社会犯罪诱因的增多和人们活动范围的日益扩大，普通社会成员的犯罪可能性大大增强了。在这种情况下，只有树立全面预防的犯罪预防观，把社会成员都纳入犯罪预防的视线，才能取得系统预防的效果。因为，在犯罪预防的视野中，社会中的任何人都应当不间断地进行社会化，只有在社会实践活动中接受教育，加强自身的学习和修养，经常进行自我反省，树立正确的人生观、价值观和世界观，才能够使自己具备过硬的素质，抵御各种不良诱惑，从而有效地防止向犯罪转化。与此同时，还要将社会全体公民作为犯罪预防的主体，动员他们积极参加犯罪预防活动，自觉地落实各项犯罪预防措施，加强被害防范，以期减少犯罪的发生。

2. 特殊预防

特殊预防亦叫刑罚预防，是指国家通过刑事法律的设立、适用和执行来遏制犯罪和改造犯罪人的活动。[①] 刑罚预防主要是一种事后性预防，严格地说应当称之为再犯预防，其作用和目的在于发挥刑罚的威慑力和否定性评价功能，震慑犯罪分子不敢重新犯罪，使处于犯罪边缘的人惧怕犯罪，收敛违法行为，教育广大群众遵纪守法。

3. 重点预防

重点预防是指在犯罪预防时投入的力量和使用的措施，不是平均分配，而是抓主要矛盾，确定重点对象，有针对性地进行预防。重点预防的对象主要包括要害部门、要害部位以及具有重大险情的案件、危险人物等。这里所说的要害，主要是指对国家安危、国计民生和人民生命财产起重大作用的部门和单位，以及对某个单位生产、业务活动和工作全局起关键作用、有重大影响的部位的总称。如党政首脑机关，军事重地，重点工程，重要动力、交通、通讯枢纽，广播电视，物资仓库，大型桥梁，掌握重要机密和指挥决策的职能机构等，都是重点预防的对象。另外，重大犯罪险情的事件和突出的危险性人物，也是重点防控的对象。重点预防的特点是针对性、目的性强，能够集中有限的人力、物力解决突出的犯罪问题，稳定社会治安形势。但需要注意的是，在抓重点预防的同时，也不要忽视一般犯罪预防，要防止由小问题酿成大祸害。

---

① 张绍彦：《犯罪学》，社会科学文献出版社 2004 年版，第 302 页。

4. 情景预防

情景预防是通过控制或影响犯罪行为产生的直接环境以避免和减少犯罪行为发生的一种具有较强应用性的犯罪预防。犯罪动机向犯罪行为的转化不仅有行为人的因素，而且还受制于行为时的情景特点。情景预防的目的就在于通过力图掌握直接影响犯罪动机产生和转化的环境的控制权，减少诱发实施犯罪的各种因素，提高捕获率，增加犯罪代价。如通过环境设计，在城市建设和建筑布局的整体规划中，利用灯光照明设备消除环境"死角"，在居民楼房设计中保留公共活动中心，增加了望功能，减少阴暗角落等，都可以取得预防犯罪、减少犯罪的实际效果。

5. 被害预防

（详见第六章）

（四）保护性预防、疏导性预防、堵塞性预防和控制性预防

依据犯罪预防功能的不同，可将犯罪预防分为以下四类：

1. 保护性预防

保护性预防主要有三层含义：一是针对青少年群体而采取的一种犯罪预防措施。青少年是祖国的未来和希望，整个社会都应该关心他们的成长。青少年处在特殊的社会化阶段，生理、心理发育尚未成熟，其重要特点是模仿能力强，充满好奇心，自控能力差，具有很大的可塑性，易于接受外界不良环境因素的影响。因此，全社会都要关心青少年的健康成长，采取各种有力的保护性措施，净化社会环境，为青少年创造一个良好的生活成长空间。同时，社会各有关预防主体，都应当认真落实《中华人民共和国未成年人保护法》和《中华人民共和国预防未成年人犯罪法》的各项规定，切实保障青少年的合法权益，严肃查处侵犯青少年合法权益的各种违法犯罪行为，有效地防止和减少青少年犯罪的发生。二是针对一些具有不良行为和危险倾向的青少年，视其具体情况采取各种不同的特殊性保护措施，如通过进行帮教、送工读学校等教育方式，防微杜渐，帮助青少年顺利度过人生这一重要的社会化时期。三是针对社会弱势群体成员而采取的犯罪预防措施。从宏观方面而言，国家应制定公平、合理的社会政策，缩小贫富差距，使社会成员都能分享社会发展所带来的红利，给各阶层人员正常流动、发展的希望和机会；从微观方面讲，对弱势群体成员应实施心理疏导、精神慰藉和物质救助等具体措施，以防止其因心理紧张或为生活所迫而铤而走险。

2. 疏导性预防

疏导性预防是针对有犯罪倾向的人，通过教育、劝导、对话等方法，化解矛盾，排解其心中的郁闷、仇恨、偏激情绪，帮助他们消除挫折感，缓解心理紧张状态，从而打消其犯罪意念，达到预防犯罪的目的。首先，要搞明白具有犯罪倾向者的心理问题，了解其症结所在，然后再根据问题的性质确定解决问题的具体办法。如采取说理、劝导、化解、治疗等措施，消除其心理障碍，使有犯罪倾向者恢复正常的心理状态，并能够正确地面对现实生活中出现的各种挫折和问题，逐步提高其适应社会的能力。其次，要采取切实有效的措施，尽可能满足他们正当、合理的需要，帮助解决其工作、学习、生活中存在的各种问题，并根据其心理特点采取多种办法转移其某些不正当、不现实的需要，消除其错误的要求，打破其不良的违法犯罪心理结构，防止违法犯罪的发生。

3. 堵塞性预防

堵塞性预防是通过堵塞犯罪预防体系中的漏洞，或者以威慑性措施遏止犯罪心理的形成，从而达到犯罪预防目的的一种措施。

堵塞犯罪漏洞的方法主要有：一是加强被害预防，提高公民的自防意识，减少其自身及其财物遭致被害的机会；二是强化对社会公共财产的管理和重点人员的保护，特别是对特种物品、重点设施要严密防范措施；三是堵塞和减少犯罪发生的条件和机会，如堵塞销赃渠道，加强值班和巡逻措施等。

4. 控制性预防

控制性预防是对有不良行为和处于违法犯罪边缘、具有犯罪危险性的社会成员采取一定的监督和管控措施，减少犯罪机会的一种方法。如实行帮教、批评、监督等措施，对作案的时间、地点、工具和行为等采取一定的干预和控制，从而减少和消除犯罪的主客观条件，有效地抑制犯罪的发生。

（五）人防、物防和技防

依据主体和其所借助的力量的不同，可将犯罪预防分为人防、物防和技防。

1. 人防

人防亦可称为软件预防，主要是指社会个体所实施的犯罪预防。人不仅是社会生产力要素中最主要的并起决定性的因素，而且也是犯罪预防的决定性因素，是犯罪预防的主体，其他因素的预防都是由人并通过人来实施的，离开人的预防，其他预防将难以附丽。但人防作为一种动态预防也有其局限性，即动态的预防可能中断、缺位，容易出现漏洞。因此，必须动员和组织一切有能力的社会成员加入到犯罪预防体系之中，才能保证预防体系功能的正常发挥。现代犯罪的日益猖獗，已严重威胁到每个公民的人身安全和财产安全，预防犯罪已成为每个公民共同的社会责任和应尽的义务。因而只有充分认识到全民参与犯罪预防的必要性和重要性，才可能做好犯罪预防工作。这里包括两层含义：一方面，全体公民都应当主动与职能部门配合，同违法犯罪行为作斗争，防止和减少犯罪行为的发生；另一方面，国家及其职能部门要动员每位公民提高警惕，增强自防意识和自防能力，克服其自身存在的被害性，减少被害的机会。

2. 物防

物防亦称硬件预防，是指利用物质设备的作用所进行的犯罪预防，它属于条件预防的范畴。物防的目的在于加固犯罪分子可能染指的作案目标，为犯罪活动设置障碍，提高其犯罪难度和成本。物防与技防既有密切的联系，又有明显的区别。凡是没有科技含量或科技含量低的加固目标的措施均可称之为物防。在技防中，虽然也离不开物质载体，但这种物质实体是作为技防的载体使用的，它的基本功能在于把需要保护的目标通过加锁、加固、安装报警器等与外界相隔离，从而达到阻却犯罪、监控犯罪、记录犯罪的目的。随着科学技术的发展，物防的功能也在不断增大，我们必须根据物防的特性使它与人防有机地结合起来，共同发挥其犯罪预防的作用。

3. 技防

技防即技术预防，是指利用光学、声学、化学、电子等先进的科学技术成果或设施预防犯罪发生的一种防范机制。随着现代科学技术的发展，犯罪的智能化程度不断提高，犯罪技术防范的范围也在不断扩大，防范犯罪的设备不断完善，先进的科学技术也在不断被应用于犯罪预防领域。技术预防在阻却犯罪、控制犯罪和抓获犯罪分子方面所起的作用越来越大。

（六）一级预防、次级预防和第三级预防

一级预防、次级预防和第三级预防，是西方犯罪学界根据预防的层次所作的犯罪预防分类方法。一级预防是针对改变物质环境及社会中的罪因条件而采取的各种预防措施；次级预防是针对有违法犯罪特定危险倾向的人群所实施的预防；第三级预防则是通过重新适应社会的个别化措施，至少使犯罪者的人格或人身危险性处于"中性"状态的一种再犯预防。

第二节　犯罪预防的核心价值

"预防胜于制裁"，犹如医生宣称"预防胜于治疗"一样如此地深入人心，但犯罪预防的真正价值却被湮灭在种种模糊的认识与表象之中。在犯罪学通说中，犯罪预防是与社会安全保障画等号的，犯罪预防就是为了保障社会安全和维护社会稳定。这种认识只看到了犯罪预防的形式意义，而没有看到其实质意义。其实，犯罪预防就像一面模具，其凸面是社会安全保障，其凹面是个人自由保护。社会安全保障构成了犯罪预防的外在价值，个人自由保障构成了犯罪预防的核心价值。对这一问题的理性审视，有助于我们正确地认识和控制犯罪。

一、犯罪预防的核心价值——个人自由之保护

将犯罪预防的核心价值定位于个人自由之保护是由人类的性质和目的性决定的。

犯罪是一种正常的社会现象，每一个社会都有一定的犯罪。犯罪存在的客观必然性，决定了它只能被抑制而不能完全被消除。不论刑罚多么残酷，一个社会总有其适度的犯罪率。法国社会学家迪尔凯姆认为："在我们所知道的一切社会中，犯罪不管轻重，都有不同的形式。任何民族的道德原则每天都会受到侵害，因此我们说犯罪是必然的，并断言它将永远存在下去。"① 迪尔凯姆根据犯罪的这一特质，设计其预防和减少犯罪率的基本点是利益协调，即协调不同阶层、不同集团的利益。保护个人和团体的自由是其预防犯罪的核心和内在驱动力；而加强社会整合力，保障社会安全是其犯罪预防的外在牵引力。英国政治哲学家威廉·葛德（Willian Gede）也有类似的观点。他说："人类的历史无非是一部犯罪的历史，这是一种古已有之的说法。社会对于我们之所以可取，是因为它能够供给我们的需要和增进我们的福利。"② 犯罪并非历史的偶然，也非一种反常的社会现象，它与人类历史相伴而行，犯罪预防是对犯罪现象的理性反应，它从野蛮走向文明，其价值就在于供给人类的需要，增进人类的福利，保护人类的自由与和平。

因此，犯罪预防不能背离人类追求自由这一永恒歌颂的主题。自由、生命、财产是人与生俱来就应当享有的权利，不可以被非法剥夺，然而这一权利却被社会枷锁所限定。在汤因比的笔下，自由似乎是社会整合的临界点，当自由的剥夺超过人类的承受力，人类就趋向反抗，社会就走向解组。所以，过度的刑罚化，迷信重刑，不仅不利于社会稳定，反而会激化矛盾。因此，犯罪预防不能以牺牲自由为代价来求得社会稳定，即使犯罪预防打着保卫社会安全的旗号，也绝对不能没有最低限度的自由保护。自由之保护应成为犯罪预防永恒的主题。但世上没有绝对的自由，人类的自由需求也应当受到一定的必要的约束，需要良好的社会秩序作保障，在没有法治的无政府状态下是不可能有人类自由的。这就出现一个问题：如何调适保障社会安全、社会稳定与保护自由的

---

① 转引自谢勇：《犯罪学导论》，湖南出版社1992年版，第138页。
② ［英］威廉·葛德：《政治正义论》，商务印书馆1982年版，第12页。

矛盾，实现二者之间的平衡，为国家维护社会安全、打击犯罪提供一个正当化的根据，我国学者迄今为止还缺乏充分的论述。德国学者克劳斯·克罗辛的"利益均衡原则"为我们思考这一问题打开了一扇窗口。他说："如果一种自由的使用极其可能导致损害其他人的结果，那么就可以剥夺这种自由"，[①] 以实现社会公平。

二、确认犯罪预防核心价值的意义

将个人自由作为犯罪预防的核心价值，可以避免社会安全保障这张无形的灰网来束缚人类自由的心灵，从而使犯罪预防真正走向理性。其意义具体表现为：

（一）有利于正确认识刑罚的目的

刑罚的目的究竟是报应，还是功利，或者两者兼而有之？历来存在着严重的分歧。康德、黑格尔等人主张刑罚的目的在于报应；龙勃罗梭、李斯特等人主张刑罚的目的是预防犯罪；我国有关学者认为刑罚的目的是报应与预防的有机统一。[②]

刑罚作为事后的一种干预手段，基于犯罪而产生，基于功利而存在，其目的正如柏拉图在其《法律篇》第六章第 934 节中所阐述的："刑罚并不是对过去的报应，因为已经做了的事是不能勾销的，它的实施是为了将来的缘故，它保证惩罚的个人和那些看到他受惩罚的人既可以学会彻底憎恶犯罪，还至少可以大大减少他们的旧习。"可见，国家设立刑罚的目的不是剥夺罪犯的自由，而是通过它采用教育隔离、感化等再社会化手段，帮助罪犯能够顺利回归社会，适应社会，重新获得自由。因此，刑罚的目的是预防犯罪，其价值在于保护公民的自由，预防犯罪与保护公民的自由应是统一的。

刑罚虽然是必须的，但刑罚的预防功能也是有限的。因此，迷信刑罚，将刑罚作为预防犯罪的唯一手段；迷信重刑，将重刑作为平衡社会治安形势的唯一杠杆的观念，是极其有害的。刑罚的威慑和恐吓不仅不能有效地遏制犯罪，有时反而会诱发犯罪，导致公民自由的减少，所以孟德斯鸠说："治理人类不要用极端的方法，我们对于自然所给予我们领导人类的手段应该谨慎使用。""刑罚的增加和人民距离自由的远近成正比，这是不难证明的事情。"[③] 刑罚及于犯罪人不是"以毒攻毒"的报应，而是出于恢复罪犯的自由，帮助其回归

---

① ［德］克劳斯·克罗辛：《德国刑法总论》，王世洲译，法律出版社 2005 年版，第 52 页。
② 陈兴良：《走向哲学的刑法学》，法律出版社 1999 年版，第 142 页。
③ ［法］孟德斯鸠：《论法的精神》，张雁深译，商务印书馆 1996 年版，第 36 页。

社会的功利目的。鉴于此，借助于预防这种主动的事前干预手段防患于未然，对弥补刑罚这种事后干预手段所不可避免地带来的有害性和不充分性，不仅是社会的客观需要，而且对于保护公民的自由具有崇高的价值。

（二）有利于制定合理的刑事政策

刑事政策是国家对犯罪行为和犯罪人运用刑罚等有关措施有效地实现预防犯罪目的的方略。刑事政策合理性的源泉是帮助犯罪人回归社会，使其重新获得自由，而不仅仅是对犯罪人进行报应。我国目前的社会治安局面，主要的还是依靠不间断地进行"严打"和专项治理活动来维持。在这种情况下，刑罚不再是预防犯罪的手段，而成为惩治犯罪的工具。它一方面表明了以刑罚为万能良药的绝对工具主义理想的破灭，另一方面也宣告了犯罪预防系统的无效。究其原因，主要在于刑事政策缺乏其合理性与科学性，即在制定刑事政策时感性多于理性，一味地强调社会安全保障和社会秩序的维护，而忽视对个人自由的保护。刑事政策的目的是"防"而不是"打"，是矫正、是更生保护而不是"使其痛苦和赎罪"。刑事政策是人类理性在刑事领域觉醒的产物，它是否合理直接制约着预防犯罪的效果。

（三）有利于罪犯的权利保护并使其顺利回归社会

德国刑法学家汉斯·海因里斯·耶赛克曾说："立法者要求任何量刑都必须考虑到处罚对于判刑人未来生活的影响……对于犯罪人的关怀不再是一种恩惠，而是法治国家一项义务性的社会责任。"[①] 作为犯罪人，一旦失足，即使以死赎罪，也不可能洗清先前的罪孽。对他施以刑罚是法律所要求的，也是应当的，但刑罚应当是谦抑的、人道的和理性的。犯罪预防是对犯罪的理性反应，是矫正犯罪人而不是消灭犯罪人，对罪犯的权利和自由的保护是犯罪矫治（特殊预防）的核心价值，犯罪预防的生命力就在于对个人自由的保护，在于良好风气的传播、人道的感化和善良品格的培养，而不能只依靠刑罚及刑事政策的"打"与"罚"来治理犯罪。

总之，转变观念，尽快制定有关犯罪预防的法律、法规，不断完善刑事政策，并将对人的自由之保护贯穿其中，对预防犯罪和减少犯罪将起到非常重要的作用；反之，夸大刑罚的防范功能，片面强调社会安全保障是不能有效遏制犯罪的。唯有从客观事实出发，正视犯罪这种社会现象，将个人自由保护视为犯罪预防的核心价值，将安全保障作为犯罪预防的外在价值，理性地制定犯罪预防对策，才能达到减少犯罪的目的。

---

① 转引自国务院新闻办公室：《中国改造罪犯现状》，法律出版社 1992 年版。

第三节　犯罪预防的可能性与局限性

在明确了犯罪预防的价值后，还应当确认犯罪预防的实际可能性与局限性，以便在理论上对这一问题有个透彻的认识，从而更好地指导犯罪预防实践。

一、犯罪预防的可能性

犯罪能不能预防？长期以来，在犯罪学家中并没有取得基本一致的看法。以龙勃罗梭为代表的西方犯罪生物学派，把犯罪原因看作是个体生理、心理的产物。既然犯罪源于人的生物本能和遗传因素，自然会得出社会的事前干预对犯罪行为的影响微乎其微、犯罪不可预防的结论。以法国社会学家迪尔凯姆为代表的社会学者，将犯罪看作是一种正常的甚至是有益的社会现象，认为："犯罪的发生是不可避免的，消除犯罪的唯一条件是当集体意识完全支配个体意识时，但是这样的社会是不存在的。"[①] 社会反应理论认为，罪与非罪之间并没有明显的界限，它们二者之间不存在明显的二分法，犯罪是刑事立法和司法活动的产物，因此对犯罪根本没有预防的必要，甚至彻底否定"制造"犯罪的刑事立法和司法系统。一些传统的刑法学者更加相信刑罚的效力，认为对犯罪的有效控制，重点不在于预防，而在于强化对犯罪人的制裁，他们往往把犯罪的增多看成是刑罚的软弱无力。从社会实践看，自工业革命以来，犯罪像打开的潘多拉魔盒，突然间释放出巨大的能量，犯罪率成倍增长。尽管世界各国政府都投入了大量的人力、财力进行研究和预防，但实际收效甚微，并没有有效地解决当代世界犯罪泛滥的问题。其现实状况难免让人对犯罪预防的有效性产生怀疑。

但是，人们并没有因此失去治理犯罪的信心，大多数犯罪学家仍然坚信，犯罪是可以预防的，犯罪预防有着充分的理论依据。

（一）人的本质属性为犯罪预防奠定了生物学基础

从根本上讲，人与动物的本质区别在于，人是社会性的动物，社会性是人的本质属性。人的行为，特别是一些复杂的高级行为是后天习得的，而不是先

---

① ［法］迪尔凯姆：《社会学方法论》，转引自陈显容、李正典：《犯罪与社会对策——当代犯罪社会学》，群众出版社 1992 年版，第 73 页。

天的。而动物的行为是与生俱来、先天遗传的，因而其行为方式几乎是不能改变的。"老鼠生来会打洞"，"蜘蛛生来会结网"。动物的先天遗传基因已经将动物的行为程序预先设定好了，动物的先天行为是严格按照遗传密码进行的。人类来自于动物界的事实本身，虽然决定了人还不能完全摆脱动物的一些本能属性，但人的本质属性是社会性而不是生物性，是社会性与生物性的有机统一。人类真正社会意义上的行为，不但超越了人的本能，甚至是反本能的。有骨气的饥民不吃"嗟来之食"，革命仁人志士更是给后人留下了"砍头不要紧，只要主义真"的千古绝唱。这些都说明，人类个体的行为包括犯罪行为不是由其生物学因素决定的，而是由社会环境因素决定的，是社会环境因素与社会个体在社会化过程中相互作用的结果。人性的可变性这一事实，决定了人类自身的个性特征和行为方式是随着环境的变化而变化的，人类的犯罪行为是可以通过社会干预加以预防的。

（二）人的社会行为随着社会环境变化的特征为犯罪预防创造了条件

人是在与他所处的社会环境中一起成长起来的，人的个性心理、情感特征、道德操守、宗教信仰的形成，在很大程度上受制于其所处的社会环境。"近朱者赤，近墨者黑"。古代孟母三迁，择邻而居；国家和政府大力发展文化教育事业，净化文化市场，就是为了给青少年的成长提供一个良好、健康的文化环境。我国建国60多年来犯罪变化的规律也充分说明，什么时候政治稳定、经济发展、文化教育事业兴旺发达、法制得到很好的贯彻与执行，什么时候社会治安形势就好，犯罪率就低；反之，社会治安就发生混乱，犯罪率便会升高。可以说，犯罪是社会变动的晴雨表，它随着社会环境的变化而变化。社会环境的可变性决定了"适者生存"的人类行为方式的可变性。从各国犯罪预防活动的实践看，加强情景预防，不断改善人类生存的社会环境，主动干预犯罪活动，加强警察和群防组织的巡逻，堵塞漏洞，挤压犯罪活动的空间，加强被害人自身的防范，就可以大大减少犯罪的机会，使犯罪得到有力的控制，保持社会治安的相对稳定。目前，我国犯罪率持续上升的主要原因在于，社会转型过程中出现的问题较多，预防决策缺乏科学性，犯罪控制组织实施不力，犯罪预防的潜在功能没有得到充分地发挥。

（三）现代科学技术的发展为预防犯罪创造了强有力的手段

科学技术作为第一生产力，极大地推动了社会经济的发展和人们生活水平的提高，这为从根本上减少和控制犯罪创造了条件。社会经济的发展不仅为提高人的科学文化素质奠定了物质基础，而且也为社会预防犯罪提供了先进的物质、技术手段。特别是以电子计算机为代表的现代科学技术，更是极大地促进了犯罪预防由可能性向现实性的转化。现代社会要有效地预防和控制犯罪，就必须占有大量翔实的信息资料并掌握先进的犯罪预测工具。现代通信技术和电子计算机设备为收集、贮存和分析犯罪信息，建立犯罪信息库创造了现实条件，使科学的犯罪预测由可能变成现实，从而能够准确有效地预防犯罪。同时，闭路电视、电子监控设备的发展也为技术预防创造了有利条件，增强了犯罪的社会控制和防范能力。此外，现代生物科学技术（如 DNA 技术）的发展更为揭露犯罪提供了更为科学的依据，进一步提高了刑罚的威慑力，制约了一些具有侥幸心理的潜在犯罪者规避惩罚的企图，有效地发挥了犯罪的特殊预防功能。

（四）国际范围内的通力合作为犯罪预防提供了广阔的空间

现代犯罪的一个显著特征是犯罪日趋国际化，这种态势随着全球化进程的加快而日益明显，但这同时也促成了犯罪预防与控制的国际合作。联合国多次呼吁并具体组织落实国际范围内的打击、预防犯罪的国际合作事宜，先后成立了一系列国际刑事司法机构和地区性犯罪预防机构，如国际海牙法庭、国际刑警组织等。其中，国际刑事警察组织于 1914 年 4 月在摩纳哥召开的第一次国际刑事警察会议上正式成立。我国于 1984 年 9 月被接纳为国际刑警组织的正式成员国。该组织的宗旨是：追捕罪犯，挫败犯罪阴谋，交流经验技术，分析国际刑事犯罪活动的主要趋势，保证和促进各国刑事警察当局尽可能广泛合作，建立和发展有助于预防和镇压普通犯罪的各种制度。近年来，为了打击国际恐怖主义，我国与美国等世界其他国家加强了双边、多边国际合作，并取得了显著的成效。2002 年 6 月 16 日，中、俄、哈、吉、塔、乌六国在上海举行的峰会上签署了《打击恐怖主义、分裂主义和极端主义上海公约》。公约不仅对恐怖主义作出了明确的界定，而且还建立了切实可行的部门合作机制，成为地区间国际反恐合作的典范。可以看出，国际社会的有效合作、相互交流，为有效地打击和预防犯罪提供了有利的条件。

二、犯罪预防的局限性

犯罪学的理论和实践虽然有效地揭示了犯罪预防的可能性与现实性，但是我们也不能因此忽视犯罪预防的长期性和艰巨性，如果对犯罪预防活动的作用程度和范围作过于乐观的估计，可能会陷入"预防万能论"的认识误区。实际上，犯罪预防作为控制犯罪的一种手段，其作用和范围要受到多种因素的制约，人们在预防犯罪的过程中将不可避免地存在着种种困惑与局限性。这种局限性主要表现为：

（一）社会的复杂性与犯罪存在的长期性

从犯罪产生的根源上讲，犯罪根源于一定社会的生产方式，而生产方式的矛盾是社会现象中最深层次的矛盾，它不仅仅是犯罪和各种消极因素的根源，同时也是各种积极社会现象的根源。要解决这个矛盾，主要靠发展社会生产力。随着社会生产力的发展，人类精神文明的极大提高，社会一切问题包括犯罪问题都将大大减少并最终得到有效的控制。但是，发展生产力，不断解决生产方式的自身矛盾，实际上构成了人类社会生活的全部内容，是人类社会生活中的一个极大的难题。犯罪的预防和控制与社会生产、生活条件状况的一致性决定了要想从根本上铲除犯罪尤其是消除一切危害社会的丑恶行为是非常渺茫的。但是，人们在犯罪面前并不是无能为力的，只要大力发展社会生产力，建立健全各种社会制度，完善各种社会关系，尊重自然规律，对犯罪问题加强研究，科学地揭示犯罪的原因及其规律，就能够有效地控制犯罪，犯罪预防的目标是能够实现的。但这无疑是一个非常漫长的过程，我们绝不能幻想短期内就能实现。正如毛泽东同志所说："法庭一万年都还会存在，政法机关只能加强，不能削弱。"① 因此，我们必须客观地对待犯罪问题，加强研究和探索，为有效地预防和控制犯罪创造条件。

（二）犯罪现象的复杂性及其规律的难以把握性

首先，犯罪现象是一种十分复杂的社会现象，其形成的原因，不仅与社会的政治、经济、文化、教育、法律、道德、伦理、宗教、民族等社会现象和因素有密切的关系，而且还与自然环境因素和个体的心理、生理因素存在着各种不同的联系。揭示犯罪现象与这些因素的关系，把握犯罪现象存在、发展和变化的规律性，不是轻而易举的，而是一个长期、艰难的认识过程。其次，把握犯罪规律方面的局限性难以保证所拟订的所有预防措施都是完全符合实际的，而这些偏离在一定程度上降低了预防的效果。最后，由于社会条件的局限性，即使所提出的措施是贴切的，也可能因其付出的代价过高而无法广泛地实施，从而影响到预防效果的充分发挥。所有这些都制约着对犯罪现象的规律性认识。而缺乏对犯罪规律的科学认识，要制定出切实可行的犯罪预防措施是不现实的。

（三）犯罪预防方法与手段本身存在的不足

犯罪预防是一种事前阻遏犯罪的方法，这就决定了犯罪预防必须建立在科学的基础之上。可是，由于犯罪的特殊性、复杂性以及犯罪黑数的存在等原

---

① 王玉明主编：《毛泽东法律思想库》，中国政法大学出版社1993年版，第315页。

因，一方面使得研究人员通过各种调查手段收集到的犯罪资料的真实性、可靠性因此受到削弱；另一方面，尽管一些科学的研究方法特别是一些自然科学的方法逐渐地被应用于犯罪学研究，但由于犯罪学的研究对象不像自然科学研究的对象那样全是一些盲目的不自觉的力量在起作用，它所研究的对象全是有意识、有目的并按照一定的思维方式活动的人或犯罪人，因此，对犯罪的预测和预防还难以达到像自然科学研究那样准确的程度。同时，由于具体犯罪行为的多样性和可变性，犯罪预防研究所制定的方法不可能对所有的犯罪形式都有同等的效果，有些犯罪必须有严厉的制裁措施作后盾和保障，如恐怖犯罪、黑社会犯罪等；有些犯罪就需要通过早期教育以达到预防的目的，如青少年犯罪；亦有一些犯罪，需要增加巡逻的密度和扩大巡逻的范围，扩大情景预防的效果，以防止犯罪活动在时间和空间上发生转移；还有一些待犯罪化或非犯罪化的犯罪，更加难以用一种十分准确的科学方法进行预知。这不是人类的无能，而是人类的主观认识受制于客观世界的认识局限性造成的。当一种犯罪行为还没有充分暴露出其社会危害性时，或一种犯罪行为还没有充分表现出已失去社会危害性特质时，人们就难以制定出超前的预防措施对它进行预防。

（四）人类追求的价值目标之间所固有的矛盾与冲突

人类社会每前进一步，常常要以付出一定的代价为条件。因为人类在追求某些价值目标时，常常在价值体系内部和实践活动方面表现出某种冲突的情形，从而影响到所追求的价值目标的实现。这种矛盾状态对社会的困扰常常令人类徒叹奈何。例如，为了和平和制止战争，各国纷纷投入巨额经费，发展军事，将有限的资金用于各种大规模杀伤性武器的研制，有的国家甚至仍在大力发展核力量，加强核威慑，由此极大地影响到社会的经济、教育和精神文明的发展，使人类受到直接或潜在的毁灭性威胁。这种社会矛盾状态在犯罪预防领域也同样存在。犯罪学研究表明，发展商品经济无疑会刺激人们的金钱欲望，从而成为一些财产性犯罪和经济犯罪的诱发因素；同时由于商品经济的发展，必然伴随着人、财、物的大流动，给控制犯罪带来了很大的困难。但商品经济又是社会发展不可逾越的阶段，从自然经济状态发展到商品经济状态，是人类社会的极大进步，只有在商品经济高度发展的基础上，才能有效地缓解社会的基本矛盾，从而使社会逐步走上民主、自由、平等、富足、健康的生活道路，实现人类的伟大理想。又如，家庭作为社会的基本细胞，它的解体是青少年犯罪的一个重要诱因，所以，致力于家庭的和谐与稳定，是预防青少年犯罪的一项根本性措施。但是，结婚与离婚自由又是公民的一项正当权利，国家不能因为家庭解体影响到青少年犯罪而剥夺人们自由离婚的权力。因此，当社会中某些价值观念和社会实践活动与犯罪预防发生冲突时，就需要我们从宏观全局上通盘考虑，不惜以犯罪预防措施让位于其他社会性措施，这可能就是社会发展而不得不付出的代价。

第四节　犯罪预防的方针和基本原则

一、犯罪预防的综合治理方针

（一）犯罪综合治理方针的形成

犯罪预防方针，是指规范和指导犯罪预防活动的工作指南及行动方向。[①] 犯罪原因的复杂性、多变性和治理犯罪的艰巨性决定了犯罪预防必须以一定的方针作指导，才能避免在犯罪预防实践中偏离正确的轨道。

关于犯罪预防方针，目前学界仍存在着不同的见解。其分歧的主要原因是一些人错误地将犯罪预防的基本原则等同于犯罪预防方针，如将"专群相结合"、"打防并举、标本兼治、重在治本"、"打防结合，以防为主"等犯罪预防的基本原则作为犯罪预防的方针。严格地讲，这些只是犯罪预防所依据的法则或标准，充其量也只能算作是某一领域或某项预防工作实践的指针，而不能将其看作我国犯罪预防的方针。其实，我国在长期的犯罪预防理论探讨和实践过程中，逐步形成了社会治安综合治理体系，确立了犯罪预防的方针——社会治安综合治理（或犯罪综合治理）。[②]

改革开放以来，随着我国社会犯罪特别是青少年犯罪的日益严重，我国政府将犯罪预防工作提上了议事日程。1981 年中共中央在批转中央政法委员会召开的五大城市治安座谈会纪要文件中强调，解决社会治安问题，必须各级党委来抓，全党动手，实行全面"综合治理"，提出了（或肯定了）"综合治理"的概念。1991 年 1 月 15 日至 22 日，全国社会治安综合治理工作会议在山东烟台召开。党中央、国务院的 20 多个有关部门的负责同志和各省、自治区、直辖市主管政法工作的负责同志以及政法委员会的负责同志参加了会议。会议在回顾总结过去 10 年社会治安综合治理工作的基础上，深入研究了社会治安综合治理的任务、工作范围，解决了政策原则、落实措施、领导体制等重大问题，标志着社会治安综合治理朝着制度化、法制化方向迈出了新的步伐。

---

① 魏平雄等：《犯罪学教科书》（第 2 版），中国政法大学出版社 2008 年版，第 285 页。
② 需要说明的是，在我国，"社会治安综合治理"与"犯罪综合治理"是同义语。

1991 年 2 月 19 日，中共中央、国务院作出了《关于加强社会治安综合治理的决定》（以下简称《综治决定》），对社会治安综合治理的特殊性、重要性、任务、要求和目标、工作范围、管理原则、领导责任制、公安机关的职能作用等作出了明确的规定。同年 3 月 2 日，第七届全国人大常委会第 18 次会议通过了《全国人民代表大会常务委员会关于加强社会治安综合治理的决定》，进一步明确了社会治安综合治理的指导思想、基本原则、主要任务和工作措施，奠定了社会治安综合治理的法律基础。以上两个《决定》的出台，标志着我国社会治安综合治理理论体系基本形成；而中央社会治安综合治理委员会（简称"中央综治委"）于 1991 年 3 月 21 日在北京的成立（领导体制正式建立），标志着我国社会治安综合治理已不仅仅是纯理论的建构，而且有了体制保障。此后，中央综治委不仅组织召开了一系列委员会会议和有关社会治安工作的专项会议，而且还独自或组织与联合中央和国务院各有关部门制定并发布一系列部门规章与文件。这些规定的制定与颁布，使中共中央、国务院和全国人大常委会颁布的两个《决定》所规定的内容更加具体化、更有操作性，社会治安综合治理工作基本上做到了有法可依、有章可循，标志着我国社会治安综合治理工作迈向了规范化、科学化与法制化的轨道。

社会治安综合治理是一个系统的犯罪预防理论体系，包含着丰富的思想内容，它体现了犯罪原因综合系统性、复杂多变性的客观要求；它既是一种犯罪观，又是一种方法论，是指导我们进行预防犯罪活动的总方针。

（二）犯罪综合治理的含义

犯罪综合治理是指在党委、政府的统一领导下，组织和依靠国家政权、社会团体和人民群众的力量，各单位、各部门协调一致，齐抓共管，运用政治的、经济的、行政的、法律的、文化的、教育的等综合手段，整顿社会治安，从根本上预防和减少违法犯罪，保障社会稳定，为改革开放和社会主义现代化建设创造一个良好的社会环境的一项社会控制活动。

犯罪综合治理具有以下基本特征：

（1）必须坚持各级党委和政府的领导。犯罪综合治理是一项庞大的社会工程，要调动各方力量参与其中，并达到预防和减少犯罪的目的，只有在党和政府的统一领导和指挥下才能完成。

（2）必须动员全社会的力量。犯罪问题是社会各种矛盾的综合反映，对犯罪的治理工作涉及社会的方方面面，仅依靠一个或几个部门是难以完成这项艰巨工作任务的，必须在各级党委和政府的领导下，调动全社会的力量，齐抓共管，才能取得应有的效果。

（3）必须采取多种方法和手段。犯罪综合治理是一项教育人、挽救人、改造人的系统工程，只用一种方法和手段是行不通的，必须采取多种方式方法，打防结合，走群众路线，坚持"专群相结合"、"谁主管谁负责"的原则，严格目标管理责任制，运用政治、经济、行政、文化、教育、法治等多种手段，对犯罪采取立体防治措施。

（4）必须实施多元治理。犯罪预防不是单一的，而是多元的。从犯罪预防的对象看，它不仅包括已然犯罪，还包括未然犯罪；不仅包括犯罪人，还包括被害人。从犯罪预防的类型看，不仅要实施宏观预防，还要实施微观预防；不仅要实施刑罚预防、治安预防、心理预防，还要实施技术预防、条件预防、情景预防等。

（三）犯罪综合治理的内容

《综治决定》第3条规定，综合治理工作主要包括"打击、防范、教育、管理、建设、改造"六个方面。

（1）打击。打击是国家司法机关依照法律揭露和证实违法犯罪事实，运用刑罚和其他处罚措施惩罚犯罪和改造违法犯罪人的强制性措施。打击是控制犯罪的有效途径和基本手段，是实施犯罪综合治理的首要环节。因此，应根据宽严相济的刑事政策，严厉打击严重刑事犯罪活动，充分发挥刑罚的威慑力和惩罚功能，震慑潜在的犯罪人，为落实犯罪综合治理其他措施提供条件。

（2）防范。防范是指为消除犯罪的原因和条件，防止和减少犯罪发生而采取的各种社会管理、组织和建设性措施。防范是消除和减少犯罪原因的基本途径和手段，是犯罪预防的根本性措施。加强安全防范工作的主要任务是：广泛发动和组织群众采取各种安全防范措施，消除一切不安定因素和安全隐患；大力开展社会矛盾和民间纠纷调解工作，将矛盾纠纷化解在萌芽状态；完善各机关、企事业单位内部管理和各项安保措施，堵塞各种安全漏洞；更新加固城市住宅楼和农村庭院的安全防范设施，增加犯罪难度；强化城乡治安联防，健全群防群治机制；加强警民共建，密切警民关系，落实好各项治安防范责任制。

（3）教育。犯罪预防教育是维护社会治安、预防犯罪的一项根本性的战略措施。它是从提高全体社会成员的素质入手，通过各种形式的宣传、教育和引导，不断增强其自身防范意识和防范能力的活动过程。犯罪预防教育应全方位展开，应充分利用现代传播媒介，采取多种方式和手段，进行宣传教育。特别应加强青少年的思想道德教育、法制教育和被害教育，做好后进青少年的思想工作；重视潜在犯罪人和易被害人等特殊人群的教育；落实做好刑满释放人员和解除劳教人员的接茬帮教、安置工作，避免其重新犯罪。

（4）管理。管理即是行政管理。加强各方面的行政管理工作，是堵塞犯罪空隙、减少社会治安问题、建立良好社会秩序和实现犯罪预防的重要手段。当前突出的社会治安管理工作，就是要抓好流动人口管理，强化对旅店、出租屋、废品收购站、歌舞厅、录像放映点等特种行业的管理，净化文化市场，加强对重点要害部门、要害部位的管理和防卫工作。

（5）建设。建设是针对犯罪预防实践过程中出现的问题和根据综合治理工作任务对有关组织、制度、措施及法律法规的改进与完善。加强城乡基层组织建设，建立健全和推行各种形式的治安防范责任制，是落实综合治理工作的基本保证；同时还要制定和完善综合治理的各项法律法规，使综合治理工作的开展有章可循，有法可依。

（6）改造。改造主要是指对判处刑罚的犯罪人员进行教育改造的活动。它是防止犯罪人重新犯罪的一项特殊预防措施。改造犯罪人，应坚持"教育、感化、挽救"的方针，进一步提高改造质量。应继承和发扬我国改造工作中形成的良好做法，继续实行"三个延伸"（向前、向外、向后），使刑满释放人员和劳教解除人员能够顺利回归社会。

（四）　综合治理的领导体制

《综治规定》第 5 条规定：社会治安综合治理的领导体制是，在党委统一领导下，党政共抓，办事机构具体指导协调，各部门、各单位各负其责。最重要的是各级党政主要领导要亲自过问，把一般号召和具体指导结合起来，真正担负起抓社会治安的责任。

1. 中央综合治理的领导机构

中央综合治理领导机构是中央社会治安综合治理委员会（简称"中央综治委"）。它是协助党中央、国务院领导全国社会治安综合治理工作的常设机构，第一任主任是乔石。"中央综治委"下设办公室。办公室设在中共中央政法委员会，第一任办公室主任是束怀德。

"中央综治委"的主要任务是：贯彻执行党的基本路线、方针、政策和国家法律，根据国民经济和社会发展的总体规划及社会治安的形势，指导和协调全国的社会治安综合治理工作。

2. 地方各级综合治理的领导机构

依据《综治决定》的规定，各地方从省、自治区、直辖市到地市、县区，都要建立健全社会治安综合治理领导机构，以党委一名领导同志为首，政府一名副职协助，各有关部门负责同志参加。县级以上各级社会治安综合治理的办事机构要进一步充实加强，并同政法委员会合署办公。乡镇、街道也要设立相应的社会治安综合治理领导机构，健全办事机构或配备专人负责。也可以由上一级选派一名有经验的公安、司法干部，到街道办事处、乡（镇）政府任副职，专抓社会治安综合治理工作。

地方各级社会治安综合治理领导机构的职权是：（1）研究贯彻党和国家关于社会治安综合治理的方针和政策；（2）对本地区、本部门一个时期的社会治安综合治理工作作出总体部署，并监督实施；（3）组织领导各部门、各单位落实综合治理措施；（4）总结、推广典型经验，表彰先进，推动后进；（5）办理党委和政府交办的有关事宜。

3. 各部门的综合治理领导机构

从中央到地方，各部门可根据工作需要设立综合治理领导机构和办事机构。部门综合治理领导机构是部门领导抓社会治安综合治理工作的参谋和助手。其主要职责是，研究落实党和国家关于社会治安综合治理的方针政策，根据本部门的实际情况，结合本部门的业务特点，积极主动做好本系统的安全教育和犯罪防治工作，维护社会稳定。

二、犯罪预防的基本原则

犯罪预防是一项宏大的社会系统工程，要取得卓有成效的防治效果，就必须以一定的原则为指导。这些原则主要有：

（一）"专群结合"原则

"专群结合"，即是专门机关与群众路线相结合的简称，是指在犯罪预防工作中不仅要依靠公、检、法、司法等执法部门，而且要调动社会各界和广大人民群众的力量，让全社会都参与到犯罪预防这项宏大工程中去。

公、检、法、司等执法部门，是预防和控制犯罪的专门机关，担负着维护社会秩序和广大人民群众生命财产安全的崇高使命，是犯罪防治的核心力量，它们在犯罪预防中的地位和作用是其他任何组织和个人都无法替代的。但是，犯罪作为一种极其复杂的社会现象，它涉及社会生活的方方面面，因此，只有坚持"专群结合"原则，"全党动员，全社会参与"，才能为犯罪分子撒下天罗地网，形成犯罪预防的合力，有效地挤压犯罪的时间和空间，使犯罪分子无藏身之地。

（二）"标本兼预"原则

"标本兼预"，即是预防犯罪不仅要采取治标预防的措施，而且要运用治本预防对策，只有将二者有机地结合起来，才能实现犯罪预防的目标。

治标预防是针对现实的犯罪问题，在研究并掌握犯罪规律、特点的基础上，通过控制和消除犯罪实施的条件、机会和情景因素等预防犯罪发生的一种措施。而治本预防则是针对犯罪现象和犯罪行为产生的基本原因而采取的事先预防措施。

治标预防与治本预防是有效预防犯罪的两个方面：一个是解决现实的犯罪问题，一个是解决根本性的犯罪现象；一个"预表"，一个"预本"。因此，片面强调、忽视某一方面，或者人为地把二者割裂开来的观点都是十分错误的。单纯地强调治标预防，只在减少犯罪条件、堵塞犯罪漏洞上下功夫，如加固门窗，加强夜间巡逻等，尽管可以减少作案机会，在短期内降低犯罪率，但却难以从根本上阻止犯罪心理的形成，解决犯罪的实质性问题。当然，如果片面强调治本预防，认为只有搞好根本性的预防措施才能收到良好的预防效果的想法，也是十分幼稚和片面的。因为治本预防具有长期性，短期内难以收到明显的效果，如果不采取一切必要的治标预防措施，不仅无法承载治安形势恶化之时的强大社会压力，而且有可能还会刺激一些犯罪动机不强的人去尝试犯罪，导致偶发性犯罪的增多。要知道，如果犯罪机会太多，就会刺激一些本来可以不犯罪的人或处于犯罪边缘的人实施犯罪。

因此，必须辩证地看待治标预防与治本预防的关系，坚持"标本兼预"的原则，才能确保犯罪预防的效果。

（三）早期预防原则

早期预防是指犯罪预防工作宜早不宜晚，宜先不宜后，争取将工作做到前面，尽早采取预防措施，防患于未然，才能达到事半功倍的预防效果。实践表明，早期预防优于晚期预防，一般预防优于特殊预防。所以，每位父母和老师都必须充分认识家庭和学校早期教育的重要性，将少年儿童的早期智力开发教育与良好的生活习惯、个性品质的养成教育有机地结合起来，尤其应注意青少年青春期的社会化教育，为个体今后的进一步发展打下一个良好的基础。一个人如果具备了过硬的内在素质基础，就能够在今后的生活道路上面对一切困难险阻，经得住金钱、权力和美色的种种诱惑，充分享受人生。否则，一个人如果从小就沾染上种种不良恶习，具有人格缺陷，那么在今后的生活道路上就会面临更多的风险，稍有不慎就可能陷入犯罪的深渊。因此，要有效防止犯罪结果的发生，取得最佳的预防效果，就必须从娃娃抓起，实施早期预防。

（四）系统性原则

系统性原则是指犯罪预防措施应该遵循和符合系统原理。犯罪原因的多样性和复杂性决定了犯罪预防必须建立一个与之相匹配的科学、高效的系统工程，而犯罪预防系统工程的建立，必须坚持和遵循系统的原则。首先，预防措施必须具有整体性，能够发挥犯罪预防的整体性功能，并考虑到涉及犯罪问题的一切领域和因素，尽可能地把一切预防措施有机结合起来，以充分发挥各措施之间的整体、综合效用。其次，应重视其系统内部各项预防对策、措施、手段之间的层次、结构关系，做好系统内部的协调性工作，保持系统内部各要素之间及系统与外部环境之间信息交换的畅通及彼此间的联系。为此，国家和政府应建立起一个有效的犯罪预防实体机构，真正在实践中将犯罪预防系统中的各部门、各要素有机协调起来，并保证彼此之间的信息联系，从而使犯罪预防体系不再是一种纯理论建构，而真正以理论指导实践，发挥理论应有的指导功能。我国建立具有组织协调功能的犯罪预防机构不仅是 21 世纪犯罪发展趋势使然，而且也是社会稳定与发展的迫切要求，其成立的条件也业已成熟。

（五）法制原则

法制原则是指犯罪预防必须建立在完备的法律制度基础之上，使预防工作法制化。建国 60 多年来，我国的犯罪预防工作尽管取得了较大的成绩，但预防工作的法制化程度还很不够。改革开放前 30 年，犯罪预防工作主要靠抓阶级斗争和政治运动；改革开放之后情况虽然有所改变，但主要的还是依靠"人治"。这种"人治"的办法固然有其合理的一面，但它必须要有法律作依据，受到法律的制约。因为犯罪预防最终要落实到对行为人的控制与防范，这就涉及对行为人的人身自由和其他权利的限制与约束。因此必须通过法律进行调整，以确保犯罪预防措施及其活动符合法律规范，防止非法限制和剥夺公民的人身自由与合法权益。要做到这些，一是要加强立法，制定较为完备的犯罪预防专项法规，全面规范和调整犯罪预防过程中出现的各种社会关系；二是要加强犯罪预防的法制监督，使犯罪预防工作真正做到有法可依、有法必依、执法必严、违法必究，从而使犯罪预防走上良性循环的轨道；三是必须加强犯罪预防队伍的组织建设，建立健全一支高素质的专业犯罪预防队伍，这是提高犯罪预防水平的组织保证；四是要大力开展法制教育和犯罪预防教育，运用多种形式，促使广大人民群众知法、守法，自觉地维护法制秩序，敢于同各种违法犯罪做斗争；同时要不断增强自身的防范能力，最大限度减少被害的机会，以此形成良好的犯罪预防环境。

第五节　犯罪预防的主要内容

犯罪预防的内容非常广泛，几乎涉及与犯罪主客体有关的所有社会领域以及个体生理、心理等各个方面。我们难以毫无遗漏地全面予以关照，只根据犯罪预防体系内部要素的作用大小择其要展开论述。

一、犯罪社会预防

犯罪社会预防是通过制定和执行适当的公共政策和社会政策，发展经济、完善社会制度与文化，组织和管理社会，避免和解决社会问题，从根本上消除犯罪赖以产生和存在的原因和条件，减少犯罪发生的社会基础的预防活动。同其他犯罪预防相比，社会预防的最大特征体现为，它不是事后的惩罚，也不是强制性的控制与高压，而是一种积极的治本措施；它同社会的完善与进步具有高度的统一性，社会建设与完善的过程就是自我克服犯罪的过程，而对犯罪采取社会预防措施的过程则是社会建设与完善过程的一个重要方面。犯罪预防可以分为宏观预防与微观预防两个层次，下面分别加以分析。

（一）宏观犯罪预防

宏观犯罪预防是以社会整体为单位的全局性犯罪预防，是一种战略性的犯罪预防措施，它更加着眼于社会的长治久安，目的是最大限度地为抑制犯罪创造一个良好的社会环境。宏观犯罪预防的途径主要是在社会自我完善的过程中，针对社会结构中的致罪因素进行社会改革。具体包括以下方面：

1. 通过"三个文明"的协调发展，提高犯罪预防的综合统筹水平

"三个文明"即是物质文明、精神文明和政治文明。犯罪学研究表明，犯罪率的高低并不取决于一种文明的发展水平，而是取决于三种文明建设的协调发展的复杂联系状况。什么时候三种文明协调发展，犯罪率就降低；反之，犯罪率就会升高。即使在三种文明发展处于较低水平状态时，只要保持其相互间的协调，社会仍会呈现相对安定状态；相反，倘若一种文明、特别是物质文明获得突进式的发展而其他文明相对滞后，哪怕是三者的平均发展水平已经较高，社会仍可能出现种种不安定因素，犯罪率仍会居高不下。这就是精神文明、政治文明对物质文明的制约作用，它充分体现了生产力与生产关系、经济基础与上层建筑必须相统一的哲学原理，同时也是对犯罪"同步增长"（即经济发展，犯罪率增高）观点的最好诠释。犯罪发展史表明，西方国家以及我国在进入工业化、城市化的经济高速发展过程中，都出现了犯罪形势恶化的现象；而日本在战后经济高速发展过程中却保持着较低的犯罪率。究其原因，主要在于，欧洲各国和我国在物质文明水平大幅度提高的同时，精神文明程度相对滞后；而日本却很好地解决了这一问题。

历史的经验值得借鉴。当前我国正处于社会变革与社会转型时期，物质文明、精神文明和政治文明协调发展问题已经突出地摆在我们面前。我国在以经济建设为中心取得物质财富巨大增长的同时，精神文明建设和僵化的政治体制

拖了经济发展的后腿，在某种程度上出现了失调现象，从而导致了物欲横流、道德滑坡和信仰危机。因此，下大力气解决当下物质文明、精神文明和政治文明三者的协调发展问题，是提高宏观犯罪预防水平的重要一环。

2. 通过创新社会管理体制，提高政府驾驭社会和预防犯罪的能力

社会管理体制是社会的具体管理制度和形式，它较之政治、经济、文化等更为宏观的社会制度，与犯罪的联系更为密切和直接，其所存在的弊端和缺陷对犯罪有着重要的影响，构成了犯罪的诱发因素。如国家机关及其人员的官僚主义、特权思想以及普遍的贪腐行为，地方政府滥用、滥占农民的土地的现象，"三公消费"，以及社会中通行的按潜规则办事等，都与社会管理体制的缺陷有着密切的关系。因此，要有效预防和减少这类现象所引发的犯罪，就必须进行社会管理体制的改革，打破落后的社会管理体制，创新一个高效的社会管理机制，提高政府的社会行政管理能力，从而使社会管理制度既能促进经济社会的发展，又能最大化地发挥其社会整合与控制犯罪的职能。

3. 通过建立新型文化价值观念体系，实现犯罪预防的内在控制

文化作为人类社会特有的现象，不论对人的思想还是对人的行为都有深刻的影响，在犯罪预防中起着十分特殊的作用。所以，我们必须认真探索文化在控制和预防犯罪中的实现方式，特别应深刻反思改革开放以来，随着我国经济基础的变化，作为上层建筑重要组成部分的文化不断解构的现实。必须鼓足勇气，彻底清算根深蒂固的封建文化糟粕，在批判地继承国内外优秀文化的基础上，重构适合我国社会发展的文化价值体系，弘扬优秀民族文化，统一价值标准，改善国民精神，最大限度改变文化冲突、价值碰撞所带来的社会失范状态，实现社会风气的根本好转，充分发挥文化在预防犯罪中的内在控制作用。

4. 通过不断完善社会政策，直接或间接提高犯罪预防的功能

"最好的社会政策就是最好的刑事政策"。社会政策具有控制社会进程、维护政治稳定、调节经济运行、完善社会管理、影响收入再分配、化解群体利益矛盾等多种重要的功能，能够为社会各领域提供"明确的行动路线"。社会政策的总体目标是满足社会成员的基本需要，提高社会生活质量，增进人类福祉；解决社会问题和维护社会稳定；促进社会公平和社会整合以及社会进步。所以，社会政策能够通过对各种社会关系的调控与调节，起到直接或间接预防犯罪的重要作用。国家和政府作为社会政策的制定者与主导者，在制定社会政策时，应坚持经济与社会发展相协调以及效率与公平兼顾的原则，将犯罪预防规划融入国民经济和社会发展规划之中，使犯罪预防成为该规划的一个重要组成部分。其中，应特别注意和防止因社会分配不公而导致的富者恒富、穷者恒穷的"马太效应"，避免两级分化；要有利于不同社会阶层人员的合理流动，

给社会中的每个人提供相对平等的实现其价值的机会；要以人为本，关注民生，加大对弱势群体和处于该群体边缘的人（防止其下滑）的救助力度，防止其因看不到希望与未来而产生反社会情绪；另外，还应注意政策的稳定性与连续性，减少社会矛盾和纠纷，引导公众对社会形势作出清醒的价值判断，以形成较为成熟的社会价值取向和稳定的社会心理。

5. 通过不断完善法制，提高犯罪预防的正式控制力

法制是一种正式的社会控制力量，它的作用在于确定人们行为的可与否、合法与非法的标准。它划定了人们自由的界限范围，赋予并限定了国家机关的权力，以其强制力保证将社会秩序维持在必要的水平。法制的完善是社会完善和成熟的标志之一，也是犯罪预防的重要保障和手段。但法制不是万能的，其预防功能的实现至少应满足三个条件：一是要有良法。即所立之法要健全、简明，且公正、公平和符合国情。二是执法公正、严明。即执法必严，违法必究，法律面前人人平等。三是守法。即公民应知法、守法，具有良好的法律道德意识。

但现实是，我国不论是立法、执法和守法各个环节，都还存在较多的问题，距离"依法治国、建设法治化国家"的目标还有很长的路要走，必须下大力气不断完善法制，提高法治化水平，为犯罪预防与控制提供规范化保障。

（二）微观犯罪预防

与宏观犯罪预防相对应，微观犯罪预防主要是指针对影响预防对象的较小因素所采取的防范方式与对策，与宏观犯罪预防相比，更具有针对性和直接性。微观犯罪预防主要包括：

1. 社区预防

社区（community）是以同质人口为主体，按照一定的制度组织起来的，具有一定的地域和认同感的相对独立的地区性社会。社区历来是社会预防的基本单位，社区预防具有重要的社会组织功能。一般来说，一切社会活动都是在一定的具体的社区里进行的，社会普遍存在的一些现象都可以在某一社区内反映出来。正因为如此，社区在预防犯罪中的作用日渐受到人们的重视，社区参与预防犯罪和制定以社区为基础的预防计划越来越受到各国政府和有关国际组织的鼓励和支持。社区预防反映的是块块横向预防。由于社区成员、设施相对稳定，各项预防措施容易落到实处，并且有较大的可操作性，便于组织领导，因而在社区内能够形成抵御、制止犯罪的氛围，消除犯罪的机会，达到减少犯罪的目的。

社区预防在预防方向上，应坚持因地制宜、专门机关与广大群众相结合、标本兼治、密切协作的原则。在预防范围上，应侧重控制社区人口和不良自然

条件，针对社区环境特征，从社区的经济、文化、教育、心理等方面实施预防措施。在预防内容上，以村镇、街道、住宅等为基本单位，开展安全文明小区建设和"警民共建"活动；制定乡规民约、城市文明公约，建立健全各项安保制度；组织治安巡逻力量，设置治安岗亭，安装防盗设施；参与实施社区矫正[①]计划，开展对违法犯罪人员的社会帮教活动和扶困助残工作，兴办各项社会福利事业；强化精神文明建设，提高居民的犯罪预防能力，增强其积极性、自觉性、警惕性和责任心，以此为犯罪预防奠定坚实的基础。

2. 家庭预防

家庭是人类社会化最初也是最重要的场所，父母是孩子的第一任教师，负有管束和保护子女的重要责任，对预防未成年人犯罪具有至关重要的作用。父母作为家庭的主要教育者，应不断加强自身修养，处处以身作则，共同维护好婚姻家庭关系；通过言传身教、正确引导，教育、培养子女，使他们从小养成良好的生活、学习习惯；帮助引导孩子树立起正确的人生观、价值观和道德观，形成良好的个性品质和健康的个性心理，以此构筑起犯罪预防的第一道防线。

3. 学校预防

学校是个体社会化的重要场所。学校教育是青少年从家庭走向社会的桥梁，教育者通过进行有目的、有计划、有组织的系统教育，帮助青少年树立正确的人生观和世界观，获得良好的个性，并使之成为有理想、有道德、有知识、有纪律的合格公民。良好的学校教育可以对不良的家庭教育起到矫正和弥补的作用，帮助青少年抵制和消除社会不良因素的影响。但是，如果学校教育中存在的不良倾向或偏差，则可能使一部分学生走上违法犯罪的道路。学校教育的弊端和失误与犯罪（特别是青少年犯罪）有着十分密切的关系。因此，认清教育的本质，加强成人教育，在人的培养上想办法、下功夫，改善学校的风气，营造一个良好的学校环境，使青少年顺利地过危险的青春期，是学校及其老师应尽的社会责任，同时也是犯罪预防的基础工程。

4. 个体预防

个体预防是根据个体的自身条件和素质的差异采取的预防措施，主要包括消除个体存在的不良心理状态、防止其犯罪或被害等内容。个体存在的不良状

---

① 社区矫正是指将被判处管制、被宣告缓刑、被裁定假释并在社会上服刑、被暂予监外执行的5种犯罪人置于社区内，由专门的国家机关在相关社会团体和民间组织以及社会志愿者的协助下，在判决、裁定或决定确定的期限内，矫正犯罪人的犯罪心理和行为恶习，促使其顺利回归社会的非监禁刑罚执行活动。

态主要包括攻击性的、刺激性的、疏忽性的和脆弱性的各种因素。攻击性的因素是指个体自身存在的经常惹是生非、侵犯、攻击他人、导致矛盾和冲突的不良情形。攻击性的因素常常导致犯罪或被害。刺激性的因素主要指，个体作风轻浮、不检点，逞强好胜，显摆招摇，穿过于性感、暴露的衣服等，从而诱发了犯罪，遭至侵害；疏忽性的因素是指，一些人缺乏防范意识，粗心大意，给犯罪分子提供了可乘之机；脆弱性的因素是指，一些人对突然发生的侵害缺乏应对能力，不知所措，或者作出错误性的判断，以及出现严重失常的行为。除此之外，不良状态还包括贪利、虚荣、轻信、麻痹等各种不良心理和行为习惯。这些不良状态既可能成为被害的条件，又可能成为促使犯罪的因素，因此消除这些不良状态是个体犯罪预防的主要方法。

此外，人民调解、共青团、妇联、工会等群众性自治组织的犯罪预防，是比社区预防更小的微观预防，同时也是社区预防的重要方面，它们同社区预防一起构成了完整的微观社会预防体系。

二、犯罪心理预防

犯罪心理预防也是一种积极的预防，其核心是培养健全的人格，消除个体不健康心理，阻遏犯罪心理的形成。这样，就"把更多的时间用于帮助健康人而不是严重患者，那么少量的时间就会取得更大的收益。[①] 其内容主要包括：

（一）传授社会文化规范

实现心理预防的关键是塑造和完善个体与社会发展要求相适应的人格。在人的社会化过程中，家庭、学校、社会不断向其成员传授社会科学知识和文化规范，使个体在与社会的双向互动过程中，不断将社会文化规范加以内化，最终将一个生物人塑造成社会人，以此实现对人的内在控制。社会文化规范传授的内容主要包括：

（1）道德规范。良好的道德品质是一个人立身之本，在人的各种素质之中应处于首要位置。所以，在文化规范的传授过程中，应重视对人的世界观、人生观的塑造；培养人的责任感、同情心和社会良心；使每个人都懂得礼义廉耻，重孝道；树立劳动光荣的观念，反对不劳而获。拥有这种高尚道德品质比具备其他任何知识与技能更重要，这是以德治国的要求，也是实现社会善治的前提。一个人人皆为尧舜的社会，必是太平盛世。

---

① ［美］弗兰克·戈布尔：《第三思潮：马斯洛心理学》，上海译文出版社1978年版，第92页。

（2）纪律规范。每个人都生活在一定的群体之中，都需要程度不同地受到群体纪律的约束，而不管是松散的群体还是正式社会组织都是如此。因此，要取得群体的认可，个体就需要接受群体纪律的教化，向其他群体成员学习应当遵守的纪律规范，养成遵守纪律的习惯，从而能与其所在的群体成员和谐相处。

（3）法律规范。法律知识贫乏、法制观念淡薄，是犯罪人的主要共性。因此，加强法制（治）教育，是犯罪心理预防不可或缺的一项重要措施。加强法制（治）教育，应正确处理学习法律知识和树立法律意识的关系。法律知识是法律意识形成的基础，但有了法律知识并不必然就具备法律意识。单纯具备法律知识并不能防止人们犯罪，而大多数人不犯罪，也不完全是因为惧怕法律的惩罚，而是他们将法律规范中的价值观念、行为规范和道德准则内化的结果。所以，法律规范教育应注意对人们的守法、护法等法律意识的培养。

（4）行为模式。熟悉社会风俗习惯，学会为人处世之道，是个体融入社会必不可少的条件。如果不谙社会这套行为模式，就难免遭到特定社会文化的排斥而成为孤家寡人，进而产生挫败感，与人发生纠纷和冲突，甚至走上违法犯罪的道路。

（5）科学文化知识和劳动技能。必要的科学文化知识和劳动技能，不仅是个体知识水平和能力的体现，也是其在社会中生存、立足的基础和人格得以完善的必要条件。缺乏基本的科学文化知识和劳动技能的人，必然无法适应社会，被社会边缘化，与社会处于对立状态。所以国家应切实履行九年义务教育，为每个社会成员提供立足社会的资本，以此夯实犯罪预防的基础。

（二）建立和完善社会心理疏导机制

心理疏导是个体释放社会压力的一种渠道，对于化解社会矛盾与冲突，防止心理失衡有着不可低估的作用。有些事件本身可能微不足道，但如果一些不良情绪得不到及时排泄而加以积累，那么这件事就可能成为"压死骆驼的稻草"，或成为引发恶性犯罪事件的"导火索"；如果社会成员能够有正常顺畅的渠道来表达自己的意愿，将平时因遭受挫折而积蓄的敌对、不满等消极情绪予以宣泄、化解，就能改变认识，使失衡的心态在积极健康的轨道上得到舒缓，并成为促进个体之后良性发展的精神动力。目前，由于我国社会矛盾比较尖锐，贫富悬殊、社会不公平等问题容易导致人们心理失衡，而传统的矛盾疏导机制业已解体，新的疏导机制尚未建立起来，这些不健康心理的大量存在为滋生、孕育犯罪行为提供了土壤。所以，要切实防范由此而引发的社会冲突与犯罪，有效途径之一就是建立起"安全阀机制"，在人们发生心理危机时能够采取适当的调节和治疗措施，使公众的心理问题能够得到及时的疏导和释放。

建立心理疏导机制应把握以下环节：

1. 普及心理健康教育

良好的心理素质以及自我心理保健是预防产生心理问题、防止因心理失衡而实施犯罪的关键因素。心理素质的提高，一方面需要依靠自身的自觉培育与实践训练，另一方面还须接受系统的心理健康教育。心理健康教育对于帮助人们树立正确的理念，学会自我心理保健，掌握心理卫生常识与心理训练方法，缓解心理压力乃至拆除可能导致心理爆炸的"引信"等都具有不可替代的功能。普及心理健康教育应从以下两方面入手：

首先，应当转变人们的观念认识，将心理健康教育由当前的单纯面向在校学生转为面向全体公众。要像重视全民健身一样，开展全民健心活动，提高人们的心理健康和精神疾病预防知识的知晓率，形成理性的社会认知，掌握自我预防、发现心理问题以及自我调适心态等心理保健的基本方法；同时，要树立必要的求助意识，消除"耻病感"，学会合理利用社会心理支持资源。另外，还应帮助人们树立育心与护心的意识，帮助人们提高人际交往、承受挫折、调适情绪、控制行为的社会适应能力，使其学会理性的认知方式和掌握释放不满情绪的方法，塑造其自尊自信、理性平和、乐观坚强、积极向上的良好心态。

其次，要抓好落实，切实建立起覆盖全国的心理卫生网络。为使心理健康普及教育工作落到实处，党和政府在加强改革、完善各项制度、实现社会的公平与正义的同时，当务之急是，应尽快组建一支专业心理卫生队伍。在美国，平均每人一生中至少有一次接受心理咨询的经历，其每百万人口中有 550 个心理学家，而我国每百万人口中只有 2.4 个心理工作者。[①] 为弥补我国心理辅导人员短缺的现实状况，"应建立以专门的心理卫生机构为龙头，由综合性医院、社区医疗机构、学校及其他社会组织开设的心理治疗机构和咨询中心等组成的心理卫生网络体系"，[②] 使人们在遇到心理问题时能够采取适当的治疗、调节方式。

2. 优化社会心理环境

根据客观现实是否有利于人的心理健康这一标准，可以将现实的刺激分为良性刺激与劣性刺激。现实的劣性刺激是客观存在的，难以完全避免，我们只能去面对。但也有一部分劣性刺激是人为的，是可以避免的。所以，要促进人们的心理健康，就必须最大限度地增加良性刺激，减少劣性刺激，给人们提供一个良好的心理环境。

---

① 参见曹艳：《论社会基层矛盾和社会冲突的化解机制》，载《学术论坛》2008 年第 5 期。

② 周武军：《基层社会矛盾冲突的十大疏导机制》，载《党政干部论坛》2010 年第 12 期。

首先，应优化宏观社会心理环境。我国社会正经历着一系列的剧烈变化，如经济市场化、政治民主化、价值取向多元化、选择自由化、管理法制化、生活节奏快速化、竞争激烈化、人际关系复杂化、贫富差距扩大化、心理刺激直接化，等等。这一切将不可避免地直接或间接地影响到人们的心理，其中的一些良性刺激因素，能够促进人们的身心发展，但另外一些劣性刺激因素，无疑增大了人们的心理适应难度，给人们的心理健康带来了现实或潜在的威胁。对此，人们除了自我优化心理素质以适用社会挑战外，党和政府也应该重视人文关怀，在决策过程中，将人民群众的根本利益放在首位，最大限度地提高管理、教育与服务水平，尽量减少劣性刺激，增加良性影响。具体而言，一是要坚决杜绝决策的草率、粗放化和执行过程的简单、粗暴现象；二是在建构规章制度和具体决策过程中必须重视人们的心理健康、心理适应与心理发展的客观需要；三是避免以单纯社会利益、集体目标为本位，以短期效益为目标，或只凭决策者、执行者的主观意志行事，以及在涉及人的心灵工作方面的简单化、非理性化倾向，真正做到以人为本，创造一个有利于个体社会化的良好社会心理环境。

其次，要优化微观心理环境。对心理体验产生最直接影响的往往是人们所处的微观环境。微观环境不仅包括有形的硬环境，如居住环境、工作学习条件等，同时还包括无形的软环境，如单位文化、家庭氛围以及同事、朋友等对自己的态度，这些都是直接影响人的心理活动的重要因素。所以，优化微观心理环境，需要在注意净化有形硬环境的同时，更加重视无形心理环境的优化，最大限度促使具体规章制度人性化，工作、学习适度化，家庭关系和谐化，朋友关怀温馨化，群体生活民主化，交往互动文明化，尽可能减少劣性刺激；同时，要最大限度地避免或减少攻击、威胁、侮辱、挖苦、责备、冷漠等影响人际关系的行为，以满足人们对接纳、鼓励、支持、保护、信任、尊重、理解等自我实现的精神需求，减少人们的心理压力和负面情绪体验，避免人际矛盾与冲突。

3. 强化心理支持与心理互助

心理支持工作是一项专业性很强的工作，需要专业心理工作者的支持与指导。为此，机关、企事业单位等正式社会组织应将所属成员的心理关怀与心理支持提上议事日程，组建心理服务室，配备专职的心理辅导员，并切实承担以下职责：提出心理素质培育与心理保健等方面的建议，做好本单位领导在心理工作方面的参谋；建立职工心理档案，定期开展心理素质训练；做好本单位职工心理卫生常识普及工作，进行心理保健指导；对常见心理问题进行筛查，做到早发现、早预防；协调有关部门对处于逆境中的成员提供心理支持，避免出现心理逆转；对轻度心理困扰者提供心理辅导，必要时进行危机干预；对严重精神病患者向精神卫生专业机构转介。[①] 通过以上卓有成效的心理支持与服务工作，使得人们"话有处说，忧有人排，惑有人解，病（心理疾病）有人医，出现苗头问题有人干预"，从而将心理问题预防于发生之前，解决于初发之时，最大限度地避免出现恶性转化。

（三）　建立和完善心理干预机制

实现全民的心理健康是一个多层次的复杂的系统工程，鉴于我国目前心理障碍即精神疾病人员众多的现状，对其进行心理干预已迫在眉睫。为此必须尽快改变心理工作者和精神病医生缺乏的现状，实施专门培训计划，培养和训练一大批合格的心理咨询师、临床心理医师和精神病医师，将其充实于社会的各个层面。社会上的心理咨询主要面向心理、行为适应不良以及需要心理优化的来访者提供服务；医院的心理医生主要服务于较严重的心理障碍患者；精神卫生机构的精神病医生的主要服务对象为严重的精神疾病患者。根据其专业背景、从业标准、服务对象，实施不同的干预方法和矫治模式，以分别满足不同求助者的需要。这方面可借鉴外国的一些有效做法。如国际上很多先进企业都引进了 EAP 服务，即企业员工心理帮助计划。企业通过一个专业的心理咨询机构来购买这个计划，每一个员工都可以得到一个卡，有心理问题的时候可以及时向心理专家求助。曾经有家企业的一位主管，发现一名员工有厌世情绪，主管就和心理咨询师探讨这个问题怎么解决，然后商量好一个方案，逐步地跟员工接触，最后让员工进行心理治疗，通过专业机构的帮扶把可能因此出现的自杀事件或暴力事件扼杀在摇篮之中。

鉴于我国当下个体暴力犯罪日益增多的现实，组织抽调心理工作者开展心理健康普查十分必要。通过摸排，对有心理问题和精神疾病的人员进行干预治疗，可以大大消除社会不安定因素，减少潜在的犯罪者。

三、犯罪治安预防

治安预防是国家治安预防机关通过治安行政管理与惩戒性措施以实现预防违法犯罪目标的一项专门性社会控制活动。治安预防的作用与目的在于及时发现和制止违法犯罪行为，尽可能减少犯罪条件和机会，维护社会治安秩序，保障社会稳定。它带有明显的补救性、直接性和强制性特征。所以，它既是一般

---

① 参见肖汉仕：《维护居民精神健康的社会心理支持机制建构》，载《湖南大学社会科学学报》2010 年第 1 期。

性普遍预防措施的后续防线，同时又是启动罪后预防工作——刑罚预防的前沿阵地，是我国犯罪预防体系中不可缺少的重要一环，是社会治安综合治理的重要方面。治安预防主要包括户口管理、公共场所管理、特种行业管理和危险物品管理。

（一）户口管理

户口管理是公安机关依法对住户和人口进行登记、调查、统计分析和管理的活动，是治安管理的一项基础工作。其内容主要包括：（1）户籍管理。包括户口登记、户口迁移、户口调查、户口档案、户口统计、人口信息卡片管理等；（2）居民身份证管理。包括居民身份证的申领、换领、补领、缴销，居民身份证的管理、签发，居民身份证的使用、查验，对违反居民身份证管理的行为的处罚等；（3）暂住人口①管理。包括暂住人口的申报、注销、延长登记，对暂住人口中的列管对象进行临时监控和帮教，证件核查等；（4）重点人口管理。被列入重点人口管理的人员是：犯罪嫌疑人；因民事纠纷或其他社会矛盾激化出现行凶闹事苗头、可能铤而走险的人员；刑满释放、解除劳教人员和在社会上服刑的人员；有犯罪倾向的人员。

户口管理是我国犯罪预防的一项基础性工作，在犯罪预防体系中占有重要地位。通过户口管理工作，可以及时准确地了解社会人口的基本信息（如姓名、性别、出生日期、现在住址、亲属关系以及是否受过行政或刑事处罚等）；控制人口盲目流动对社会治安秩序带来的冲击；适时从中筛选出那些对社会有潜在或现实危害的重点人口，将其纳入公安机关的视线，随时掌握其动态，并采取专门措施予以重点防范和控制。

对重点人口的管控，应做好以下几个环节的工作。

1. 对犯罪嫌疑人员的控制

犯罪嫌疑人员是指有某种迹象表明其可能已经实施了某种违法犯罪或者正在准备实施某种违法犯罪的人，以及有证据表明其可能已经实施了某种违法犯罪行为的人。这类人员，由于存在着随时进一步实施犯罪的可能性，具有极大的现实人身危害性。对这部分人的调查与控制，对预防犯罪的发生与再次发生具有重要意义。发现这类嫌疑人员，需要做大量的调研工作。治安管理部门应与刑侦等部门密切协作，通过各种渠道收集相关线索，发现嫌疑人。一是通过日常的户籍管理和身份证管理工作，发现已实施了违法犯罪行为，被公安机关通缉、追捕的犯罪嫌疑人或从监狱逃跑的犯罪人；二是通过对在危险物品、特

---

① 暂住人口是指在常驻的市、县行政区域以外的城镇临时居住3日以上的人员。我国目前急剧增多的流动人口，带来了众多的社会治安问题和高犯罪率。暂住人口管理主要是对流动人口的管理。

种行业、流动人口的管理和对违反治安行政管理的人员的调查处理的过程中注意发现各种有关犯罪、准备犯罪的信息，追查各种可疑迹象，从中发现犯罪嫌疑人员；三是在刑事案件侦查活动过程中利用刑事侦查手段查明犯罪嫌疑人；四是通过在对违法行为整治和对治安秩序的整顿活动中，排除和发现犯罪嫌疑人。

2. 对因民事纠纷或其他社会矛盾激化出现行凶闹事苗头、可能铤而走险的人员的管理

我国目前的犯罪很大一部分是因民事纠纷或其他各种社会矛盾激化引发的，如凶杀、伤害、放火、投毒、群体性事件以及一些无明显指向的反社会极端暴力事件等。这些犯罪事先一般都有明显的征兆，甚至有一个较长的酝酿过程。公安机关对这类犯罪的防控，一是应充分发挥基层派出所的作用。管片民警要组织居委会、村委会在做好日常性排查摸底工作和了解情况的基础上，有针对性地做好调解和疏导工作。通过摆事实、讲道理或以案说法、力所能及解决他们的一些实际问题，化解这些人员的不良心理情绪，将其行为控制在理性范围之内。二是对一些社会性的矛盾问题，如因政府的"圈地"、拆迁、修路等公共事业等引发的社会问题，公安派出所应在做好当事人思想工作的同时，主动与基层政府及其有关人员沟通，并协助他们解决当事人提出的一些合理要求，防止矛盾激化而引发群体性事件和个体极端暴力事件。

3. 对刑满释放、解除劳教人员和在社会上服刑的人员的考察与监管

刑满释放人员、解除劳教人员经过国家司法机关的改造教育，回归社会后，绝大部分人员能够悔过自新，成为守法公民。但这类人的犯罪率大大高于其他人也是不争的事实。如何对这部分人进行防范与控制，是治安预防的重要方面，对防止他们重新犯罪具有重要意义。

刑满释放人员和解除劳教人员刑罚执行完毕，已获得自由，对他们的管理方式只能是一般的考察监督，应尊重他们的公民权利，不能妨害他们的正常工作和生活；不仅不能歧视他们，而且还应该更加关怀、帮助他们，尽可能地解决其工作、生活中遇到的困难，使其消除服刑、劳教期间留下的心理阴影，尽快适应社会、融入社会。对他们的管理，主要是通过了解他们在服刑或劳教期间的改造情况、现实表现以及重返社会后所面临的境况，分析其重走老路的可能性。

在社会上的服刑人员，主要是被依法判处管制、剥夺政治权利、缓刑、假释、监外执行和被监视居住、取保候审的人员。对这类人员的考察，主要由公安机关依据刑法或刑事诉讼法的规定直接进行，具有法律强制性的特点。考察的内容主要是看其是否遵守法律法规、服从监督，即是否按照规定报告自己的

活动情况，是否遵守关于会客的规定，是否遵守关于离开居所或迁居的规定，在社会上服刑的条件是否消失，等等。

4. 对有犯罪倾向的人员的管理与控制

需要说明的是，对有犯罪倾向的人的认定十分复杂，需要格外慎重，防止侵犯其人权。我们认为，解决这一问题应以有无"人身危险性"作为衡量标准，具体可借鉴外国的保安处分制度并结合我国的实际状况加以认定。这部分人一般应包括：（1）有习惯性盗窃、诈骗、抢夺、敲诈勒索等违法行为尚不够刑事处分的人；（2）经常进行营业性赌博的人；（3）有流氓习气并且实施了一般流氓行为的人；（4）多次传播淫秽物品和具有严重下流习气的人；（5）经常买卖赃物的人；（6）经常携带凶器出入公共场所或者多次打架斗殴的人；（7）吸毒的人；（8）卖淫嫖娼的人；等等。① 控制与管理好这部分人员，对有效预防犯罪、减少社会危害具有重要意义。

另外，还应加强对流动人口的管理。改革开放以来，我国流动人口的急剧增加，带来了众多的社会治安问题，流动人口犯罪异常突出。要控制流动人口违法犯罪问题，就必须从加强户口管理工作入手，通过户口登记、户口迁移、户口调查、户口档案、户口统计、人口信息卡片等户籍管理、居民身份证管理、暂住人口管理等工作，筛选、发现和确定目标对象，对具有犯罪倾向的人员或者犯罪嫌疑人员，及时采取相应措施，合理布置警力，进行监督检查，防止其实施犯罪或者再次犯罪，危害社会。

（二）重要公共场所的管理

公共场所泛指向社会开放的、供社会成员进行社会活动的场所。公安机关控制的重要公共场所，是指犯罪多发从而需要公安机关加以严密控制的公共领域，如车站、码头、机场、影剧院、歌舞厅、游乐场、体育场、农贸市场等。这些场所人员构成复杂，是人流、物流的高度集散地，是犯罪分子经常出没的地方，历来是犯罪和治安灾害事故的多发区域。对这类场所进行重点控制，能够大大减少犯罪机会，及时制止犯罪和抓获犯罪人。

对重要公共场所的控制，应当贯彻"以防为主、及时快速"的原则，既着眼于一般性事前预防，又要有事中、事后应急处置措施。具体应采取以下防控措施：

一是要做好经常性的安全防范宣传教育工作，提高广大群众遵纪守法的自觉性和安全防范意识，使他们能够主动维护公共场所的治安秩序，积极同危害

---

① 张绍彦：《犯罪学》，社会科学文献出版社 2004 年版，第 373 页。

违法犯罪行为作斗争，防止治安灾害事故的发生。

二是要建立和落实各种安全检查制度，及时排除隐患。公安机关应协助公共场所的主管部门制定和落实各项安全管理制度和安全责任制度，并定期进行安全检查，一旦发现险情，及时采取措施予以排除；对发现的重大安全隐患，督促其限期整改，拒不整改者，依法给予处罚；对临时性的大型活动场所，在举行活动之前，要进行安全检查，发现不安全因素，及时采取措施予以解决；对违反规定携带危险物品进入重点公共场所人员，要依法严肃处理。

三是组织步哨巡逻。公安机关要在重点公共场所及其周围设岗步哨，增强防范力量，加大治安巡逻密度，严密防范网络，压缩犯罪空间，必要时还可以建立一定数量的治安秘密力量，充分掌握治安动态，做到有的放矢。

四是集中力量整治突出治安问题。针对一些治安秩序混乱、违法问题突出的公共场所，公安机关应组织力量集中进行整顿，对组织者、参与者区别不同情况分别予以处理；对治安问题突出、社会影响恶劣、危害极大的公共娱乐场所，应坚决予以取缔。

五是对犯罪行为应迅速做出处理。治安行政管理部门在公共场所一旦发现犯罪行为，应及时制止、取证，快速排除险情，迅速将犯罪分子和有关人员带离现场，防止因群众围观给现场带来不必要的混乱和犯罪分子伺机逃跑，尽快恢复正常的社会秩序，尽量避免引起不良影响。

（三） 特种行业的管理

所谓特种行业，是因自身的业务性质和内容，容易被不法分子利用进行违法犯罪活动，法律或者法规规定由公安机关对其实施治安管理的一些工商业、服务业。目前法律、法规列为公安机关特殊管理的特种行业主要包括：旅馆业，包括经营接待旅客住宿业务的旅馆、旅店、旅社、宾馆、招待所、客栈、饭店、酒店、浴室、茶社、度假村等；印刷业，包括经营排版、制版、印刷、装订、复印、影印、誊写印刷业务的企业和个体工商户；刻字业，包括刻字厂、刻字社、刻字摊点和生产原子印章的工厂、企业等；旧货业，包括从事废旧金属收购、信托寄卖、典当、拍卖、古玩经营的企业或个体工商户等。

对特种行业实行治安管理，能够堵塞犯罪分子逃匿和进行违法犯罪活动的渠道，消除和减少犯罪可资利用的条件，有效打击和预防利用特种行业进行违法犯罪活动（如伪造公文、印章的进行诈骗犯罪，就可能借助于印刷业；流窜作案、逃匿的犯罪分子会经常借助或栖身于旅馆、酒店等场所）。另外，加强对特种行业的管理，取得这些行业的配合，还可从中取得许多有价值的犯罪嫌疑人的线索，对缉拿在逃犯、查获现行犯、打击各种现行犯罪活动、维护特种行业的经营秩序都有着重要的意义。

特种行业管理的主要任务是，维护特种行业的治安秩序，保障特种行业合法经营，预防和制止特种行业中的违法经营活动，预防和打击利用特种行业进行违法犯罪的不法分子，预防和查处治安灾害事故，保障公共安全。公安机关在特种行业管理活动中，首先应根据《旅馆业治安管理办法》、《印刷行业管理暂行办法》、《废旧金属收购业治安管理办法》、《典当业治安管理办法》等国家法律、法规和规章等规定，对特种行业依法进行规范检查，落实各项管理规定。其次，对违反特种行业管理规定，无照经营、超范围经营、违反规章制度经营的行为，依法进行处理和教育；对利用经营业务为违法犯罪活动提供条件甚至与不法分子相互勾结进行违法犯罪活动的违法经营，应坚决予以取缔。最后，对从事特种行业人员进行必要的安全业务培训，提高其防范意识，取得他们的支持与配合，共同维护好行业治安秩序。必要时组建秘密力量，把握犯罪动态，以便发现和查获犯罪人。

（四）危险物品的管理

危险物品是指具有易燃、爆炸、腐蚀、杀伤、毒害、放射性等性能，在生产、贮存、运输、销售、使用等过程中，易引起人身伤亡或财物毁损的物品。目前被列入治安管理范围的危险物品有4类：（1）民用爆炸物品：包括炸药、雷管、导火索、非电导爆系统、起爆药和爆破剂、黑火药、烟火机、瓦斯信号弹和烟花爆竹以及其他爆炸物品；（2）枪支弹药，包括军用手枪、步枪、冲锋枪和机枪，射击运动用的各种枪支，狩猎用的有膛线枪、散弹枪、火药枪，麻醉动物用的注射枪，以及能发射金属弹丸的气枪等；（3）列管刀具，包括匕首、三棱刀、带有自锁装置的弹簧刀以及其他相类似的单刃、双刃、三棱尖刀；（4）有毒物品、放射性物品及化学易燃物品等。

从上可以看出，危险物品是一种杀伤力和破坏力较大的物品，如果对其管理不善，就可能发生财毁、人亡的重大治安灾害事故。更为严重的是，危险物品一旦落入犯罪分子之手，被作为犯罪工具使用，从事爆炸、凶杀、纵火、投毒、劫持车船或航空器等重大犯罪活动，会给国家和人们的生命、财产安全造成巨大危害。公安机关依法做好对危险物品的管理，防止危险物品流入犯罪分子之手，就可以大大减少犯罪分子利用危险物品作案的条件和可能性，对维护和保障社会安全意义重大。

对危险物品的管理是公安机关的一项重要工作，公安机关应根据有关规定，认真做好对危险物品生产、经营、审批工作，确保危险物品在生产、储存、运输、销售、使用、销毁等过程中的安全；建立严密的安全监督检查制度，并注意各项制度的落实，及时发现和消除安全隐患；采取各种措施，多渠道、多途径地收缴散失在社会上的枪支、弹药、管制刀具及其他危险物品，严禁个人非法携带、私藏危险物品；充分利用大众传播媒介，广泛进行安全防范宣传教育，提高广大群众的安全意识，增强抵制各种违法行为的自觉性和主动性；对违反危险物品管理规定的行为，公安机关要依法查处，严肃处理；对危险物品被抢、被盗和丢失案件，要迅速组织力量查找，及时破案。

四、犯罪技术预防

犯罪技术预防，是指利用现代先进的科学技术手段防范犯罪发生的活动。犯罪的技术防范是当代犯罪的智能化程度不断提高和先进的科技手段不断被应用于犯罪预防领域的结果。其特点是为发现、抓获犯罪人创造一种情景，以打消犯罪人的犯罪意念，或创造一种让犯罪人即使可以作案但也难以逃脱被抓捕的条件，以此从客观上阻止和预防犯罪发生。

（一）犯罪技术预防的作用

犯罪技术预防是犯罪预防的一种治标措施，它的目标是打消犯罪意图和防止犯罪的得逞，而不能消除犯罪产生的原因。尽管如此，技术预防对降低犯罪的发生率和成功率还是十分有效的。其作用主要表现在以下几个方面：

1. 可以减少犯罪发生的机会

实施技术预防，通过对保护对象安装和加固防护装置，增加作案难度，可以使犯罪分子难以下手，从而不得不放弃作案企图，中止犯罪行为；即便能够作案，也会延长作案的时间，增加犯罪的风险。如在城市居民住宅楼安装防盗门，在汽车上安装防盗锁、报警器，在单位要害部门和物质、能源、仓库重地等安装防护装置和监视系统，都能大大减少犯罪的机会，有效降低发案率，特别是对预防机会性犯罪和偶发性犯罪的效果更为明显。

2. 可提高破案率，发挥刑罚预防的功能

实施犯罪技术预防，在一些重要部位和案件多发区域安装报警装置和视频监控系统，可以实时获取犯罪分子的作案信息和情况，便于公安、保卫人员及时作出反应，迅速抵达犯罪现场，将犯罪分子缉拿归案；同时，还可以通过调取监视系统的记录，从中发现和确认犯罪嫌疑人，获取犯罪证据，在较短时间内及时破案，使犯罪人得到应有的制裁，从而有效发挥刑罚在预防犯罪中的作用。

3. 可起到心理威慑作用，使犯罪人望而却步

公安机关通过技术手段防范破获犯罪案件的信息，必然使犯罪分子产生困惑，并对其心理产生巨大的威慑力量，不敢再犯；同时也能够迫使一些处于犯罪边缘的人员，丢掉幻想，放弃犯罪念头。如交通监控系统的安装，对交通违

法行为特别是危险驾驶行为起到了很大的限制作用，其中的一些人因害怕遭到惩罚而放弃违法犯罪企图。

4. 可节省警力，提高公安机关的控制能力

犯罪技术预防手段的广泛使用，节省了大量的警力资源，能够大大缓解公安机关警力不足的矛盾。如各种电子监视设备的安装，可以减少大量的街面巡逻人员和值勤保卫人员，从而使有限的警力投入到一些重要、紧迫的工作中去，在实现社会效益和经济效益最大化的同时，大大提高了公安机关的整体管控效能。

（二）技术预防装置及应用

犯罪技术预防装置的科技含量是由科学技术进步的水平决定的，目前普遍用于家庭住宅的防盗门、防盗锁等简单技术装备，在过去却是一种高技术含量的装备。所以，公安机关必须与时俱进，不断将科技发展的最新成果应用于犯罪技术防范之中，才能取得比较理想的技术防范的效果。

从我国目前的情况看，被运用于犯罪技术预防的设备主要有：

1. 报警装置

报警装置是指在违法犯罪人进入预先设防的场所或对象时，能够即时自动发出报警信号以引起人们警觉的装置。目前常用的报警装置主要有：超声波检测报警器、红外线式报警器、微波报警器、静电电容报警器、声控报警器、视频报警器等。报警装置主要用于容易成为犯罪分子侵害目标的场所，如：博物馆、金库、金店和银行储蓄所、商店、粮库等财物集中、易发盗窃的部门；枪支弹药库，易燃易爆、剧毒、菌种、放射性物质等危险物品和其他重要的物质仓库；存放国家机密资料、档案的保密室和陈列重要历史文物、珍宝等场所。报警装置的作用在于能够及时发觉和报告险情，防止犯罪分子染指贵重物品和不允许出入的重要场所。

2. 监听装置

监听装置是指运用技术侦查手段监视和获取犯罪分子交流信息的装置。目前常用的监听器主要有：有线监听器、无线监听器、微波监听器、激光监听器、数据监听器等。其主要作用是收听和录制犯罪分子或特定侦查对象的声音，截获犯罪数据信息，秘密收集犯罪活动的证据，是公安侦查部门常用的一种技术侦查手段。

3. 监视装置

监视装置主要是指以摄像跟踪监视取得犯罪时的真实图像信息为主要手段的闭路电视系统。它一般由前端设备（摄像机、镜头、解码器等）、传输系统（同轴电缆、光缆、传输媒介等）和终端设备（控制器、监视器、录音录像设

备、食品分配器等）三大部分组成。其主要作用是随时了解犯罪动向，跟踪监视犯罪人，还原犯罪活动的真实过程，为证实犯罪提供证据，强化监视区域，及时制止犯罪或处置突发事件，防止造成更大的社会危害。过去由于受技术和经济条件的限制，闭路电视监控系统主要被运用于重要、特殊场所，但现在的使用范围不断扩大，在较大城市的一些街区以及一些企事业单位、住宅小区、商场商店等也安装上了这类装置。

4. 保护装置

保护装置是指为了保护某些器械及其功能而增设的防止非正常操作的装置。保护装置在原器械遭到犯罪分子的非正常操作或被改变性能时，能够阻止犯罪分子的企图得逞，保护该目标不受非法侵害；或者延长犯罪人作案的时间，增加发现犯罪的机率。目前我国预防犯罪常用的保护装置主要使用在预防盗窃和破坏等犯罪方面，如防撬式保险锁、密码电子锁、防爆门自动闭锁装置、车辆自动关门装置、保险箱、防撬压破坏的声控报警装置等。

（三）犯罪技术预防应注意的问题

犯罪的技术预防是科学技术发展的应然性产物，应充分认识到运用先进科技手段防治犯罪的重要性，发挥技术预防的应有作用。为此还应注意以下几个问题：

1. 充分实现"人机结合"

公安机关在加强技防的同时，不能忽视广大人民群众的作用，犯脱离群众的单纯技术主义的错误；更不能单纯依靠"技防系统"，而必须实现"人机结合"，维护好、操作好技防系统，使技防系统始终处于良好的工作状态，并建立健全值班、值勤制度，充分发挥技防系统实时监控的作用，确保在接到报警信号后，能及时采取有效措施，迅速捉拿犯罪分子。

2. 合理配置，确保实效

对技防装置的设置应充分论证，必须因地制宜，合理布局，讲究实效。既不能"大材小用"，更不能不起效用。公安机关除合理配置、使用本系统的技术预防装置外，还要配合和指导内保部门有计划地推广使用，并对用户进行必要的技术指导和监督检查，以发挥技术预防的最大效益。

3. 防止侵犯人权现象的发生

技防装置说到底是监控人的设施，特别是监听、监视装置并不适合于对所有人进行监控，使用不当会侵犯人权。所以在使用监听、监视等技术手段时，应严格遵守法律、法规的规定，防止滥用职权，更不能将其用于个人目的。

4. 避免使技防设施成为摆设

在一些地区，特别是在经济落后的中小城市，一些公安机关及其他单位和部门，或因维修经费问题，或因思想重视不够，或因技术力量薄弱等，将花了几十万甚至几百万的技防装置常年闲置不用，只用来装潢门面，而只有在应付上级检查时才调试一下，装装样子。对此应引起充分的注意，予以纠正。

第六节　犯罪预防模式

所谓犯罪预防模式，是指犯罪治理的标准形式和据此展开犯罪预防的标准样式。由于各国的国情不同，社会制度、文化传统各异，因此在犯罪预防问题上不可能形成所谓的标准形式或样式。但每个国家都在探索如何预防犯罪的问题，从而提出了各具特色的犯罪预防理论，形成了自己的犯罪预防模式。

一、外国的犯罪预防模式

（一）美国的"二级预防"模式

在美国，犯罪预防模式由两部分构成：常规预防和非常规预防。前者又称犯罪控制，是指国家司法机构履行各自的专业职能活动；后者是民间的犯罪预防活动。

常规预防体系包括警察、法院和矫正机构。常规犯罪预防分为三个层次：（1）一般预防。即发现各种孕育滋生犯罪的环境和机会，加以改善和控制。其主要措施是："环境设计、邻里照看、一般威慑、私人保安以及就犯罪和预防犯罪进行的教育。"[1]（2）提前预防。即鉴别潜在的罪犯和犯罪高发区域并进行早期干预。主要措施是：鉴别和预防潜在的罪犯，以便早期干预；发现高发区，进行社区预防，在实践中采用自卫策略，创造安全自然环境的"防御空间"策略；对轻微违法人员实行转处；通过家庭和学校解决潜在犯罪者的问题。（3）防止再犯。其主要措施是：逮捕、起诉、监禁、治疗和矫正。运用刑罚的方式剥夺罪犯再犯的能力，通过矫正和治疗措施防止再犯，充分发挥刑罚的威慑作用。

上述三个层次的预防与民间预防活动相互配合，形成了一个完整的犯罪预防体系，在犯罪预防中发挥了良好的效果。

---

[1]　［美］史蒂文·拉布：《美国犯罪预防的理论实践与评价》，中国人民公安大学出版社 1993 年版，第 13 页。

（二）英国的情景预防模式

英国的犯罪预防模式是：在兼顾司法预防和社会预防的同时，将犯罪预防的重点转向情景预防，对犯罪实行由多机构参与的、有深厚群众基础的综合治理。

英国犯罪预防模式是其理论研究和长期实践筛选的结果。从1945年开始，英国政府对刑事司法机构的投资不断增加，但与此同时记录在案的犯罪数却平均每年增长了5%—7%，司法预防方面的大量投入并未取得理想的效果。从20世纪60年代起，一些学者和内政部转而对社区预防和社会预防寄予厚望，但实施的结果同样令人失望，在社区预防和社会预防充分展开之时，犯罪持续增长的势头并没有得到有效遏制。20世纪80年代，人们通过大量的研究分析认为，英国犯罪增长的主要原因是由于工业社会犯罪机会增多，那么，遏制犯罪增长的主要措施也应侧重于减少犯罪机会。这种理论为英国犯罪预防模式的形成奠定了科学的基础。因此英国内政部采纳了这种观点，从20世纪80年代中期开始，他们将情景预防摆在了突出的位置。之后，宣传发动工作日益深入，到1993年已达到了预期的效果。从英国内政部1998年公布的统计数字看，1993年到1997年，英国犯罪数量连续5年下降。这是英国犯罪预防政策日臻成熟的标志，同时也是其选择了卓有成效的犯罪预防模式的结果。

情景预防的实质就是实施条件控制。情景预防有三大原则：（1）增大犯罪代价；（2）增加犯罪危险；（3）减少犯罪所得。[①] 可以看出，情景预防并不涉及消除犯罪原因的问题，而是通过增加犯罪的难度和风险，限制犯罪实施的条件，减少犯罪的机会，抑制犯罪的动机，降低犯罪的成功率，使犯罪目的难以实现。

为控制犯罪条件需要做到预防犯罪和预防被害并举：一方面，要加强社会控制和社区控制；另一方面，要提高被害人的防范意识，减少犯罪的可乘之机。增大犯罪代价的措施主要有：加固目标，设置障碍；控制住宅或购物中心入口，控制和限制人员出入；控制暴力犯罪所惯用的枪支、爆炸物品；加强管理，等等。增大犯罪危险的措施主要是实施三种监督：警察、警卫和侦探等专业执法人员的正式监督；雇用非专业人员加强巡逻守卫的雇员监督；电视监控、街道照明灯自然监督。减少犯罪所得的措施主要有：目标移动；财产标示；减少犯罪诱因（如妇女佩戴昂贵首饰在街上行走等）；建立如财政支付程

---

① ［英］约翰·格拉海姆、特雷弗·白男德：《欧美预防犯罪方略》，王大伟译，群众出版社1998年版，第64—65页。

序一类的规章制度，等等。以上措施要注意综合实施。[1]

（三） 日本的混合预防模式

日本采取的是一种兼容并蓄的混合犯罪预防模式，并取得了明显的效果，其犯罪率大大低于发达国家。

1. 建立严密的犯罪预防组织体系

日本的犯罪预防侧重于青少年犯罪，1949 年日本国会分别制定通过了《关于防止青少年犯罪的决议》和《关于防止青少年不良化的决议》。根据这两项决议，日本政府成立了"青少年问题协议会"，隶属于总理府，专门负责有关犯罪预防的各种调查、统计协调、咨询等事项，并与文部省、法务省、厚生省、劳动省的有关机构等建立了协调工作关系。1951 年，日本政府又成立了负责犯罪预防福利事项的"社会福利协议会"。之后，两"协议会"在都、道、府、县、镇建立了相应的组织。此外，日本还成立了一系列诸如"犯罪者更生保护委员会"、"更生保护妇女会"、"中央矫正研修所"、"儿童商谈所"、"少年辅导中心"、"保护观察所"等犯罪预测、预防和罪犯矫正机构，从而在全国形成了系统的犯罪预防组织体系。

2. 强调系统治理犯罪问题

日本学术界主张用系统方法和综合治理的理念预防犯罪问题。在治理措施上，强调对青少年采取教育改造方式，防止他们加入犯罪组织；主张对暴力犯罪进行综合治理，严格限制对暴力犯罪组织成员适用缓刑，以防止他们继续危害社会；对刑满释放人员也有着更生保护等相应的配套措施。在犯罪预防力量方面，充分发挥社区的作用，鼓励全社会参与，注重提高民众的防范意识。此外，法务省还定期组织全民性的犯罪预防活动。

3. 重视警民关系建设

日本非常重视警民关系建设，警民关系十分融洽，相互信任度很高，警察工作因此得到了民众的有力支持，公众的报案率高达 69%。[2] 日本警察的基层单位——"交番"和驻在所（类似我国的派出所）分别设在社区的犯罪高发区和乡村，其日常工作主要包括：（1）家访；（2）开展辖区内联络协会活动；（3）开展辖区内一事一解决活动；（4）为孤寡老人提供服务；（5）保护和教育青少年；（6）出版小报，进行宣传。[3]

日本也非常重视对犯罪条件的控制，把控制犯罪条件视为重要的理论和手

---

① 吴鹏森：《犯罪社会学》，社会科学文献出版社 2008 年版，第 367 页。

② 杨若何、周路：《社会治安新论》，重庆出版社 1994 年版，第 22 页。

③ 赵晓迅：《新加坡划分日本的社区警务》，载《世界警察参考》1997 年第 3 期。

段。日本将打击有组织犯罪视为"最高战略"，1992年国会通过了《反暴力团法》，并突破一般的立法传统，将若干具体行为规定为暴力行为，对具备这些条件的人，不必拿到证据就可以定为"认定的暴力团"，[①]并对其成员进行控制；然后通过调查识别确认犯罪，逮捕犯罪成员，没收武器、毒品和非法所得。日本还制定了《枪支和刀剑控制法》，并在全国范围内推行枪支控制运动。

（四）　新加坡的"寓防于治"模式

新加坡1965年独立后，经过一代人的努力，将一个贫穷落后、社会秩序混乱的殖民地变为高度文明的现代化国家。其突出的治国经验是：将治理国家与治理犯罪结合起来，选择了一条法律防治与社会防治并重的"寓防于治"模式。

1. 努力构建和谐社会

新加坡在大力发展经济、保障经济高速发展的同时，把保持社会稳定摆在突出位置。其基本思路是，从调整社会政策入手，通过解决各种社会问题，建立社会保障体系，大大减少了社会矛盾，增强了社会凝聚力，实现了社会的和谐与稳定。其中比较典型的政策有：

（1）"公共住屋计划"。为解决低收入者无力购房的难题，在新加坡政府主导下，1968年9月，中央公积金局推出了"公共住屋计划"，并通过制定缜密的法律法规，对购房人条件、购房程序、住房补贴等作出严格规定，按照公平原则进行合理分配房屋。目前约有82%的新加坡人口居住在政府的组屋中。这项普惠性政策，使新加坡人真正实现了"居者有其屋"，大大缓解了社会矛盾。

（2）养老保险制度。新加坡公积金制度规定，每人必须从工资中拿出20%交给政府；同时资方或政府再拿出所发工资的20%加进去作为公积金。公积金可用来购房，其余等退休时一次性领回，企业不再另发养老金。这样，个人退休时可拿到一大笔钱，晚年生活有了充分的保障。但如果违法犯罪，政府要没收全部公积金。这项制度在保障了人们生活无忧的同时，对犯罪行为也起到了很大的控制作用。

（3）医疗保障制度。20世纪80年代以来，新加坡中央公积金局分别制定和逐步推出了著名的"3M"计划，即"保健储蓄计划"（Medisave）、"健保双全计划"（Medisheild）和"保健基金计划"（Medifund），建立了完善的医

---

① 20世纪50、60年代，日本一些传统的犯罪组织，如聚赌团伙、暴力团伙和青少年犯罪团伙逐渐打破活动界限，三者之间的活动相互关联，区别越来越不明显，后来被人们称为暴力团。

疗保障体系，确保了新加坡国民病有所医。新加坡的医疗保障制度也因此被公认为是世界上最完善的医疗保健制度之一。

另外，新加坡还非常重视社区建设，政府每年划拨巨额经费给居委会。居委会用这批经费开办图书馆、阅览室，开展文化体育活动，调解民事纠纷，帮人排忧解难。这样，许多矛盾纠纷得以及时化解，大大减少了社会冲突，从而有力地促进了社会稳定。

2. 加强道德文明建设

新加坡道德教育的一个重要特征是推崇儒家思想，主张用儒学伦理道德稳定社会秩序和调适人际关系，以抗衡西方颓废思想的侵蚀。学校开设的正式课程是《公民与道德》和《儒家伦理》。

首先，强化共同价值观教育。新加坡道德教育的核心理念是"做一个好公民"。为此，新加坡政府于1991年发布了《共同价值观白皮书》，将以下五大共同价值观作为道德教育的基本准则和目标方向，即：国家至上，社会为先；家庭为根，社会为本；关怀扶助，尊重个人；求同存异，协商共识；种族和谐，宗教宽容。在教育过程中，始终将道德教育寓于知识、技能教育之中，培养学生良好的行为和责任感，教育学生正确处理好个人与家庭、学校、社会、国家、世界的关系，开阔学生的全球性视野。

其次，倡导忠、孝等东方价值观。新加坡非常重视孝道在预防犯罪中的作用，坚持把东方价值观尤其是儒家思想作为新加坡核心价值观教育的主要内容。李光耀认为，儒家思想的核心是"忠、孝、仁、爱、礼、义、廉、耻"八种德行，这既是新加坡国民应该保持和发扬的八种美德，也是新加坡政府必须坚持的治国之纲。如在新加坡人看来，孝敬父母的人一般都比较遵纪守法。1995年，新加坡议会出台的《孝道法》，以法律的形式规定了子女对父母的赡养问题，同时还将孝道与经济利益挂钩，"凡与父母同住一单元或同住一小区者均可优先购房，而且在计算所得税时可以获得赡养老人的优待扣除"。这不仅减少了社会的负担，同时也和睦了家庭关系，增强了社会的安定。

再次，培养爱国主义和集体主义精神。新加坡法律规定：适龄男性公民，必须到军队服役两年到两年半；退役后，进入预备役；45岁之前，每年须回军营参加两周的训练活动。这对新加坡人形成国家至上意识，养成遵守纪律的观念和集体主义精神都有着重要作用。

此外，新加坡还规定言论表达和传播的限度，注意对不健康的影视进行审查，不合格的片子不准放映，不合格的镜头必须删除；政府还通过"报业控股公司"来管理报纸，规定政府在"报业控股公司"中占各报、电台60%以上的股份；对海外在新加坡发行的报刊实行严格限制；政府不允许家庭、个人安装卫星电视接收天线。

3. 实行严刑峻法

新加坡是世界上少有的重刑主义国家之一，以"严刑峻法"而著称，至今仍保留着备受争议的鞭刑。新加坡法律规定，对于造成较大社会危害、判刑又不足以惩戒的罪犯，适用鞭刑。鞭刑之下犯人皮开肉绽，身上留下永久的伤痕。一个众所周知的案例是，美国青年迈克尔·菲因为破坏公物被判鞭刑，舆论一片哗然，在美国总统克林顿的恳求下仍未能幸免（由 6 鞭减为 4 鞭），以致其回国后好长时间不能下床。

新加坡还延续了古代对死刑犯适用绞刑的法律制度，对杀人、绑架、图财害命、持枪抢劫、贩毒等死刑犯，可以适用绞刑。根据 1975 年《滥用毒品修正法令》，对于贩卖或进出口 15 克海洛因或 30 克吗啡的贩毒者，必须判处绞刑。许多毒品走私贩因此都视新加坡为畏途，在东南亚一带盛行的贩毒现象，新加坡却很少发生。

在新加坡，对强奸、严重伤人、破坏公物乃至对可能影响社会安定的携带武器行凶或导致种族冲突的案件，法庭也予以重判。对制作、出版或贩卖黄色出版物和音像制品的犯罪处罚也极其严厉。如有人贩卖 20 盘黄色录像带即被罚新加坡币 2 万元（约折合人民币 8 万元）。对此，新加坡司法界人士说，犯罪分子的犯罪活动，即使 100 次中只抓到一次，也要使他吃亏，只有这样才能减少犯罪。

新加坡严刑峻法的另一个体现是，通过法律建立纪律秩序，法律严格地管束着人们的日常生活，这种管束甚至被上升到了刑罚的惩罚的高度。新加坡有"罚款城市"之称，大街小巷到处可见罚款警告牌，法律对公民动辄处以罚款，一种轻微的违法行为也可能被处以高额的罚款。如随地吐痰，最高可罚1000 新元，在电梯里抽烟，最高可罚 500 新元。

新加坡的严刑峻法确实产生了刑罚效应，人们逐渐养成了遵纪守法的习惯，道德水平提高了，社会秩序井然，犯罪率最低的年份不到 1.3‰，国家成为一个美丽的公园。

尽管新加坡的法律制度受到很多人的批评，但其"寓防于治"的模式，最终实现了社会治安的良性循环，值得我们思考和借鉴。

二、我国犯罪预防模式的探索

在长期的理论探索和实践过程中，我国逐渐形成了犯罪综合治理的理论。在这一理论和方针的指导下，学者们提出了不少有价值的犯罪预防模式。如有学者从横向的角度，提出了家庭预防、学校预防、社会预防三道防线交叉结合的预防模式；有学者从纵向考虑，提出了社会预防、心理预防、治安预防、刑罚预防和被害预防五道防线的预防模式；[①] 也有学者从犯罪生成的全过程入手，提出犯罪前预防、犯罪（过程）中预防、犯罪后预防的三阶段预防模式；还有学者根据犯罪防控措施在犯罪预防中所起作用的不同，将犯罪预防分为三道防线：第一道防线——抑制犯罪的动机；第二道防线——限制犯罪的机会和条件；第三道防线——预防重新犯罪。[②] 此外，更有学者提出刑事法律、司法机关与监狱改造这种既有规范制度，又有组织实施，也有惩罚制裁手段的犯罪预防模式。

上述犯罪预防模式虽然各有其内在的逻辑性和立法依据，但是我们认为，犯罪预防模式的建立必须根据犯罪形势的发展变化不断作出调整，不仅需要有较强的理论性，而且还需要有现实的可操作性，能够有效地指导现实的犯罪预防实践活动。

我国的犯罪预防模式应包括以下五方面内容：

（一）坚持社会预防

社会预防是以减少社会弊端与漏洞，完善社会为主旨的犯罪预防活动，其中心目的是通过作为社会组织管理者的国家及其政府各职能部门、社会组织和社会群体的有目的的建设性活动，创造一个具有高度物质文明和精神文明、人的个性能够得到充分发展的和具有良好的和谐运行状态的社会，并使犯罪现象最大程度地得到抑制和减少。犯罪学研究表明，犯罪是人类社会的一种伴生现象，在很大程度上它是由社会自身的矛盾以及人的自身弱点所造成的，它的消长趋势，取决于社会和人类自身的完善程度。因此，社会预防的设计思想体现了一种积极的预防和治本理念。它的作用在于从根本上减少犯罪现象赖以产生和存在的社会原因和条件，而不在于对犯罪行为的事后惩罚和事前的堵、截、卡，所以其效果不可能立竿见影。这种以改变社会状况为前提的价值取向，从某种程度上说带有不少理想化色彩，缺少现实的可操作性，甚至还可能与其他社会发展目标的价值取向发生冲突。尽管如此，社会预防的这些缺点难以掩盖其全面性、根本性和潜在性的犯罪预防功能。在社会预防体系中，除了那些直接用以控制社会局面和解决具体社会问题的手段之外，大多数措施都不像刑罚以及其他强制措施那样是为对付犯罪等反社会行为而专门设定的，但从长期效果来看，这些措施在减少犯罪方面的客观作用比那些专门性措施更加巨大。科学而切合实际的社会发展规划和社会政策对减少犯罪的作用，总是比无序或失

---

① 魏平雄等：《犯罪学教程》，中国政法大学出版社 1998 年版，第 379—496 页。
② 公安部政治部编：《犯罪学》，中国人民公安大学出版社 1997 年版，第 311—334 页。

范状态下不得已而为之的控制手段更为理想。因此，把社会的完善作为最高理想的社会预防应是我们坚持的重要预防方式之一，而不应该舍本求末，急功近利，片面强调环境控制和刑罚的效应，而失去对旨在消除犯罪原因的社会预防的可行性的信心。我们应该坚持"最好的社会政策，就是最好的刑事政策"这一社会预防的指导思想，将社会政策和刑事政策有机结合起来，力图使二者协调一致，相互促进，共同维护和促进社会的发展进步与人民生活的安宁这一并行不悖的伦理原则。

（二）正确运用刑罚预防

刑罚只是预防犯罪的一种手段而非目的，犯罪预防才是刑罚的目的。犯罪预防的首要含义就是预防不允许之恶（犯罪）的发生。而刑罚本身也是一种恶，只因其效果具有惩治犯罪、预防犯罪的功利价值，它才被摈弃了形式的恶，而具有了合理性和正当性，才被允许以刑罚之恶抗制法律规定之恶。也正因为如此，才可以得出如下结论：（1）刑罚是必须的，但刑罚的功能也是有限的；迷信刑罚，将刑罚作为预防犯罪的唯一手段，或迷信重刑，将重刑作为平衡社会治安形势的重要杠杆的观念，都是极其有害的。（2）刑罚是犯罪预防的一个衡量坐标，二者之间存在着比例关系。刑罚的适用范围越广，适用量越大，刑罚量的投入越多，说明了犯罪预防越加失败，即刑罚本身所具有的预防目的已被单纯的刑罚本身所替代。而刑罚本身的预防功能一旦消失，它的报应功能也将消失，这时刑罚就成了一种单纯的惩罚手段，就演变成一种镇压的工具，它就从形式上的恶彻底蜕变为本质上的恶。（3）刑罚的过量投入使刑罚本身变得十分残酷，残酷的刑罚不仅不能预防犯罪，而且会诱发犯罪。刑罚过量投入产生的最直接后果已不是对刑罚的接受，而是对刑罚的反抗；对刑罚的反抗本身又违反了刑法的规定，从而进入了另一轮犯罪。中外历史上任何一次大的社会变革无不与当时严酷的刑罚有关。刑罚是抗制犯罪的最后手段，刑罚的残酷则表明这种手段功能的减弱，刑罚越残酷，抗制犯罪的功能越弱，而残酷的刑罚本身就失去了原有的正义。反观我国建国60多年特别是改革开放以来的犯罪预防实践，同外国刑罚相比的一个突出特点是："重刑"和"死刑"较多；"严打"和"专项斗争"（专项打击、专项整顿和专项治理）是犯罪防控的主要手段，而其所具有的威慑、预防作用却极其有限。因为它的功能的实现是需要刑罚的肯定性、均衡性和及时性来实现的。但在目前，我国的刑事司法和执法人员的素质还不可能满足上述三个条件。多年来我们已经习惯了这样的做法：社会治安严峻，开始进行"严打"，而"严打"的含义就是大范围使用刑罚，大范围适用重刑，刑罚已不再是预防犯罪的手段，而成为惩治犯罪的工具，甚至成了目的，犯罪预防于是仅仅依靠"严打"和保持"高压态势"来贯彻。"严打"结束，社会治安经过一个平台期后，再度严峻，再度"严打"，以此循环重复。刑罚一旦失去其本身所具有的合理性和正当性，长期发展下去，必然导致有法不依，使法律失去权威性，而建立在法律基础之上的犯罪预防大厦也必然会随之倒塌。因此说刑罚是必要的，没有刑罚的预防是不可想象的。但刑罚的预防功能也是有限的，必须十分审慎地评价特殊预防和一般预防的实际作用；正确处理好立法、司法、守法等各环节的关系；切实贯彻宽严相济的刑事政策，依法严厉打击严重犯罪分子，充分发挥刑罚的特殊预防作用。

（三） 加强情景预防

情景预防就是对犯罪前情景进行控制。所谓犯罪前情景，是指个体在实施犯罪前所面临的直接促使其形成与原有心理结构相适应的犯罪动机和将这种动机转化为侵害行为的外在情势。犯罪行为的发生，往往是犯罪情景刺激行为人产生犯罪动机的结果；同时犯罪还是行为人在权衡犯罪的风险与回报、成本与收益的基础上作出的一种理性选择。因此在这种情况下，减少刺激犯罪动机转化为犯罪决意的特定情景，就能在很大程度上减少犯罪的总数。而情景预防就是研究犯罪人是如何考虑犯罪的危险性和如何权衡利害得失，在影响其行为选择的情景因素的基础上，通过增加犯罪的风险和成本，减少犯罪收益和回报来预防犯罪。这种将预防犯罪的重点从影响犯罪人格的形成转移到对刺激行为人产生犯罪动机和将动机外化为侵害行为的外在情势的控制来达到减少犯罪的目的具有相当大的优越性，主要表现为：一是犯罪总是在一定情景下发生的，情景预防通过对罪前情景的控制来抑制犯罪动机的产生及犯罪行为的实施，从而能够达到减少犯罪的目的；二是因为"情景预防关注直接导致犯罪的因素"，是即刻（immediate）和直接（direct）作用于犯罪的预防方法，不需要像社会预防那样改变现有的社会结构和社会制度，所以在具体的预防实践中更加迅速见效；三是情景预防引导具体的、具有可操作性的预防行动，不需要投入大量的资金，在现实中易于掌握和大量运用。

我国的犯罪预防模式在坚持社会预防和正确适用刑罚预防的同时，应当加强情景预防。情景预防在当前我国犯罪预防中有着广阔的运用前景：

1. 情景预防的独特作用在于能够弥补社会预防和刑罚预防的不足

刑罚的威慑作用自古以来就一直受到强调和重视，但刑罚的威慑作用需要靠刑罚的肯定性、均衡性和及时性三个条件来实现，而且成本很大。虽然我国的刑罚十分严厉，可事实上只有少数的罪犯受到了司法机关的追究，而且监狱具有致罪性，许多罪犯将严厉惩罚当作与社会决裂的转折点。各国的研究表明，各种矫正措施对重新犯罪没有明显的效果，重犯率依然很高，而且提高司法效率、保证刑罚的特殊预防效果决非一朝一日之功，而是一个长期的过程。历史和现实的经验都告诉我们，司法预防本身并不能独自起到预防犯罪的作用，夸大法律解决犯罪问题的能力和在预防、控制犯罪过程中过于依赖司法体系越来越被清楚地证明是错误的。[①] 犯罪研究的理论和社会实践都证明，社会预防在预防犯罪中确实起着举足轻重的作用，是消除犯罪社会原因的根本措施，但在我国目前大量实施还有相当大的困难。因为社会预防项目的实施要依赖大量的资金支持，而且以改变现有的社会状况为前提，其价值取向又常常与其他社会发展目标的价值取向相冲突；同时，社会预防如果未经严密构思，会产生许多其他难以预料的副作用，即使经过充分论证，它的效果只有经过很长时间的实施才能见效，其间还得谨慎运用。因此，在社会治安形势出现波动，犯罪率居高不下的情况下，为了减轻社会的压力，充分发挥情景预防见效快的功能，对稳定社会治安形势是十分必要的。

2. 情景预防具有现实的针对性和实效性

我国正处于"转型期"的客观现实，导致社会的"失范状态"和犯罪机会大量增多，试图改变"失范状态"而终止社会改革既不现实，也不可能；同时，依赖社会预防在短期内也难以取得明显成效。在这种情况下，立足于对犯罪目标的控制和对犯罪机会的消除，使行为人意识到犯罪难度增大、被捕的危险性增加、收益减少，抑制犯罪动机的情景预防就有着不依赖于政府的长期预防策略、能够立即付诸实施、并能够速见成效的优势。在我国目前社会治安形势严峻、老百姓普遍缺乏安全感的情况下，要解决当前社会治安中的突出的问题，注重情景预防的重要作用具有更为重要的现实意义。

但是也有人担心情景预防会导致犯罪转移，即犯罪人转移犯罪行为的地点、目标和时间；犯罪人针对同一目标采用新的犯罪手段，或进行其他犯罪。尽管这种担心有一定道理，但是犯罪研究的成果使我们可以充分相信，许多犯罪为机会犯罪，其犯罪往往是受到强烈环境刺激作用的结果，一旦这种刺激消失，起码有相当一部分人不会再刻意去寻找犯罪机会，创造犯罪条件。根据理性选择理论，"犯罪转移只会在比较容易地转移到另一个地方而不增加些许危险并获得相同收益的条件下才会发生"。[②] 美国、英国、加拿大的犯罪调查发现，在运用情景预防的国家，如果对相关目标都推行情景预防，并不存在犯罪

---

① E·Fattat，"Some refections on Crime prevevcntion Srategies in Laroe mtrop litian centers of the 21 st centurt" 7/2，140，1999.

② See. Ronuld. V. Clarke， sitvlonal. crime. prevention. everybodysBusiness. http：//barney. webaec com. au/aust－cpc/conf95/Clarke. hem.

转移问题。如德国在 20 世纪 60 年代为预防机动车被盗，规定无论是新车还是旧车都要安装驾驶锁，从而在机动车大量增加的情况下，机动车被盗反而明显地减少了，其他盗窃也没有明显的增加。可是英国只在新车上安装驾驶锁，结果导致同期旧车的被盗案大量增多。

情景预防的主要价值就在于它具有实践性和可操作性，其核心是通过提高犯罪行为的难度，增加行为风险，减少犯罪收益来预防犯罪。因它只是抑制行为人动机的外化并不是从本质上消除行为人反社会人格的形成，所以说它只是从形式上而不是从本质上预防犯罪，只是治标而非治本。它对于人格障碍者在激情状态下实施的犯罪，对一些恶性程度比较深的人实施的犯罪，即对于情景因素考虑较少的犯罪的预防收效甚微。这类行为人即使遇到阻却，也会创造条件、改变手段、千方百计达到犯罪的目。预防这类犯罪需要发挥其他预防手段的作用。

（四）倡导被害预防

当前，世界各国犯罪预防的一个明显转变就是从"被动的预防犯罪到主动的预防犯罪；从法律制止（Legal deferent）到物质制止（Physical detrrernt），从立足于行为人预防转向被害人预防。"[1] 有史以来，预防犯罪都是针对犯罪人和潜在犯罪人而言的，这种传统的预防方式是将重心放在消除和减少犯罪人和潜在犯罪人的犯罪动机以及实施犯罪的各种因素与条件上。但是犯罪被害人研究表明，要真正实现减少社会的犯罪，仅仅从犯罪人和潜在犯罪人这一角度考虑是不够的。因为"犯罪—被害"是一个问题的两个侧面，二者相辅相成。在很多情况下，犯罪的发生或升级都是犯罪人与被害人相互作用的结果。被害人方面存在的某些易于被害的因素很可能促成了犯罪的发生。因此，仅强调犯罪预防而忽视被害预防，或者过分强调被害预防而放弃犯罪预防，都难以收到理想的效果。然而在犯罪被害人学诞生之前，被害预防的作用始终没有引起人们的关注，减少和消除犯罪的对策几乎都是围绕着犯罪人展开的。但是，全球犯罪的持续增长引起了世界各国对传统犯罪预防理论的怀疑，犯罪被害人学的研究成果给世界各国更新犯罪对策提供了一把钥匙。学者们发现，被害人自身方面存在的某些容易招致犯罪侵害的因素对于犯罪的发生具有极为重要的影响，消除或减少这些因素能够更有效地减少犯罪。受该理论的影响，目前各国纷纷打破传统犯罪预防模式的一统天下，把预防被害观念纳入到自己的犯罪对策体系中来，犯罪预防的重心也逐渐从预防犯罪转向预防被害。

---

① E·A·Fattah, "Some Reflectionc on Crime Prevention. Strategies in Large mtrpolitancenters of the 21 stcentury", Eurpen Journal of Crime, Crime Lawanol Criminal Justice, Voc, 7/2, 141.

在我国，之所以也倡导被害预防，不仅因为被害预防是世界性潮流，而且还因为它与我国社会治安综合治理的理论是完全一致的，并且还弥补了该理论存在的一些不足。除此之外它还具有两个明显的优势：一是被害预防强调公民个人的责任，即每个公民都有预防被害的责任。与犯罪预防相比，被害预防可以最大限度地调动广大群众的积极性。此前，人们一般将预防犯罪看作是国家的责任，社会治安不好，犯罪泛滥，老百姓怨声载道，却难有作为。其实预防被害之责人人有之，因为人人都有遭到被害的可能性。人无完人，个体自身存在的一些不良行为，常常成为被害（或犯罪）的重要因素。因此，预防犯罪的责任不应该由国家完全承担，这种犯罪预防责任的转移是一种巨大的进步，它使犯罪预防的理论更加贴近现实。二是从实际情况看，改变被害人或潜在被害人的行为习惯和一些不良生活方式，比改变犯罪人或潜在犯罪人的行为更容易一些。这就决定了预防被害比预防犯罪更具可行性，预防被害的举措肯定也会比预防犯罪的举措更容易落实和取得成效。因此，加强犯罪被害人研究，将被害预防纳入犯罪预防体系，能够使犯罪预防体系更加丰富和完善。

（五）建立、健全犯罪预防机构

健全、高效的犯罪预防机构是搞好犯罪预防的重要组织保证，是一系列预防措施得以实施和展开的前提；否则，机构不健全，功能不能正常发挥，再好的犯罪预防措施也只能流于形式。我国自中共中央、国务院《关于加强社会治安综合治理的决定》下达后，从中央到地方，均已建立了社会治安综合治理的领导机构。但这些机构，在犯罪预防过程中务虚较多，务实较少，并没有充分发挥预防犯罪应有的领导、组织职能。严格地说，它并不是一个专门的犯罪预防组织机构。客观而言，在我国到目前为止还没有形成一个完整的犯罪预防体系，犯罪预防的职能实际上主要由公安、司法机关所承担，犯罪综合治理的方针难以真正在全社会落实，其犯罪预防理念也基本上停留在理论层面，还不能贴近大众，融于生活，其理论成果的可信度、应用价值仍值得推敲。因此，要落实犯罪综合治理的各项措施，建立健全犯罪预防机构势在必行。为此建议：一是尽快启动犯罪预防立法，使犯罪预防有法可依，有章可循，这是做好犯罪预防工作的基本保障，同时也是我们建立法治国家的基本要求；二是理顺犯罪预防体制，确立在党和政府主导下的"以公安机关为主、司法机关为辅，有关部门相互配合、相互支持"的犯罪预防体制；三是制定预防犯罪的层级责任制，将"谁主管谁负责"的原则落到实处，不断深化公安派出所改革，做好基层基础工作；四是建立、健全犯罪研究机构，重视犯罪学理论研究工作，大力开展犯罪实地调查，收集大量的第一手材料，使犯罪学研究有所突破；同时社会各界要充分认识到犯罪研究对维护社会稳定的重要意义，多给研究者提供一些帮助和支持。

综上所述，我国的犯罪预防模式是一个综合性"四级预防"模式，它需要在综合治理方针的指导下，不断充实和完善。具体思路是：

第一级：社会预防。应紧紧抓住我国社会转型期的特点，改革和完善社会政策，实现社会公平正义，构建惠及全民的社会保障体系。需要解决的重点问题是：大力清除腐败，扭转社会不良风气；缩小贫富差距，缓解社会对立和冲突；解决住房难题，缓解人们的怨恨情绪；改革医疗保障制度，提高人们的安全感；创新社会管理机制，提高党和政府的执政能力，增强社会凝聚力；重构社会价值体系，提高人们的道德水平，以此最大限度地消除犯罪产生的原因和条件。

第二级：社会控制。加强情景预防，充分发挥公安机关在维护社会治安和社会稳定中的主导作用。需要解决的重点问题是：加强公安机关的组织建设，提高其管理、执法能力和服务意识；强化户口管理、公共场所管理、特种行业管理和特种物品管理，实现对重点人口和流动人口的实时监管，有效控制犯罪实施的条件，将犯罪消灭在萌芽之中。

第三级：刑罚规制。刑罚是犯罪预防的最后手段，也是不可缺少的措施。要充分发挥刑罚规制犯罪的作用，需要重点解决以下几个问题：坚定不移地执行宽严相济的刑事政策，严厉打击严重刑事犯罪分子，做到执法必严，违法必究，这方面可借鉴新加坡的经验；提高破案率，及时将犯罪分子绳之以法，打破其侥幸心理；坚持走群众路线，密切警民关系，提高群众的举报积极性，充分实现刑罚在犯罪预防中的价值功能。

第四级：被害预防。被害预防是犯罪预防模式不可缺少的一个重要环节。在"犯罪—被害"互动关系中，要充分发挥被害人的能动作用，实现"被动预防"向"主动预防"的转变，重点应做好以下工作：加强被害教育，减少人们特别是潜在被害人的被害性，最大限度提高其自觉防卫犯罪的能力和同违法犯罪作斗争的积极性；明确被害人的责任，促使其履行应尽的防范犯罪的责任和义务；建立被害人救助体系，制定并实施被害人援助计划，防止被害人逆向转化。

以上四个层次的预防不仅要充分发挥各自的功能作用，而且还应相互支撑、相互配合，使之成为一个预防犯罪的有机整体。

思考题

1. 犯罪预防的内涵是什么？
2. 犯罪预防应坚持什么原则？
3. 犯罪预防的主要内容是什么？
4. 如何理解情景预防的当代价值？
5. 中外犯罪预防模式的主要内容是什么？

阅读书目

1. 张远煌：《论犯罪预防的概念》，载《法商研究（中南政法学院学报）》1996 年第 5 期。

2. 阮玉华、米良：《论犯罪学中的犯罪防控》，载《云南大学学报（法学版）》2009 年第 5 期。

3. 王娟、卢山：《现代社会犯罪防控理念研究》，载《政治与法律》2007 年第 2 期。

4. 毛媛媛、戴慎志、曾敏玲：《国外环境设计预防犯罪组织机构评析与借鉴》，载《国际城市规划》2012 年第 4 期。

5. 时延安：《劳动教养制度的终止与保安处分的法治化》，载《中国法学》2013 年第 1 期。

6. 王牧：《中国犯罪对策研究》，吉林人民出版社 2004 年版。

7. 储有德：《国外大城市预防犯罪问题措施》，载《社会科学》1982 年第 2 期。

8. 刘芳：《道德与犯罪预防》，载《法制与社会发展》2000 年第 1 期。

9. 张远煌：《论罪前情景》，载《法商研究（中南政法学院学报）》1999 年第 3 期。

10. 田晓辉、刘田琳：《社区矫正制度与犯罪的预防》，载《理论前沿》2008 年第 22 期。

11. 吴鹏森：《犯罪社会学》，社会科学文献出版社 2008 年版。

第十三章　犯罪控制

社会秩序的建立与维持依赖于社会控制机制，如果一个社会缺乏这种机制，不仅已建立的社会秩序要受到破坏，而且维持社会秩序的这种机制也根本无法发挥作用。社会控制是社会存在和发展的必要条件之一。犯罪控制是社会控制的一个重要方面，特别是在我国社会转型时期，社会矛盾错综复杂，犯罪问题十分突出。在这种情况下，加强对社会的犯罪控制，对于维护社会稳定、促进社会和谐发展具有十分重要的意义。

第一节　犯罪控制的涵义及其构成

一、犯罪控制的涵义

社会控制一词是由美国社会学家 E. A. 罗斯（Ross，1886—1951）首次提出来的。罗斯认为，人生来具有同情心（sympathy）、互助性（sociability）和正义感（Naturalorden），这三个部分构成了人性的"自然秩序"，它能够自行调节人们的行为，使得社会生活处于自然的有序状态。19 世纪末 20 世纪初，美国社会迅速的城市化和大规模的移民，使人性中的"自然秩序"遭到破坏，越轨、犯罪行为频繁发生，因此必须建立一种新的机制来维护社会秩序。这种机制就是社会控制。

罗斯所说的社会控制，是一种依靠人性之外的社会因素来约束人们行为的过程，它与天生的自我约束不同。随着社会学研究的不断深入，人们对社会控制现象的认识也逐步加深，使社会控制的概念不断得到发展。今天的社会控制概念已不只是片面地控制人们的行为，它还有协调与积极引导人们行动的重要内涵。因此，凡是利用任何社会或文化的工具，对个人或集体行为进行约束，使其依附于社会传统的行为模式，促进社会或群体的协调与发展的，都可以称之为社会控制。社会控制最基本的形式可以说是建立在个人对社会规范和角色期待以及认为是正当的行为标准的承诺上，不然人们就不会依附于这些行为模式，就会进行反抗。因此，大部分的社会控制现象可以认为是人们通过社会化把社会规范和价值观内化为人们自觉行动的结果。然而个体的社会化并不都是成功的，随着社会生产生活方式的剧烈变化，越轨、犯罪行为在现代社会变得越来越多，越来越复杂，要确立与维护社会秩序，使其符合社会稳定和发展需要的过程，就必须对这种犯罪行为进行限制与制裁。这种专门的国家机关运用自己手中掌握的国家机器，通过各种措施，发现、制止和打击社会犯罪，防止和减少犯罪危害社会的过程就是所谓的犯罪控制。

对犯罪控制的涵义可作以下理解：

（1）犯罪控制的任务既包括对犯罪行为的制裁，又包括引导、教育广大社会成员认同并遵守社会规范，以协调个人、群体、组织、社会整体之间的关系，适应变动中的社会秩序并推动新的社会秩序的建立。

（2）犯罪控制的目的，是使人和团体的行为服从于社会稳定的需要，将犯罪数量及犯罪的危害程度限制在一定范围之内，它与旨在消除犯罪原因的犯罪预防的目的是不同的；同时不能因为控制犯罪而阻碍社会的发展，必须使个人和团体的自由与社会秩序达到和谐的统一。

（3）犯罪控制的主体不同于犯罪预防的主体，前者主要是国家机关，即负有犯罪控制职责与职能的国家犯罪防控职能部门，后者不仅包括国家机关，还包括社会团体和公民个人。但犯罪控制的实施必须依靠社会力量才能进行，同时犯罪控制还必须使社会规范被每个社会成员加以"内化"，才能达到积极控制的目的。因此说，犯罪控制的途径必须是国家职能部门的控制与社会成员自我控制的统一。

（4）犯罪控制作为一个动态过程，不仅包括对现有社会治安环境的维持，还包括通过采取思想工作、调解帮教、技术防范等措施。随着社会的变迁和治安形势的变化，犯罪控制的手段和策略也必须作出相应的调整。

二、犯罪控制的构成

犯罪控制的构成要件包括：

（一）犯罪控制的主体

犯罪控制的主体主要是国家及其职能部门，具体可分为三个层次：

（1）国家。所谓国家控制，是指国家或政府通过制定社会政策和刑事政策，推行主导文化价值观念，从宏观上对人们的行为进行规制与引导，以此左右社会治安形势，维护社会稳定。

（2）司法机关。司法机关是打击犯罪、控制犯罪的专门机关，是对犯罪进行直接控制的专门机构，它是以国家的名义代表法律对全体社会成员进行控制，其所控制的对象不是其组织内部成员，而是整个社会。由于非正式社会控制的局限性，便产生了专司犯罪控制之责的司法机关，如警察、法院、监狱等。在现代社会，警察、法官、检察官、监狱看守等人员将犯罪控制作为其职责的重要部分，其控制职能变得越来越重要，正如毛泽东同志在《正确处理人民内部矛盾的问题》中所说："人民为了有效地进行生产、进行学习和有秩序地生活，要求自己的政府、生产的领导者、文化教育机关的领导者发布各种适当的带强制性的行政命令，没有这种行政命令，社会秩序就无法维持，这是人们的常识所了解的。这同用说服教育的方法去解决人民内部矛盾，是相辅相成的两个方面。"由于这种控制是以全社会的名义对社会犯罪现象的控制，因而它在犯罪控制体系中居于主导地位，对社会治安形势起到了极大的影响作用。

（3）社会组织的控制。社会组织是最普遍的社会构成单位，其控制指向是面向内部成员的。任何社会组织为了保证自身的存在与发展，都必须对其成员进行控制。国有国法，党有党纪，校有校规，军有军令，工厂、医院、家庭以及工、青、妇等组织都有自身的控制机制。

（二）犯罪控制的客体

犯罪控制的最终目的是防止犯罪行为的发生，犯罪控制的客体当然应当指向诱发犯罪的原因和条件，即主要围绕与犯罪有关的人、物、情景等因素加以控制。

1. 围绕人进行的犯罪控制

犯罪控制作为一项防治社会犯罪的措施，并不是对所有的人都进行严密的控制，它主要是围绕着潜在犯罪人和潜在受害人进行控制。

（1）对潜在犯罪人的控制。对潜在犯罪人的控制内容主要包括：一是对有明显犯罪倾向的人的控制，如社会化程度严重不足、已经形成了不良人格、经常实施一些违法行为、被卷入矛盾纠纷的漩涡之中不能自拔的人。这些人都有可能铤而走险，实施犯罪行为，对这部分人应采取超前的控制措施。二是对犯罪嫌疑人的控制。对那些有迹象表明已形成犯罪心理，正在积极地创造条件、选择机会实施犯罪的人，或有证据表明其已经实施了一些犯罪行为并有可能进一步实施更为严重的犯罪行为的各种犯罪嫌疑人员，应特别加强控制措施。三是对刑释、解教、假释、监外执行人员的控制。这些人由于在服刑、劳教期间没有得到有效的再社会化教育，或由于社会对其监管不力，其重新犯罪的可能性较大，因而应当成为密切观察、监视的重点对象，以改善和抑制他们的犯罪动机，阻止他们再次实施犯罪。

（2）对潜在被害人的控制。对潜在被害人的控制主要是采取一些保护性的手段进行控制。其内容主要包括：一是对没有保护能力或保护能力较差的人的保护性控制，如未成年人、精神病患者等。这部分人，自我保护能力相对较差，容易成为犯罪侵害的目标，必须对他们加以保护，防止其遭受犯罪侵害。二是对疏于防范的人的控制，其控制对象主要是指对那些缺乏自我保护意识，常常独自夜行（特别是女性），或故意显财露富而又粗心大意、疏于防范的人等。三是对易于成为攻击目标的人的控制，主要是针对那些存在贪财、贪色、争强好胜等不健康心理，或多行不义、到处结怨容易成为攻击目标的人的控制。

2. 围绕物进行的犯罪控制

以预防犯罪为目标所要控制的物主要包括三类：一是对危险物品的控制。这些物品由于具有极大的破坏性和杀伤力，一旦落入犯罪分子手中，被当作犯罪工具使用，会造成极大的社会危害。二是对具有重大经济价值的物品的控制。这些物品主要指金银、货币、有价证券、珍贵文物、珍贵动植物、尖端科技产品和重大发明、专利技术信息资料等知识产权。由于其具有重大的经济价值或涉及重要的商业秘密，极易成为犯罪分子猎取的目标，需要加强控制。三是对特殊物品的控制。如对黄色淫秽物品、反动政治宣传品及其信息传播的控制，对具有重大政治象征意义的物品的保护性控制等。

3. 对犯罪时空条件的控制

任何犯罪都是在一定的时空条件下进行的，离开一定时间和空间范围的犯罪是不可能的，因此加强对一定时空范围内的犯罪控制是非常必要的。一是加强重点时间段的控制，如一年中犯罪有高发的季节和月份，一天中也有高发的时段，通过对高发时间的控制，就能达到减少犯罪发生的目的。二是加强对重要场所的控制。犯罪多发的场所主要有：人财物的集散地，如车站、码头、银行、证券交易所、商贸市场等；公共交通工具（如车辆、船只、航空器等）；疏于防范的住宅和过于僻静的场所；容易成为治理盲区和死角的区域（如城乡结合部、行政区结合部等）。三是对特殊行业的控制。这些行业如旅馆业、旧货业、印铸刻字业等，易于犯罪分子藏身落脚或被犯罪分子所利用，必须予以严格监控。

4. 对犯罪情景的控制

对犯罪情景的控制即是对某些犯罪高发的物理环境，直接通过管理（management）、设计（design）、调整（manipulation）的方式持久有效地加以改变，从而尽可能地使行为人认识到犯罪行为难度增加、被捕的可能性增大、收益减少，以此来减少犯罪。① 犯罪情景控制的具体措施主要包括四个方面：

一是增加犯罪难度。主要包括：目标加固，如住宅楼安装防盗门窗；访问控制，如在住宅安装对讲系统；目标控制，如使用有相片的信用卡等。

二是增加犯罪风险。主要包括：出入口检查，如机场、车站利用 X 光机检查人身和行李；正式监视，如警察巡逻；行业职员监视，如公园门卫监视；自然监视，如邻里守望等。

三是减少犯罪收益。主要包括：目标转移，如将贵重物品放于银行保管；财产标识，如在贵重物品上刻上表明物主的标记；目标无价值，如保险柜具有自毁功能；减少诱惑，如贵重物品秘密隐藏保管。

四是消除合理化意识。主要包括：提供便利，如简化交费、提款、纳税手续；控制合理化因素，如及时干预违法行为；制定规章制度，如在宾馆严格登记制度；增加非正式制裁，如对轻微违法、违纪行为进行警告和谴责等。

---

① See http//www：sofweb. vic. edu. all/crimprev/situatcp. htm.

（三） 犯罪控制的手段

犯罪控制的基本手段是社会规范。没有社会规范，社会就缺乏约束人们行为的依据和标准，犯罪控制也就无从谈起。由于社会的复杂性，每一个社会都存在着不同的价值观与社会规范，这里的社会规范主要指在社会中占主导地位的价值观念体系。社会规范依次分为习俗、道德、宗教、纪律、法律、政权等不同层次。处于最高层次的社会规范的控制力最强，例如政权和法律。社会规范预先决定了社会行为的产生和定向，它促使社会行为符合社会治安稳定与社会发展的要求，从而达到犯罪控制的目的。

（四） 犯罪控制的保障

犯罪控制的保障是明确而有力的奖惩措施。奖惩措施可以包括在规范之中，但它又具有独特的意义与价值。人们之所以会遵守社会规范，除了有自觉遵守的一面以外，很大程度上有赖于奖励措施的激励和惩罚措施的威慑作用。我国社会生活中有令不行、有禁不止和违法犯罪行为现象的普遍存在，很大程度上与一些规章制度缺乏明确的奖惩措施，或者执法不严、违法不究有着密切的关系。

第二节　犯罪控制的主要形式

一、积极的犯罪控制与消极的犯罪控制

从犯罪控制的途径看，可以把犯罪控制区分为积极的犯罪控制和消极的犯罪控制。前者明确指出哪些社会行为符合社会规范，倡导人们自觉、主动地遵守；后者则指出了哪些社会行为背离或违反了社会规范，需要加以约束，以及社会应该怎样积极主动地引导、教育并控制人们避免背离正常的社会行为的轨道。

（一） 积极的犯罪控制

积极的犯罪控制是指通过对人们社会行为的正面引导所实现的社会控制。它通过物质的刺激和精神的鼓励提供给人们明确的目标导向，这种建立在积极的个人顺从动机上的控制形式往往更容易为人们所接受，从而有利于良好社会治安秩序的形成，而且建立在限制和惩罚基础上的消极的犯罪控制的效果最终还须通过社会化的内化作用形成。因此对犯罪的社会控制，首先需要充分发挥社会的积极控制功能，通过积极的控制机制，在全社会建立起预防犯罪的社会

心理和社会文化，形成整个社会健康发达的社会犯罪免疫系统，这比单纯地对已经发生的犯罪行为进行消极控制的效果要好得多。而要达到这一目标，须实施以下社会控制措施：

1. 社会化教育控制

社会化教育控制是形成良好社会秩序和社会发展的最佳途径和方式。所谓社会化，即是每个社会新生成员从自然人到社会人的成长过程，它既是社会对个体成员的教化过程，同时也是个体适应并改造社会的过程。在社会化的过程中，社会与个体是相互作用的。但从社会控制的角度而言，社会化的实质在于社会文化的内化，即把社会的价值观念和行为准则内化为社会成员的主观信念和道德修养。其过程是一个不知不觉、潜移默化的长期过程。尽管在人的一生中个体接受社会教化的特点和能动作用有所不同，但当个体社会化在各个阶段都较为成功时，他就会形成一种主体道德体系和良心，在以后的社会生活中，当个体要做出的某种行为不符合社会规范和要求时，这种道德体系和人格良心就会在内心发挥作用，阻止人们从事越轨、犯罪行为。这种社会控制也叫内在控制或自我控制，它是社会的犯罪免疫系统中最核心、最关键的组成部分。

2. 社会奖赏控制

社会奖赏是一种十分重要的犯罪控制方式，它是通过对那些符合社会要求、有利于社会治安秩序的社会行为施以奖赏的方式，引导人们趋向遵守社会规范，"不逾矩"，从而达到犯罪控制的效果。

社会奖赏的内容主要是分配社会资源。社会资源主要分为：物质资源（收入）；知识资源（教育）；关系资源（地位、权力、声望）。在现实生活中，社会奖赏的方式主要有表彰、奖励、提薪、晋升、优待等。社会奖赏对于引导人们遵从社会规范、维护社会秩序、促进社会发展的作用是巨大的。它的科学性、有效性在于它适应了人所固有的内在需求，使社会成员有了满足自身不断发展需要的正当合法途径。因此，在一个社会治安良好有序的社会里，不但要惩罚严明，社会奖赏制度也应是完善和健全的。社会奖赏的多样化、程序化、制度化、合理化是实现积极的犯罪控制的重要保证。相反，如果一个社会里没有社会奖赏，或社会奖赏不合理，都会导致社会向心力的丧失和离心力的增强，最终失去对各种不同性质的越轨、犯罪行为的控制。

3. 社会保障控制

社会保障是国家通过法律和行政措施保证全体社会成员基本生活权利的一项社会制度。社会保障的目的在于调适社会关系，缓解社会矛盾，维护社会秩序。因此，现在世界各国特别是发达国家都十分重视社会保障问题。英国从第二次世界大战后便实行了"从摇篮到坟墓"的社会保障体系，各种保障项目达 40 多种，农民也可享受退休和医疗补贴待遇。

社会保障有保护、促进、稳定、调节等多方面的社会功能。从犯罪学的角度看，其犯罪控制作用至少有以下几点：其一，社会保障作为社会自我调节的一种手段，通过干预社会分配过程，调整社会分配关系，以实现社会公平、缓和社会矛盾，从而减少了因社会分配不公、个体收入过于悬殊而引发的犯罪现象。其二，社会保障作为保障社会成员基本生活权利的一种制度，不仅可以控制那些为满足最基本的生活需要而发生的犯罪行为，而且还可以控制那些因"相对贫困"而引发的犯罪行为。其三，社会保障在控制社会改革过程中出现的大量犯罪现象也具有重要的意义。改革是一场深刻的革命，旧体制的革除和新体制的建立与完善需要一个过程，在这个过程中，随着一部分铁饭碗的被打破和外国企业的冲击，破产、失业、被解雇等现象会不可避免地增多，如果没有相应的社会保障体系加以控制，一些弱势群体势必将陷入困境，并由此引发各种反社会行为。

因此，我国在目前社会改革不断深入的情况下，更应该尽快地建立和完善新的与之相适应的社会保障制度，从而有效地控制犯罪，防止社会治安形势恶化。

（二）消极的犯罪控制

不管积极的犯罪控制多么有效，犯罪行为的发生是不可避免的。因此，一定形式的旨在通过对各种违法犯罪行为的限制与惩罚所实现的消极的犯罪控制是不可缺少的，不对犯罪行为进行有效的制裁，社会就会失控。社会制裁是消极的犯罪控制的主要形式之一，是犯罪控制不可缺少的重要环节，也是积极的犯罪控制得以顺利实施的重要保障。

1. 社会制裁的功能

一是否定犯罪的功能。社会制裁本身表明了哪些行为是社会禁止的，哪些行为是社会允许的。通过社会制裁，将一些行为确认为是对社会有害的行为，并在法律上或在道义上予以否定，从而提供给人们行为的标准和依据。

二是制止犯罪的功能。通过社会制裁约束人们的违法犯罪行为，防止违法犯罪行为的发生和蔓延。社会制裁主要是通过法律、纪律、政治、经济等硬性控制手段，对违法犯罪人的行为、人身等进行限制，甚至剥夺其行为能力，以达到维护社会秩序的目的。

三是惩罚、威慑犯罪的功能。社会制裁不仅使犯罪分子受到一定程度的惩罚，在经济、政治和精神上受到很大的损失，而且使一些具有了犯罪动机和犯罪心理的潜在犯罪人，慑于犯罪所要付出的风险成本产生恐惧感，从而不敢轻举妄动，停止或放弃犯罪活动。同时，社会制裁对一般社会成员也起到一种警示和教育作用。

四是引导社会行为的功能。通过实施有效的社会制裁，使社会成员明确正确与错误、合法与非法的界限，从而引导人们遵守社会规范，选择和实施社会允许和鼓励的社会行为。

五是维护社会秩序的功能。社会制裁的基本功能之一在于为一定的社会秩序提供必要的保障。社会秩序是任何社会存在和正常发展的前提。通过社会制裁，伸张正义，打击邪恶，安抚被害者，维持良好的社会秩序和广大群众的正常生活秩序，从而增强社会成员的安全感和归属感，极大地促进社会的稳定与发展。

2. 社会制裁的形式

古往今来，人们在长期的社会实践活动中，创造了形形色色的社会制裁形式。这些制裁形式因国家、民族和文化背景的不同而不同，有些是文明进步的，有些则是野蛮落后的，但总的来说，社会制裁主要由三部分组成：

（1）社会标定。社会标定即是按照一定的社会规范，对人们的社会行为进行社会评定，将某些社会行为评定为违法犯罪行为。社会标定是对社会成员及其行为所作的否定性评价，它是社会制裁的第一步，并为社会制裁的后续行动创造前提条件，从而使各种社会制裁成为可能。一方面通过社会标定，给违法犯罪人造成各种社会环境压力和精神压力，并通过各种后续制裁活动不断强化这种压力，从而使行为人放弃违法犯罪行为；另一方面通过吸引社会成员参与社会标定的过程，使社会成员进一步认清罪与非罪的界限，对犯罪行为形成否定性评价，从而有利于增强社会成员的法制观念和守法意识。

社会标定包括一般标定（也称社会标定）和特殊标定（也称法律标定）两种。前者主要是社会一般舆论根据社会习俗、道德观念、文化传统、宗教信仰等社会规范对犯罪人及其行为的标定；后者是国家通过法律形式对犯罪人及其行为进行的标定。一般地说，一般标定与特殊标定应是统一的，但有时也会发生矛盾与冲突。社会标定的目标就是要尽量减少冲突与对立，缓和社会矛盾。

社会标定对犯罪控制也有一定的副作用，主要表现为，对于一些初犯、轻微违法犯罪者、少年犯等，如果轻意地进行标定，给他们贴上违法犯罪的"标签"，他们在以后的生活道路上就可能处处受到这种"标签"效应的影响，这对于他们改过自新、重新回归社会十分不利。因此，我们必须正视"标签"化对犯罪控制的副功能，尽可能地减轻对犯罪进行标定所产生的消极影响。

（2）社会谴责。社会谴责即是社会舆论（公众的意见和态度）对违法犯罪行为进行批评、斥责和反对的一种制裁活动。当一种社会行为被社会标定为违法犯罪时，必然要引起社会公众和社会舆论的广泛反对和指责，在违法犯罪人周围形成一种强大的压力场，造成犯罪人的心理负担，给犯罪人的生活带来种种麻烦，从而压迫犯罪人追悔思过，改邪归正。

社会谴责可分为两类：官方的谴责和社会的谴责。官方谴责是政府、执政党、司法机构等法定的权威机构利用其掌握的舆论工具，根据国家和阶级利益与标准所进行的谴责；社会谴责是社会普通公众根据社会生活过程中自然形成的风俗习惯、伦理道德自发表现出来的谴责。这两个方面越统一，社会谴责的效果就越好。从犯罪控制的效果看，来自于与犯罪人关系密切的微观社会环境中的社会谴责对犯罪人的影响更大。因为，社会谴责的作用往往通过微观社会环境作用于社会个体，而社会个体总是十分在意微观环境中的人际关系和周围关系密切的人群对自己的态度和期望，并通过"镜中我"来调节自己的行为。因此，占主导地位的统治阶级的意识形态和社会舆论，只有反映了社会公众的普遍态度和意向，同社会微观舆论趋于协调一致，社会谴责的作用才能最终得以充分发挥。相反，如果国家的舆论和一般的社会舆论相抵触甚至相背离，社会谴责的作用将会大大减弱，甚至不产生任何效果。在此需要特别指明，社会谴责是一种公众舆论与情境压力，没有固定的标准、量度的限制，难以做到恰如其分、适可而止。过分强烈的社会谴责，往往会导致以下几种结果：一是造成当事人沉重的精神负担，严重者将导致其精神错乱和自杀；二是容易使犯罪者不堪压力，从而失去生活的信心，自暴自弃，破罐破摔，在犯罪的道路上越走越远；三是容易导致犯罪者的强烈不满和更加疯狂、极端的报复行为。但社会谴责不足也会使其失去应有的效力，导致犯罪者毫无顾忌，我行我素。因此，社会谴责应当适度。

（3）社会惩罚。社会惩罚即是按照一定的标准，运用强烈手段，从物质上、精神上对犯罪人造成某种损害，或者限制其人身自由的一种剥夺性措施。社会惩罚性犯罪控制的功能是通过设立刑罚并通过刑罚的威慑作用，让人在"犯罪之乐"与"犯罪之苦"之间进行权衡抉择，并以自觉的心理体认和行为取舍来达到预防和控制犯罪的目的。在此，我们必须正确理解特殊预防和一般预防的含义和目的。所谓特殊预防，即以特定的犯罪行为（已然犯罪）为惩罚对象，它是国家司法机关通过对犯罪行为的侦破而将犯罪分子绳之以法，处以刑罚，使之丧失犯罪能力，对刑罚产生畏惧并在刑毕后不再重新犯罪。刑罚的这种威慑作用贯穿于司法机关求刑、量刑及行刑的全过程。所谓一般预防的对象是指那些尚未实施犯罪行为（未然犯罪）的不特定的社会公民，主要包括处在犯罪边缘的人员、一般公民和受害人。

刑罚若要真正发挥其威慑作用，只有以社会基本矛盾为切入点协调多层次的社会防控力量，才能取得事半功倍的效果；刑罚也只有在消除或者至少减少社会矛盾与社会结构中的诸多致罪因素作用力的前提和基础上，才能发挥其预防犯罪的功能。否则，刑罚威慑作用如若使用不当，不仅不利于控制犯罪，而且还会衍生诸多流弊。在对犯罪人施行惩罚措施时，应以史为鉴，综合考虑各种因素，理性地对待刑罚威慑问题，使社会保持适度张力与平衡协调发展。对此应坚持以下基本原则：一是罪责刑相适应原则。即是社会惩罚的强度要同犯罪分子给社会造成的危害程度相适应，并且要充分考虑到犯罪人应承担的责任情况（如未成年人犯罪应负的责任要小于成年人），将三者结合起来进行惩罚。这也是我国刑法量刑所规定的基本原则之一。二是刑罚效力原则。即是确保刑罚应有的控制犯罪的效果。因为刑罚仅仅是一种手段，是犯罪预防失败后的一种补救措施，其目的是通过打击犯罪、制止犯罪、净化社会环境，阻止其他社会成员重蹈覆辙，最终达到"无刑"社会。因此在确立刑罚的类型和程度时，应从减少犯罪这一目的出发，确保刑罚的效力。三是文明和人道原则。刑罚不是单纯地为了惩治已经发生的犯罪，它的实施是为了使犯罪人不再犯罪，或警戒社会上的其他人遵纪守法。因此说，社会对犯罪进行惩罚的正当性完全是出于功利的需要，即预防犯罪的目的。如果社会采取"以其人之道，还治其人之身"的方法，报复犯罪人，刑罚本身也就失去了其正义性，[①] 从而演变成实质意义上的恶，一种镇压的工具，永远走不出以恶制恶、以恶防恶的怪圈。所以，必须按照现代社会的文明标准和人道主义的要求对犯罪人施以刑罚，充分保障犯罪人的人权，尊重犯罪人的人格，满足其一切合理的要求。四是"刑期于无刑"原则。"刑期于无刑"是我国古代思想家提出的治国方略，是指不用刑罚达到无刑的目的。所谓无刑就是指因没人犯罪而不用刑罚，其主要精神就是追求理想的"无刑"世界，防止人们身陷罪戾。这是犯罪预防的理想主义境界，至今仍被中外犯罪学家视为治理犯罪的一项根本原则。这一原则虽被一些人指责为过于理想主义而受到质疑，但应该承认，正是这种理想主义奠定了犯罪防控理论的基石，因为所有的犯罪防控理论都是在理想的理念之上形成的。理想主义同时又是犯罪防控的长期目标，理想主义的内容就是犯罪防控所要达到的客观效果，不存在没有理想成份的犯罪防控理论，古今中外概莫能外。

社会惩罚要最大限度地发挥其威慑效果，不仅要遵循以上四条基本原则，而且还要做好如下几点：

一是刑罚的必然性。刑罚的必然性是指犯罪分子在实施犯罪行为后必然要

面对与其犯罪危害程度相应的刑罚制裁，真正做到法网恢恢，疏而不漏。否则，就会使犯罪分子产生各种侥幸心理、投机心理和冒险心理，同时也会大大降低一般成员对法律的敬畏感。国外研究表明，罪案的侦破数达到50%时，犯罪者就会住手观望，不敢铤而走险；罪案的侦破率达到50%以上时，胆小的犯罪分子就会摈弃恶念，另谋他业；当侦破率达到80%以上时，罪犯就会投案自首或潜伏他乡逃避追究。① 这段话形象地说明了破案率与威慑效能是成正比的。孟德斯鸠认为："如果我们研究人类所以腐败的一切原因的话，我们便会看到，这是因为对犯罪不加处罚，而不是因为刑罚的宽和。"② 贝卡利亚也认为："对犯罪最强有力的约束力量，不是刑罚的严酷性，而是刑罚的不可避免性。"③ 因此，认识到刑罚的必然性比刑罚的严酷性具有更大的威慑性这一点，对于我们走出"社会治安恶化—严打"（即加大刑罚力度）的误区具有重要意义。刑罚的威慑效果与司法机关的侦破率、追逃率和判刑率成正比。

二是刑罚的及时性。刑罚不仅是必然的，而且还应当是及时的，即在犯罪分子实施犯罪活动之后就及时将其绳之以法并科以刑罚。犯罪心理学研究表明，犯罪时间与受刑时间之间的间隔越短，刑罚的威慑效果就越大，反之威慑效果就越小。贝卡利亚在论及刑罚的及时性时认为："惩罚犯罪的刑罚越是迅速和及时，就越是公正和有益。"④ 刑罚实际上是对犯罪的一种社会反应，这种反应的快慢，是司法机关工作效率和权威高低的重要标志。从刑罚的效果看，惩罚及时，可以大大降低犯罪分子犯罪得逞后的"快感"和"成功感"，使他们及时地感觉到犯罪后随之而来的"痛苦"，这样才不至于重复和升级犯罪行为；否则，惩罚不及时，案犯长时间逍遥法外，其"快感"必将冲淡"痛苦"，从而降低威慑效果。同时，案件只有一发即破，及时有力地给予犯罪分子应得的惩罚，才能教育广大公民，使其建立起对法律的信仰，树立司法机关的权威，最终形成良好的社会法制环境。

三是刑罚的适度性。大多数学者均认为，重型与轻刑各有利弊：刑罚过轻会让犯罪分子产生犯罪之乐大于犯罪之苦的心理体验，难达威慑犯罪之目的；而刑罚过重，不仅有悖文明社会的人道化趋势，而且往往使犯罪分子及其家属

---

① 公安部公共安全研究所编：《你感觉安全吗？——公众安全基本理论及调查方法》，群众出版社1991年版，第182页。

② ［法］孟德斯鸠：《论法的精神》（上、下册），张雁深译，商务印书馆1961年版。

③ ［意］切萨雷·贝卡利亚：《论犯罪与刑罚》，黄风译，中国大百科全书出版社1993年版，第70页。

④ ［意］切萨雷·贝卡利亚：《论犯罪与刑罚》，黄风译，中国大百科全书出版社1993年版，第56页。

产生反社会情绪；此外，刑罚过重还会迫使罪犯千方百计逃避法律的制裁，投案自首也就无从谈起。因为"罪犯所面临的犯罪后果越严重，也就越敢于规避刑罚，为了摆脱对一次罪行的刑罚，他们会犯下更多的罪行。"① 过犹不及，对刑罚的轻重取舍应掌握一个"度"。要适度运用刑罚，应注意以下三点：一是应准确适用刑罚。刑罚必须指向应当遭受刑罚的人，不能造成冤假错案。二是应根据犯罪的性质和情节给予适当强度的刑罚，以维护法律的公平性。三是应兼顾刑罚的确定性和个体差异性。刑罚的威慑是通过每一个体对刑罚的心理体认和感知而产生影响的，刑罚威慑的效果在很大程度上取决于被威慑对象对刑罚性质和意义的认识程度，而个体对犯罪和刑罚的主观心理体验是有差异的，那么刑罚威慑作用于不同的犯罪人所产生的效果也是不同的。对此边沁曾形象地指出："同样的监禁对一个商人可能是毁灭性的打击，对一个体弱多病的老人则无异于死刑，对一个妇女可能意味着终生耻辱，而对其他状况的人也许无关紧要"。② 因此，我国的刑罚制度如何兼顾刑罚的确定性和个体的差异性，从而最大限度地发挥刑罚的威慑性，是一个尚待认真研究并予以解决的现实问题。

二、内在犯罪控制与外在犯罪控制

从社会规范的接受方式看，犯罪控制又可分为外在犯罪控制和内在犯罪控制。需要说明的是，外在犯罪控制中的软控制，实际上往往渗透了较多的内在控制因素，并且也很容易转化成内在控制。但因其最初总是以外在控制的形式出现，为了分析的方便，我们还是将其归入外在犯罪控制的范畴。

（一）内在犯罪控制

内在犯罪控制是将社会规范内化为人们自觉行为的过程。一旦社会规范内化成功，一个人通常会遵守它，即使在无人监视他时也一样遵纪守法。需要说明的是，源于内化的对规范的遵从与惧怕遭至处罚的遵从大不相同，后者是对社会应用外在控制的反应。对社会规范成功的内化使人们自制，如不偷别人的东西。这不是因为他们惧怕被捕或入狱，而是由于他们相信偷盗是错误的，他们的良心充当了社会控制的内部机制。因此说，内化是对违法犯罪行为进行控制的最有效途径。虽然每人可能都曾体验过一些犯罪的冲动，但社会规范的内

---

① ［意］切萨雷·贝卡利亚：《论犯罪与刑罚》，黄风译，中国大百科全书出版社1993年版，第43—44页。

② ［英］吉米·边沁：《立法理论——刑法典原理》，孙立等译，中国人民公安大学出版社1993年版，第70页。

化趋向于将这些冲动控制在"不逾矩"的范围内。人们可能对自己的父母撒过谎，偷过商店里的糖果、文具，但在大多数情况下，内化的社会规范导致其自责、负罪感，结果，违法犯罪行为可能被放弃。

（二）外在犯罪控制

外在犯罪控制是通过外部的强制力量将社会规范作用于人的行为的过程。它包含了对社会制裁的运用。有些制裁是非正式的，通常在日常生活的互动过程中加以实现，它体现了初级社会群体的主要功能。消极制裁的范围包括从群体的不赞成态度到群体的完全拒绝，甚或到身体的惩罚。在初级群体里，同伴的反应是非常重要的非正式犯罪控制机制，甚至当人们受到犯罪刺激时，"为了保持亲友的尊重，他们常常压制那些冲动。"①

非正式制裁可能非常有效，但其效果也是有限的，原因之一是制裁的不确定性，即个人的违法犯罪行为被发现后，随之而来的惩罚到底是什么样的，他们并不清楚；原因之二是个人感情、相关社会地位以及小团体的友谊等都可能减轻了制裁的力度甚至使他免遭制裁。在有些群体中，那些真正的"告密者"，反倒使自己变成了社会的异己。研究已经证明，亲密群体中的成员将保护犯罪者。正是非正式犯罪控制这种局限性的存在，产生了专司控制之责的社会组织，如公安机关、审判机关、检察机关、监狱等。在现代社会，这样的正式社会组织系统变得越来越重要，它们将担负起犯罪控制的重要职能，并成为犯罪控制的主导力量。

三、犯罪的舆论控制与犯罪的心理控制

在犯罪控制体系中，舆论控制和心理控制是两种十分独特的犯罪控制手段，因而有必要对它们分别作一分析。

（一）犯罪的舆论控制

1. 犯罪舆论控制的涵义

舆论，即社会舆论的简称，就是社会大众对某一事件、人物或问题的议论和评价。这里的大众指参与议论、评价的人群。犯罪舆论控制，主要是指运用社会舆论的力量，贯彻社会领导者和管理者的意图，鞭挞时弊，约束人们的违法犯罪行为的过程。社会舆论借助大众传播媒介作用于人们的思想，给人们形成强大的精神压力，进而达到控制犯罪的目的，因而它本质上是一种思想控制。

---

① ［美］戴维·波普诺：《社会学》，李强译，中国人民大学出版社 1999 年版，第 209 页。

社会舆论是社会生活和人们意愿的一种反映，参与议论的人群范围大小与议论的事件或问题的传播范围及人们对它感兴趣的程度有关。它可划分为全国性的舆论、地方性的舆论和群体性的舆论三种形式。

2. 犯罪舆论控制的特点

社会舆论作为一种软控制力量，渗透在风俗、道德、法律、政权等一切控制手段之中，对犯罪发挥着广泛的控制作用，具有鲜明的特点。

一是大众性。舆论是社会中具有相当数量的公众对某种事物的意见。只有相当数量的人参与某一问题的议论，经过传播、选择，那些反映多数人意愿的议论得到了附和、支持和传播，并最终形成一种占主导地位的倾向性意见，为相当范围的人所赞同，才能形成社会舆论，才能对大众的行为包括违法行为产生持久、广泛的制约作用。

二是现实性。社会舆论是人们针对现实问题的议论或评价。通常，只有那些与众人切身利益密切的重大社会现实问题才能引起众人的注意和大众的议论，并发展为社会舆论。现代社会，犯罪问题已发展成为一个十分严重的社会问题，被认为是人类的三大公害之一，已经严重威胁到社会大众的生产、生活，常常成为社会大众关注的焦点，因而由社会舆论所实现的犯罪控制也就具有了强烈的现实性。

三是迅速性。社会舆论借助于大众传播不胫而走，能够迅速抓住人们的心理，引起人们的普遍关心，于是众人纷纷成为此种社会现象的评论员、宣传员。这里，大众传播工具起着十分重要的引导作用，借助于日益发达的大众传播媒介，社会舆论的覆盖面更广、传递速度更快、影响力更大、效果更明显，因而能够很快地对各种违法犯罪行为起到制约作用。

四是软约束性。社会舆论对违法犯罪行为的约束力不具有明显的强制性。在舆论指责面前，有的人仍然我行我素，无视各种社会规范。但是社会舆论的这种软约束力又是十分强大的，它可以使当事人产生巨大的心理压力，从而不得不约束或改变自己的行为。正如俗话所说："千夫所指，无病而死。"

五是导向性。社会舆论往往暗示出特定社会的价值规范和行为标准，因而它对社会行为有导向作用。对个人来讲，当他来到一个陌生的环境不知所措或发生文化冲突时，他往往因得到社会舆论的指导而避免越轨行为；对于一个集体，若能尊重众人的意见，便可增强内聚力，减少矛盾冲突。

社会舆论的形成有自上而下、自下而上两种方式。自上而下的舆论是政府通过大众传播媒介等途径发出而在群众中传播的一种意见。由于它是有组织、有计划、有步骤地通过报刊、广播、影视、网络、文件等加以宣传而形成的，因而形成快、传播远，并且有极大的权威性。通过这种途径实行的社会控制是主要的舆论控制方式。自下而上的舆论首先产生于少数群众，由于其切中了要害，引起了其他社会成员的共鸣，逐渐形成了人们共同关注的话题，并发展为地区性或全国性的舆论。这种舆论虽然是自发形成的，但却有广泛的社会思想基础，加之互联网的发展与普及，其控制力因此非同一般，应当引起国家和社会管理者的高度重视。

社会舆论的作用有积极与消极之分，积极的社会舆论可以为人们提供正确的行为导向，遏制违法犯罪行为的发生；消极的社会舆论可以引发社会矛盾，挑起事端，破坏社会治安环境。因此，我们应当认真研究，发挥社会舆论的正功能，抑制其负功能，使社会舆论控制犯罪的积极作用得到充分发挥。

3. 犯罪的舆论监督

犯罪的舆论监督是犯罪舆论控制的重要组成部分，它主要表现为人民群众通过舆论工具对社会各界、各级政府机构尤其是执法、管理部门及其领导者实行应有的监督，同时也表现为一般公众对违法犯罪者或潜在犯罪者的监督以及人民群众的自我监督。这种监督由于充分体现了国家的一切权力属于人民的社会主义国家的本质，所以它本身不仅蕴藏着控制犯罪的巨大力量，而且还可以加强整个社会犯罪控制系统的社会基础，促使整个犯罪控制系统、特别是其中的经济控制、政治控制、法纪控制和文化控制更好地发挥作用。

犯罪舆论监督实施的范围十分广泛，几乎涵盖了一切社会生活领域。从我国现阶段的情况看，应当抓好以下几个方面的舆论监督：一是工作方面的监督。即通过舆论工具，揭露和批评政府部门、社会管理机构特别是司法机关及其领导者的工作错误和各种腐败行为，督促其改正错误，制约权力，防止权力异化。二是法律方面的监督。近年来我国制定了不少法律、法规，但从整个法律系统来看，还存在许多缺陷和薄弱环节，尤其是有法不依、执法不严、执法犯法问题的大量存在，严重削弱了犯罪控制系统。加强法律方面的监督，发动广大群众通过舆论工具监督法律的制定和正确执行，能有力地扭转上述不良状况。同时，广大群众在积极参与舆论监督的过程中，还可以帮助自己确立法制观念。三是道德方面的监督。即通过舆论工具宣传新的道德观念，弘扬爱国主义精神，批评和鞭挞一切不道德的现象，促使新的道德风尚的建立。四是文化方面的监督。这里的文化特指精神产品及其生产、传播等活动。我国改革开放后，文化建设取得了很大的成就，但也暴露出不少问题，尤其是各种腐朽、黄色、淫秽文化以及一些极端、反动言论思想的传播和泛滥，直接导致了违法犯罪行为的增多，严重影响了社会的稳定。因而，加强这方面的监督，通过舆论工具监督文化部门和文化工作者生产、传播符合有利于减少犯罪、促进社会发展的精神产品，把各种腐朽、没落、反动的文化从社会精神生活领域中清除出去，使社会环境得以净化，将是一项十分繁重而紧迫的任务。

要实现社会舆论对违法犯罪行为的有效监督，一是必须加强社会主义民主，形成一种"知无不言、言无不尽"，"言者无罪、闻者足戒"的民主风气，以解除人民群众的思想顾虑，真正做到言论自由。二是要尽可能地提高政治透明度，给人民群众更多的知情权，使之能够及时地、如实地了解各级政府、社会管理机构、执法部门及其领导者和工作人员的工作情况，为准确、可靠的舆论监督铺平道路。三是要转变干部尤其是领导干部一言堂、一人说了算、压制他人言论自由、学术讨论自由的工作作风，大力开展批评与自我批评。四是人民群众要善于运用宪法和法律规定的各种舆论监督权，并不断提高自己的社会责任感。第五，要使舆论监督制度化、法制化。应当加快新闻立法的进程，使媒体和人民群众的舆论监督有法可依。这个环节抓不好，其他方面终究都要落空。

（二）犯罪的心理控制

实现犯罪控制的过程，实际上就是协调和处理个人目标和社会目标的过程，亦即协调和处理人的主观愿望和社会的客观要求的过程。在这个过程中，社会目标、社会客观要求及社会规范这些外因必须通过个人目标、主观愿望，即人的认识、情感、意志等心理因素（内因）起作用。其结果无非有三种：一致、不完全一致和不一致。在后两种情况下，个体就可能与社会发生冲突，导致犯罪。与此相适应，也就产生了三种不同的犯罪心理控制形式。

1. 犯罪的自主控制

犯罪的自主控制是个体行为与社会客观规范之间一致情况下的心理控制形式。在这种情况下，社会个体的内心愿望与国家、民族、社会对他的期望一致，社会的外在控制与社会个体的内在心理控制彼此耦合，社会个体表现出认同社会规范的高度自觉性和自主性。一般说来，任何社会个体很难一开始就能达到这种境界，他必须经过长期的社会化教育，将社会规范逐渐内化为自我的内在心理控制才能实现。因此，自主控制是实现犯罪控制的最理想、最高级的心理控制形式。

2. 犯罪的诱导控制

犯罪的诱导控制是个人行为与社会规范之间基本一致又不完全一致情况下的心理控制形式。它往往是由于对个人利益与他人利益、集体利益、社会整体利益之间的关系，对整体利益与局部利益、长远利益与眼前利益、正当利益与非正当利益的关系等缺乏正确认识所致。因而社会个体的内在心理控制与社会的外在控制在某种程度上产生了矛盾。解决这个矛盾，需要进行诱导控制，即从心理上加以疏导，调整社会个体的内在心理控制中偏离社会规范的部分，使之与社会的外在控制趋于一致。对大多数成员来说，这是一种基本的心理控制形式。因为，社会大多数成员的个人行为与社会规范基本一致又不完全一致的情况占大多数。诱导控制是说理诱导、情感诱导和榜样诱导等多种方式的综合运用过程。所谓说理诱导，即是"晓之以理"，通过说理使社会个体弄清社会利益、集体利益与个人利益三者之间的关系，弄清局部利益与全局利益的关系，懂得遵从社会规范对于社会、集体、个人都是有利的。所谓情感诱导，即是"动之以情"，从情感上消除社会个体对社会行为规范的逆反抵触、厌恶情绪。所谓榜样诱导，即是"导之以行"，通过遵从社会行为规范的榜样力量，激发社会个体努力向上的健康心理，把遵从社会行为规范变为自身的自觉行动。特别是在我国社会转型期社会矛盾大量增多的情况下，只有经过"理"、"情"、"行"多方面耐心细致的思想政治工作，不断调整人们矛盾复杂的内心世界，才能有效缓解大多数社会成员的个人目标与社会目标不一致的心理压力和犯罪意念，并使之上升到自主控制的境界。

3. 犯罪的胁迫控制

犯罪的胁迫控制是个体行为与社会规范之间不一致情况下所采取的心理控制形式。社会个体当其主观愿望和社会客观要求发生激烈冲突的时候，往往会把社会行为规范视为自身利益的障碍，在心理上产生强烈的抵触情绪，于是就可能采取公开或不公开的对立态度，甚至实施违法犯罪行为。在这种情况下，必须采取胁迫控制的形式，即通过采取一定的社会措施使受控制者觉察到如果不遵从社会行为规范，必将对自己产生不利的后果，从而在其心理上形成一种威慑力量，使其被迫遵从社会行为规范。胁迫控制虽然只对少数社会成员采用，但对犯罪控制来说是不可缺少的，它是诱导控制的必要补充和后续措施。不过，胁迫控制最终只有使受控者的内心世界发生变化，才能使犯罪控制得以实现，所以在一般情况下，不能简单地采取这一形式，必须根据具体情况的发展变化将多种控制手段加以综合运用。

犯罪的外在社会控制是基于维护社会稳定及其发展的客观要求，犯罪的内在心理控制是基于人们的自我需要和主观愿望，两者缺一不可。从犯罪控制的实现过程来看，两者本来就是辩证统一并以后者为主导的过程。因此，要实现有效的犯罪控制，一方面必须不断完善社会行为规范，另一方面更需要采取各种形式，提高人们的心理自控能力，不断增强免疫力。

第三节 犯罪控制的目标和指标

一、犯罪控制的目标

（一）犯罪控制目标的内涵

犯罪控制目标就是防止社会成员违法犯罪，确保社会稳定和良好的社会治安秩序。社会稳定是形成良好社会治安秩序的前提，也是良好社会治安秩序的重要表现。但稳定还不等于秩序，秩序不仅要求稳定，而且还要求内部各组成部分彼此协调、和谐、适应。只有社会各组成部分彼此协调、和谐、适应了，才能形成真正的秩序，有效地抑制犯罪，确保社会长治久安。因此，控制犯罪的最根本途径在于形成良好的社会秩序。这种"秩序"不是简单的几次"严打"或"专项斗争"所能解决的。有时候，社会表面上看起来风平浪静，似乎很稳定，但它实际上是靠专政机关的高压态势形成的，这种稳定是一种表面的虚假稳定，其中可能潜流着不稳定的祸水，一旦高压态势解除，或遇到适当时机，甚至一起偶然事件，犯罪便会迅速反弹，甚至出现地区性社会动荡。

（二）犯罪控制目标的标准

犯罪控制目标的标准是什么？它有无一定的标准？原则上说，犯罪控制的标准就是将犯罪控制在正常度以内。这里所说的度是指一定事物保持自己质的稳定性的数量界限，是质与量的统一。犯罪的正常度是指具体时空条件下社会对犯罪可容忍的程度或限度。犯罪的正常度大致可分为三个方面：（1）犯罪量的正常度——犯罪数量方面的正常度；（2）犯罪质的正常度——它也通过犯罪的量表现出来；（3）公众安全感的正常度——社会公众对犯罪威胁的承受能力。犯罪控制的正常度是一个极其复杂的问题，有待进一步研究和深入探讨，如果有朝一日建立起一个能够进行定量描述、将各项指标进行细化的数学模型，就能够保证犯罪控制的科学性和有效性，最大限度地控制犯罪行为的发生。

二、犯罪控制的指标

为了达到犯罪控制的目标和标准，必须设计和确定具体的犯罪控制指标，这是犯罪控制具体化、科学化的前提。犯罪控制的指标归纳起来主要有以下几个方面：

（一）犯罪数量

犯罪数量是指某一时期和范围内所发生的犯罪案件或犯罪人的绝对数值。在一定时期内，犯罪数量大幅度增长会对整个社会治安形势造成巨大的冲击，党和政府以及政法机关都将面临着巨大的社会压力。在这种情况下，对犯罪数量的控制就成为犯罪控制的当务之急。尤其是当犯罪数量突然越过警界线时，就必须采取一切行之有效的措施将犯罪控制在一定的范围之内，以防止社会治安局势的恶化。

（二）犯罪增长率

犯罪增长率是指某一时期与过去同期相比犯罪发生量的增长速度。如犯罪的年增长率、季增长率、月增长率等。一般认为，犯罪年增长率在"百分比一位数"时不会造成社会震动，如果达到"百分比两位数"则视为超过了犯罪量的正常度。犯罪增长率是反映犯罪发展变化态势及对社会危害状况的一项极其重要的指标，它在较大程度上决定着社会发案量。过快的犯罪增长率必然带来社会治安局势的恶化，因此加强对犯罪增长率的控制是犯罪控制的一个极其重要的方面。

（三）部分案件

有些类型的案件，特别是对公共安全和危及人民群众人身安全的重特大案件、严重暴力案件增长过快，将直接影响到整个社会治安局势的稳定，给社会造成恐怖气氛，严重降低人民群众的安全感。这些案件反映了犯罪的质，但它可以用量来体现，具体表现为：（1）重大犯罪在犯罪总量中的比例；（2）暴力犯罪与非暴力犯罪之间的比例；（3）重大犯罪和暴力犯罪各自的增长比例。如果其中某项出现严重增长的趋势甚至以上三项都出现了比例增大的趋势，则说明社会治安局势恶化，在这种情况下必须进行专项治理与控制。

（四）犯罪手段

有些犯罪数量不大，增长速度也不快，但由于其作案手段极其凶残、野蛮，或运用先进的科技手段作案，同样会给社会治安构成严重威胁，如使用恐怖手段、使用计算机技术和生化技术犯罪等。因此，作为犯罪控制的职能部门，不仅要注意犯罪的"量"，还要注意犯罪的"质"，要密切关注犯罪对社会的影响力和破坏力，不断加强技术防范。只有如此，才能最大限度地减少现代犯罪所造成的巨大危害，确保犯罪控制的效果。

此外，还应考虑社会危害程度、社会影响和公众的安全感等指标。只有将以上这些指标综合起来考虑，才能实现犯罪控制的目标。

第四节　犯罪控制的手段和方法

一、犯罪控制的手段

犯罪控制的手段是多样化的，概括起来主要有以下几种：

（一）习俗手段

习俗是在社会生活中由习惯而来、经过人们相互模仿、逐渐形成并共同遵守的行为规则和行为模式。习俗在社会生活中的表现形式多种多样、丰富多彩，如婚丧嫁娶、节日庆典、社交礼仪等。习俗是人们在满足其生存、生活需要的漫长过程中逐渐产生并形成的，是一定社会生活条件的反映。人们总是接受固有的习俗，按照已有的习俗生活。习俗不仅是个人行为的惯用方式，而且也是一定社会群体认可的、自己同意的方式。所以习俗有地域性和民族性，它往往是区分民族的重要标志。习俗一般不带有价值判断的性质，不遵守习俗一般不会产生什么大的社会后果，或者受到人们的谴责。但是有些习俗含有某种道德成分在内，实际上是某种道德观念的外化，这样的习俗当然包含价值判断的性质。比如以前中国农村青年结婚一定要举行婚礼的习俗就包含道德价值判断在内。只要举行婚礼，即使不登记也被认为是合法夫妻；否则，如果不举行婚礼就同居，即使领了结婚证书也被认为是"伤风败俗"（现在已有很大变化），可能还会因此引起种种麻烦和纠纷。

习俗是人类生活中最早的一种社会行为规范，在人类处于蒙昧状态的原始社会，社会生活秩序主要是靠习俗调节的。习俗既是调整人们社会行为的规范体系，又是最普遍的社会控制形式，对控制人们的违法犯罪行为产生广泛的影响。习俗的作用由于是在没有外来强制力量的情况下发生的，所以就作用范围而言，没有任何一种社会意识形态和社会规范体系可以与之相比。法律和道德等控制不到的社会行为，习俗仍然可以发挥作用。无论什么人，身在何时何地，其一举一动都要受到他们所处的特定环境中习俗的影响，从而自觉不自觉地遵从它。因此，移风易俗，加强社会主义精神文明建设，是实行犯罪诱导性控制、自主性控制的重要手段和内容。

（二）道德手段

道德是一套用来评价善恶的规则与标准。道德自成体系，主要由道德原则、道德规范和道德后果三部分构成。道德原则是关于如何处理个人与个人和个人与社会之间关系的依据，例如，坚持个人主义原则还是坚持集体主义原则。道德规范是以道德原则为基础形成的一系列有关行为善恶的具体准则，如是非、善恶、尊卑、荣辱、诚实与虚伪、义务与责任等。道德后果包括道德评价和道德责任。道德评价和道德责任可以引起个人对自己道德行为的正确认识，同时又能形成社会舆论，惩恶扬善。

道德作为一种柔性的软控制，虽然缺乏法律的强制性，对十恶不赦的犯罪分子作用甚微，但它在大多数情况下却可以借助社会舆论、传统习惯和内心信念来控制人的思想和行为，给予犯罪者以道义上的责罚。每个正常的人几乎都可以感知到道德规范和道德威慑的存在，许多善行的发生和违法犯罪行为的收敛，皆可归因于社会道德标准的自律和他律作用，或者归因于个人道德情感的成熟。这种以自律为前提的道德控制，虽然不可能百分之百地抑制犯罪，但它至少是在法律之前的一道社会控制阀。爱因斯坦说过："人类价值的基础是道德。"①

老子也从本体论的角度说过："万物莫不遵道而贵德。"这都说明，道德是一种心灵和行为准则，人一旦失去了它，便如大坝决堤，无恶不作。因而，一个缺乏道德的社会是不堪设想的。

首先，道德是人的一种理性行为，是人的一种内在的法，一种非正式的制度，它要求"自律性和利他主义"，或者说"个人利益的让渡"。通过道德自律，能够达到抑制人的生物性本能冲动、提高道德生活的自觉性、规范自己行为的目的，从而有效地预防犯罪。

其次，道德对社会成员具有导向作用。人类需要道德，"道德是从黑夜行人的前方射来的一束光芒，它既规范又引导人们追求至善至美的路程。"它将道德准则灌输给社会成员，提高了人们辨别是非美丑的能力，促其内心产生并建立某种道德信念，从而达到"自我约束"、"自我觉悟"的境界。

再次，道德是一个社会最初也是最终的治理手段。在道德与犯罪的互动中，人类社会正寻找着一种新的秩序与安宁。当一个社会人们的道德水准相对较高时，其本身就为减少犯罪奠定了基础，也为法的顺利实施创造了条件。而当一个社会世风日下、道德沦丧时，违法犯罪的条件就会大量增多，社会治安的恶化将在所难免。可以说，任何国家、任何社会制度下的犯罪的减少都在一定程度上有赖于社会道德水平的提高。所以康德对道德的功能高度评价道："这个世界上惟有两种东西能让我们的心灵感到深深的震撼，一是我们头顶上

① 转引自张乃根：《西方法哲学史纲》，中国政法大学出版社1996年版，第83页。

的灿烂天空,一是我们内心崇高的道德法则。"① 正因为道德价值的崇高性,决定了对这种高层次人性追求的艰巨性和长期性,因而必须坚持不懈地致力于道德自律的培养。但是,道德控制的作用也不是无限的,道德控制的同时还得辅之以法律控制。尽管法律控制是与道德控制相协调而实现的,但却总是最后的、不可避免的辅助手段,况且德治和法治是任何国家和任何阶级都离不开的两种控制手段,两者只有相互依存、相辅相成才能达到治理犯罪的目的。

(三) 宗教手段

宗教是一种与神或神圣物相联系的信仰和规范体系,是犯罪控制的一种特殊手段。

目前世界上有相当多的人口是信教的,其中以信奉基督教、犹太教、佛教和伊斯兰教的人数最多。有些国家和地区把某种宗教奉为国教。在这些国家和地区,宗教生活是人们社会生活的主要内容,人们的社会行为受宗教教规的影响与制约,凡教徒,在社会生活的各个方面都要遵守教规。

宗教总的社会宗旨是使教徒安于现状、逆来顺受、勿以暴力抗恶。恶人自有上帝或神去惩罚,而受害者是不应当反抗的。宗教信仰使人重视来世而忽视现实世界的不公,甘心接受社会的不平等。因此,从本质上讲,宗教对于社会发展的作用是消极的。

宗教对社会生活的影响是很大的。宗教教义能给社会准则和价值观以道义的支持,对维护现存的社会秩序,控制社会的越轨和犯罪行为有重要的作用。

我国也存在着多种宗教,如佛教、伊斯兰教、基督教、道教等。十年动乱期间,正常的宗教活动一度受到破坏;改革开放后,正常的宗教活动在我国得到恢复和尊重。我们应当在充分利用宗教维护社会秩序的良好功能、推动宗教事业不断发展的同时,切实警惕那些打着宗教的幌子、从事各种非法活动的有关动向,特别是要防止和控制邪教的滋生和蔓延。

(四) 纪律手段

纪律是国家机关、企事业单位和各种社会团体为自己的成员规定的行为准则。凡是集体,不论其规模和目标有什么不同,都必须有其成员共同遵守的纪律。纪律作为一种行为规范,具有明显的强制性和约束力。与道德不同,纪律要求服从并通过一定的行政手段来推行。不管是政治纪律、组织纪律,还是职业纪律,它们都是法律的辅助手段,都以"服从"与"强制"为前提,对少数违反纪律的行为会采取一定的制裁措施,如批评、处分等。但纪律对越轨行

---

① 转引自王正年、朱敏彦:《善的智慧》,复旦大学出版社1996年版,第210页。

为的控制作用并不仅仅是制裁，它更要求其成员自觉遵守。遵守纪律不仅被看成是一种美德，而且也被认为是事业成功的保证，任何组织或团体无不重视纪律教育的作用。对生活在一定组织或团体里的广大群众来说，纪律已经把他们的行为调整好了，只有少数人的行为才需要用法律规范加以控制。因此，纪律控制具有犯罪"预防"的性质，是一种典型的超前犯罪预防措施。

（五）法律手段

法律是由国家立法机关制定或认可并由国家政权保证执行的行为规则，主要包括法令、法案、条例、决议、命令等具体形式。法律是国家政权的派生物，是最权威、最严厉、最有效的犯罪控制手段。它的主要特点是：第一，法律由国家制定，以国家政权作后盾，有强有力的司法机关保证实施；第二，法律的规定是严明的，它对犯罪行为的度量界限明确；第三，对国民具有普遍的适用性。所以，现代国家都特别重视法律的作用、注重法制建设并极力将统治阶级的意志转变为法律。

法律对犯罪的控制作用主要表现为：一是教育作用。法律的真正权威和效力并不仅仅在于强制服从，而首先在于教育。因为教育可以使公民增强法律意识，遵守法律规范，维护社会治安秩序，从而减少犯罪。二是标定作用。法律对犯罪的控制还体现在，它确定了行为的是与非、可与否、合法与非法的标准，划定了人们自由的范围；它赋予并限制了国家机关的权力，使国家处于一种法治状态，并在一定程度上减少了权力的滥用；它预告了特定行为的特定后果和责任，使人们能够较为清醒地进行行为选择。三是威慑作用。法律的威慑作用主要体现在对少数处在违法犯罪边缘的不安定分子以及心存侥幸准备犯罪的人的威慑与制约，从而触发其内在的自发控制，打消其犯罪念头或促使其停止犯罪活动，预防潜在的不稳定因素的出现和发展。四是惩罚作用。社会上总有少数成员无视法律规定，铤而走险，触犯法律，国家就要追究其法律责任，进行制裁，强迫其接受改造，遵守法律，弃恶从善。

随着社会生活的日益复杂化，法律在社会生活中的作用越来越大。我们应充分发挥法律控制犯罪的作用，并注意克服其"重治标而轻治本、重惩罚而轻教育"的弱点，不断完善法制，制定犯罪控制专项立法以及与此相适应的具体规章和专项制度，从而保证使犯罪控制逐步走上科学化、规范化的轨道。

（六）政权手段

政权是统治阶级实行阶级统治的权力，是国家一切权力的基础。政权的基本职能是对外防止别国侵略，保卫国家领土完整；对内保护一定的物质生产资料的占有方式，维护现行政治制度和社会秩序。统治阶级通过建立行政体系，设置各级统治机构和官员来实现对内的管理事务。就犯罪控制而言，它通过制定经济调控措施，保持经济持续、稳定、协调发展，平衡社会各阶层、各成员的分配收入关系，不断提高人民群众的物质文化生活水平，防止两极分化，实行犯罪的经济控制；通过政治体制的改革，对公权力进行制衡，防止其异化，保持政治形势的稳定，实现犯罪的政治控制；运用宣传教育手段，通过向国民灌输统治阶级所认可的价值观念，使其自觉地按照国家政权认定的规则行事；通过制定刑事政策对犯罪进行防控和打击；凭借军队、警察、法庭、监狱等国家暴力机器，对损害国家利益、严重危害社会秩序的犯罪行为进行制裁。总之，国家政权可以从政治、经济、文化、教育等各个方面对犯罪进行综合控制，它是一切犯罪控制手段的基础和最强有力的控制力量。

二、犯罪控制的方法

（一）系统科学的控制方法

把系统科学的观点和方法用于犯罪控制，就是要恰当地运用习俗、道德、宗教、纪律、法律、政权等要素和手段，对违法犯罪人员的行为、动机、观念和意识进行控制。为了达到这一目的，首先，上述各要素在功能上必须互相衔接，不留空隙，即它们既要各司其职，独立发挥功效，又要相互配合，以求对犯罪的最佳控制。其次，各要素在目标上必须互补。政权的职能在于运用其对国家统治的权力，对国家的各项制度进行调控，保证其各项制度和手段得以顺利实施；法律手段旨在对犯罪者及其可能引起的连锁犯罪现象予以有力的震慑；纪律手段的目标在于对人们的违规行为进行约束和教育；道德手段的目标是激发违法犯罪者弃恶从善的欲望和积极性，唤起人们"自我意识"的觉醒或"自我觉悟"；宗教手段是旨在通过利用人们的信仰对违法犯罪行为进行控制；习俗是内化了的习惯，通过移风易俗，正确引导，逐渐形成人们共同遵守的行为模式，以期达到预防犯罪的目的。总之，只有将上述各要素和手段加以综合运用，才能达到减少和预防犯罪的效果。这就要求我们在运用系统科学的观点和方法控制犯罪时，把"硬性的"政权、法律、纪律控制手段和"软性的"道德、宗教、习俗、心理、舆论等思想控制手段以及文化、教育控制手段有机结合起来，实行对犯罪者的行为、动机、观念、意识等方面的全方位控制，从整体上大面积预防犯罪。

（二）综合治理的控制方法

我国在维护社会治安和同犯罪作斗争的社会控制实践活动中，经过长期的摸索，逐渐形成了控制犯罪的综合治理方法。1991年3月，第七届全国人民代表大会常务委员会第 18 次会议通过了《关于加强社会治安综合治理的决定》。决定以国家最高权力机关的名义，把社会治安综合治理的有关理论用法律的形式固定下来，从而标志着我国的社会治安综合治理进入了制度化、法律化的轨道。该决定指出：加强社会治安综合治理必须坚持打击与防范并举、治标与治本兼顾、重在治本的方针。该决定还规定了社会治安综合治理的主要任务：打击各种危害社会的违法犯罪活动，依法严惩严重危害社会治安的刑事犯罪分子；采取各种措施，严密管理制度，加强治安防范工作，堵塞违法犯罪活动的漏洞，加强对全体公民特别是青少年思想政治教育和法制教育，提高文化、道德素质，增强法制观念，鼓励群众自觉维护社会秩序，同违法犯罪行为作斗争；积极调解、疏导民间纠纷，缓解社会矛盾，消除不安定因素；加强对违法犯罪人员的教育、挽救、改造工作，妥善安置刑满释放和解除劳教的人员，减少重新违法犯罪。总之，社会治安综合治理包含打击、防范、教育、管理、建设和改造六个方面的内容，是我国所独创的一项犯罪控制方法，对我国的犯罪控制起到了重要的作用。

（三）村民自治的控制方法

村民自治主要是通过乡规民约实现的。乡规民约是同乡的村民自订自守的规约，它由党和政府统一领导下的乡村基层群众性自治组织——村民委员会发动群众民主制订，全体村民共同遵守。它是当代农民群众在社会生活中运用民主手段自我管理和自我教育的一种形式，具有综合性和多功能性。其中一个重要的功能就是及时化解矛盾纠纷，有效地预防村民违法犯罪。

（四）企业精神控制方法

企业精神是企业在社会主义物质文明与精神文明建设中，逐步培育、升华而形成的积极的群众意识，是企业职工思想作风、精神状态、价值观念、道德风尚、文明程度、行为规范、意志品质的综合体现，具有鲜明的社会主义性质、时代气息、民族传统和企业个性。企业精神是内在控制的一个重要方面，它与经济手段和经济法规直接结合，有效地控制和预防了职工犯罪。

另外，我国在社会控制的制度化和转变社会风气方面，也采用了许多行之有效的控制方法，诸如《关于党内政治生活若干准则》的公布，治保责任制的落实，在全国城乡广泛、深入开展的普法教育和职业道德教育，以及大力倡导的"五讲四美"、"三热爱"活动，"文明村寨"、"五好家庭"活动等，都可以看作是具有中国实践特色的有效控制犯罪的方法和尝试。

思考题

1. 犯罪控制的主客体是什么？
2. 犯罪控制的主要形式？
3. 犯罪控制主要有哪些手段？
4. 运用犯罪控制理论提出对某种犯罪现象的控制策略。

阅读书目

1. 刘广三：《犯罪控制宏论》，载《法学评论》2008年第5期。

2. 杨柳：《风险社会视域下的犯罪控制——以湄公河惨案为例》，载《湖北大学学报（哲学社会科学版）》2012年第6期。

3. 冯卫国：《犯罪控制与社会参与——构建和谐社会背景下的思考》，载《法律科学（西北政法学院学报）》2007年第2期。

4. 康均心、赵波：《犯罪及其控制的经济分析》，载《武汉大学学报（哲学社会科学版）》2008年第2期。

5. 陈鹏忠：《论犯罪的民俗控制》，载《浙江社会科学》2005年第2期。

6. 金诚、伍星：《视频监控系统在街面侵财型犯罪防控中的应用评估》，载《中国人民公安大学学报（社科版）》2008年第6期。

7. 董士昙：《论犯罪控制的人文基础》，载《中国人民公安大学学报（社科版）》2003年第5期。

8. 谭志军：《论社会弱者的犯罪控制》，载《人文杂志》2001年第2期。

参考书目

1. ［德］汉斯·约阿希姆·施奈德：《犯罪学》，许章润译，中国人民公安大学出版社、国际文化出版公司1990年版。

2. ［德］汉斯·约阿希姆·施奈德：《国际范围内的被害人》，许章润译，中国人民公安大学出版社1992年版。

3. ［波兰］布鲁诺·霍维斯特：《犯罪学的基本问题》，冯树梁等译，国际文化出版公司1989年版。

4. ［意］切萨雷·贝卡利亚：《论犯罪与刑罚》，黄风译，中国大百科全书出版社1993年版。

5. ［意］切萨雷·贝卡利亚：《论犯罪与刑罚》，黄风译，中国大百科全书出版社1993年版。

6. ［日］间庭充幸：《文化与犯罪——日本战后犯罪史》，高增森译，群众出版社1987年版。

7. ［美］路易斯·谢利：《犯罪与现代化》，何秉松译，群众出版社1986年版。

8. ［英］罗恩·布莱克本：《犯罪行为心理学——理论、研究和实践》，吴宗宪、刘邦惠译，中国轻工业出版社2000年版。

9. ［意］恩里科·菲利：《犯罪社会学》，郭建安译，中国人民公安大学出版社1990年版。

10. ［意］切萨雷·龙勃罗梭：《犯罪人论》，黄风译，中国法制出版社2000年版。

11. ［意］拉斐尔·加罗法洛：《犯罪学》，耿伟等译，中国大百科全书出版社1996年版。

12. ［意］恩里科·菲利：《实证派犯罪学》，郭建安译，中国人民公安大学出版社2004年版。

13. ［美］戴维·波普诺：《社会学》（上、下册），刘云德、王戈译，中国人民大学出版社1999年版。

14. ［日］菊田幸一：《犯罪学》，海沫、刘铎等译，群众出版社 1989 年版。

15. ［日］大谷实：《刑事政策学》，黎宏译，法律出版社 2000 年版。

16. ［美］詹姆斯·S. 科尔曼：《社会理论的基础》，邓方译，社会科学文献出版社 1999 年版。

17. ［美］罗伯特·K. 默顿：《社会研究与社会政策》，林聚任等译，三联书店 2001 年版。

18. ［法］孟德斯鸠：《论法的精神》（上、下册），张雁深译，商务印书馆 1962 年版。

19. ［法］E. 迪尔凯姆：《社会学研究方法论》，胡伟译，华夏出版社 1988 年版。

20. ［古希腊］亚里士多德：《政治学》，吴寿彭译，商务印书馆 1965 年版。

21. ［美］E. H. 萨瑟兰：《白领犯罪》，赵宝成等译，中国大百科全书出版社 2008 年版。

22. ［英］边沁：《立法理论——刑法典原理》孙力等译，中国人民公安大学出版社 1993 年版。

23. ［英］麦克·马圭尔、罗德·摩根、罗伯特·赖纳等：《牛津犯罪学指南》（第 4 版）；刘仁文、李瑞生等译，中国人民公安大学出版社 2012 年版。

24. 袁正愚、徐晓禾：《社会学的研究方法》，四川大学出版社 1986 年版。

25. 严景耀：《中国的犯罪问题与社会变迁的关系》，北京大学出版社 1986 年版。

26. 吴宗宪：《西方犯罪学史》，警官教育出版社 1997 年版。

27. 周路：《当代实证犯罪学新编》，人民法院出版社 2004 年版。

28. 王牧：《新犯罪学》，高等教育出版社 2005 年版。

29. 陈兴良：《宽严相济刑事政策研究》，中国人民大学出版社 2007 年版。

30. 何秉松：《刑事政策学》，群众出版社 2002 年版。

31. 曹立群：《犯罪学》，中国人民大学出版社 2008 年版。

32. 公安部政治部编：《犯罪学》，中国人民公安大学出版社 1997 年版。

33. 刘广三：《犯罪现象论》，北京大学出版社 1996 年版。

34. 宋浩波等：《犯罪学理论研究综述》，群众出版社 1998 年版。

35. 康树华：《犯罪学通论》，北京大学出版社 1992 年版。

36. 张远煌：《犯罪学原理》，法律出版社 2001 年版。

37. 康树华：《犯罪学——历史·现状·未来》，群众出版社 1998 年版。

38. 莫洪宪等：《犯罪学概论》，中国检察出版社 2003 年版。

39. 魏平雄等：《犯罪学教程》，中国政法大学出版社 1998 年版。

40. 李晓明：《中国犯罪学论纲》，中国审计出版社 1996 年版。

41. 高佃正等：《犯罪社会学新论》，中国人民公安大学出版社 1998 年版。

42. 黎国智、马宝善：《犯罪行为控制论》，中国检察出版社 2002 年版。

43. 俞雷：《中国现阶段犯罪问题研究》（总卷），中国人民公安大学出版社 1993 年版。

44. 张筱薇：《比较外国犯罪学》，百家出版社 1996 年版。

45. 吴鹏森：《犯罪社会学》，社会科学文献出版社 2008 年版。

46. 宋浩波等：《犯罪学新编》（第 3 版），中国人民公安大学出版社 2012 年版。

47. 高佃正、刘琪：《犯罪心理学》，天津人民出版社 1995 年版。

48. 郭建安：《犯罪被害人学》，北京大学出版社 1997 年版。

49. 赵可、周纪兰、董新臣：《一个被轻视的社会群体——犯罪被害人》，群众出版社 2002 年版。

50. 吴增基、吴鹏森、苏振芳：《现代社会学》，上海人民出版社 2000 年版。

51. 吴方桐：《社会学教程》，华中师范大学出版社 2000 年版。

52. 魏群：《2001——2002·东方·人文备忘录》，光明日报出版社 2002 年版。

53. 张绍彦：《犯罪学》，社会科学文献出版社 2004 年版。

54. 宋浩波：《犯罪学原理》，中国人民公安大学出版社 2001 年版。

55. 侯样祥：《我的人文观》，江苏人民出版社 2001 年版。

56. 王牧：《犯罪学论丛》（第 5 卷），中国检察出版社 2008 年版。

57. 王牧：《犯罪学论丛》（第 6 卷），中国检察出版社 2009 年版。

58. 魏平雄等：《犯罪学教科书》（第 2 版），中国政法大学出版社 2008 年版。

59. 赵国玲：《中国犯罪被害人研究综述》，中国检察出版社 2009 年版。

60. 许福生：《刑事政策学》，中国民族法制出版社 2006 年版。

61. 陈兴良：《中国刑事政策检讨》，中国检察出版社 2004 年版。

后　记

　　本书是在笔者第一本专著——《犯罪学》（2004 年版）的基础上完成的。其间，社会治安形势发生了很大变化，犯罪学理论也在不断发展，书中不少内容有些陈旧过时了；加之专著和教材的诸多区别，新出版的这本《犯罪学教程》在体例和内容等方面都作了较大的改变和充实，可说是进行了脱胎换骨的"转型"。虽说本书的几位作者长期以来一直致力于犯罪学的教学与研究工作，在编写的过程中尽力客观、简明地反映犯罪学的全貌，但由于能力有限和编写时间比较仓促，书中谬误、疏漏之处在所难免，敬请读者批评指正。我们将以此为动力，待日后有机会再作弥补。当然，书中的所有疏误一律由主编负责。

　　本书的顺利出版，得益于中国检察出版社领导及编辑们的鼎力支持；山东警察学院专业基础部及社会学教研室的同仁们给予了多方面的帮助；本书的编写过程中参考了诸多学者的观点，在此一并致以深深的谢意！

　　本书的编写分工如下：

　　董士昙（山东警察学院教授）：前言、第一、二、三、四、五、六、七、八章，第十二章第一、二、五、六节，第十三章，各章的学习目标、思考题、阅读书目，主要参考书目；刘琪（山东警察学院专业基础部教授）：第九章；曹延彬（山东警察学院专业基础部讲师）：第十一章，第十二章第三、四节；陈晓娟（山东警察学院专业基础部讲师）：第十章。

董士昙

2013 年 8 月 20 日